U0143183

名 家 通 识 讲 座 书 系

中国历史
十五讲(第二版)

□ 张岂之 主编

北京大学出版社
PEKING UNIVERSITY PRESS

图书在版编目（CIP）数据

中国历史十五讲/张岂之主编. —2 版. —北京：北京大学出版社，2015.1
（名家通识讲座书系）
ISBN 978-7-301-25209-3

Ⅰ.①中… Ⅱ.①张… Ⅲ.①中国历史—通俗读物 Ⅳ.①K209

中国版本图书馆 CIP 数据核字（2014）第 283307 号

书　　　名	中国历史十五讲（第二版）
	ZHONGGUO LISHI SHIWU JIANG
著作责任者	张岂之　主编
责 任 编 辑	刘　方
标 准 书 号	ISBN 978-7-301-25209-3
出 版 发 行	北京大学出版社
地　　　址	北京市海淀区成府路 205 号　100871
网　　　址	http://www.pup.cn　新浪微博：@北京大学出版社
电 子 信 箱	pkuwsz@126.com
电　　　话	邮购部 62752015　发行部 62750672　编辑部 62750577
印 刷 者	三河市北燕印装有限公司
经 销 者	新华书店
	965 毫米 × 1300 毫米　16 开本　24.25 印张　350 千字
	2003 年 1 月第 1 版
	2015 年 1 月第 2 版　2019 年 3 月第 7 次印刷
定　　　价	48.00 元

撰著者（按执笔章节顺序）：

王子今　张岂之　刘文瑞

杨圣敏　范立舟　方光华

张茂泽　李生龙　陈国庆

杨先材

目　录

"名家通识讲座书系"总序

本书系编审委员会

"名家通识讲座书系"是由北京大学发起,全国十多所重点大学和一些科研单位协作编写的一套大型多学科普及读物。全套书系计划出版100种,涵盖文、史、哲、艺术、社会科学、自然科学等各个主要学科领域,第一、二批近50种将在2004年内出齐。北京大学校长许智宏院士出任这套书系的编审委员会主任,北大中文系主任温儒敏教授任执行主编,来自全国一大批各学科领域的权威专家主持各书的撰写。到目前为止,这是同类普及性读物和教材中学科覆盖面最广、规模最大、编撰阵容最强的丛书之一。

本书系的定位是"通识",是高品位的学科普及读物,能够满足社会上各类读者获取知识与提高素养的要求,同时也是配合高校推进素质教育而设计的讲座类书系,可以作为大学本科生通识课(通选课)的教材和课外读物。

素质教育正在成为当今大学教育和社会公民教育的趋势。为培养学生健全的人格,拓展与完善学生的知识结构,造就更多有创新潜能的复合型人才,目前全国许多大学都在调整课程,推行学分制改革,改变本科教学以往比较单纯的专业培养模式。多数大学的本科教学计划中,都已经规定和设计了通识课(通选课)的内容和学分比例,要求学生在完成本专业课程之外,选修一定比例的外专业课程,包括供全校选修的通识课(通选课)。但是,从调查的情况看,许多学校虽然在努力建设通识课,也还存在一些困难和问题:主要是缺少统一的规划,到底应当有哪些基本的通识课,可能通盘考虑不够;课程不正规,往往因人设课;课量不足,学生缺少选择的空间;更普遍的问题是,很少有真正适合通识课教学的教材,有时只好用专业课教材替代,影响了教学效果。一般来说,综合性大学这方面情况稍好,其他普通的大学,特别是理、工、医、农类学校因为相对缺少这方面的教学资源,加上很少有可供选择的教材,开设通识课的困难就更大。

这些年来,各地也陆续出版过一些面向素质教育的丛书或教材,但无论数量还是质量,都还远远不能满足需要。到底应当如何建设好通识课,使之能真正纳入正常的教学系统,并达到较好的教学效果?这是许多学校师生普遍关心的问题。从2000年开始,由北大中文系主任温儒敏教授发起,联合了本校和一些兄弟院校的老师,经过广泛的调查,并征求许多院校通识课主讲教师的意见,提出要策划一套大型的多学科的青年普及读物,同时又是大学素质教育通识课系列教材。这项建议得到北京大学校长许智宏院士的支持,并由他牵头,组成了一个在学术界和教育界都有相当影响力的编审委员会,实际上也就是有效地联合了许多重点大学,协力同心来做成这套大型的书系。北京大学出版社历来以出版高质量的大学教科书闻名,由北大出版社承担这样一套多学科的大型书系的出版任务,也顺理成章。

编写出版这套书的目标是明确的,那就是:充分整合和利用全国各相关学科的教学资源,通过本系的编写、出版和推广,将素质教育的理念贯彻到通识课知识体系和教学方式中,使这一类课程的学科搭配结构更合理,更正规,更具有系统性和开放性,从而也更方便全国各大学设计和安排这一类课程。

2001年底,本书系的第一批课题确定。选题的确定,主要是考虑大学生素质教育和知识结构的需要,也参考了一些重点大学的相关课程安排。课题的酝酿和作者的聘请反复征求过各学科专家以及教育部各学科教学指导委员会的意见,并直接得到许多大学和科研机构的支持。第一批选题的作者当中,有一部分就是由各大学推荐的,他们已经在所属学校成功地开设过相关的通识课程。令人感动的是,虽然受聘的作者大都是各学科领域的顶尖学者,不少还是学科带头人,科研与教学工作本来就很忙,但多数作者还是非常乐于接受聘请,宁可先放下其他工作,也要挤时间保证这套书的完成。学者们如此关心和积极参与素质教育之大业,应当对他们表示崇高的敬意。

本书系的内容设计充分照顾到社会上一般青年读者的阅读选择,适合自学;同时又能满足大学通识课教学的需要。每一种书都有一定的知识系统,有相对独立的学科范围和专业性,但又不同于专业教科书,不是专业课的压缩或简化。重要的是能适合本专业之外的一般大学生和读者,深入浅出地传授相关学科的知识,扩展学术的胸襟和眼光,进而增进学生的人格素养。本书系每一种选题都在努力做到入乎其内,出乎其外,把学问真正做活了,并能加以普及,因此对这套书的作者要求很高。我们所邀请的大都是那些真正有学术建树,有良好的教学经验,又能将学问深入浅出地传达出来的重量级学者,是请"大家"来讲"通识",所以命名为"名家通识讲座书系"。其意图就是精选名校名牌课程,实现大学教学资源共享,让更多的学子能够通过这套书,亲炙名家名师课堂。

本书系由不同的作者撰写,这些作者有不同的治学风格,但又都有共同的追求,既注意知识的相对稳定性,重点突出,通俗易懂,又能适当接触学科前沿,引发跨学科的思考和学习的兴趣。

本书系大都采用学术讲座的风格,有意保留讲课的口气和生动的文风,有"讲"的现场感,比较亲切、有趣。

本书系的拟想读者主要是青年,适合社会上一般读者作为提高文化素养的普及性读物;如果用作大学通识课教材,教员上课时可以参照其框架和基本内容,再加补充发挥;或者预先指定学生阅读某些章节,上课时组织学生讨论;也可以把本书系作为参考教材。

本书系每一本都是"十五讲",主要是要求在较少的篇幅内讲清楚某一学科领域的通识,而选为教材,十五讲又正好讲一个学期,符合一般通识课的课时要求。同时这也有意形成一种系列出版物的鲜明特色,一个图书品牌。

我们希望这套书的出版既能满足社会上读者的需要,又能有效地促进全国各大学的素质教育和通识课的建设,从而联合更多学界同仁,一起来努力营造一项宏大的文化教育工程。

修订版序

《中国历史十五讲》一书于 2003 年 1 月由北京大学出版社出版，至今已有 11 年。承读者厚爱，北大出版社关心，此书得以多次印刷，为中国历史知识的普及作出了一定贡献。

此书的执笔者们在这十多年的时光中，对于自己所从事的历史学术研究有不少新收获，深感对他们在《中国历史十五讲》中执笔的部分需要有所深化和补充，提出了对此书加以修订的要求。还有责任编辑刘方几次提出修订建议。于是，此书执笔的专家们于今年(2014 年)春开始了修订工作，6 月中旬结束。我读了修订稿后，有以下感受：

参加此书撰写的史学家们将他们撰写的部分仔细加以审定，改正错处，补充不足，厘清模糊处，审核论断待议处，同时又核对了引用的历史资料是否准确。经过这番努力，现在的修订稿在质量上又有了提高。显然，修订已出版的书并不只是文字上的修修补补，重要的是对学科内容的理解和表述有所深化。由此我想到，一本有销量并为读者喜欢的人文社会科学普及读物，在出版数年后，由作者们加以修订，非常必要。

在修订中会遇到书的篇幅是否会增大的问题。普及读物字数应有一定的限制，长篇巨制与"普及"并不相容，因而理想的修订应当是使书的质量有明显提高，同时在篇幅上又要尽量保持原貌，这样做是很不容易的。但是《中国历史十五讲》的作者们经过提炼、压缩，不但书的质量上有了明显提高，而且全书篇幅和原初基本相同。

我希望原先读过《中国历史十五讲》的朋友们再来读读修订本，将初版与修订版加以比较，把读后的意见通过北大出版社告诉我们，使我们撰写者能从中受到教益。我们怀着真诚之心，为修订此书付出了精力，如果读者朋友们喜欢这本书，将是对我们的最好报答。

本书修订，王子今教授协助我做了许多工作，谨此致谢。

张岂之

2014 年 6 月 15 日

序

　　北京大学出版社约我写《中国历史十五讲》是在 2002 年 1 月中旬,要求有科学性又有可读性,适合具有大学文化水平的朋友们阅读。这个倡议很好,大学生(不论是哪个系)有一些关于祖国历史的知识是十分必要的。目前市面上可以购到的关于中国历史的学术著作,有的是多卷本,分量很大;有的是精深的专著,大学生读起来可能有些困难。如果能写出深入浅出、篇幅不太大的中国历史读物,那肯定会受到大学生和读者们的欢迎。基于这样的共识,我很快就和北大出版社签了约。

　　写出这样一本书并非容易的事。如果写得"浅入浅出",就没有什么意思,不如不写。如果"深入"了,但是不能"浅出",这就背离了这本书的初衷,仍然不行。还是努力去做吧。首先不能不仔细研究在《中国历史十五讲》中写哪些专题,这直接和书的质量相关联。我翻阅了一些历史著作,也在大学生中作了一点调查研究,在同年 2 月便拟出了 15 个专题:中国文明起源的科学探索;中国古代社会与朝代更替;汉代、唐代、清代"盛世"的透视;中国古代交通与文化传播;中国历史上的民族关系;中国古代的政治、法律和选官制度;中国古代农业、手工业和商业;中国古代的军事思想与军事制度;中国古代丰富多彩的社会生活;中国古代思想的演变;中国古代文学艺术宝库;中国古代史学的形成与发展;关于中国古代科学技术的思考;中国近代历史的新课题;共和国探求社会主义现代化的曲折历程。

　　我想,这样 15 个专题也许可以概括中国历史最主要的内容。由于中国古代历史悠久,资料丰富,大学生和读者们对古代史接触较少,因此在专题中古代的内容占的比例大些。至于中国近现代史,由于中学讲得较多,在大学其他课程如政治理论课中也含有中国近现代史的若干内容,可以适当精简一些。至于中华人民共和国史特别是实现中国特色社会主义现代化的课题需要比较充分地加以阐述。

　　写中国历史用专题叙述的方法,以往并不多见。书名是《中国历史十五讲》,这就决定了必须按照专题去写。当然,专题内容的叙述应当注意历史的顺序,因为这毕竟是一本写历史的书;历史必须要有时间观念,否则读者就看不清历史演变的轨迹。那么,在这15个专题中有怎样的中心内容?我想可以这样表述:通过历史看文明的价值;通过文明看历史的演进。一部中国历史实际是一部中国文明史。具体来说,这是中国物质文明、精神文明、政治文明、制度文明的演进历史。我们想在这本书中贯串这样的中心思想,是否已经做到或者已做到几分,这是要请读者朋友们来回答和评判的。有了这样的思路,才能够把15个专题融合成一本有相同体例、有同样文字风格和叙述方法的书。

有了专题,需要有执笔者。我邀请了几位专家,他们在大学有多年的教学和科学研究的经验。按照上述的中心思想和专题要求,分别起稿的情况是:第一讲 执笔者王子今教授、第二讲 张岂之教授、第三讲 刘文瑞教授、第四讲 王子今教授、第五讲 杨圣敏教授、第六讲 刘文瑞教授、第七讲 王子今教授、第八讲 范立舟教授、第九讲 方光华教授、第十讲 张岂之教授、张茂泽副教授、第十一讲 李生龙教授、第十二讲 方光华教授、第十三讲 李生龙教授、第十四讲 陈国庆教授、第十五讲 杨先材教授。

除第十五讲外,其他各讲都经过反复修改,程序是:我看了初稿以后提出修改意见,请执笔专家考虑修改。再读改稿,如觉得需要进一步修改,则不由执笔者,而由我和刘文瑞、方光华教授一起修改,最后由我定稿,因此书稿的质量我应当负主要责任。在写作和修改中,某一专题中若干部分的改写,甚至整个一讲重新写过也是有的。这样的实践使我和参加执笔的教授们都深深感到写一本"深入浅出"的书是有很大难度的,我们虽然努力要将书写好,使读者愿意而且能够读下去,但是由于水平的限制,书中难免有错误和缺点,请读者朋友们加以批评指正。

关于本书的插图,我想再说几句。插图有助于读者对书的内容的理解。本书插图的来源是:

①《中华古文明大图集》,韩国大宇集团编,人民日报出版社。

第二部 《始祖》

第二部 《铸鼎》

第五部 《社稷》

②《华夏之路》,中国历史博物馆编,朝华出版社1997年。

第二册　战国时期至南北朝时期

第三册　隋唐至两宋时期

③《汉阳陵》,陕西考古研究所编,重庆出版社。

所有图片由西北大学文博学院惠明同志扫描,谢谢。

张岂之

2002 年 10 月 1 日

第一讲

中国文明起源的科学探索

中国是历史最为悠久的文明古国之一。中国历史，以沿承之久远，创造之宏富，形式之繁盛，影响之广阔，在人类文明史上具有重要的地位。特别值得强调的是，中国与世界其他文明体系比较，数千年来，历史记载最为完整，历史遗存最为丰富，历史传承关系也最为明确。

中国文明对于世界文明有辉煌的历史贡献，这是众所周知的事实。但是，我们对于中国文明的起源，对于中国文明的早期形态的认识，长期以来仍然存在许多有待于进行认真的科学探索的课题。

一代代学者对于"探源""寻根"的探索，使我们的认识向科学的方向推进，借助考古新发现的证明，已经逐渐接近历史的真实。

一 黄帝和炎帝：中国古史的传说时代

《史记·五帝本纪》记述了黄帝轩辕、帝颛顼高阳、帝喾高辛、帝尧放勋、虞舜重华的事迹。实际上司马迁关于早期文明时代以前的历史的理解，都反映在关于"五帝"的生动记叙中。司马迁明确说到有关"五帝"的文字来自有关文献记载，并与民间传说一致。他写道，自己曾经西到空桐一带，北至涿鹿地方，东方则走到海滨，南方航行于江淮，所到之处，访问当地长者，都传诵黄帝、尧、舜故事，虽然文化渊源不同，地方风教有别，有关先古圣王的传说，大体脉络是相同的。可见"五帝"传说很早就已经广泛流布。

通过对许多民族的早期历史的考察，可以发现，神话传说常常和历史事实相混杂,有时候,"带有怪异性虚构的传奇却能具有历史事实的基础"。① 分析中国远古传说,也可以看到同样的情形。

图1　轩辕黄帝像

据司马迁《史记·五帝本纪》,在"轩辕"所处的时代,②各个部族相互"侵伐",百姓受到残害,轩辕于是习武行兵,征讨好兴不义之战的部族,受到天下的拥戴。在相继战胜炎帝、蚩尤两大部族集团之后,各地诸侯都尊奉轩辕为天子,是为"黄帝"(图1)。司马迁写道,天下有不顺从者,黄帝从而征之,平者去之,"披山通道,未尝宁居"。据说黄帝不惮辛劳,游历四方,行踪遥远,他曾经东行至于海滨,又西行至于西北高原,又南行至于长江,又向北方用兵,驱逐游牧部族势力,后来在涿鹿附近的平原修筑城邑。长期迁徙往来,没有固定居地。黄帝行政的主要内容,是所谓"抚万民,度四方"。他通过以交通实践为重要内容的行政努力,实现了所谓"万国和"的局面。

《吕氏春秋·荡兵》说,部族集团或部族联盟之间的矛盾和战争由来已久,黄帝以善用"水"著名,炎帝则以善于用"火"著名。③ 这样的说法,或许反映黄帝部族集团可能曾经以河滨作为早期发展的基地,而炎帝部族集团则起初比较重视山林的开发。④ 黄帝和炎帝,都可能是中国远古传说时代某一部族、部族集团或部族联盟领袖的姓名,也可能是某个部族、部族集团或部族联盟的代号。

有的学者认为"炎帝"就是"神农",也有学者认为"炎帝"与"神农"无关。炎帝传说多有关于"火德"的说法,很可能体现了远古时代利用"火"垦

① 〔英〕爱德华·泰勒:《原始文化》,连树声译,上海文艺出版社,1992年,第279页。
② "轩辕"名号的意义,暗示黄帝领导的部族可能拥有车辆的发明权。
③ 高诱的解释是:"黄,黄帝也;炎,炎帝也。炎帝为火灾,黄帝灭之也。"《国语·晋语四》也说,炎帝和黄帝,"二帝用师以相济也,异德之故也。"韦昭注:"济,当为挤。挤,灭也。"
④ 如《帝王世纪》所说,"本起烈山,或称烈山氏"。

荒农作的历史性进步。炎帝传说的发生，可以看做是农耕业发展必然经过的历史阶段的反映。这就是在茫茫山野原生林密集的情况下，人们不得不利用火耕手段拓荒营田，进行最基本的种植经营。炎帝，或许可以看作发明和推广"刀耕火种"农业技术的先驱。传说中炎帝创业的地域，据《淮南子·时则》记载，"南至委火炎风之野"。炎帝于是号称"南方火德之帝"（《淮南子·时则》高诱注），据说又"死托祀于南方"（《吕氏春秋·孟夏纪》高诱注）。所谓"南方"，指示了炎帝部族或部族联盟鼎盛时期活动区域的大致方位。传说中的这些内容，与长江流域石器时代的考古发现是相符合的。

由于生产力的突出进步，当时社会开始向早期文明迈进。

先秦时期和秦汉时期的思想家对于炎帝时代历史文化进程的追述，描绘了一幅富有理想主义色彩的社会画面。据说当时社会在平和的节奏中进步，人与自然的关系相当和谐，在同一社会结构内部，人际关系也十分友好。① 通过这样的描述，我们可以看到和平宁静而农耕生产得到空前发展的情形。

对于中国文明起源时代的部族、部族集团或者部族联盟，有的学者认为除了黄帝和炎帝之外，还有蚩尤。也有的学者认为，和黄帝、炎帝并列的部族集团或部族联盟是苗蛮。② 对于这一阶段的历史文化分析，认识不能一致，是因为有关传说时代的文字遗存本来就零散、片断而且未能确信的缘故。

———————————

① 《庄子·盗跖》说，"神农之世，卧则居居，起则于于。……此至德之隆也。"《商君书·画策》也说："神农之世，男耕而食，妇织而衣，刑政不用而治，甲兵不起而王。"《淮南子·主术》也写道："当此之时，法宽刑缓，囹圄空虚，而天下一俗，莫怀奸心。"

② 徐旭生、蒙文通等学者曾经认为，史前时代存在三大部族集团，即以河洛地区为活动中心的中原华夏集团、以海岱地区为活动中心的东方夷族集团和以江汉地区为活动中心的南方蛮族集团。20 世纪 60 年代，苏秉琦在研究中原区与东南区远古文化的关系时，从考古文化的考察出发，又提出过中原地区后期仰韶文化、鲁南苏北青莲岗 – 大汶口诸文化和江汉间屈家岭文化三个文化区的划分。20 世纪 80 年代中期以后，苏秉琦在研究中国文明起源时，在继续关注中原区、东南区的同时，亦对以燕山南北长城地带为重心的北方地区予以特殊重视。他曾回忆梁思永提出的三集团说。梁思永 30 年代在原热河省调查发掘时，就重视"沿边文化接触区域"的红山文化，并且认为，"长城南北几个新石器时代晚期的文化系统的相对时代关系确定之后，我们才能脚踏实地的去作对比上古史与考古学发现的工作。"梁思永的三集团说也可能包括了东北地区南部。田昌五则曾经发表四集团说，大致是在原三集团说的基础上增加了以红山文化为代表的北方区。

在探索史前文化的面貌时可以发现,时代越古远,则当时不同群落间的文化差异也越明显。甚至同时代的相距不远的人类居住遗址的出土物,也具有各自相异的鲜明特征。只是经过长期的交往和沟通,不同的文化遗存才逐渐显现出越来越突出的文化共同性。具有共同文化特质的部落、部族、部族集团、部族联盟乃至民族的形成,首先是以交通和交往的进步为基本条件的。

传说中黄帝"度四方"以致"万国和"的事迹,正是和文明进步的这一规律相合的。

二　近世史家对炎黄传说的认识

从晚清时代起,进步的中国知识界在接受西方文化影响的同时,对于中国传统文化开始反思。20 世纪 20 年代初,以"古史辨"为旗帜的疑古思潮兴起。这一思潮当时对于摧毁正统历史体系的构成,对于冲破封建文化传统的网罗,从而解放民族精神,具有积极的意义,对于史学革命,也表现出重要的推进作用。[①]

"古史辨"派的创始人顾颉刚提出了"层累地造成的中国古史"的观点,他认为,古史传说中的帝王都有神性,都是从神演化为人,古书中所讲的古史,是由不同时代的神话传说一层一层地积累起来的,神话传说发生时代的先后次序,也和古书所记载的古史系统排列的先后恰恰相反。"时代愈后,传说的古史期愈长。""周代人的心目中最古的人是禹,到孔子时有尧舜,到战国时有黄帝神农,到秦有三皇,到汉以后有盘古等。"而且,"时代愈后,传

---

① 《古史辨》是 1926 至 1941 年间编辑出版的研究、考辨中国古代史的论文集。在当时,是学术界实力最为强劲,讨论最为热烈,成果最为集中的学术群体的科学探讨历程的显示。五四运动后,顾颉刚等学者开始借鉴西方现代科学方法来更新自己的治学方法,重新认识中国古代历史,希望继承前人几次抨击伪书的运动,于是通过自己的学术努力,掀起一个新的辨伪浪潮。他们发表了一系列有关古史辨伪的文章,这些文章后来汇印成《古史辨》。全书共 7 册(9 本),第 1 至 3 册和第 5 册由顾颉刚编辑,第 4、6 由罗根泽编辑,第 7 册由吕思勉、童书业合编。共收入 20 世纪 20 年代至 30 年代史学界研究中国古代史、考辨古代历史文献的文章350 篇,计 325 万字。其内容包括对《尚书》《周易》《诗经》等经书的考辨,对儒、墨、道、法诸家学派的研究,对夏以前有关古史传说、"阴阳五行说"的起源、古代政治及古帝王系统的关系的考辨和研究等。"古史辨",也成为一个学派的旗帜。

说中的中心人物愈放愈大。""如舜,在孔子时只是一个'无为而治'的圣君,到《尧典》就成了一个'家齐而后国治'的圣人,到孟子时就成了一个孝子的模范了。"①

顾颉刚的见解一发表,随即引起了强烈的文化反响。

许多年后,顾颉刚在《我是怎样编写〈古史辨〉的?》一文中回顾当时的情形,有这样的说法:"哪里想到,这半封题为《与钱玄同先生论古史书》的信一发表,竟成了轰炸中国古史的一个原子弹。连我自己也想不到竟收着了这样巨大的战果,各方面读些古书的人都受到了这个问题的刺激。因为在中国人的头脑里向来受着'自从盘古开天地,三皇、五帝到于今'的定型的教育,忽然听到没有盘古,也没有三皇、五帝,于是大家不禁哗然起来。多数人骂我,少数人赞成我。许多人照着传统的想法,说我着了魔,竟敢把一座圣庙一下子一拳打成一堆泥!"②

顾颉刚"层累地造成的中国古史"的论点一提出,确实在学界掀起了一场风暴。钱玄同认为这是"精当绝伦"的意见,"看了之后,惟有欢喜赞叹"。③ 胡适后来也表示:"顾先生的'层累地造成的古史'的见解真是今日史学界的一大贡献,我们应该虚心地仔细研究他,虚心地试验他,不应该叫我们的成见阻碍这个重要观念的承受。"④然而,学界也多有反对的意见。顾颉刚在回答批评者的种种诘难时,又继续充实提炼自己的理论。他在1923年7月1日又发表《答刘胡两先生书》,提出在推翻非信史方面,应当有四项标准。第一条标准是"打破民族出于一元的观念"。第二条标准是"打破地域向来一统的观念"。第三条标准是"打破古史人化的观念"。第四条标准是"打破古代为黄金世界的观念"。顾颉刚表示:"以上四条为从

① 顾颉刚:《与钱玄同先生论古史书》,《古史辨》第一册,上海古籍出版社,1982年,第60页。

② 《我是怎样编写〈古史辨〉的?》原文由王煦华协助整理,初刊于《中国哲学》第2辑,三联书店,1980年,第6辑,三联书店1981年,经作者修改,收入重印出版的《古史辨》第一册,上海古籍出版社,1982年,第18页。

③ 钱玄同:《答顾颉刚先生书》,《读书杂志》第10期,1923年6月10日;《古史辨》第一册,上海古籍出版社,1982年,第67页。

④ 胡适:《古史讨论的读后感》,《读书杂志》第18期,1924年2月22日;《古史辨》第一册,上海古籍出版社,1982年,第189—198页。

杂乱的古史中分出信史与非信史的基本观念,我自以为甚不误。"①

近几十年来层出不穷的考古新发现,使学界逐渐认识到疑古思潮的许多观点应当有所修正。对于古史传说的认识,于是又有更新。徐旭生曾经在《中国古史的传说时代》一书中指出:"在早期发展的各民族(用这一词的广义)中,它们最初的历史总是用'口耳相传'的方法流传下来的。"徐旭生还说,"传说时代的史料和历史时代的史料在性质上主要的不同点,为前者的可靠性比后者的可靠性差。"除了"口耳相传的史实""容易失真"而外,"并且当时的神权极盛,大家离开神话的方式就不容易思想,所以这些传说里面掺杂的神话很多,想在这些掺杂神话的传说里面找出来历史的核心也颇不容易。由于这些原因,所以任何民族历史开始的时候全是颇渺茫的,多矛盾的。这是各民族公同的和无可奈何的事情。"然而,徐旭生又指出:"很古时代的传说总有它历史方面的质素、核心,并不是向壁虚造的。"②这样的认识,应当是符合我们已经获得的关于史前史的知识的。

自战国秦汉时期以来,古史传说时代的"三皇五帝"事迹已经成为当时的历史结构的最初框架。古史系统中的五帝传说和三皇传说,虽然"古史辨"派的史学家们早已指出了其中后人增饰的痕迹,因而断定其为伪古史。但是,我们也应当看到,在这些传说中也许隐含着真实历史的若干遗存。摩尔根在《古代社会》一书中谈到传说时代的人物和传说时代的历史时曾经说,"无论罗马那七位所谓的国王究竟真有其人或是神话人物,无论归功于他们的任何立法活动究竟实有其事或是出自虚构",其实都"无关紧要","人类进步的事件不依靠特殊的人物而能体现于有形的记录之中,这种记录凝结在各种制度和风俗习惯中,保存在各种发明与发现中"。③从这样的认识出发,我们考察文明起源与"三皇五帝"古史系统的关系,就可以排除若干疑虑,深入探索传说背后所体现的历史真实。

一些学者认为,结合考古学的新成就,我们对于炎黄二帝的传说应该有新的理解。有不少学者认为,从伏羲、神农到黄帝的古史传说,表现了中华

① 顾颉刚:《答刘胡两先生书》,《读书杂志》第11期,1923年7月1日;《古史辨》第一册,上海古籍出版社,1982年,第96—102页。
② 徐旭生:《中国古史的传说时代》(增订本),文物出版社,1985年,第19—20页。
③ 〔美〕路易斯·亨利·摩尔根:《古代社会》下册,杨东莼、马雍、马巨译,商务印书馆1987年,第302页。

文明的萌芽最初发生和早期发展的过程。李学勤在《论古代文明》一文中指出，"《史记》一书沿用《大戴礼记》所收《五帝德》的观点，以黄帝为《五帝本纪》之首，可以说是中华文明形成的一种标志"。黄帝设官置监，迎日推策，播殖百谷，驯化鸟兽的事迹，已经表现出早期文明的特点。"因此，以炎黄二帝的传说作为中华文明的起源，并不是现代人的创造，乃是自古有之的说法。"李学勤还说道，"黄帝、炎帝代表了两个不同的地区，一个是中原的传统，一个是南方的传统。这种地区的观念对我们研究古史传说颇有意义。"我们读《史记·五帝本纪》，可以看到，司马迁追述古史，大体是以中原文化系统为中心的。但是确实也涉及南方文化系统的历史存在。

李学勤还指出，炎黄二帝事迹以及黄帝之后的传说谱系，还向人们说明了这样的历史事实："中华文明在相当早的时候，包括它刚在萌生的过程中，便有了颇为广泛的分布。在考古学上，不少学者都在使用'龙山文化'这个词，这意味着从北方到南方很广大的范围里，多种文化都有其共同点。这种情况，也可譬喻为形成了一个文化的'场'，其范围之大在古代世界是罕与伦比的。"他认为，"这个文化的'场'正是后来夏、商、周三代时期统一国家的基础。炎黄二帝以及黄帝有 25 子、得 12 姓等传说，与这一具有共同点的文化'场'是有联系的。结合古史传说来考察龙山时代各种文化，将对中国文明的起源和形成过程有进一步的阐发"①。

关于炎黄二帝的传说，特别是黄帝的传说以及当时已经"形成了一个文化的'场'"的这一论断，主张体现中华早期文明基本面貌的若干历史文化现象与远古传说有着密切的关系，这样的认识，可以给我们探索中国文明起源的工作以有意义的启示。

三　多源的文明·多元的文明

"古史辨"派在推翻非信史方面，提出了四条标准。第一条标准是"打破民族出于一元的观念"。第二条标准是"打破地域向来一统的观念"。经考古资料印证，可以确定地说，这两条标准，体现出了对于中国文明起源的

---

① 李学勤:《论古代文明》,《走出疑古时代》(修订本),辽宁大学出版社,1997 年,第41—43 页。

科学的认识。

近年的考古收获确实可以证明，"中华文明""刚在萌生的过程中，便有了颇为广泛的分布。"以往通常将黄河中下游地区看作"一元"的早期文明诞生的基地。然而我们看到，在黄河中下游以外的地区，在新石器时代已经有相当繁盛的原始文化发育。

20世纪20年代初，瑞典考古学者安特生在甘肃临洮马家窑发现了一处以发达的彩陶艺术作为重要特征的原始时代遗址。后来，黄河上游地区的新石器时代晚期的考古学文化，就因此被命名为马家窑文化。马家窑文化较集中地分布于甘肃省，其地域大致以陇西平原为中心，东起陇东山地，西抵河西走廊。甘肃北部、甘南山地以及宁夏南部和青海东北部，也曾经发现马家窑文化的遗址。马家窑文化是仰韶文化的一个地方分支，所以又被称作甘肃的仰韶文化。

马家窑文化的彩陶在陶器总数中约占20%—50%，随葬品中的彩陶有时甚至多达80%以上。在中国不同时代、不同地域的彩陶文化中，马家窑文化的彩陶所占的比率最高。与其他文化系统的彩陶相比，马家窑文化的彩陶绘制的风格以繁缛多变为主要特征，同时又具有明显的规律，可见马家窑人的绘彩技术已经达到了相当成熟的水平。马家窑彩陶绘彩的部位也比其他彩陶文化广泛得多，许多细泥陶的外壁和口沿布满花纹，甚至一些大口径器物的内壁和其他夹砂的炊器上也常常绘彩。马家窑文化彩陶的图案多取材于自然，以鱼纹、鸟纹、蛙纹、蝌蚪纹、水波纹、草叶纹、葫芦纹等较为多见，并且多有各种由这些纹样变形而形成的图案，以及不同形式的几何纹等。马家窑文化彩陶的精致与华美，表现出制陶工匠们不同寻常的工艺技能。在马家窑文化的时代，烧制陶器的陶窑窑室都呈方形，与中原仰韶文化多为圆形窑室明显不同。甘肃兰州东郊白道沟坪遗址发现了一处规模相当大的制陶窑场，计有5组12座陶窑，此外还有一些被破坏的陶窑残迹。窑场中还出土研磨颜料的石板和配色调料用的陶碟，都是当时陶工描绘彩陶纹饰的工具。发现的陶碟有分格，格中可以看到配有紫红色颜料。

青海大通上孙家遗址曾经出土一件以舞蹈者的形象作为彩绘图案主题的陶盆。画面分为3组，每组各描绘5人携手起舞，步法从容，体态轻盈，动作齐整。每组外侧两人的一臂画成两道，可能反映不相牵握的手臂动作幅度较大或者摆动较为频繁。舞蹈者每人下身体后的线条，有人解释为一般饰物,有人解释为飘动的腰带,有人解释为模拟鸟兽所装戴的尾饰。关于原始舞蹈的最初起源,人们自然会想到《尚书·益稷》中所谓"笙镛以间,鸟兽跄跄,箫韶九成,凤皇来仪","击石拊石,百兽率舞"的记载,当时人们奏响用竹木简单加工而成的笙箫,轻重有致地敲打着较为平薄的石器(应当就是古代乐器"磬"的原型),模仿鸟兽的动作翩翩起舞。"鸟兽跄跄","凤皇来仪","百兽率舞"等文字,记录了这种舞蹈和原始狩猎的关系。因此,或许上孙家彩陶画面舞蹈者装戴模拟鸟兽的尾饰的说法,是接近历史真实的。

值得注意的是,虽然中国古代典籍中可以看到"帝俊有子八人,是始为歌舞"。① 的传说,认为最早的歌舞的发生,和中原先古圣王的事迹有关。但是,我们现在看到的关于原始舞蹈的实证资料,却多是出自西北边远地区的文物遗存。

与上孙家舞蹈纹陶盆时代相近的出土文物中,还可以看到一些原始乐器。青海民和阳山马家窑文化遗址曾经出土 2 件陶鼓,中间为筒形,一端呈罐状,另一端扩展呈喇叭形,两端各有一环纽,可以系绳挂在身上拍击,其中一件腰部还有一圈使用时绳勒的痕迹。呈喇叭形的一端有乳形小钩及钻孔,推测当时可能是用来绷兽皮的。《世本》记载:"夷作鼓。"可能最早的鼓的发明,正是少数民族的文化贡献。青海乐都柳湾墓地出土的陶哨,可以吹出 4 个高低不同的音。

甘青地区的原始文化,尤以陶塑艺术造型之优美和技巧之纯熟特别引人注目。甘肃秦安大地湾出土的以圆雕人头像作为器口的陶瓶,腹部破裂处有粘接的痕迹,表明当时人对于这件器物的珍视。圆雕人头像造型生动,刻画细致,发式的表现非常具体,除前额为整齐的短发外,两侧及后部都是披发。甘肃天水柴家坪也曾经出土类似的器口为陶塑人物的器物。青海乐都柳湾墓地的出土物中,也有人像彩陶壶,多在器口塑有人面。其中 1 件塑绘有裸体人像,先捏塑人体的各个部位,然后用黑彩勾勒。头面也在壶的颈部,五官清晰,披发。身躯在器腹部,乳房、脐、下部及四肢袒露。上肢捧腹,五指分明,下肢直立。这类器物的文化内涵,我们至今还未能完全理解,但是其构思和制作所体现的艺术观念,确是值得重视的。

---

① 《山海经·海内经》。

马家窑文化半山类型的遗存，有男女合葬墓，被认为是一夫一妻制家庭形态开始确立的标志。男女随葬品的差异，又表现出两性间社会分工的差异。随葬品数量、质量和种类的差别，说明当时社会贫富逐渐分化，原始公有制社会正在逐步走向解体。

继马家窑文化之后，黄河上游西北高原的原始人群进入了青铜时代。甘肃武威皇娘娘台和甘肃永靖大何庄等齐家文化遗址中出土了早期红铜器和青铜器50余件。种类有刀、锥、环、匕、斧、钻、镜等。甘肃广河齐家坪遗址出土的器身较厚重的铜斧，是齐家文化铜器中最大的一件标本。铜镜共发现8件，其中青海贵南尕马台25号墓出土的1件保存较好。圆形，直径9厘米，厚0.4厘米，一面光平，一面饰有七角星形纹，边缘有一周突棱，分析其制作工艺，当已采用合范铸造手段。经快中子放射分析，铜锡之比为1:0.096。原镜纽后已残坏，在镜缘的一侧钻有两个小孔作系绳穿挂之用。

迄今发现的齐家文化的墓地大都是成片的氏族公共墓地，其规模应当与当时氏族或部落的规模相适应。墓葬一般都有陶器、石器、玉器、骨器和铜器等作为随葬品，尤以陶器为大宗。还有以猪和羊的下颚骨随葬的。从一些墓地的发掘资料分析，齐家文化的墓葬规模和随葬品质量和数量的差别相当悬殊。如甘肃武威皇娘娘台墓葬的随葬器物，陶器少者不过1—2件，多者可达37件；玉石璧少者1件，多者至于83件。在甘肃永靖秦魏家和大何庄两地的50多座墓葬中，随葬的猪下颚骨总数多达550多件，少者1件，多者68件。这些迹象说明了死者生前财产拥有数量的不均和社会地位的差别。

随着生产的发展，特别是以冶金业为主导的手工业的增长，促使齐家文化的创造者们开始迈上了文明的初阶。

在齐家文化墓地还发现6处所谓"石圆圈"遗迹，就是利用大小相当的天然砾石排成直径约4米的圆圈，作为某种宗教祭祀活动的场地。甘肃永靖大何庄的一处"石圆圈"，西北方向还留有宽1.5米的缺口。"石圆圈"的附近都分布着许多墓葬，还发现有卜骨和牛、羊等动物的骨骼。宗教祭祀行为受到重视，说明文化的进步达到了新的阶段。

齐家文化主要分布在甘肃、青海境内的黄河沿岸及其支流渭河、洮河、大夏河和湟水流域。在宁夏南部和内蒙古西北部也有零星发现。其分布地域，正大致是中原人称为"西戎"的部族早期活动的范围。

青海乐都柳湾齐家文化墓葬中出土的石磬,是同类器物中年代最早的1件,是研究中国音乐史珍贵的实物资料。柳湾还出土了36枚海贝,说明齐家文化的先民们和相当遥远的地区保持着经济文化的往来。

因首先发现于浙江余姚河姆渡遗址而得名的河姆渡文化是中国长江下游地区的新石器时代文化。河姆渡文化的分布范围包括杭州湾南岸的宁(波)绍(兴)平原,又越海东抵舟山群岛,年代大致为公元前5000年至公元前3300年。

河姆渡文化的骨器制作技术得到比较突出的发展。骨制耜(图2)、镞、鱼镖、锥、针、匕、凿等,广泛应用于生产和生活领域。另外,骨制笄、管、坠、珠等装饰品,造型精巧,磨制光润。有些骨器上,雕刻有细致精美的花纹,体现出工匠的精湛技艺。

图2　河姆渡骨耜农具

位于上海青浦县城东约4公里处,地处太湖地区的崧泽遗址,以内涵为新石器时代遗存的中层堆积最为丰富。有人称之为崧泽类型或崧泽期,有人称之为崧泽文化。其年代,大约为公元前3900年—公元前3300年。同类遗存,又见于江苏吴县草鞋山遗址、张陵山遗址,江苏常州圩墩遗址,浙江吴兴邱城遗址等。

崧泽文化的石器一般都通体磨光,以穿孔石铲、长条形石锛等较有特色。从生产工具的形制和陶器羼和料多使用稻壳可以推知,当时的经济生活以稻作农业为主。

良渚文化继承了崧泽文化的成就。良渚文化因浙江余杭良渚遗址得名。良渚文化主要分布在太湖地区,南以钱塘江为界,西北至江苏常州一带。长江北岸的江苏海安青墩遗址也含有良渚文化的若干因素。良渚文化的年代，大约为公元前 3300 年—公元前 2200 年。

1934 年钱山漾遗址的发现，1936 年良渚遗址的发掘，使得人们开始认识东南远古文化的宝贵遗存。60 多年来，对于良渚文化的发掘和研究日益深入。良渚文化玉器制作的成就较为突出。陶器纹饰繁复多变，上海马桥遗址发现的陶文，更直接地透露出当时社会文化进步的信息。

河姆渡文化的木作工艺已经达到相当高的水平。除了木制耜、铲、杵、矛、刀、桨、槌、纺轮等工具以外，还发现了不少安装多种工具的木质把柄。河姆渡遗址出土的许多建筑木构件上可以看到榫卯结构，尤其是燕尾榫、带销钉孔的榫和企口板的发明和使用，标志着当时木作技术的成就。河姆渡遗址第 3 层出土 1 件敛口圈足木碗，外表有薄层朱红色涂料，虽然剥落较甚，但是依然微显光泽。这种涂料经鉴定是生漆，这是中国迄今为止所发现的最早的漆器。

河姆渡文化的主人习惯于居住在一种栽桩架板高于地面的干栏式建筑之中。在河姆渡遗址的各个文化层，都发现了和这种建筑形式有关的圆桩、方桩、梁、柱、木板等木构件的遗存，数量多达数千件。河姆渡遗址第 4 层发现的 1 座干栏式建筑的遗址，桩木和相紧靠的长圆木残存 220 余根，从桩木排列规律分析，可知室内面积在 160 平方米以上。这座大型干栏式建筑或许是公共住宅，室内很可能又隔成若干小房间。

在河姆渡遗址的第 2 层，发现 1 眼木构浅水井遗迹。这是中国目前所知最早的水井遗迹，也是迄今发现的采用竖井支护结构的最古老的遗存。

传说黄帝当政的时代，曾经有"以玉为兵"的历史阶段。这里所说的"玉"，可能只是指较为纯质的石材，很可能人们正是在制作加工石器的过程中，发现了玉有莹润纯美的品性，于是用以制作器具，或用来加工玲珑的饰物和庄严的礼器。新石器时代的玉器，体现出远古先民审美意识的进步，其应用，很可能也与原始宗教信仰的若干内容有关。

东南地区远古先民的玉作技术，曾经领先于其他地区，成为他们引人注目的重要的文化贡献之一。良渚文化的玉器制作在文明进程相同的原始文化中，表现出突出的特色。玉质珠、管、坠、镯、瑗、璜、琮、璧等，多精心磨制抛光并雕刻纹饰，表现出很高的工艺水平。良渚文化的墓葬多有随葬大量玉器者，如江苏吴县草鞋山 198 号墓，出土 60 多件随葬器物，其中有玉琮 5

件,玉璧 2 件,珠、管、镯、锥形饰、穿孔斧等玉器共 30 多件。上海青浦福泉山 6 号墓虽然已经被破坏,仍然遗有玉琮 5 件,玉璧 4 件。江苏武进寺墩 3 号墓随葬玉琮、玉璧多达 57 件。用如此大量的玉器随葬,是以往所没有的。有的学者根据《周礼·春官·典瑞》所谓"疏璧琮以敛尸"的说法,认为这些墓葬的埋葬形式可以称作"玉敛葬"。在良渚文化的时代,可能已经出现了以熟练的技术专门经营玉作的工匠,即《周礼·考工记》中所说的"玉人"。良渚玉器轻柔的光泽,可以看做是远古智能之光,同时,也可以看做是东方文明之光。

福建的新石器时代遗址,多集中在闽江下游地区。因福建闽侯县昙石山遗址而得名的昙石山文化,表现出鲜明的地方特点。昙石山文化的石器以锛为最多,除扁平常型锛、有段石锛外,还出土一面扁平、一面有人字形纵脊的石锛。几何印纹陶和绘红色条带、卵点的彩陶,是昙石山文化的主要特征之一。

出现在辽河流域的红山文化,以其特殊的内涵引起了学界的关注。红山文化,是距今五六千年间一个在燕山以北、大凌河与辽河上游流域活动的部落集团创造的农业文化。因最早发现于内蒙古赤峰红山后遗址而得名。现已发现的明确属于这一文化系统的遗址,遍布辽宁西部地区,数量多至近千处。

位于辽宁凌源的牛河梁红山文化遗址,特别是"女神庙"、祭坛、"积石冢"的发现,充分展示了我国北方地区史前文化的最高成就。(图 3)"女神庙"为一半地穴式建筑遗存,全长约 22 米,宽约 2—9 米,主体建筑长 18.4 米。平面略呈"亞"字形。庙为多室组成,主室为圆形,左右各有一圆形侧室。主室北部为一近方形室,南部似有三室相连;总体结构左右对称,主次分明,布局严谨而又有所变化。专家们

图 3　红山文化泥塑女神像

因而对中华文明起源史、中华古国史进行了新的思考:把中华文明起源史的研究,从四千年前提早到五千年前;把中华古国史的研究,从黄河流域扩大到燕山以北的西辽河流域。

积石冢是红山文化墓葬最基本的一种形制,与国内新石器时代华北、中

原地区以土坑墓为主的形制完全不同。环绕"女神庙"的积石冢建于周围各个高地,冢群内小墓围绕中心大墓,四周又砌筑石框界。积石冢群以圆形祭坛为中心,呈东西对称形势分布,南北也形成一定的格局。中心大墓的规格远超过一般的小墓,随葬品数量也明显更多。中心大墓墓主皆为男性,这表明社会性别结构的男尊女卑已经逐渐成为定局。当时已经初步形成了较为明显的等级观念,原始礼制应当已经开始发挥维护社会关系的作用。

《易·系辞上》说:"河出图,洛出书,圣人则之。"《帝王世纪》关于文化起源的传说,有因鱼、龙、龟、凤而来等不同的说法。如《初学记》引《帝王世纪》说:"鱼流始得图书。"《雕玉集》引《帝王世纪》说:"洛龟负书而出,河龙加图而至。"《稽瑞》引《帝王世纪》则说:"凤皇衔图置帝前。"如果我们相信在中国远古神秘主义文化中存在类似于"图腾"信仰的观念,则可以考虑,这样的传说,或许可以理解为已经显示出渊源不同的各部族文化逐渐汇合成华夏文化的主流的历史轨迹。正如闻一多在《伏羲考》一文中所指出的,"图腾的合并,是图腾式社会发展必循的途径",在这一过程中,当出现"由许多不同的图腾糅合成的一种综合体"。他写道:"因部落的兼并而产生的混合的图腾,古埃及是一个最显著的例。在我们历史上,五方兽中的北方玄武本是龟蛇二兽,也是一个好例。不同的是,这些是几个图腾单位并存着,各单位的个别形态依然未变,而龙则是许多单位经过融化作用,形成了一个新的大单位,其各小单位已经是不复个别的存在罢了。前者可称为混合式的图腾,后者化合式的图腾。"①

显然,在原始文化迈向文明门槛的时代,多源的因素和多元的因素逐渐融汇,为具有共同风格的华夏文明的形成,提供了必要的条件。

关于中国文明起源的历史分析,起先一元论即"中原中心"说曾经占据主导地位,后来又出现多元论,即所谓"满天星斗"说,认为中华民族最早的先民确实曾经满天星斗般地分散在中华大地上,中国早期文明呈现多元分布的态势或格局。苏秉琦指出,"过去有一种看法,认为黄河流域是中华民族的摇篮,我国的民族文化先从这里发展起来,然后向四处扩展;其他地区的文化比较落后,只是在它的影响下才得以发展。这种看法是不全面的。

---

① 《神话与诗》(闻一多全集选刊之一),古籍出版社,1956年,第27、26页。

在历史上,黄河流域确曾起到重要的作用,特别是在文明时期,它常常居于主导的地位。但是,在同一时期内,其他地区的古代文化也以各自的特点和途径在发展着。各地发现的考古资料越来越多地证明了这一点。同时,影响总是相互的,中原给各地以影响,各地也给中原以影响。"他认为对于中国文明早期形成过程发挥过重要作用的主要有6个地区:1.陕豫晋邻境地区;2.山东及邻省一部分地区;3.湖北和邻近地区;4.长江下游地区;5.以鄱阳湖—珠江三角洲为中轴的南方地区;6.以长城地带为重心的北方地区。①有的学者又将一元论和多元论结合起来解释中国文明的起源及其早期发展,认为多元分布的形势,又呈示"众星捧月"般的局面,形成另一种意义上的中原中心,即评价中华先民的社会文化发展过程意义上的中原中心。

以上所叙述的历史过程,与张光直如下的分析是一致的:"不论华南还是华北,我们都可以提出一个假说,就是自公元前4000年左右开始,有土著起源和自己特色的几个区域性的文化互相连锁成为一个更大的文化相互作用圈(Sphere of interaction)。"张光直还提出,"这个在公元前4000年前开始形成,范围北自辽河流域,南到台湾和珠江三角洲,东自海岸,西至甘肃、青海、四川的'相互作用圈'","不妨便径称之为中国相互作用圈或中国以前相互作用圈——因为这个史前的圈子形成了历史期间的中国的地理核心,而且在这圈内所有的区域文化都在秦汉帝国所统一的中国历史文明的形成之上扮演了一定的角色。"②

应当归入"陕豫晋邻境地区"的山西襄汾陶寺遗址发现了重要的遗迹和遗物。有学者认为,在原始农业水准有了很大提高的基础上,早期礼制已经形成,陶寺文化晚期已进入初期文明社会。陶寺文化晚期的年代已进入了夏代的纪年范围。③ 也许属于"以长城地带为重心的北方地区"的陕西神木石峁遗址获得的重要发现,④显示文明历程中的新的历史性进步。

① 苏秉琦:《关于考古学文化的区系类型问题》,《苏秉琦考古学论述选集》,文物出版社,1984年,第225—234页。

② 张光直:《中国相互作用圈与文明的形成》,《庆祝苏秉琦考古五十五年论文集》,文物出版社,1989年,第6页。

③ 中国社会科学院考古研究所编著:《中国考古学·新石器时代卷》,中国社会科学出版社,2010年,第575页。

④ 《考古与文物》编辑部:《神木石峁遗址座谈会纪要》,《考古与文物》2013年第3期。

四　原始农耕经济的发展与文明的进步

关于进入早期文明的标志,有的学者主张以铜器的铸作、文字的出现和城邑的形成作为基本要素。也有学者指出,以这些标志作为判断的基本标准,有一定的局限性。然而在关于文明起源的讨论中人们大多公认,农耕经济的发展是文明进步的基本条件。

炎帝获得"神农"的称号,很可能就是因为在炎帝时代曾经创造了中国原始时代农耕技术发展的第一个高峰。与相关传说一致,考古发现可以提供新石器时代文化繁荣时期农耕经济空前发展的资料。

关于仰韶文化的社会经济状况,可以通过半坡遗存的性质进行分析。半坡先民开始定居生活,其社会经济形式中农业已经占有相当的比重,同时饲养家畜,还兼营渔猎、采集。

苏秉琦曾经就农业收割、伐木、渔猎、纺织缝纫几种生产工具的数量对比,分析了仰韶文化半坡类型和庙底沟类型经济文化水平的差别,从而总结出这样的认识:"半坡人们是农渔猎伐木并重,而庙底沟人们则是以农业为主,渔猎伐木所占比重较小;半坡人们衣着材料多用兽皮,而庙底沟人们衣着材料则多用植物纤维。"[1]

仰韶文化居民种植的农作物主要是粟,半坡遗址第 15 号灰坑中所贮藏的粟多达数斗。河南郑州大河村出土的一瓮炭化粮食,有人鉴定是高粱。泉护村遗址还出现了类似稻谷的痕迹。考古学者推断,当时黄河流域是可能栽培稻米的。当时已经有了初级园艺,半坡第 38 号房屋遗址中出土了贮存芥菜或白菜菜籽的陶罐。

黄河中游龙山文化的社会经济形态较仰韶文化更为进步。当时的石质生产工具磨制得更为精细,打制工具已经很少使用。从木耒、骨锄、石钺和三角犁形器的发现,可以推想当时的农耕生产能力随着生产工具的改进已经显著提高。收割工具发现长方形穿孔石刀、半月形穿孔石刀、石镰和蚌镰等。收割工具的大量使用,表明了劳动收获量的增加。

---

[1]　苏秉琦:《关于仰韶文化的若干问题》,《考古学报》1965 年第 11 期。

大汶口文化的遗存,也反映了大汶口社会以农业经济为主。三里河遗址的一个大型窖穴中,发现了 1 立方米左右的粟粒。这说明至少在大汶口文化晚期阶段,农耕收获已经可以大体满足社会消费,粮食已经有了相当的剩余。①

在中原以外的地区,也可以发现当时农耕经济逐步走向繁荣的历史迹象。

在河姆渡遗址第 4 层较大面积的范围内,普遍发现稻谷遗存。有的地方稻谷、稻壳和稻草相互混杂,形成厚度为 0.2—0.5 米的堆积层。最厚的地方甚至超过 1 米。河姆渡文化的主人在烧制陶器时,也使用大量的稻壳以及稻草碎末作为羼和料。河姆渡遗址稻类遗存数量之集中,保存之完好,在中国新石器时代考古史上是罕见的。经鉴定,河姆渡稻谷遗存主要属于栽培稻籼亚种晚稻型水稻。河姆渡稻谷与马家浜文化桐乡罗家角遗址出土的稻谷,年代都在公元前 5000 年上下,是迄今发现的中国最早的两例稻谷实物,也是目前已知世界上最古老的人工栽培稻。事实证明,中国是亚洲栽培稻起源地之一。它与另一个亚洲栽培稻起源地南亚(以印度为中心)是两个各自独立起源和演化的系统。中国在禹蟾岩发现的栽培稻谷实物和吊桶环发现的栽培稻硅酸体,都是世界上目前已知同类最早的实例。吴县草鞋山遗址和澧县城头山遗址发现了世界上最早的水稻田遗迹。②

良渚文化居民以农耕生产为主要营生手段,主要作物是水稻。据在浙江吴兴钱山漾遗址发现的稻谷鉴定,当时种植的水稻,已经有粳稻和籼稻两种。在钱山漾以及杭州水田畈遗址,还发现有花生、芝麻、蚕豆、甜瓜等植物种子,有人认为是当时的农作物。良渚文化的农耕工具种类较多,制作大多比较精细。其中所谓三角形犁形器,有人称作"耘田器"。③

通过对中国文明起源的探索,可以发现,农耕经济的发明和积累,是文明发生和进步的重要条件。有学者指出,"从农业开始,逐渐发展到文明",是历史进步的共同方向。"我国种植水稻可以推到七八千年以前,种植谷

---

① 中国社会科学院考古研究所:《新中国的考古发现和研究》,文物出版社,1984 年,第 58—61、81、91 页。

② 《中国考古学·新石器时代卷》,第 782、786 页。

③ 同上书,第 677 页。

子(脱壳为小米)的历史亦然。从农业起步,经营定居生活,逐渐发展养殖牧业和手工业,这是中国文明起源的路子。这条路子也不限于中国。西亚、埃及、印度等也是这样。现在世界上有三次革命之说:第一次是农业革命,第二次是工业革命,第三次是信息革命。所谓农业革命指的就是古代由农业引起的社会变革,与文明起源有关系,或者说讲的就是文明起源问题。"①

关于文明初期的文化形态及其与后来中华民族文化进步的关系,张岂之指出,炎黄文化是我国文化的源头。从历史学观点看,炎帝族和黄帝族是史前两个关系密切的大氏族部落,他们对后来中华民族的生衍发展有很大影响。在中华文明发展史上,先秦时期特别是春秋战国时期的先进文化包含丰富的内涵,已经形成大体完整的系统,可以称之为"原创性文化"。"我们研究中国文化的源头,研究先秦时期原创性文化,都需要和中国文明起源的大课题相联系。我国学者面对考古学的丰硕成果,在中国文明起源问题上有不少新见解,例如指出新石器仰韶时代后期和龙山时代是中国文明起源期。炎黄时代就在这个时期内。""炎帝时代的主要贡献是在原始农业和原始文化方面。""由于我国考古学的成就,原始农业的发展与文明起源的密切关系,有些问题不难得到证实。考古发掘成果告诉人们:距今七八千年我国原始农业已有相当发展,这就是我国文明起源时期的直接见证。可见关于炎帝神农氏的一些传说并不是没有根据的。"原始文化不能称之为原创性文化。但是中国文明起源时期的原始农业和原始文化与"原创性文化"有重要的关系。"原始农业在黄河流域和长江流域;具体说,黄河流域的粟作农业成为春秋战国时期齐鲁文化(即儒家文化)的物质基础。长江流域的稻作农业成为楚文化(即道家文化)的物质基础。儒家的原创性文化厚重、扎实,提高了人的道德价值。道家的原创性文化飘逸、清俊,提高了人的审美价值。两河(黄河、长江)是中国的两条母亲河,由她们哺育出的两大体系的原创性文化构成中华民族传统文化的主流。"②

总的来说,关于中国文明起源依然是一个需要认真探讨和总结的学术课题。也许清晰描绘这一历史过程还需要做相当艰苦的工作,但是历史演

---

① 田昌五:《仰韶文化社会性质与中国文明起源若干理论问题》,《论仰韶文化》,《中原文物》特刊,1986 年。

② 张岂之:《文明起源与炎黄时代》,《光明日报》2002 年 8 月 23 日。

进的大体轮廓现在已经逐渐明朗。

关于中国文明起源的探索，还有一个问题需要澄清。有学者指出，长期以来，我们在如何看待世界各个古老文明的历史这一问题上，始终存在着一个明显的概念上的错误认识与事实上的理解误区。这就是当我们说到诸如古埃及文明和古两河流域文明之类历史悠久的古代文明"具有 5000 年以上的文明历史"的时候，我们实际上说的是一个个已经消失了的古代文明。这些文明曾经在 5000 多年以前就进入了文明时代，但它们在很久以前就已经消亡了。它们与今天存在于其发生地的现代文明不但没有一脉相承的继承关系，甚至完全属于不同的文化系统。例如，古埃及文明与现在埃及的阿拉伯文明就是如此。其他如古代两河流域的苏美尔文明和今天西亚地区的阿拉伯文明的关系、古印度河文明与今天的印度文明的关系，同样也是如此。所以严格地讲，这些古代文明并不是具有 5000 年历史的文明，只不过是曾经在 5000 多年以前出现过，其后又消亡了的文明而已，它们本身并没有延续 5000 年。然而，"中华文明则不同。她从远古走来，沿着自身固有的脉络和轨迹不断向前发展，从亘古走到今天而从未中断，始终保持着迥异于其他文明的、独特的文化内涵与文明特色。因此，从这个意义上说，我们实在没有必要与别人去争辩诸如究竟谁的文明历史最长之类的问题，也没有必要硬去设法将我们的文明史拉长到 5000 年前。因为，中华民族 4000 年来延续不断的文明历史，就是人类历史上持续发展历时最长的文明史。而且坦率地讲，文明历史的时间长又如何？短又如何？""实际上，历史长但终归于衰落和消亡的文明适足以引起我们的警戒，历史短但生气勃勃的文明恰值得我们学习。"论者指出，"对于研究中国历史的史学工作者来说，我们最重要的任务是说明中国与中华民族的历史发展具有哪些自己的特点，以及何以会有这些特点，而不必在文明历史上争短长。譬如，与中华文明有着同样悠久历史的其他世界性的古老文明，无不在近代工业文明远未到来之前便已归于消亡，只有中华文明不但从未中断，而且在工业文明高度发达的今天反而焕发出新的活力。何以如此？又如，中国的国家体制发展具有极其鲜明的特点，这是世所公认的。其发展的早熟性、体系的完备性、组织的周密性以及从未中断而且不断向更高阶段演化的特点，久已为各国的史学家所重视。实际上，中国国家体制的这些鲜明特点不但是中华文明的重要内容，而且是中华文明得以始终延续的重要原因。这种成熟的国家体制是怎样发展起来的？中国国家体制为什么能够从早期国家发展到成熟国家？中国国家体制在不同的时期各有哪些不同的特点？其渐进的演化过程各具何种意义？中国的史学工作者应当而且必须回答的，是这些真正具有意义的问题。至于文明的时间究竟有多长，那是一个纯学术的问题，实事求是地去探讨就行了。"①当然，对于判定"文明的时间究竟有多长"的不同意见还可以讨论。但是我们确实应当注意，在探索中国文明的起源的时候，务必坚持"实事求是"，即科学性的追求，力争使研究的结论能够反映历史的真实形态。

思考题

1. 简要说明探索中国文明起源的意义。

2. 举例陈述炎黄传说与中国新石器时代后期考古发现的关系。

参考书目

1. 张岂之总主编，刘宝才、钱逊、周苏平分卷主编：《中国历史·先秦史》，高等教育出版社，2001 年。

2. 李学勤主编：《中国古代文明与国家形成研究》，云南人民出版社，1997 年。

3. 中国社会科学院考古研究所：《新中国的考古发现和研究》，文物出版社，1984 年。

---

① 王和：《何必强求五千年》，《光明日报》2002 年 7 月 2 日。

第二讲

中国古代社会与朝代更替

　　说到中国古代历史,朝代更替已是人们共知的客观事实;从某种意义上说,一部中国古代史,就是一部朝代兴亡史。历史事件、历史人物、历史的文明创造、历史中血与火的冲突等等,都和夏、商、周、秦、汉、魏、晋、南北朝、隋、唐、五代十国、辽、宋、夏、金、元、明、清这些朝代分不开。在朝代的更替中深藏着历史的真理,也许当时人们对此看不清楚,随着历史的演进,这个真理越来越为人们所理解。在历史上不论经济发展到怎样的水平,不论各个朝代的文化创造达到多么深刻的程度,都离不开这样简洁明白的真理:民心始终是第一位的。这就是说,朝代兴亡不取决于统治者的意愿,而取决于民心的向背。

一　夏商周三朝更替与华夏族的形成

　　什么是夏? 夏本来指夏后氏,是居于夏地的部落联盟的名称。一般认为夏地在今河南禹县,或说在汉水流域,或说在今山西夏县。

　　夏朝(公元前 21 世纪—前 16 世纪)是中国历史上第一个朝代,自禹至桀传 17 君,14 世。夏朝的中心地区在豫西晋南。夏朝的领土范围大致东起豫东平原,西至华山,北抵济水,南达淮河。

　　夏史的可靠文献资料很少。司马迁《史记·夏本纪》主要叙述夏立国以前禹治水的事迹,禹即位至桀亡国这段历史,只写了几百字。夏朝最后一位君主桀荒淫残暴,他自比为太阳,说太阳不会熄灭他就不会灭亡。人民不

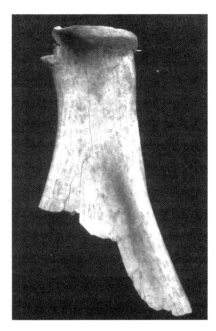

图4　殷墟出土记载田猎和祭祀的牛肩胛骨

堪沉重压迫，发出"时日曷丧，予及汝皆亡"①的诅咒。商汤举兵伐桀，桀死夏亡。

商朝（前16世纪—前1046），自汤至纣传31王，17世。商朝的中心地区是今河南东北部、山东西南部和河北南部。商朝的疆土东至海滨，西达今陕西，北至今河北，南至今湖北，比夏朝疆域扩大了许多。汤至盘庚期间，商朝曾五次迁都，最后盘庚迁于殷（今河南安阳）（图4）。

末代商王名纣，后人称为商纣。他主政时遇到的最大问题是周边部族内扰，纣与之发生大规模战争，虽然平定了东南夷，但国力因此衰弱。经过长期准备发展壮大起来的周族趁机灭掉商朝。

周族是居住在今陕西中部、甘肃东部的古老氏族部落。周族自公刘迁豳（今陕西旬邑、彬县一带）开始兴起。豳，处于今陕北黄土高原与关中平原的边沿。公刘率领周人，在此修筑茅舍，整治耕地，发展农业。周人的经济有了提高，周边百姓纷纷来归。周族在豳辛苦经营了三百多年，因受戎狄逼迫，在古公亶父率领下，迁至岐山下的周原（在今陕西岐山、扶风）。这里土地肥沃，人民安居乐业。

周文王继位后，国力尚不足与殷抗衡，为殷西伯。商纣"囚西伯于羑里"②，周人只能用宝马、美女贿赂商纣，谋求释放文王。在周的力量有所发展以后，文王便迁都于丰（今陕西长安县沣河西岸），准备灭商。文王卒，武王立，迁都于镐（今陕西长安县沣河东岸），积极准备伐商。

西周（前1046—前771）自武王至幽王传12王，11代，除懿王传位于叔

---

① 《尚书·汤誓》。
② 《史记·周本纪》。

父孝王,孝王复传位于懿王太子夷王外,均为父子相传。西周的疆域西起今甘肃东部,东达海滨,北起辽宁,南至长江,是三代中疆域最广的王朝。

前面讲到商王、周王,其实,中国古代的王权并不是在商代才出现的,王权的产生可追溯到氏族社会末期。有的学者考证,"王"字的最初形象为斧钺形,本来指军事酋长的权杖,是军事统率权的象征。[1] 王的前身可能是氏族社会末期部落联盟中的军事酋长,后来的君王由此演变而来。王权的强化和至高无上,有一个较长的发展演化过程。

从以上关于夏、商、周三代一千多年的历史可以看出,夏、商、周三族有冲突也有融合。周族的先祖曾任夏朝的长官,又曾为商朝的方伯。西周建国后,夏、商二族都成为周朝的诸侯。商灭夏后,夏、商二族融合;周灭商后,夏、商、周三族进一步融合。融合的结果,于西周末期形成了华夏族。

华夏族是汉族的前身。后来的汉族也自称华夏,但已融合了更多的古代民族,不完全等同于三代时期的华夏族。

华夏的"夏"指中原之人。《说文》:"夏,中国之人也。"这个"中国"指中原。西周以"夏"作为中原之人的族称,春秋以"华"作为中原人之族称,"华夏"连称则是汉代以后才有的。

夏、商、周三族有着明显的民族认同意识,他们都把本族来源与黄帝联系起来,自称是黄帝族的后裔。这就是说,夏、商、周三族都认为源于一体。不仅如此,华夏族与四夷(各少数族)之间也不断发生融合。分化与融合是发展过程的两个方面,华夏而为四夷,从华夏来说是分化,从四夷来说就是融合;四夷而为华夏,从四夷来说是分化,从华夏来说就是融合。自古以来,中华民族就是多元一体的统一体(详论见本书第五讲"中国历史上的民族关系")。

二　商代与周代的社会构成

不管人们是否喜欢,我们从中国历史的演进、特别是朝代的更替方面,可以清楚地看到社会阶级的构成及其相互关系。为什么会有朝代更替?这

---

[1]　林沄:《说"王"》,《考古》1965 年第 6 期。

就不能不谈社会阶级的客观存在。

商代社会由贵族、平民和奴隶构成。

贵族是商代的统治者，包括商王、王室宗族、官僚和诸侯邦伯等。商代社会结构的显著特点，在于其发达的宗族体系。各级宗族既是社会组织，也是政治实体，带有政权性质。宗族是血缘关系的结晶，商王是最高的统治者，商族是最有实力的宗族，而商王又是这个大宗族的族长。其他贵族也是依靠各自的宗族获得权力的。商代的贵族总称为"百姓"，泛指许多宗族首领。

平民是商代社会的又一主要阶级，他们从事农业、狩猎等生产劳动，参加战争和戍卫，参与祭祀活动，为商王服务。

处于商代社会最下层的是奴隶阶级。据殷商甲骨文、金文和文献记载，商代的奴隶很多，其名称有隶、臣、妾、奚等。战俘是奴隶的主要来源，另一来源是亡宗灭族者。

商代奴隶没有人身自由。他们为贵族从事垦田、耕作、田猎、劳役等各项无偿劳动。征伐时奴隶还要从军，承担军中的各种贱役。部分男女奴隶在贵族的住所从事家内劳动。贵族无偿地占有奴隶的劳动，而且经常杀戮他们，最典型的是人祭和人殉。人祭就是以人为祭品，殷墟卜辞中有不少关于人祭的记载。人祭的手段十分残暴。所谓人殉，就是用活人为死者殉葬，企图在阴间继续役使他们。考古资料表明，商代的人殉非常普遍，贵族的墓葬多数都有殉人，少者一二人，多者数十人乃至数百人。

西周社会仍然由贵族、平民和奴隶构成，不过，其等级制度的色彩比较明显。西周的贵族包括周王、诸侯和卿大夫等。周王又称"天子"，意即"上天之子"或"上帝之子"，代表"上天"或"上帝"在人间行使最高统治权力。除王畿外，周天子将土地和奴隶分赐给周人的宗支（姬、姜等姓）。这些宗支的"宗子"当时称为诸侯"私家"。可以看出，从王到诸侯以至卿大夫，其间存在着宗法的血缘关系。

在贵族之下，还有着具有自由民身份的平民大众。他们居住于城市（称为"国"）及其近郊，所以被称为"国人"。"国人"们在战时服兵役，平时周王或诸侯兴建宫室或公共工程时，也要应召服役。他们有权参与国政大事。"国人"加上后来分化出来的商人和手工业者，是当时的平民阶层，他们是周代"国民"（或称"公民"）中的重要阶层。平民与贵族也存在着利益的冲突。在西周时期曾经发生过国人暴动事件,对当时的政治有很大影响。

西周社会中还有庶人或庶民。庶人从事农业劳动,并承担公田耕作和各种劳役。但庶人并不是奴隶,他们使用一份土地,从事农业生产,私田上劳动的收获归自己所有。庶人在西周社会中是一个人数众多的阶层。

西周社会最下层的则是奴隶。当时奴隶名称繁多,并有等级之分,见于文献记载的奴隶名称有皂、舆、僚、仆、台、牧、圉等。奴隶被广泛役使于农业、手工业、畜牧业等生产领域,有的则为王公贵族从事家内劳动。

周人的文化本较殷人为低,在灭殷以前,曾在很多方面模仿殷的文化,同时也有自身的特点。和殷代一样,西周的学术、教育只限于贵族,形成"学在官府"的局面。贵族子弟在"辟雍"等学宫中受教育,学习诗(举行礼仪时咏唱的歌辞)、书(典籍文诰)、礼(仪式规章)、乐(举行礼仪时表演的音乐舞蹈)、射(射箭)、御(驾车)等贵族必要的技艺。在贵族统治下,文化不能广泛流传到平民中去,这在当时称为"礼之专及"。因此,在西周社会,一部分人是有德有礼的"君子",另一部分人则是受辱受刑的"小人"。

西周是宗族分封制社会,维系宗族血缘关系要靠婚姻制度。西周的婚姻形态与商代没有很大区别,一夫一妻制与贵族的多妻制并行,所不同的是,西周的婚姻已在礼制上更具有规范性,形成了一系列法定或约定俗成的礼仪。《礼记·昏义》有这样的话:"昏礼者,将合二姓之好,上以事宗庙,而下以继后世也,故君子重之。"周代的婚礼,有六项程序,即纳采、问名、纳吉、纳征、请期、亲迎,称为"六礼",包括从议婚到完婚的完整程序。

所谓"纳采",即发动议婚。男方觉得某家之女可作议婚对象,便请媒妁执雁行拜见之礼,提亲说合。若女家同意议婚,则男家再去女家求婚。第二道程序是"问名",即遣媒人前往询问女方姓名,获知姓名后,通过占卜以定吉凶。第三道程序是"纳吉",男家卜得吉兆后,遣媒人前去告知女家,决定缔结婚姻。第四为"纳征",男家将财物聘礼送往女家。第五为"请期",男家选择吉日婚期,告知女家。第六是"亲迎",即新郎前往女家迎娶新娘。这套婚姻礼俗形成于周代,在以后的中国历史中,婚姻仪式基本上都是按照"六礼"来进行的。不过,西周时原始婚姻的遗风依然存在,每年春季,未婚男女可以幽会私奔,不受任何限制;在后来的封建社会中,由于"礼教"的影响,这是被严格禁止的。

总之,西周社会的宗法制对后来中国历史的演进有很大影响。"宗法"

的阴影一直笼罩在中国历史的身上。

三　春秋战国时期的社会变化

春秋战国是中国历史上的重要时期。

春秋（前770—前476）历史共294年。在这个时期，西周的分封制、贵族政权逐渐瓦解，社会出现新的变化。

战国（前475—前221）254年的历史，是先秦地区性中央集权国家形成、相互兼并到全国统一的中央集权国家建立的过程。

春秋时期的社会变化令人瞩目的是：随着土地私人占有的发展，中国历史上出现了新的贵族地主。与此相应，在政治上表现为"公室"与"私家"的争斗。自周平王东迁洛阳，直到春秋中期，私家的经济和政治力量不断加强，此后以卿大夫为代表的私家与公室的争斗愈演愈烈，其结果是各诸侯国的公室程度不等地衰落下去，卿大夫逐渐掌握政权。

公室与私家的争斗可分为两种类型：一是公族与公室的较量。按照周代的规定，诸侯的嫡长子继承君位，其余诸子分封为大夫，他们是公室的后代，史称"公族"。这些公族子孙与掌权的公室互相争权夺利。二是异姓卿大夫与公室的争斗。

在春秋列国以卿大夫为代表的私家与公室的争斗中，鲁、齐、晋三国最有代表性。春秋时期的鲁国由公族执政，私家势力的代表是季氏、叔氏、孟氏三家，他们都是鲁桓公的后代，史称"三桓"。三桓趁内乱之机扩大自身势力，在各自封地内修筑城邑，并以此为据点操纵鲁国政局，出现了"公室卑，三桓强"①的局面，最后完全控制了鲁国，历史由此进入战国时代。

春秋中期以后，齐国异姓贵族田氏崛起，逐渐取代公族而主国政，最终夺取了齐国的政权。至于晋国，其公族势力在春秋前已退出历史舞台，卿大夫是异姓贵族，他们逐渐掌握国家政权，并最终使晋国分为魏、韩、赵国，史书称为"三家分晋"。

春秋时期出现的公室与私家斗争说明了什么？这说明西周的政治体制

---

①　《史记·鲁周公世家》。

与社会生产方式发生了矛盾，这一矛盾越来越尖锐，必须改变政治体制，使之符合社会生产发展的要求。因此旧的宗族统治趋于灭亡，而新的官僚政治应运而生，这是历史发展的必然。不过，在中国古代漫长的历史演进中，宗族统治的影响没有也不可能彻底消失，它的因子附着于新的官僚政治体制之中，而君主的世袭制仍然以血缘关系为其基础。

春秋时期私家的力量逐渐壮大，这与当时社会生产力的发展、生产工具的变革有着密切的关系。

商代和西周称为"青铜时代"。青铜铸造代表了商周手工业最先进的生产技术。"国之大事，在祀与戎"①，祭祀和战争是商、周社会最重要的两件大事，青铜铸造主要为此服务。商代的青铜，除了少量用来制造生产工具外，大多数用来制造礼器和兵器。在西周的手工业中，最重要的仍然是青铜工业。西周时期是中国古代青铜器发展过程中一个非常重要的阶段。

一般将古代生产工具发展划分为石器时代、青铜时代、铁器时代。在中国历史上，青铜器始终未能取代石器成为主要生产工具，而铁器广泛使用后，石器工具便很快退出了历史舞台。这是因为铁工具坚固锐利远远超过了石器和青铜器。春秋时期铁器有很大发展。历史文献中的"鐵"（铁）字最早见于西周春秋之交。有一篇记述秦襄公（前776—前764年在位）出猎的诗中有"驷鐵孔阜，六辔在手"②的名句，意思是说秦襄公打猎时乘着四匹黑色大马驾的车，手里执着六条缰绳。这里的"鐵"字即"铁"字，用以形容马的毛色。战国中期和后期已普遍使用铁器，这从一些考古发掘中可以看得清楚。铁农具的使用提高了开垦土地的能力，便于深耕细作，促进了农业发展。

由于社会生产力的进步，不仅开垦的土地面积扩大，而且使家庭生产成为可能，一家一户小生产的发展要求冲破宗族的束缚。加之当时连绵不断的战争，以及土地分配、工商业的发展，促使中国历史向统一国家的方向发展。战国时期魏、楚、齐、秦、韩、赵、燕的社会改革运动就是上述要求在政治上的体现。例如秦孝公时的商鞅变法，就是值得注意的历史事件。商鞅师

---

① 《左传》成公十三年。
② 《诗·秦风·驷鐵》。

从鲁人尸佼，尸佼是一位"兼儒墨、合名法"①的杂家，有广博的知识。法家代表商鞅，在秦孝公支持下两次变法，一次始于公元前359年，一次始于前350年，包括改革土地田亩制度、普遍推行郡县制、迁都咸阳、奖励军功、统一度量衡、改革赋税制度、革除戎狄风俗等。变法并不平静，斗争激烈。孝公死后，商鞅受到车裂（五马分尸）的酷刑。但变法使秦国成为战国七雄之首，为后来秦始皇统一六国奠定了基础。

战国前期列国中有秦、齐、燕、楚、赵、魏、韩七个强国。越国疆土虽大，被楚削弱，在战国历史上不占重要地位。还有一些小国，包括在今山东境内的鲁、莒、邹、杞、滕、薛；在今河南境内的郑、卫、曾；在今河南、安徽交界的蔡；在今山东、江苏、河南、安徽四省交界的宋国等。历史的发展趋势，是要建立一个统一的国家，至于谁能统一，那就要取决于谁的社会变革取得的成果最多、社会生产力更活跃。

战国时期之所以有七雄并立，并非偶然。七国中的赵、魏、韩、齐四国由春秋时晋、齐两国卿大夫执政发展而来，对宗法传统破坏得比较彻底，秦、楚历来没有严格的宗法传统，燕国宗法传统保存最多，在七雄中最弱。鲁、郑、卫、宋等国，历来宗法传统严密，春秋末执政的大夫又都是公族，宗法传统未受到多大冲击，它们进入战国时期后，国力积弱不振。由此可见，只有变革旧制度，才能为历史的演进创造必要的条件。

战国后期社会变革引起社会阶级结构的变化。当时，地主阶级和农民阶级是社会的两个基本阶级。地主阶级占有土地和部分占有劳动者人身，剥削劳动者的剩余劳动，逐渐成为社会的统治阶级。地主阶级来源于四个方面：1.分封贵族转化为地主，他们扩大私田，成为地主阶级中最早的一批成员；2.官僚和军功地主。他们是列国官僚和军人，得到国君赏赐的土地而成为地主阶级。举例来看，前面已提到秦国商鞅变法，其中有一重要的内容，这就是军功爵制，有这样的规定：凡在战争中建立功勋的奴隶可以获得解放而编入户籍，贵族和平民可以受领田宅户口，成为地主；3.商人和高利贷者，他们经营商业和放高利贷发家后，通过贸易关系兼并土地，转化而为地主；4.平民上升而成为一般地主。他们开垦私田，加上买进少量土地，得

---

① 《汉书·艺文志》。

以剥削农民,过上优裕生活。

农民阶级由自耕农、佃农、"庶子"和雇农组成。大批自耕农从旧时的庶人、国人转化而来。所谓"男耕女织"的古老传统,基本上是自耕农的写照。耕织相结合的一家一户的小农经济基础,在秦商鞅变法时才形成,后来在秦汉之际的历史文献中才有明白记载,如:"所以务耕织者,以为本教也。"①"耕之为事也劳,织之为事也扰,扰劳之事而民不舍者,知其可以衣食也。"②后世史书所说的"食货",即指耕织相结合的小农经济而言:"食"指农业生产,"货"指家庭手工业。

再说到佃农,他们是从自耕农中分化而来的。部分自耕农因不能维持生活而卖掉土地,流落他乡,租佃地主之田。至于"庶子",因为没有准确的名词,只好沿用历史文献来解释。从秦国法律可以看到这样的规定:将农民奖给有战功者作为"庶子",他们每月一般要为有战功者服役六天。农民最低层者称为雇农,也叫"庸夫""庸客",他们是完全失去土地又无固定主人的农民,或者流入城市成为"庸保""市佣",生活没有任何保障。

在地主和农民两个基本阶级之外,还有工商业者和奴隶。工商业者从官府分离出来,成为商品生产者和经营者。战国时期官私奴隶数量不少。官府奴隶主要来源于罪犯。因为犯罪被罚为奴隶的,《秦律》称为"隶臣妾",终身为官府服役。战国时的奴隶仍然可以像物品一样被赠送、买卖,用奴隶殉葬的现象仍然存在。不过,从战国时期社会阶级构成的主流来看,中国历史开始跨进了封建制社会。

战国时期是一个历史发生巨大变化的时期,在社会各方面都有开创性建树,也是学术文化繁荣的时期。"诸子百家"各个学派的流传分布带有其地域的特点:儒、墨以鲁国为中心,而儒家传播于晋、卫、齐,墨家则向楚、秦发展。道家起源于楚、陈、宋,后来流入齐国。楚人保留着比较原始的"巫鬼"宗教,对齐、燕有影响。后来阴阳家在齐国发展起来。法家主要源于三晋。如果说在春秋时代文化中心偏于邹、鲁,战国时代的文化已无此种局限,各国文化交流蓬勃开展起来。

---

① 《吕氏春秋·上农》。
② 《淮南子·主术训》。

四　关于秦朝兴亡的思考

公元前 247 年秦王嬴政（前 251—前 210）即位时年仅 13 岁，太后和吕不韦执政。公元前 238 年秦王嬴政成年，去旧都雍（今陕西凤翔南）的祖庙举行冠礼。次年亲政。他喜读法家思想集大成者韩非的著作，任用李斯、尉缭，采用阻止六国合纵、各个击破的战略。前 230 年派内史腾灭韩；前 229 年派大将王翦灭赵（赵灭国后，公子嘉逃往代郡自立为代王，至公元前 222 年被秦攻灭）；前 227 年派王翦攻燕，公元前 222 年燕亡；前 225 年派大将王贲灭魏；前 224 年派王翦攻楚，前 222 年楚亡；前 221 年派王贲灭齐。秦王嬴政即位的第 26 年实现了统一。在咸阳建都称始皇帝（图 5），由此揭开了此后封建王朝的帷幕。

图 5　秦始皇像

为什么是秦而不是别国统一中国？秦国没有严格的宗法制度，国内改革的阻力较小。秦国商鞅变法取得了很大成果，"富国强兵"的法家政策在秦得到实现。秦国地理位置优越，攻守均得其便，战国时期，国都未曾被他国攻破的只有秦国。秦国内部纷争较少，从秦献公时起的 150 年中，献公、孝公、惠文王、昭王、秦王嬴政几代君主在位的年代都比较长，内部相对稳定。武王、孝文王、庄襄王在位时间短，但也没有因王位的继承而引起内部分裂。总之秦统一中国是顺应历史发展要求，也是"天时、地利、人和"的综合优势造成的结果。

秦朝统治的时间不长，只有短短的十几年，但秦代的制度对于此后中国两千多年的历史产生了深远影响。其中最重要的是"大一统"的理论和实践。"大一统"一词，最早见于《公羊传·隐公元年》："何言乎'王正月'？大一统也。""大一统"是战国时期法家、儒家和道家的共同政治理想，不过，在如何达到"大一统"以及"大一统"实现以后如何治国上有不同的看法。

"大一统"的理论及其实践体现在秦王朝的政治制度上。秦统一后，国土辽阔，最初设置36郡，包括：陇西、北地、上郡、汉中、蜀郡、巴郡、邯郸、巨鹿、太原、上党、雁门、代郡、云中、河东、东郡、砀郡、三川、颍川、南郡、黔中、南阳、长沙、楚郡、九江、泗水、薛郡、东海、会稽、齐郡、琅琊、广阳、渔阳、上谷、右北平、辽西、辽东。管辖京畿诸县的"内史"，是和郡平级的行政单位，然而不在36郡之中。后来随着疆域的开拓，又设九原、南海、桂林、象郡、闽中5郡。除内史管理的京畿地区外，秦有41郡。郡下设县，少数民族地区的县级行政单位称为"道"。秦县的数量大约有一千个。秦始皇统一中国采用郡县制，奠定了"大一统"中央政权的政治制度基础。

在"大一统"理论指导下，秦朝建立了比较完备的中央政权组织。中央执政集团中最重要的官职是所谓"三公"，这就是丞相、太尉和御史大夫。太尉原称尉、国尉，是朝廷首席武官；御史大夫地位略次于丞相，是负责监察的大臣，位列上卿。"三公"之下又有"九卿"，分工管理不同的政务部门。实际上所谓"九卿"，官职并不限于"九"。

秦代"大一统"所体现的官制有很重要的意义，《汉书·百官公卿表》上说，"秦兼天下，建皇帝之号，立百官之职。汉因循而不革"。汉代基本依据秦制而有所损益，确立了中国历代王朝官制的基本格局。

秦朝制定的"车同轨""书同文"①等具体政策措施也是值得肯定的创举。

秦朝兴亡在历史上只是一瞬间，从公元前221年至公元前206年短短的十五年，这说明了什么？

秦二世元年（前209）七月，被征发赴渔阳（郡治在今北京密云西南）戍边的900名士兵在大泽乡（今安徽宿州东南）遇大雨，道路不通，不能按时到达指定地点。按照秦朝法律规定，误期者要服斩首之刑。农民出身、在戍卒中担任屯长的陈胜和吴广，在生命不保的紧急情况下商议举兵反抗秦的暴政。他们利用民众的迷信心理，用朱砂在一方丝帕上写了"陈胜王"三个

---

① 所谓"书同文"，指秦王朝以秦文为基点，力求使文字统一。秦文字有八体，即大篆、小篆、刻符、虫书、摹印、署书、殳书和隶书，其中主要是小篆和隶书。秦朝并未能真正完成"书同文"。

字放在鱼腹中,号召同行的戍卒:已不能按期到达,必死无疑,"且壮士不死则已,死即举大名耳,王侯将相宁有种乎?"①于是陈胜自立为将军,吴广为都尉,攻大泽乡,又攻蕲县(今安徽宿州南),接着攻陈(今河南淮阳)。此时起义军已发展至战车六七百乘,骑兵千余,士卒数万人。攻克陈后,陈胜立为王,号为"张楚"(张大楚国)。

陈胜、吴广率众起义后,各地民众纷纷响应。"斩木为兵,揭竿为旗,天下云集响应。"②陈胜起义军的将军周文率军西进击秦,行抵函谷关时,已经集结战车千乘,士卒数十万,直接威胁秦朝统治中心咸阳。但周文未能成功。陈胜在转战至下城父(今安徽蒙城县西北)时,被御者庄贾杀害。

秦二世(秦始皇的小儿子,名胡亥,始皇死后,立为皇帝,称为二世)三年(前207)八月,二世以东方战争责难赵高。赵高指使亲信在望夷宫逼杀秦二世,又以为继任的秦贵族子婴"以空名为帝,不可,宜为王如故"③。取消帝号。子婴被废帝号改称秦王,46天之后,刘邦军入咸阳,秦亡。

陈胜起义虽然遭到失败,但是从根本上动摇了秦朝的统治,正如司马迁所说:"陈胜虽已死,其所置遣侯王将相竟亡秦,由涉首事也。"④陈胜个人虽败,但是他们分立派遣的其他军事政治集团终于灭亡了秦朝,陈胜大泽乡反抗暴秦的首功是不可磨灭的。

秦亡后,到西汉时期,许多人从不同角度总结秦亡的历史教训,贾谊⑤在著名政论文《过秦论》中说:"秦以区区之地,千乘之权,招八州而朝同列,百有余年矣。然后以六合为家,崤函为宫。一夫作难而七庙堕,身死人手,为天下笑者,何也? 仁义不施,而攻守之势异也。"说得很深刻。夺取天下与治理天下有异,应根据形势的不同采取不同的方针政策,然而秦却以夺取天下之策代替治理天下之策,这表现在以下三个方面:

第一,强化君权,严酷刑罚,企图建立"主独制于天下而无所制也"的绝对君权专制统治。

---

① 《史记·陈涉世家》。
② 贾谊:《过秦论》。
③ 《史记·秦始皇本纪》。
④ 《史记·陈涉世家》。
⑤ 贾谊(前200—前168)年少时被汉文帝召为博士,不久迁为太中大夫。后被贬。著作有《新书》五十八篇等。

第二,实施暴政。

第三,思想文化上不允许有不同意见和学派的存在,实施文化专制主义。

秦始皇宣称:"朕为始皇帝,后世以计数,二世、三世至于万世,使之无穷。"①这种"皇权"是不受任何监督、制约的。秦灭六国后,法家的李斯出任丞相,向秦始皇提出建议:除秦官定史书《秦记》外,其他历史记载都予以烧毁。除去博士官所掌管的以外,天下有私人收藏《诗》《书》、百家语者,都必须交地方官员烧毁。有敢私下讨论《诗》《书》的,处以弃市之刑;以古非今者,诛灭其家族。官员知情而不报者与其同罪。焚书令颁下30天仍拒不遵行者,罚作筑守边城的劳役。李斯的建议得到秦始皇的批准。焚书后不久,又发生了坑儒事件。秦始皇曾经信用的侯生和卢生不满于始皇贪于权势、迷信方术,于是相约逃亡。秦始皇大怒,命御史严厉审问诸生,将所谓"犯禁者"460余人坑杀于咸阳渭水畔,以警告天下文人学士。秦始皇焚书坑儒等极端措施是对文化的摧残,也激起了士人们的反抗。

另外,不能不提到秦朝苛暴的徭役征发。秦始皇统治的最后几年,连续组织了多项规模巨大的土木工程。三十四年(前213)"筑长城",三十五年(前212)"为直道"。② 秦长城西起临洮(今甘肃岷县),东至辽东,长达1万余里。又在渭河以南营造以阿房宫为主体的宫殿体系。秦始皇陵即骊山工程也有数十万人进行施工。史书记载阿房宫工程和骊山工程使用人力多达70余万人。③ 根据对秦始皇陵土方工程量和当时的劳动生产率的核算,可知这个记载是符合实际的。此外,秦朝又肆意征发军役,北敌匈奴,南戍五岭。当时丁男出征,丁女转输军粮,远戍者战死于边地,转输者僵仆于道路,不计其数。徭役是当时人民最沉重的压迫。值得注意的是,以运输为主要劳役形式的服役者多来自战国时六国故地的关东人,承受繁重徭役负担的主要也是关东人。前面提到的屯大泽乡谪戍渔阳的900人中,阳城人(今河南省登封县东南)陈胜、阳夏人(今河南省太康县)吴广等均为关东人。秦始皇时代的反抗力量主要活动于关东,这不是偶然的。

---

① 《史记·秦始皇本纪》。
② 《史记·六国年表》。
③ 《史记·秦始皇本纪》。

尽管秦国有强大的军事力量，建立了比较完备的中央政权组织和行政管理制度，在统一君主制国家的建设方面有所规划和设计，但是它忘记了两件最主要的事：一个是民心和民力，再一个是统一君主制国家的建设手段和方式、即文化传统。秦始皇用残暴的掠夺方式对付人民，用极端专制的方法对待思想文化，这决定了秦朝的短命。民心不可侮。秦王朝的正面经验和反面教训对于中国后来的封建王朝都是有益的。

五　王朝更替与农民战争

西汉（前206—8）是在陈胜、吴广农民战争基础上建立起来的王朝。西汉开国皇帝刘邦出身于平民阶层，曾任秦基层政权亭长，他曾因公事出行咸阳，见到秦始皇车列，感叹道："嗟乎，大丈夫当为此也！"[1]和刘邦争夺天下的项羽，是楚国名将之后，随叔父项梁避难江东，见到秦始皇出巡，叹道："彼可取而代也。"[2]从秦以后的封建社会历史，不论是农民战争或其他夺取政权的战争都以做皇帝、另立王朝为目标。

刘邦与项羽争天下，最后刘邦取胜，正如清初大思想家王夫之所说："项羽之暴也，沛公之明也。"[3]所谓"明"指有宽广的胸怀，能从秦朝暴政中吸取应有的教训。在他制定的政策中有这样的内容：平民在战乱以前的身份地位以及私有财产的所有权，在回到故乡以后，政府加以认可，使之成为编户齐民；同时使一定数量的奴婢得到人身解放。

刘邦的功臣集团大多出身微贱，除张良家世高贵外，其余多为平民百姓。萧何、曹参、任敖、周苛都是普通小吏，陈平、王陵、陆贾、郦食其、夏侯婴等是一般平民，樊哙是屠狗者，周勃是织席、吹箫服务于丧事者，灌婴是贩缯者，娄敬是挽车的普通役人。清代历史学家赵翼在《廿二史札记》中称他们为"汉初布衣将相之局"。这些"布衣将相"们多少能了解民间疾苦，对自己有一定的约束。例如萧何以丞相之尊，置田宅时，挑选穷僻之处，经营宅第，并不大兴土木，骚扰百姓。他说，后世子孙如果贤良，则会效法我的俭朴；如

---

①　《史记·高祖本纪》。

②　《史记·项羽本纪》。

③　《读通鉴论》。

果不贤良,家产也不至于为强势之家所夺。可以这样说,西汉王朝建立的政治基点,是对秦朝暴政的否定。

汉高祖刘邦去世,群臣称赞道:"高祖出身低微,拨乱世反之正,平定天下。"①《汉书·礼乐志》有这样的话:"汉兴,拨乱反正,日不暇给。"当时的"拨乱反正"主要是改变秦之暴政为平易之政。刘邦去世后,西汉王朝经历了吕后专政时期,随后进入汉文帝刘恒和汉景帝刘启执政的文景时期。文、景两代共39年,实行"与民休息"政策,轻徭薄赋,国家安定,经济富实。文、景以后,汉武帝执政时代,情况便开始有所变化。

在中国历史上任何一个王朝都不能阻挡豪强之徒对于土地的兼并,官僚地主聚敛财富,霸占土地,使农民陷于极度困苦之中。尽管有远见的大臣们为抑制土地兼并,向皇帝提出建议,但这些都不能解决封建社会中的顽症——豪强对土地的掠夺。社会矛盾的激化,民不聊生,不能不引起新一轮的流民活动,导致再一次农民战争。西汉末年的赤眉、绿林起义;后来东汉末年的黄巾起义,就是明证。再后来隋代、唐代、元代、明代、清代的农民起义莫不如此。历代农民战争有他们自己的纲领口号,或要求减轻租赋、徭役,或要求人身平等,或要求有可耕种的土地,但是不会从根本上改变君主专制制度。仿佛有一双看不见的"手"在拨动历史。天下太平不久,社会肌体旧病复发,压迫加重,酝酿再一次的天下动荡。如此周而复始,不断循环。这种现象有人称之为"周期率"。其道理并不复杂,封建社会内的"治"和"乱"都受制于这种制度,在制度没有根本改变之前,这种"周期率"总要发生作用。从经济上、政治上和思想上看,这种制度称之为君主专制制度,始于秦始皇。秦始皇将"天下"作为其个人的私产,说"六合之内,皇帝之土。西涉流沙,南尽北户,东有东海,北过大夏,人迹所至,无不臣者"②。皇帝及其家族的利益和权力,称之为皇权。农民战争的目的并非推翻这种制度,而是在这种制度的框架内重新换一个家族,换一个皇帝。刘邦在取得天下以后,他向自己的老父夸说天下就是他的"产业"③,任何人都比不上,这和秦始皇的口气没有本质的区别。封建主义君主专制制度在中国历史上存在过

---

① 《史记·高祖本纪》。
② 《史记·秦始皇本纪》。
③ 《史记·高祖本纪》。

很长时间,尽管在政治上、经济上和思想文化上都曾经有过许多创造,但是,要依靠这种制度带来长治久安,那只是一种幻想。

君主专制制度作为一种制度,从政治上和经济上推翻它,是中国近代历史的任务。人们可以清楚地看到,由于很长时间的文化心理积淀,要消除这种制度的思想影响,并非一件简单的事。在皇帝和皇权的长期统治下,在中国历史上逐渐形成这样的文化心理:世界上最令人敬畏的是皇帝,人间的祸福都来源于皇帝的"旨意"。人们总是希望有一个"好皇帝",依靠他拯救众生。因此,在中国封建社会中,皇帝及皇权的长期统治便凝聚成对皇帝敬畏的世俗宗教意识。农民战争并不反对这种意识,企图用一个"明君"去代替"暴君"。真正对这种制度进行理性思考,指出皇帝为天下之"屠毒"者、"敲剥"者、"大害"者,思考如何创设一种新的制度,这要依靠先进知识分子自觉的理论思维。清朝初年大思想家黄宗羲《明夷待访录》一书就是从理论的高度批判君主专制制度的杰作。

如果说农民战争动摇了旧封建王朝的统治,那么,新王朝的建设必须经过知识分子的努力,将某些治国的思想转化为一定的制度和方略,并得到最高统治者皇帝的首肯,得以采纳推行,这才能收到应有的效果。中国历史上国力强盛、政治相对稳定时期虽各有特色,但是重视知识文化,重视知识分子却带有普遍性。《汉书》作者班固说,汉武帝在文治武功方面都有丰功伟绩,他能够"畴咨海内,举其俊茂,与之立功",①重视网罗人才,为他们创造发挥才能的机会,这与秦始皇"焚书坑儒"形成鲜明对比。武帝时所谓"儒雅"之士、"笃行"之士、"质直"之士、"推贤"之士、"文章"之士等等不可胜数。总之,历史之所以成为人的群体活动舞台,并非哪一个阶级、阶层在这里扮演独角戏,而是众多人群展示各自智慧才华的场所;这些智慧的结晶就是"文明"。中国历史进入文明社会以后就是一部文明的演进史。

思考题

1. 为什么了解朝代的更替是学习中国历史的切入口?

2. 怎样看秦朝的兴亡?

---

① 《汉书·武帝纪》。

参考书目

1. 吕思勉：《秦汉史》,上海古籍出版社,1983 年。
2. 杨向奎：《宗周社会与礼乐文明》,人民出版社,1992 年。
3. 杨宽：《战国史》(增订本),上海人民出版社,1998 年。

. 山

第三讲

汉代、唐代、清代"盛世"的透视

在中国古代的王朝更替中,曾经出现过不少"盛世"。人们所说的盛世,一般是指国家由乱到治,在较长时期内保持了政权稳定和社会繁荣。盛世的标志,包括政治开明、经济发展、民生复苏、国力强大、文化昌盛等方面。① 古代盛世最有代表性的,是西汉的"文景之治",唐代的"贞观之治"和"开元盛世",清代的"康雍乾盛世"。这些"盛世"在中国古代社会的发展中具有重大的意义。历朝历代,统治者向往出现盛世,以求反映出自己的功绩;老百姓也企盼盛世,以求过上安定的生活。"宵衣旰食,励精图治"的成语,是帝王将相的铭戒;"宁做太平犬,不做离乱人"的民谣,是来自民间的呼声。二者在追求盛世这一点上,具有高度的一致性。了解古代盛世的形成和衰亡,能够使我们得到许多历史启迪。

一 从文景之治到昭宣中兴

西汉的文景之治,从文帝即位的公元前180年算起,到景帝去世的公元前141年为止。然而,文景之后,盛世并未结束,武帝即位后虽然改变了文景时期的政策,却把西汉的盛世推向高峰。武帝晚期虽然颇多失误,但国家元气未伤。经过昭帝和宣帝的调整,即"昭宣中兴",保持了盛世的延续。元帝即位时,西汉的户口达到了汉代的最高点。因此,西汉盛世的终结,以宣元之际(前48)为界,前后延续了一百三十多年。

文景之治是由文帝和景帝得名的。而文景之治的出现,需要从汉初形

---

① 参见《中华读书报》2002年3月20日记者洪波采访戴逸专文:《盛世的沉沦》。

势说起。

秦王朝的严刑酷法，横征暴敛，引起了天下大乱。秦亡以后，为争夺政权的楚汉相争，连年战火，又使民众陷入颠沛流离、委骨沟壑的悲惨境地。西汉王朝建立时，朝廷极为困窘。《汉书·食货志》载："汉兴，接秦之敝，诸侯并起，民失作业而大饥馑。凡米石五千，人相食，死者过半。""天下既定，民亡盖藏，自天子不能具醇驷，而将相或乘牛车。"皇帝连四匹颜色一样的马车都坐不上，将相只好以牛车代步。正是这种形势，迫使统治者不得不设法安定社会，恢复生产，使国家进入正常状态。

汉高祖刘邦从进入咸阳那一天起，就在谋士张良的策划下宣布了安定社会的基本方略，这就是历史上著名的"约法三章"："杀人者死，伤人及盗抵罪，余悉除去秦法。"①待到结束战争后，刘邦采取了一系列措施，"约法省禁，轻田租，什五而税一"。稳定政局，恢复秩序。高祖死后的惠帝和吕后执政时期，继续执行休养生息政策，社会状况逐步好转。

汉文帝刘恒（前180—前157年在位），是高祖刘邦之子，惠帝刘盈的同父异母兄弟。本来，他是当不上皇帝的。高祖在世时，七岁的刘恒就被封为代王，统辖今山西北部，与他的母亲薄姬在代国的首府中都（今山西平遥附近）待了十七年之久。但是，惠帝死后，吕后执政，朝廷几乎成了吕氏的天下，引起了西汉开国元老的不满。吕后一死，掌管国政的丞相陈平和统辖军队的太尉周勃，消灭了吕氏势力，迎立远在外地的刘恒继承帝位。这种背景，对文帝的施政方针影响很大。作为长年在外的藩王，在朝廷一无威信，二无心腹，一大批跟随高祖打天下的元勋功臣还在台上，他们对这个年轻皇帝还不一定服气。他只有小心谨慎，以求地位的稳固。

文帝继位之时，中央政局尚在诸吕之乱后的动荡之中，地方上诸侯王势力十分强盛，社会经济也没有从战争创伤中彻底恢复过来，国家贫穷，库藏空虚，民生艰难，工商凋零，外部有北方的匈奴部族不断南下抢掠骚扰，多次威胁京畿关中。对此，文帝沉着应付，稳定政局，坚持与民休息的国策，奉行黄老之术，使经济逐渐恢复，财力不断上升，国库开始充裕，开了文景之治的先声。

---

① 《史记·高祖本纪》。

景帝刘启（前157—前141年在位）继位以后，全面继承了文帝时期的各项政策。当时，随着社会经济的恢复发展，国内局势的稳定，调整中央与地方关系就成了当务之急。汉代实行郡国并行的地方体制，诸侯王国占据着广大地区，跨州连郡，据山铸钱，煮海成盐，富甲天下，骄奢抗命，已成尾大不掉之势。景帝采纳晁错的建议，采取削藩措施，结果招致了以吴王刘濞为首的七个诸侯王国叛乱。他们"请诛晁错，以清君侧"，而当晁错被杀后依然叛乱不息，此即"七国之乱"。景帝起用大将周亚夫，用三个月时间平定了叛乱。此后，"诸侯王不得复治国，天子为置吏"，削弱了割据势力，保证了西汉王朝的稳定和治世的持续发展。

文景之治首先表现在经济的恢复和发展上。文帝深知农业在当时的重要性，在继位的第二年就下诏说："农，天下之大本也，民所恃以生也。而民或不务本而事末，故生不遂。朕忧其然，故今兹亲率群臣农以劝之，其赐天下民今年田租之半。"①此后他多次颁布诏令，劝课农桑，鼓励发展生产。而且他多次亲自参加耕作，让皇后亲自养蚕，以作示范。为了减轻民间负担，文帝从十二年（前168）起，就把田租由高祖时的什五税一改为三十税一，第二年又干脆全免田租。直到景帝继位，才恢复了三十税一的标准。在减免田租的同时，文帝还把算赋（人头税）由原来的每人每年120钱减为40钱，把原来丁壮每年服徭役一月改为三年服徭役一月。另外，他还松弛山林川泽之禁，赈贷鳏寡孤独，救济穷困老弱，从而使社会经济全面恢复。景帝继承了文帝的经济政策，使经济得到进一步发展，国家财政有了根本好转，府库盈积，百姓生活水平有了显著提高，有"家给人足"之称。

文景之治的另一方面是政治比较清明。文帝即位后，为了选拔人才，开创了察举制度。著名的青年政治家晁错，就是"举贤良能直言极谏者"推荐上来的。文帝还鼓励大臣进谏议政。廷尉张释之数次依据法律顶撞皇帝，文帝不以为忤，反而能够始终委以重任，显示了一个开明君主的宽容风度。

文帝对法律也作了重大改革。他吸取秦亡的教训，在即位后废除了以言论治罪的"诽谤妖言法"和一人犯罪、株连家族的"相坐法"。齐人淳于意被判肉刑，其女缇萦请以身代，文帝大为感动，为此废除了摧残肢体的肉刑

---

① 《汉书·文帝纪》。

制度。这一时期的刑法宽简,在历史上是少有的。

关于文景之治的社会效果,各种史籍都有总结和介绍。《汉书·食货志》称:"至武帝之初,七十年间,国家亡(无)事,非遇水旱,则民人给家足。都鄙廪庾尽满,而府库余财。京师之钱累百巨万,贯朽而不可校;太仓之粟陈陈相因,充溢露积于外,腐败不可食。众庶街巷有马,阡陌之间成群;乘牸牝者摈而不得会聚。守闾阎者食粱肉,为吏者长子孙,居官者以为姓号。"《汉书·文帝纪》称:"海内殷富,兴于礼义,断狱数百,几致刑措。"《汉书·景帝纪》称:"汉兴,扫除烦苛,与民休息。至于孝文,加之以恭俭,孝景遵业,五六十载之间,至于移风易俗,黎民醇厚。"后来历代王朝都以汉文帝为君主楷模。

正是文景时期的积累,为汉武帝把西汉王朝的盛世推向高峰创造了条件。武帝刘彻(前141—前87年在位)是一个具有雄才大略的皇帝(图6),他即位后不久,开始改变文景以来的政策,由无为变成有为,由恪守变成进取,由推崇黄老变成独尊儒术,创造了前所未有的历史辉煌。

在武帝时期,中央集权得到了进一步加强,形成了以皇帝为核心的"中外朝"体制,丞相的权力被削弱。皇宫内围绕皇帝以加官构成决策中枢,即中朝;宫外的

图6 汉武帝像

三公九卿成为常规执行机构,即外朝。武帝还分全国为十三州,派遣刺史以"六条"监督郡国,加强了对地方的控制。财政上把铸钱(发行货币)权收归中央,盐铁实行官营,向西北边疆大量移民屯田,在中原大力兴修水利工程。特别是在边疆开拓方面,随着对外政策的改变,武帝派卫青、霍去病等大将全面出击匈奴,取得了巨大胜利;在河套、河西地区设立了朔方、五原、武威、酒泉、张掖、敦煌六郡,控制了西域诸国,开辟了丝绸之路;派唐蒙通西南夷,出兵东瓯,将西汉王朝发展为一个幅员广阔的多民族国家。在长安城及其

他地方,汉武帝大兴土木,一座座宫殿楼阁拔地而起,耸入云天。武帝时期的这些建树,都得益于文景之治的铺垫。

但在文景时期,治世的背后已经有了危机的阴影。文帝时期政治的宽厚,得益者首先是大官僚、大地主和大商人。例如,黄头郎邓通,因为文帝宠爱,不但得到无数赏赐,而且占有了蜀郡严道(今四川雅安西)的铜山铸钱,富可敌国,有"邓氏钱,半天下"之称。贾谊在《治安策》中就指出:当时的汉朝存在着王国过盛、匈奴侵侮、富民奢侈、百姓饥寒等政治、民族、社会问题,已经潜伏着乱世的迹象。"曰安且治者,非愚则谀,皆非事实知治乱之体者也。"《汉书·食货志》在高度肯定文景之治后也说:"于是罔疏而民富,役财骄溢,或至并兼;豪党之徒以武断于乡曲。宗室有土,公卿大夫以下争于奢侈,室庐车服僭上亡限。物盛而衰,固其变也。"武帝时统治政策的改变,使文景之时的隐患开始显现。对外用兵,铺陈浪费,挥霍钱财,奢华无度,迅速花光了文景时期的积累。"兵连而不解,天下共其劳。干戈日滋,行者赍,居者送,中外骚扰相奉,百姓抚敝以巧法,财赂衰耗而不澹。"特别是武帝晚年的政治失误,导致了"巫蛊之祸"①,几乎引起继位危机。不过,文景奠定的盛世,并没有被彻底摧毁。武帝以后的昭帝和宣帝,通过统治政策的调整,使西汉王朝继续保持稳定的势态,史称"昭宣中兴"。翦伯赞认为,"自昭宣以至元帝这半个世纪的时期中,是西汉的社会经济继续发展的时代"②。

汉昭帝刘弗陵(前87年—前74年在位)继位时只有八岁,实际执政的是大将军霍光。霍光在一定程度上调整国策,轻徭薄赋,与民休息,多次减轻租赋,停止对外用兵,使社会恢复了安定局面。汉宣帝刘洵(前74年—前49年在位)原名刘病已,是武帝戾太子的孙子,由于"巫蛊之祸"而被剥夺了宗室权利,以平民身份生活在民间,对于下层社会的疾苦有较多了解。因此,他当上皇帝后,政治比较清明,以知人善任著称,他所重用的丙吉、魏相、黄霸等名臣,都有较大的建树。另外,宣帝比较注重制度建设,强调治民先

---

① "巫蛊"是古代的一种迷信术,指用木刻小人埋入地下,兼用巫术诅咒,相传可以害人。汉武帝晚年迷信有人用巫蛊害他,所宠信的江充与太子有隙,便诬告太子宫中有巫蛊。太子刘据怒杀江充,时在甘泉宫的武帝认定太子叛乱,发兵征讨。太子在长安聚众抗拒,混战五日,兵败逃亡途中自杀。这场内乱史称"巫蛊之祸";太子自杀后被称为"戾太子"。

② 翦伯赞《秦汉史》,北京大学出版社,1983年第2版,第296页。

治吏,信赏必罚,史称这一时期"吏称其职,民安其业"。他有一句名言:"汉家自有制度,本以霸王道杂之。"①这一时期,既不是单纯的"无为而治",也不是单纯的"好大喜功",而是糅合王霸之道,使西汉王朝的统治方略最终定型。

西汉的盛世,从文景之治开端,由武帝推到了高潮,在武帝之后,由昭帝和宣帝保持了一个较长的余韵。由于西汉王朝处于中国封建社会的上升期,这一盛世不仅维持时间较长,而且也给后代的统治者留下一个值得仿效的范例。

二 从贞观之治到开元盛世

唐代的兴盛是由贞观年间(627—650)开始的。经过高宗、武后、中宗、睿宗的过渡,到玄宗开元年间(713—742),再度出现盛世。天宝年间(742—756),各种社会矛盾开始激化。到安史之乱爆发,唐朝的盛世宣告终结,经历了一百余年。与西汉的盛世不同,唐代的盛世有着明显的起伏,有着贞观时期和开元时期两个高峰,其间存在着数十年的低迷状态。

隋代结束了南北朝的分裂割据局面,重新统一了中国。隋文帝虽然刚愎自用,却在治理国家上颇有建树。但到隋炀帝继位以后,横征暴敛,穷奢极欲,滥用民力,造成了"耕稼失时,田畴多荒"的局面。特别是三次征伐高丽的失败,迅速激化了社会矛盾,导致天下大乱。唐代在隋末大乱的基础上取得政权,拨乱反正,开创了中国古代又一个盛世。

唐朝建立之后,高祖李渊立长子李建成为太子,封次子李世民为秦王。李世民凭借打天下时建立的功勋和形成的势力,发动玄武门之变,杀死李建成和弟弟李元吉,夺得帝位,年号贞观。在贞观年间,唐太宗李世民(图7)吸取

图7 唐太宗李世民

---

① 《汉书·元帝纪》。

隋朝灭亡的教训，采取了一系列缓解社会矛盾的措施，开创了政治清明、社会安定的新局面，史称贞观之治。

唐高祖和唐太宗在政治上都比较开明，唐朝建立后，他们注重历史的经验教训，处处能以亡隋为鉴。反隋斗争的亲身经历，使李渊父子对治理国家有了比较清醒的认识。早在唐朝开国之初，唐高祖就对裴寂说道："隋末无道，上下相蒙，主则骄矜，臣惟谄佞。上不闻过，下不尽忠，致使社稷倾危，身死匹夫之手。朕拨乱反正，志在安人，平乱任武臣，守成委文吏，庶得各展器能，以匡不逮。"①到唐太宗手里，他更进一步认识到民众的力量。贞观十八年，太宗曾告诫太子李治说："舟所以比人君，水所以比黎庶。水能载舟，亦能覆舟。尔方为人主，可不畏惧！"②这种"载舟覆舟"的比喻，在统治者中是很难得的。正因为唐太宗有如此认识，贞观年间的大臣进谏，也多以亡隋为例。如贞观二年，王珪对太宗说："昔秦皇汉武，外则穷极兵戈，内则崇侈宫室，人力既竭，祸难遂兴。彼岂不欲安人乎？失所以安人之道也。亡隋之辙，殷鉴不远。陛下亲承其弊，知所以易之。"要求吸取秦、汉、隋的教训，改弦易张，调整政策③。贞观之治就是在这一背景下形成的。

唐太宗在政治上有两个方面十分突出：一是用人，二是纳谏。这两个方面对贞观之治的形成起了极大作用。元稹曾对此总结道："房、杜、王、魏之徒，议可否于前；天下四方之人，言得失于外。不三四年而天下大理，岂文皇独运聪明于上哉？盖亦群下各尽其言，以宣扬发畅于天下也。"④

在用人上，唐太宗深知"为政之要，惟在得人，用非其才，必难致治"的道理，多次下诏求贤。他还批评宰相房玄龄、杜如晦，要求他们不要陷入烦琐事务，而以广开耳目、求访贤哲为务。他能够任人唯贤，不避亲仇。贞观名臣魏徵，是太宗仇敌李建成的部下，曾经给李建成提过除掉太宗的建议。玄武门之变后，太宗从大局出发，抛却个人恩怨，重用魏徵作为自己的治国辅佐。他还注意从下层破格选拔人才。贞观三年，中郎将常何上书直言朝政，太宗凭自己对常何的了解，认定奏章非常何所作，追问之下，常何承认是

① 《旧唐书·孙伏伽传》。
② 《贞观政要·教戒太子诸王》。
③ 《贞观政要·务农》。
④ 《元稹集》卷三二《献事表》。

自己的一个门客马周代拟。太宗立即召见马周,予以重用,并赐常何绢三百匹鼓励荐贤。太宗主张"用人如器,各取所长",不以一己之见埋没人才。在他晚年对自己的用人之道总结说:"用人之道,尤为未易。己之所谓贤,未必尽善;众之所谓毁,未必全恶。知能不举,则为失材,知恶不黜,则为祸始。又人才有长短,不必兼通。"①强调博采众议,全面了解,舍短取长,充分发挥人才的作用。唐太宗比较注重地方吏治,为了考察地方长官,他把各地都督刺史的姓名写在屏风上,记录其功过行能,作为黜陟的依据。为了更好地用人,太宗还特别注意君臣关系的调整。他吸取隋文帝猜忌大臣的教训,强调:"傥君臣相疑,不能备尽肝膈,实为国之大害也。"②"正主任邪臣,不能致理;正臣事邪主,亦不能致理。惟君臣相遇,有同鱼水,则海内可安。"③所以,他特别注意"驭驾英才,推心待士"。

在纳谏上,唐太宗重视听取不同意见,"恐人不言,导之使谏"。贞观二年,他同魏徵讨论君主的明暗问题,魏徵回答说:"君之所以明者,兼听也;其所以暗者,偏信也。"④他特别欣赏这句话,处处鼓励大臣进谏。贞观年间进谏最有名的是魏徵,先后向太宗进言数百次,不仅直言不讳,而且敢于当面争论。为了鼓励大臣进谏,太宗对侍臣说:"每有谏者,纵不合朕心,朕亦不以为忤。若即嗔责,深恐人怀战惧,岂肯更言?"⑤尽管他有时也听不进过分直率的谏言,但他一般能克制自己。例如,贞观四年,给事中张玄素进谏停修洛阳乾元殿,言辞激烈,认为唐太宗不如隋炀帝。太宗反问道:"卿以我不如炀帝,何如桀纣?"张玄素毫不退让,答道:"若此殿卒兴,所谓同归于乱。"太宗终于克制住自己的火气,称:"我不思量,遂至于此。"赐绢五百匹鼓励。⑥ 有一次魏徵惹他发了火,太宗对长孙皇后称:"会须杀此田舍翁。"长孙皇后婉言相劝道:"妾闻主明臣直,今魏徵直,由陛下之明故也。"⑦使他打消了杀魏徵的念头。魏徵死时,太宗对侍臣说道:"夫以铜为镜,可以正

---

① 《全唐文》卷十《金镜》。
② 《贞观政要·政体》。
③ 《贞观政要·求谏》。
④ 《贞观政要·君道》。
⑤ 《贞观政要·求谏》。
⑥ 《贞观政要·纳谏》。
⑦ 《资治通鉴》卷一九四,贞观六年三月。

衣冠;以古为镜,可以知兴替;以人为镜,可以明得失。朕常保此三镜,以防己过。今魏徵殂逝,遂亡一镜矣。"①

贞观年间,唐太宗十分注意安定社会和发展经济,他说过:"为君之道,必须先存百姓。"②从"存百姓"出发,贞观之政务从"简静"。具体做法包括四个方面:一是"去奢省费",二是"轻徭薄赋",三是"选用廉吏",四是"使民衣食有余"。为了恢复和发展生产,唐朝从武德到贞观年间推行了均田制,对成年男丁授田百亩,其中二十亩为永业田,八十亩为口分田。虽然均田不够彻底,但对当时恢复农业经济起到了一定的积极作用。结合均田制,又实行了租庸调法,受田户每年纳租二石,缴调绢二丈,绵三两,服役二十天,或按每日三尺绢纳庸代役。租庸调法的实施,在一定程度上减轻了民众的负担,也保证了国家财政来源的稳定。特别是纳庸代役,与隋代的徭役过重形成了明显比照,有利于安定社会。这些政策收到了显著效果,到贞观三年以后,关中经济已经恢复。贞观八年以后,全国大治。"商旅野次,无复盗贼,圄圄常空,马牛布野,外户不闭。又频至丰稔,米斗三四钱。行旅自京师至于岭表,自山东至于沧海,皆不赍粮,取给于路。"③

在司法方面,贞观时期强调以仁为本,以刑为末。唐太宗称:"死者不可再生,用法务在宽简。"④在贞观年间,还建立了死刑三复奏制度,即对要执行死刑的罪犯,必须复奏皇帝三次才能用刑。到贞观四年,全国秩序已经恢复正常,社会出现了安居乐业的初步局面。"是岁,断死刑二十九人,几致刑措。东至于海,南至于岭,皆外户不闭,行旅不赍粮焉。"⑤

值得注意的还有唐太宗的民族政策。唐初,突厥成为威胁中原的主要力量,在太宗刚登基不久,突厥的颉利可汗就率兵打到长安城外,迫使唐太宗与颉利订立便桥之盟。贞观三年起,太宗派李靖等人率大军全面反击东突厥,大获全胜。后来,又击败吐谷浑,征服高昌,打退薛延陀,在龟兹设置安西都护府,控制了西域,以长安为起点的丝绸之路进入了全盛时期。但是,太宗对边疆少数民族,并不是一味征伐,而是注重和平交往。对少数民

① 《贞观政要·任贤》。
② 《贞观政要·君道》。
③ 《贞观政要·政体》。
④ 《贞观政要·刑法》。
⑤ 《旧唐书·太宗纪》。

族首领,频频推行和亲政策。文成公主入藏嫁于吐蕃的松赞干布,就是突出一例。唐太宗晚年总结自己的民族政策时说:"自古皆贵中华,贱夷狄,朕独爱之如一,故其种落皆依朕如父母。"①从太宗开始,在归附唐朝的少数民族地区普遍设置了羁縻府州。② 所谓羁縻府州,就是设立归中央管辖的府州,但这些府州沿用当地民族的原有统治方法和生活习俗不加改变,不列入"编户齐民",不承担赋役,具有高度的自治性。这些政策,使他赢得了各民族的共同拥戴,享有"天可汗"的赞誉。

当然,贞观之治不是没有缺陷的。太宗晚年,在用人和纳谏方面都比不上前期,而豪华奢侈、骄逸之气日增。对此,他自己也有所认识,临终前,他告诫太子说:"吾居位已来,不善多矣。锦绣珠玉不绝于前,宫室台榭屡有兴作,犬马鹰隼无远不致,行游四方,供顿烦劳。此皆吾之深过,勿以为是而法之。顾我弘济苍生,其益多;肇造区夏,其功大。益多损少,故人不怨;功大过微,故业不堕;然比之尽美尽善,固多愧矣。"③正是太宗本人的这种清醒认识,为贞观之治的延续奠定了基础。

太宗死后,高宗李治即位(649—683 年在位)。他虽然为人软弱,但基本上能够奉行贞观时期的开明政策,而且对太宗晚年的失误有所矫正,使经济持续发展,户口增长,贞观之治得到了继承。"永徽(高宗第一个年号)之政,百姓阜安,有贞观之遗风。"④不久,大政落入武则天手中。高宗之后的中宗李显(683—684 年,705—710 年两度在位)和睿宗李旦(684 年,710—712 年两度在位),只是名义上的皇帝,武则天以太后身份执掌朝政。到公元 690 年,武则天干脆自己称帝,改国号为周,旧史书称其为"武周革命"。

"武周革命"只是王朝内部的权力转移,对上层官员的影响较大,但对社会下层影响不大。在武则天执政时期,李姓皇帝权力的失落引起了相应的宫廷斗争和部分王室成员的反叛,却没有造成社会上大的动荡。武则天为了巩固自己的统治,打击元老贵族,注重引进庶族下层人才,倡导告密制

---

① 《资治通鉴》卷一九八,贞观二十一年五月。

② "羁"的本义为马笼头,"縻"的本义为牛缰绳。"羁縻"意为约束。唐朝正常府州(称正州)共 300 多个,而羁縻府州达 800 多个,羁縻府州对唐朝的疆域影响极大。具体可参见刘统:《唐代羁縻府州研究》,西北大学出版社,1998 年 9 月版。

③ 《资治通鉴》卷一九八,贞观二十二年正月。

④ 《资治通鉴》卷一九九,永徽元年正月。

度,重用周兴、来俊臣等酷吏,以强化对官吏队伍的控制。宠信薛怀义、张易之、张昌宗等人,官场风气随之败坏。大修宫殿,建造明堂,优待僧侣,加重了社会负担。但是,她又注重发展农业,采取了不少劝课农桑的措施,经济状况有所好转,社会也比较稳定。史称武则天是"僭于上而治于下"。高宗即位之初,全国共 380 万户,到武周末年,已增加到 615 万户。

唐朝的盛世高潮,是在玄宗李隆基开元年间实现的。经过了中宗复辟(公元 705 年,张柬之等人拥戴中宗复位,恢复唐室,也称五王政变或中宗反正),韦后之乱(公元 710 年,中宗暴死,韦后和安乐公主密谋执政,立少帝李重茂。李隆基和太平公主发动政变,诛韦后,拥戴睿宗即位),太平公主之乱(睿宗时,太平公主与太子李隆基发生冲突,睿宗传位于玄宗,公元 713 年,太平公主密谋政变,被玄宗平定),一连串政变后,唐玄宗调整官员,整顿禁军,恢复了政局的稳定,历史进入了开元时期。

唐玄宗在开元年间,励精图治,把唐代的盛世推向高潮。开元时期,君臣都对贞观之治十分向往,处处以贞观之治为楷模。影响深远的《贞观政要》一书,就是史官吴兢在这一时期撰写出来献给玄宗作为治国范本的。不过,由于时代的变化,开元之治和贞观之治又有所不同。

唐玄宗的首要措施,是精选辅佐,尊重辅政大臣,实现宰相班子的稳定。从高宗以来,随着政局变化,唐代的集体宰相制出现了问题,人选过多,更换过于频繁,使政务受到消极影响。玄宗时期,将宰相的人选稳定为一到三人,而且明确一人主要负责,使权力相对集中,皇帝不过多干涉,从而有利于政务的推行。这一举措,使宰相的作用得到充分发挥。开元盛世的功臣姚崇与宋璟,就是因这一措施成名的。司马光称:"姚、宋相继为相,崇善应变成务,璟善守法持正;二人志操不同,然协心辅佐,使赋役宽平,刑罚清省,百姓富庶。唐世贤相,前称房杜,后称姚宋,他人莫得比焉。"[①]然而,也正是宰相的减少和稳定,埋下了后来李林甫、杨国忠专权的伏笔。

玄宗深知"治民必先治吏"的道理,他执政后,立即废除了中宗以来的大量"斜封官"。所谓斜封官,是指不按正常程序考察任命,而是通过特殊关系用非正式公文"墨敕"委任的官员,类似于今天的"走后门"。开元二

---

① 《资治通鉴》卷二一一,开元四年十二月。

年，他又大规模地罢免了武后中宗时任命的员外官、试官和检校官。这些官员，都是正式编制之外为享受待遇而任用的。玄宗对此大加整顿，在一定程度上端正了官场风气。为了纠正唐初以来重京官轻外官的习气，玄宗强调地方官与京官的交流，重视刺史县令的选用。开元四年，他亲自考察新任命的县令，"问安人策一道"，把较差的四十五人遣返回家，贬斥了主持县令选任的吏部侍郎卢从愿和李朝隐。开元十三年，他又亲自挑选了一批在中央政府有声望的诸司长官出任地方刺史，并赐宴赐诗饯行。史称："玄宗自初即位，励精政事，常自选太守、县令，告戒以言，而良吏布州县，民得安乐；二十年间，号称治平，衣食富足，人罕犯法。"①

开元时期，玄宗颁发了大量诏令劝课农桑、赈灾济荒、招徕流移，在江淮以北各州普遍设立常平仓。到开元八年以后，经济上已出现了"五谷丰殖，万物阜安，百姓无事，与能共化"②的局面。各地的水利建设也广泛开展，兴修水利工程三十余处。

开元年间的各项制度建设，达到了唐代的最高成就。唐朝的各种法律法规典章格式，在玄宗的主持下，或新制，或修订，形成了一个洋洋大观的完整体系。包括《开元格》《开元后格》《开元令》《唐六典》《开元礼》等内容。

到开元晚期，大唐王朝的盛世达到高峰。《新唐书·食货志》载："是时，海内富实，米斗之价钱十三。青、齐间斗才三钱。绢一匹钱二百。道路列肆，具酒食以待行人。店有驿驴，行千里不持尺兵。"唐人的《开天传信记》称："河清海晏，物殷俗阜。安西诸国，悉平为郡县。自开远门西行，亘地万余里，入河湟之赋税。左右藏库，财物山积，不可胜较。四方丰稔，百姓殷富，管户一千余万，米一斗三四文。丁壮之人，不识兵器。路不拾遗，行者不囊粮。"西方史学家也认为："这是一个巩固的时代，一个明智地运用皇权的时代，一个克制的时代，尤其是一个没有对外进行劳民伤财和野心勃勃地冒险行动的时代。"③

但是，开元之治并未持续多久。到天宝年间，唐玄宗开始志得意满。"承平日久，安于逸乐，渐远端士而近小人。"在宰相人选上，先后重用"口蜜

---

① 《新唐书·刑法志》。
② 《唐大诏令集》卷一〇三。
③ 崔瑞德等《剑桥中国隋唐史》，中国社会科学出版社，1990年，第374页。

腹剑"的李林甫和市井小人杨国忠，轻信藩将安禄山，沉溺于与杨贵妃的爱情，出现了重大的政治失误。开元前期，玄宗还能听进去一些谏议，到天宝年间，几乎就听不进任何不同意见了。国家财政的积累，给唐王朝提供了好大喜功的资本。天宝时期，玄宗对内大兴土木，修造兴庆宫和华清宫，在全国兴建道观，塑造老子和自己的雕像；对外大兴边功，多次发动对吐蕃、南诏的战争。"上（玄宗）以国用丰衍，故视金帛如粪壤，赏赐贵宠之家，无有限极。"①官贵奢侈浮华，一掷千金，百姓生计日见艰难。诗人杜甫对此发出了"朱门酒肉臭，路有冻死骨"的呼喊，社会矛盾开始激化。

　　天宝时期，李林甫把持政权，排除异己，使宰相之间失去了制约，但处理政务尚有规范，比较谨慎小心。"每事过慎，条理众务，增修纲纪，中外迁除，皆有恒度。"②杨国忠接替李林甫后，小人得志，朝政迅速败坏。"国忠为人强辩而轻躁，无威仪。既为相，以天下为己任，裁决机务，果敢不疑。居朝廷，攘袂扼腕，公卿以下，颐指气使，莫不震慑。自侍御史至为相，凡领四十余使。台省官有才行时名，不为己用者，皆出之。"③特别是藩镇边将同中央权贵的权力冲突，孕育出极大的危机。从开元以来，唐朝为了解决沿边游牧民族侵扰问题，设置节度使以统率边防，但却对统兵边将缺乏有效的制度约束，造成了内轻外重之势。到天宝后期，安禄山一人身兼范阳、平卢、河东三镇节度使，统领近二十万铁骑，最终以诛杨国忠为名，发动了震惊全国的叛乱。伴随着安史之乱的爆发，唐朝的盛世走到了尽头。

三　康雍乾盛世

　　清朝建国后，经过顺治、康熙、雍正、乾隆几代人的努力，使中国历史上出现了又一个盛世。旧史书一般称为"康乾盛世"，当代史学家多数认为，雍正时期在康乾盛世的形成过程中有着承先启后的重要作用，而且采取了维护盛世的相关举措，特别是健全和加强了清初的有关制度，所以，清初盛世不应把雍正时期排除在外，应称为"康雍乾盛世"。

---

① 《资治通鉴》卷二一六，天宝八载二月。
② 《旧唐书·李林甫传》。
③ 《资治通鉴》卷二一六，天宝十一载十一月。

康熙帝爱新觉罗·玄烨是中国历史上在位时间最长的皇帝,达61年(1662—1723),雍正帝胤禛在位时间较短(1723—1736),乾隆帝弘历当了60年皇帝(1736—1796)后,禅位于嘉庆帝颙琰。表面上看,康雍乾盛世经历了一百三十余年,但实际上,清代盛世的形成,应当从平定三藩之乱(康熙二十年,1681)算起。到乾隆后期,以和珅擅权为标志(乾隆四十年,1775年前后),盛世已经出现了重大危机。伴随川陕楚白莲教起义的爆发,清朝的盛世宣告终结。因此,康雍乾盛世的实际持续时间不到一百年。

清朝在入关之初,致力于清除晚明弊政,立即废除在明末引起社会动荡的"三饷"(辽饷、剿饷和练饷)。但顺治初期的政权尚不稳定,满汉之间存在着严重的民族对立。尤其是源于游牧民族的"圈地"政策和严惩"逃人"政策,对社会的安定具有较大的消极影响。圈地是圈占"无主荒地"归八旗军士,实际上除了占有明代的皇庄以外,还大量掠夺民田。特别是为了避免满汉杂处,圈地后又有"换地"之举,即把交错的"无主之地"与"有主之地"互相兑换,以保证满汉分居,对北方民众特别是京畿民众造成了极大的骚扰侵害。"逃人"法是针对八旗的奴仆而设。入关前清人往往掠汉人为奴,有汉人自愿为奴者称为"投充"。对于逃奴,则严惩藏匿收留者。入关后,大量汉奴逃亡。清廷规定,凡有藏匿逃人者,则藏匿之家给原主人为奴,邻居流放,而"逃人"作为主人财产不予追究。这样,不少收留"逃人"的家庭牵连被害,更有一些奸徒假冒"逃人",指证殷实富户为"窝主",敲诈民财。另外,顺治帝倾心汉族文化,重用汉官,也遭到八旗贵族的抵制和反对。汉族区域特别是江南民众和士人,身经清朝入关之初镇压南明政权过程中的残暴屠戮,并受"华夷之别"的文化影响,对满人的统治高度敌视。如何化解满汉冲突,建立稳定的政治秩序,特别是取得广大汉族区域对政权的支持,成为顺治留给康熙的一个难题。

康熙帝玄烨(图8)少年即位,由

图8　清康熙帝像

索尼等四大臣辅政，在亲政并除掉操纵朝政的辅政大臣鳌拜以后，才真正开始了他的帝王生涯。平定三藩是他亲政以后的第一个重大决策，从此为盛世的出现奠定了基础。

三藩是在清朝入关的过程中形成的。早在明清大军相持于辽东之时，原明朝大将毛文龙的部下孔有德、耿仲明和尚可喜向皇太极投降。清军入关之时，原明朝的山海关总兵吴三桂降清。此后，这些降将成为清朝平定关内特别是平定南方南明势力的主力。顺治年间，清朝封孔有德为定南王，驻扎广西(后被南明永历政权的李定国部所灭)；耿仲明为靖南王，尚可喜为平南王，驻扎广东(后来耿仲明移居福建，由其子耿继茂、孙耿精忠先后继承)；吴三桂为平西王，驻扎云南。到康熙时，天下大势已定，然而三藩实力强盛，手握重兵，每年仅饷银就需二千万两，成为清朝的一块心病。康熙十二年，尚可喜请求归老辽东，康熙乘机决定撤藩，三藩之乱由此爆发。

三藩以吴三桂的实力最强。叛乱之初，吴军所向披靡，耿军、尚军起而响应，控制了云贵、两广、四川、湖南等地，陕甘、两湖、福建、江西、浙江战火蜂起，弥漫了半个中国。清廷遣兵调将，步步为营，与叛军展开了长期争夺。经过长达八年的战争，康熙帝最终平定了三藩。

在平定三藩的过程中，康熙帝注重改良政治，调整统治思想和大政方针。首先，为了从历朝历代的统治方略中吸取经验，从儒学文化中寻找治国思想，康熙帝坚持举行经筵日讲，就是听经学大臣讲学，研讨问题，以陶冶身心，增长知识，即使军务繁忙也不停辍。其次，康熙帝为了消解满汉矛盾，在战火倥偬之间开博学鸿词科，以收士大夫之心。当时，许多士人持华夷之见，不愿在清朝当官。而康熙采用制科方式，令各地推荐名士，网罗人才，用极其简略的考试题目，重用了一批汉族知识分子。甚至连拒不参加考试者，都授予功名。从此，读书人对清朝的态度产生了较为明显的转化。

三藩平定后，治世的局面初步出现。在用人上，康熙有着重大变化。顺治年间，主要依赖满洲贵族治国，到康熙亲政以后，倾慕汉族文化，重用经学之士，使政风为之一改。康熙所用知名文士，先后有魏象枢、熊赐履、李光地等人，开一代风气。在康熙年间，推崇理学、践行修齐治平之道而成为清官廉吏者人数众多，堪称一代楷模。如陆陇其、汤斌、张伯行等人，以学问操守入祀文庙；于成龙、陈鹏年、赵申乔等人，以清廉政绩名扬天下。

在经济上，康熙停止了圈地，注重发展生产，多次诏令募民垦荒，特别注重黄河水患的治理。治河始终是清朝的一大要务。顺治年间，清廷先后令治河名臣杨方兴、朱之锡总督河道，颇有成效，布惠江淮，朱之锡甚至被民间尊为河神（乾隆时视察河工，顺从民意，封朱之锡为"佑安助顺永宁侯"神号，春秋祠祭）。康熙亲政不久，三藩战火正炽，河道失修，先后溃决，江淮之间，遍地遭灾。玄烨以三藩、河务、漕运为"三大事"，书于宫中柱上。康熙十六年，任靳辅为河道总督，对黄河、运河、淮河进行全面治理，至十八年大致完工。到康熙晚期，随着财政经济的改善，人户的迅速增加，提出了"永不加赋"的政策。康熙五十一年谕旨称："今海宇承平已久，户口日繁，若按见在人丁加征钱粮，实有不可。人丁虽增，地亩并未加广，应令直省督抚，将见今钱粮册内有名丁数，勿增勿减，永为定额。其自后所生人丁，不必征收钱粮，编审时止将增出实数察明，另造清册题报。"①为后来的摊丁入亩打下了基础。

但是，康熙时期的治世，已经存在着不少弊端。他所重用的官员，有不少品行并不端正。如熊赐履和李光地，清议有"假道学"之称。徐乾学和高士奇，招权纳贿，声名狼藉，有"九天贡赋归东海（徐乾学），万国金珠献淡人（高士奇）"之讥。特别是大学士明珠，因受到康熙的器重，肆无忌惮，公开贪赃。在康熙后期，制度的废弛和官场的腐败已经日趋严重。加上两度废太子的风波，导致皇子之间明争暗斗，影响到政局的稳定。

雍正帝胤禛继位以后，除了因"夺嫡"之故打击异己、荼毒兄弟外，在政治上厉行改革，推行了一系列"新政"，整饬吏治，在一定程度上克服了康熙晚年的积弊。

为了解决皇位继承权的争端，雍正帝废止了自汉代以来的太子制，创立了密建皇储制。借西北用兵之机，雍正又设立了军机处，用以调整皇帝与辅政大臣的关系，更进一步加强了皇权专制。他还全面整顿官场作风，言出法随，拿一大批贪官开刀，动辄抄家。章学诚曾称道雍正帝说："澄清吏治，裁革陋规，整饬官方，惩治贪墨，实为千载一时。彼时居官，大法小廉，殆成风俗，贪冒之徒，莫不望风革面，时势然也。今观传志碑状之文，叙雍正年府州县官，盛称杜绝馈遗，搜除积弊，清苦自守，革除例外供支，其文洵不愧于循吏传矣。"②

为了从制度上解决官吏贪贿问题，雍正建立了养廉银制。从明代起，州

① 《清圣祖实录》康熙五十一年二月壬午。
② 《文史通义·内篇五·古文十弊》。

县在征收赋税时屡有加征,称为"火耗",意为征收的碎银在镕铸为大锭时的耗损。交足正税后,剩余的部分就归地方官府所有,称为"耗羡"。耗羡除用来作办公费用和公益开支外,成为地方官员的私财。但是,州县的各级上司乃至京官没有这笔额外收入,于是,又以地方官员送礼的方式做到利益均占。送礼名堂繁多,夏天叫冰敬,冬天叫炭敬,节庆叫节敬,生日叫祝敬,过年叫年敬,门生拜见叫赞敬,出京辞别叫别敬,统称陋规。"州县征收火耗分送上司,州县借口而肆贪婪,上司瞻徇而为容隐,此从来之积弊所当削除者也。"①从雍正二年起,开始推行"耗羡归公"和养廉银制。具体办法是:将一省全年耗羡按现状统一收缴国库,专款专用,把全部款项分配给地方官员,称作养廉银。以此杜绝乱征滥派,禁绝陋规。

康熙时确定了"永不加赋"的国策,具体操作中有的官员提出了将丁银(人头税)摊入地银(土地税)的建议。康熙末,四川、广东就开始试行这一办法。雍正继位以后,根据直隶巡抚李维钧等人的奏议,开始普遍推行"摊丁入亩"。到雍正七年,除山西、奉天、贵州外,其他地方均已实施。"摊丁入亩"是中国古代赋税制度的一大变革,它改变了人头税的性质,赋税不是按人丁而是按地亩征收,有利于无地或少地的农民,在制度上使赋税负担的分布更为合理。同时,由于土地较为稳定,使国家的税源也相对固定化。"摊丁入亩"实施后,官方统计的户口数量迅速增加。康熙五十年,全国户籍人口为2400万;至乾隆六年,达到1.4亿;至乾隆五十八年,达到3亿。

乾隆时期,依赖康熙、雍正两代的余荫,把清朝的"文治武功"发展到一个新阶段。康熙执政之初,面临的是经过多年战争破坏、田野荒芜、百业凋零、民族冲突严峻的局面,因此,其当务之急是与民休息,笼络人心,消弭满汉敌对心理。康熙帝为政宽容仁慈,概出于此。雍正执政之初,纲纪废弛,贪贿成风,政务敷衍,因循苟且,因此,其当务之急是整顿吏治,惩处腐败,恢复纪纲。雍正帝为政严峻酷苛,概出于此。乾隆帝继位以后,强调宽严并济,持盈保泰,维持了盛世的延续。

为了纠正雍正时的偏差,乾隆帝弘历执政后不久,就将允禩、允禟等人的子孙收入宗室玉牒,释放允䄉、允禵,化解了雍正遗留下来的宗室矛盾。还将

---

① 《清史稿·诺岷传》。

雍正时因种种原因被不当罢黜或关押的官员予以解脱或重新起用。例如,著名文人李绂、蔡珽、谢济世,因弹劾田文镜被雍正斥为"朋党",或充军或关押,这时都被赦免重新任官。通过这些手段,乾隆帝迅速赢得了政治上的资本。

在经济上,乾隆帝禁止官员为邀功虚报垦荒,豁免以前因虚报垦荒造成的"无地之粮"。同时继续鼓励垦荒,以解决迅速增加的人口生计问题。为了使垦荒落到实处,防止虚冒,规定"山头地角"零星土地垦荒"免其升科",即不再加税。为了减少粮食的浪费,从乾隆二年起,还在北方五省实行了禁酒政策。乾隆时期先后数次兴办大型水利工程,其中著名的有黄河的毛城铺引河工程、淮河入江水道、金沙江水路、浙江海塘工程等。从乾隆年间起,打破了雍正时不准开矿的限制,采矿业得到了较大发展。随着国家财政的好转,乾隆十年起,决定分省轮流免除钱粮,三年一轮。后来,又在乾隆三十五年、四十二年、五十五年分别普免钱粮各一次。乾隆三十一年起,又开始普免漕粮。后又在四十三年、五十九年分别普免漕粮各一次。

康熙时,已经有了较多的文化建设,著名类书《古今图书集成》就是康熙年间完成的。雍正、乾隆继承了康熙朝的文化事业并发扬光大。最有代表性的就是乾隆朝编纂了文化史上的巨典《四库全书》,参与者达三百余人,经二十年编成,全书三万六千余册,缮写七部,共收书 3470 种,79016卷,是历史上最重要的文献总集。

但是,乾隆帝好大喜功,奢侈豪华,这一点同康熙和雍正有着较大差别。康雍二帝,均躬行俭朴。甚至连地方官员的奏折用绫绢做面子雍正也要批评,认为用纸代替绫可以节约一些。而乾隆大不一样,最能代表乾隆奢侈的,就是他的六次南巡,游山玩水。康熙的南巡,主要目的是治河,而乾隆的南巡,则是以视察河工之名游玩。他晚年曾说:"朕临御天下六十年,并无失德,惟六次南巡,劳民伤财,实为做无益害有益。"①另外,为了凑齐他津津乐道的"十全武功",乾隆也曾发动过有害无益的战争,特别是征缅甸和征安南,不但遭受惨重的损失,而且给国内人民和无辜将士带来深重的灾难。

康雍乾盛世的一个重要内容,是对边疆地区的经营。祖国的概念离不开疆域。"祖"的本义为祖先,"国"的本义为疆域。甲骨文和金文中的

---

① 梁章钜《浪迹丛谈》卷三《吴槐江督部》。

"国"字，"从口从或"①，就是一个人手持武器保卫疆域的象形。中国的疆域是在漫长的历史中逐渐形成并演变的，特别是汉、唐、清三个朝代，在中国疆域的形成中具有重要作用②。西汉疆域的拓展，主要是沿着河西走廊展开的，并在东南、西南有所建树。唐朝疆域的拓展，涉及辽东、岭南、大漠、西域。《旧唐书·地理志》称天宝年间的疆域四至为："东至安东府，西至安西府，南至日南郡，北至单于府。南北如前汉之盛，东则不及，西则过之。"但唐朝疆域内的羁縻府州与正州有着较大的区别。而清初疆域的拓展，则是沿着蒙古、回部、吐蕃以及其他少数民族的活动区域展开的，从而奠定了现代中国疆域的基础。

康熙年间对台湾的收复，拉开了清朝经营边疆地区的序幕。元、明两代，曾在澎湖设置巡检司管辖台湾事务。随着明末的战乱，荷兰殖民者乘机侵占了台湾。顺治十八年，忠于南明政权的郑成功由金门、厦门转攻台湾，驱逐荷兰殖民者，在台湾设立一府二县，加速开发建设，并以金厦澎台作为反清复明的基地。不久，郑成功去世，其子郑经在厦门继任。由于郑经与其叔父郑世袭争夺权位，康熙三年郑经放弃金厦，退出沿海，固守台岛。随着三藩之乱渐次平定，康熙帝用施琅为福建水师提督，开始积极筹划收复台湾事宜。适逢郑经骤死，其子郑克臧和郑克塽在部将的操纵下争位导致内乱。康熙二十二年，清军全力攻台，在澎湖全歼郑军水师主力，一举收复台湾。接着，清朝在台湾设立府治，驻扎军队，③并废止了沿海居民的内迁令，使东南海疆趋于安定。正如康熙帝自己在《中秋日闻海上佳音》一诗中写的那样："海隅久念苍生困，耕凿从今九壤同。"

蒙古诸部情况比较复杂。内蒙古科尔沁部在清朝入关以前已经内附。到康熙时，外蒙古喀尔喀诸部内附。但外蒙古准噶尔部一直时叛时附，同清朝的战争断断续续进行了康雍乾三朝。康熙时，准噶尔部噶尔丹攻袭喀尔

---

① 《说文解字》。

② 关于中国历史上疆域的沿革变化，可参见谭其骧主编的《中国历史地图集》（1—8 册），地图出版社 1982 年出版。从秦、西汉、唐、明、清的概貌比较中，不难发现中国疆域的演变趋势。

③ 当时曾有弃台之议，经康熙君臣反复商议，决定设立台湾府（治今台南市），隶属于福建省，下辖台湾县、凤山县、诸罗县，澎湖由台湾府直辖；台湾设总兵一员，副将二员，驻兵八千；澎湖设副将一员，驻兵二千。这是中央政府在台湾本岛首次设置机构和驻军（以前在澎湖）。台湾降官郑克塽、冯锡范、刘国轩均赐予爵位或官位，在北京赐第安置。

喀部,并进扰内蒙古,被清军打败,随之青海蒙古诸部内附。康熙晚年噶尔丹死后,其侄策妄阿拉布坦复兴准噶尔部,继续与清朝对抗。雍正时,在与准噶尔对峙的过程中平定了青海蒙古和硕特部罗卜藏丹津的叛乱。而准噶尔部在策妄阿拉布坦死后,其子噶尔丹策零则一直与清军抗衡。直到乾隆时,才彻底平定准噶尔部,最终与其议和,余部附于喀尔喀部和青海蒙古。

为了统辖外蒙古事务,雍正九年设立乌里雅苏台(即今蒙古扎布哈朗特市)定边左副将军,掌管唐努乌梁海军政,辖喀尔喀四部及所附的厄鲁特、辉特三旗共八十六旗。辖境相当于今蒙古国和俄罗斯、哈萨克斯坦的部分区域以及中国新疆阿尔泰地区北部,清朝统称外蒙古。同时还在库伦(即今蒙古乌兰巴托)派驻司员,后改为库伦办事大臣,监督恰克图与俄国的商务往来,并辖土谢图汗、车臣汗二部。乾隆二十六年又设立科布多(今蒙古科布多省省会)参赞大臣和办事大臣,辖札哈沁部(原准噶尔部投清)、明阿特部、科布多厄鲁特部、阿尔泰乌梁海部,兼辖杜尔伯特部及所附辉特部、新土尔扈特部、新和硕特部,共八部三十一旗。

雍正平定青海后,将青海蒙古编为札萨克旗。乾隆元年,设立西宁办事大臣统辖青海蒙古诸部。乾隆时,平定回部(今维吾尔族)霍集占和布拉尼敦的叛乱,于乾隆二十七年置伊犁将军,掌管天山南北两路军政,统辖回部和天山厄鲁特诸部。乾隆四十八年置乌鲁木齐都统,掌管乌鲁木齐军政。另外,在塔尔巴哈台(塔城)设副都统,在喀什噶尔设参赞大臣,在哈密、英吉沙尔、叶尔羌、和阗、阿克苏、乌什、库车、喀喇沙尔设办事大臣,分理各地事务。

西藏在元代时归宣政院管辖,设有三路宣慰使司。明代在西藏设有乌斯藏、朵甘二都指挥使司。清朝入关前夕的崇德七年,西藏即已向清廷入贡。但西藏内部管理,一直实行第巴(藏王)制度。康熙末年,在唐古特(西藏)废除了第巴,设立三名噶伦管理西藏事务。雍正五年,通过平定西藏内乱,开始在西藏驻兵,设驻藏大臣。乾隆五十七年,清廷整顿藏务,建立确定活佛转世的金奔巴制。① 从此,西藏的活佛继承,开始由中央政府监管。乾

---

① 金奔巴即金瓶。藏传佛教的领袖为达赖(驻拉萨)、班禅(驻日喀则),其下有呼图克图18人,沙布隆12人,均为能转生之活佛。金奔巴用于确认活佛化身。遇活佛去世,则寻认转生年月相仿之人,将其姓名生辰制签,置于瓶中,由驻藏大臣监督,当众掣出一人,指定为呼毕勒罕(转世)。

隆五十九年定制,前藏官缺出,由驻藏大臣会同达赖喇嘛选补;后藏官缺出,由驻藏大臣会同班禅喇嘛选补;各寺庙坐床堪布(主持),由达赖喇嘛会同驻藏大臣及遣往西藏办事之在京喇嘛共同选任;西藏所有僧俗官员,均受驻藏大臣节制。

中国一直是一个多民族国家,清代各直省均有少数民族散居,因而设有不少土司土官。土官为世职,一般是本地民族的头人,但其任命和承袭均须中央确定。其文职从土知府、土同知直到土巡检、土驿丞,其武职从指挥使、宣慰使直到土把总、土百户,品秩由三品到未入流都有。土官归当地督抚和所属府州县管辖,唯其内部管理从俗。设置土官的直省,包括四川、甘肃、云南、贵州、广西、湖南、湖北等。从雍正开始,在西南少数民族区域推行"改土归流"政策,即改变当地原有的土司土官制为正规的州县流官制(即规制正式命官)。经过雍乾时期改土归流,湖北湖南全部改置流官,云贵地区也大多改置。土司向流官的转变,对这些地区的开发和发展起到了一定的积极作用。

东北地区是清朝的发祥之地,然而,沙俄侵略者在此时闯入黑龙江流域,建立了尼布楚、雅克萨等侵略据点,抢掠当地的达斡尔村寨,对中国构成了严重威胁。康熙帝二十一年起,清朝开始周密策划,调兵遣将,进行了反击沙俄侵略的部署。到康熙二十三年初,经过多次小规模作战,黑龙江流域的小型俄军据点全部被攻克。康熙二十四年,清军对集结有大量俄军的雅克萨展开进攻,击毙俄军百余人,投降者七百余人。清军令他们作出不再重来的保证后释放了俘虏,焚烧了雅克萨城,撤至瑷珲驻扎。但俄军在清军撤退后立即集结上千人重返雅克萨,并带了十二门火炮,修建起城垣和十座兵营固守。清军得知俄军背约重来,于康熙二十五年再度展开对雅克萨的攻击,筑垒挖壕,实行围困战术,不断击退俄军的反扑,击毙俄军总指挥托尔布津。后来,因俄国政府急迫求和,同意谈判议界,清军才撤了雅克萨之围。接着,中俄双方通过谈判签订《尼布楚条约》,规定中俄以格尔必齐河、额尔古纳河、外兴安岭为两国的东段边界。雍正时,又同俄国签订了《中俄恰克图界约》,规定了额尔古纳河至沙毕纳依岭之间的中俄中段边界。此后的一个半世纪里,两国在这一段没有发生大规模的武装冲突和边界纠纷。

和以前各代的盛世不同,康雍乾时期的君主专制已经高度发达,因此,以前各代盛世所倡导的进谏和纳谏,在康雍乾时期不复再现,在政治决策上强调皇帝"乾纲独断"。加上满汉隔阂,清朝在禁锢思想、钳制言论方面,超出了以前的历代王朝。特别是康雍乾三帝都曾大兴文字狱,镇压士人,广为株连,影响极坏。乾隆还借修《四库全书》之际,禁毁图书,摧残文化。这种文化专制,严重影响了清初盛世的纵深发展。

康雍乾盛世在乾隆统治的中期就已经终结。随着社会矛盾的尖锐,乾隆三十九年,山东临清爆发了由王伦组织的清水教反清起义。给事中李漱芳上疏指出:"奸民聚众滋事,为饥寒所迫;又言近畿亦有流民扶老携幼,迁徙逃亡,有司监卢沟桥,阻不使北行。"而乾隆帝却不以为然,反倒指责李漱芳妄言,"代奸民解说,心术不可问"。① 沉醉于"古稀天子"美誉的乾隆帝,在社会矛盾越积越多的情况下,委权于以贪赃著称的和珅。此后,随着和珅的专权,"盛世"急转直下。到乾隆晚年,当他以"十全老人"沾沾自喜之时,中小规模的反抗和起义已经遍布全国。川陕楚白莲教起义的大爆发,标志着清朝进入了衰败时期。

四　盛世的透视

中国古代除了西汉、盛唐、清初以外,在其他朝代里也出现过一些盛世或治世,只不过没有文景之治、贞观之治、康雍乾盛世那么典型罢了。例如东汉的"光武中兴"(25—57),明代的"仁宣之治"(1424—1435)等等。甚至在分裂战乱的大背景下,有些不太出名的王朝也曾出现过较为短暂的治世,如十六国时期的前秦苻坚(357—385 年在位),用书生王猛为辅佐,政绩斐然,几近小康。五代十国的后周南唐,亦有小治。但从历史的整体来看,治世少而乱世多,即使如汉、唐、清这样持续时间较长的朝代,盛世也不过是整个王朝的一个短暂时期。

盛世是人们向往的,然而盛世的形成,需要一定的历史条件。

中国古代一直是一个人治国家,而且从秦汉起就建立了君主专制体制,因而,盛世的实现,首先以开明君主的出现为前提。纵观历史可以看出,君主的品德修养,对于盛世有决定作用。文景之治的形成,与汉文帝的个人因

---

① 《清史稿·李漱芳传》。

素有极大关系。在历代帝王中，汉文帝有着极高的声誉，历来被看做是皇帝的典范。他以节俭著称。一次，他打算修一个露台，召来工匠一算，需要百金。他说："百金，中人十家之产也。吾奉先帝宫室，常恐羞之，何以台为！"①就此罢手停建。文帝自己穿着普通，夫人衣不曳地，帏帐不用刺绣。汉代帝王都要大修陵墓，唯有文帝依山为陵，不起封土，陪葬品仅用陶器，不用金银铜锡制品。贞观之治的出现，在一定程度上是由唐太宗企盼做一个"万世明主"的强烈愿望支撑的，当魏徵等人的进谏冲撞了他的权威时，他能为了自己的名声压抑怒气，容忍批评，从而维持了贞观君臣的和谐。清初的盛世，则与康熙帝学识渊博、深谙儒家文化有很大联系。康熙帝以经学家自居，深究历代治乱之道，对其统治有着极大裨益。

开明君主能够有自知之明。唐太宗尽管晚年有失误，但他对自己"益多损少""功大过微"的自我总结还是切合实际的。康熙平定三藩后，并不因其功绩而自我陶醉。三藩荡平，群臣请上尊号，遭到康熙帝的拒绝。说："贼虽已平，疮痍未复，君臣宜加修省，恤兵养民，布宣德化，务以廉洁为本，共致太平。若遽以为功德，崇上尊称，滥邀恩赏，实可耻也！"然而，大臣们还以为康熙帝故作谦虚，有意推让，坚持所请。康熙严厉斥责道："吴三桂初叛时，伪札煽惑，兵民相率背叛，此皆德泽未孚，吏治不能剔釐所致。今幸地方平靖，独念数年之中，水旱频仍，灾异叠见，师旅疲于征调；被创者未起，闾阎困于转运，困苦者未甦。且因军兴不给，裁减官员俸禄，及各项钱粮并增加各项银两未复旧。每一轸念，甚歉于怀。若大小臣工，人人廉洁，俾生民得所，风俗醇厚，教化振兴，虽不上尊号，令名实多；如政治不能修举，则上尊号何益？朕断不受此虚名也。"②如果没有康熙这种对自我、对时局的清醒认识，盛世就不可能出现。反面的例子也有，西晋武帝司马炎（265—290年在位）于公元280年实现统一，有了由乱到治的社会基础。"天下书同文，车同轨，牛马被野，余粮委亩，故于时有'天下无穷人'之谚。虽太平未洽，亦足以明吏奉其法，民乐其生矣。"③然而，晋武帝志得意满，以酒色自娱，很快就导致了又一轮大乱。"平吴之后，天下乂安，遂怠于政术，耽于游

---

① 《汉书·文帝纪》。
② 转引自孟森《明清史讲义》下册，中华书局，1981 年，第 419 页。
③ 《晋书》帝纪五史臣曰。

宴,宠爱后党,亲贵当权,旧臣不得专任,彝章紊废,请谒行矣。"①"八王之乱"随之爆发。

开明君主不仅要自知,而且要知人;不仅要知人,而且要善任。历史上任何朝代的任何盛世,都需要一大批清官廉吏。"用得正人,为善者皆劝;误用恶人,不善者竞进。"②汉文帝继位以后,面对大批开国元老,能够礼敬大臣,取得他们的衷心支持,为其所用。贞观之治的出现,得益于唐太宗在秦王府就开始网罗人才,登基后又不分亲疏,唯才是用,注重秦府旧人和太子旧人、关陇人士和山东人士、世家和寒族的平衡,各尽其长。康熙帝为了拉拢汉族知识分子,不惜采用特殊方法,用极简单的题目举行博学鸿词科,对被迫到京而不愿考试的杜越、傅山等人不加怪罪,授予官衔礼送回籍,对故意不答完卷子的名士严绳孙等人照样录取。取中的五十人全部进入翰林院,为照顾他们特有的明朝情结,让他们专修明史,在赢得汉族文士的支持上取得了极大成功。

盛世的出现,还需要整个统治集团善于吸取前代教训,居安思危。凡是盛世,君臣无不以前代的政治失误为鉴。汉代文景,特别注重秦亡的前辙。唐初的统治者,更是处处以隋代的教训为例改进政治,贞观年间的奏章谏议,大多都用隋炀帝的例子警诫当朝。清初顺康年间,特别注意克服晚明的弊政。这种忧患意识,是形成盛世的必要条件。

盛世需要相应的制度保证。文景之时,正是汉初的制度调整之际,在治理国家的过程中,文景二帝逐渐创设了一套新的制度,如影响重大的察举制,就是这一时期建立的。唐代贞观年间,在各项制度上都有较大建树,开元时期的制度建设更是洋洋大观。清代的重大制度,基本上都是在康雍年间完成的。然而,制度要靠官员来执行,官僚队伍的素质也至关重要。因此,盛世都强调制度建设和道德建设并重,用道德修养从积极意义上防止"法令滋章,巧饰弥多"之弊。相形之下,汉唐盛世期间,"法治"和"德治"的结合较好,使其相得益彰,而清代就略有逊色,康熙时注重德治却在制度规范上有所不足,雍正时注重制度规范却出现了道德滑坡,从而使盛世受到了影响。

---

① 《晋书·武帝纪》。
② 《贞观政要·择官》。

需要特别注意的是，清初的文字狱，是康雍乾盛世的一大污点。盛世需要重视知识分子，而康雍乾时期的文治，是以保证绝对君权为前提的。在文字狱的高压下，士大夫一言不敢及于时政，一语不能触犯朝廷。只能自筑书斋，厚古薄今，严守畛域，以考据朴学在士大夫圈子里自我欣赏。本来，中国的传统文化，特别是儒家文化，有着修齐治平、内圣外王的传统，以辅弼政治而见长。但清代的文字狱，一刀割断了文化与政治的关系，使政治规范丧失了理论来源，影响了人们的价值观念，进而导致"世风日下"。官场上的风气也随之一变："职业极其隳窳，而士气因之日靡也。部院臣工大率缄默瞻顾，外托老成慎重之名，内怀持禄养身之念。忧愤者谓之疏狂，任事者目为躁竞，廉静者斥为矫激，端方者诋为迂腐。间有读书穷理之士，则群指为道学，诽笑诋排，欲禁锢其终身而后已。"①康雍乾盛世正是在这一点上，出现了道德建设和政治举措之间的断裂。

是否成为盛世，最根本的评价标准是民生是否得到了较好的保证和改善。没有老百姓的安居乐业，所谓盛世就是空中楼阁。古代的著名盛世有一个共同点是轻徭薄赋，与民休息，人丁滋生，社会安定。盛世都注重发展经济，然而，历史上不乏经济发展却民生艰难的事例。有的王朝如秦朝，表面上盛极一时，但民众却无法生存下去，所以不可能出现真正的盛世。有的王朝如明代中后期的嘉靖万历年间，生产力亦有发展，但封建王朝搜刮不已，官吏暴富，皇帝内库积聚了大量钱财，社会上却流民遍地，反抗蜂起。因此，凡是盛世，必定以民为本，藏富于民，以换取民心的支持。古代的每个王朝都重视农桑，然而是把重视农桑作为横征暴敛的前提还是作为改善民生的根本，是形成盛世与乱世的分水岭。

另外，盛世的形成，需要有相当的时间。一般来说，需要几代人的努力。汉代的盛世，经历了高祖、惠帝、文帝、景帝，直到武帝时才达到高峰。唐代的盛世，也经过高祖、太宗、高宗、武后、中宗、睿宗，直到玄宗时才达到高峰。清代的盛世，尽管康熙和乾隆在位时间很长，也是经过几代人的努力才实现的。在盛世形成的期间，不乏政策的调整和变化，但是，治理国家的指导思想和基本方针必须一以贯之。没有基本国策的稳定性和延续性，盛世就难

---

① 《清史稿·熊赐履传》。

以形成。中国古代的"家天下"性质,使皇帝的继承人在治国能力上缺乏制度的保证,这是古代盛世难以出现的原因之一。

在古代,统治集团的历史局限,使盛世不能长期保持。每个盛世的后期,都会积聚起日益严重的社会矛盾,统治集团逐渐腐化,民生日趋艰难,从而引发新一轮的乱世。而且越到传统社会的后期,这种由治到乱的转化速度越快。古代的王朝都不能摆脱这种一治一乱、治乱交替的"周期律",无一例外,这是由当时的社会性质所决定的。

思考题

1. 试比较汉、唐、清盛世的异同。
2. 如何评价中国古代的盛世?
3. 了解古代的盛世对现在有何借鉴意义?

参考书目

1. 翦伯赞:《秦汉史》,北京大学出版社,1983 年。
2. 岑仲勉:《隋唐史》,中华书局,1982 年。
3. 孟森:《明清史讲义》,中华书局,1981 年。

第四讲

中国古代交通与文化传播

交通史是历史总进程的一个重要的侧面。在历史发展的每一阶段,几乎都可以看到交通进步的轨迹。交通条件决定着历史上文化圈的规模,也影响着各个文化圈相互之间的联系。

中国古代交通建设的进步和文化传播的发展,对于中国历史有重要的意义,对于人类文明史也有重要的意义。而交通行为也就是"行"在基本物质生活形式"衣食住行"中的地位,本身就构成社会成员历史参与的重要形式。

一　中国古代交通建设

古代神话传说中人们所熟悉的"愚公移山""五丁开道""夸父逐日"等故事,都依稀透露出远古先民们发展交通事业的艰苦努力。

"轩辕氏"以及所谓"轩皇""轩帝"被用来作为后人以为中华民族始祖的著名帝王黄帝的名号,暗示交通方面的创制,很可能是这位传说时代的部族领袖诸多功业之中最突出的内容之一。《太平御览》卷七七二引《释名》说,黄帝是车辆的发明者,因此而号为"轩辕氏"。司马迁在《史记·五帝本纪》中写道,各地诸侯都尊奉轩辕为天子,是为黄帝。天下有不顺从者,黄帝则予以征抚,"披山通道,未尝宁居"。黄帝的事迹,反映了传说时代交通发展的实际情形。舜入山林川泽,暴风雷雨,而"行不迷",禹领导治水,"开九州,通九道","居外十三年,过家门不敢入"[1],他们圣王地位的确立,也与交通行为有关。

---

[1]　《史记·夏本纪》。

新石器时代晚期大汶口文化、红山文化玉器制作普遍兴起。含山凌家滩遗址制玉工艺已经达到较高水平。经发掘出土的良渚文化玉器总量超过万件。① 玉器制作材料的远输,反映了交通的发展。西北地方发现的原产于南海的贝,也有同样的文化意义。萧山跨湖桥及河姆渡、城头山等遗址发现独木舟和木桨、木橹实物,说明水上利用舟船的交通已经起航。②

在河南安阳、郑州和辉县的商代墓葬中大量发现新疆玉和南海贝的情形,可以与《尚书·酒诰》所谓"肇牵车牛,远服贾"联系起来理解。殷墟卜辞中已经多见象车之形的"车"字,结构多有不同。大型墓葬多附有车马坑并随葬车马器,车马同时又被作为奉献于先祖的重要祭品之一。当时战车还是体现军队实力的主要军事装备,而这种以车战为主的作战形式,又对交通道路提出了比较高的要求。甲骨文中结构多样的"舟"字,说明当时的木船已经有多种形制。卜辞中所见"凡"字作"帆"的象形,反映当时借用风作舟航动力的水运形式已经出现。

周王朝在各地分封诸侯,利用所建置的政治军事据点以为藩屏,来维护中央政权的统治。这种政治体制要求各地与周王室保持紧密的联系。当时以车兵为军队主力的特点,也要求各地有平阔的大道相通。西周青铜器铭文和当时的文献称周王室所主持修筑的连通各地的交通干道为"周行"或"周道"。《诗经·小雅·大东》中"周道如砥,其直如矢"等诗句,体现了这种交通干道规划设计的合理和修筑施工的严谨。

春秋时期,交通建设有了新的进步。大致在这一时期,太行山、秦岭等险山峻岭都已经开始有车路通行。《国语·周语中》记载,周定王时,单襄公奉使自守前往楚国,途经陈国时,看到道路不修,馆舍不整,于是预言陈国将要灭亡。可见,以交通道路为主体的交通设施是否修整,当时已经是体现政府行政能力的重要标志之一。据《左传·襄公二十一年》,晋平公当政时,晋国道路馆舍失修,也曾经受到郑国政治家子产的批评。

以交通干道的建设为基础,相应的交通设施也得以进一步健全。《周礼·地官·遗人》说,贯通都市和村野的交通大道上,每隔10里,设置有

---

① 中国社会科学院考古研究所编著:《中国考古学·新石器时代卷》,中国社会科学出版社,2010年,第789—790、795页。

② 同上书,第508页。

"庐"，"庐"可以提供行旅饮食；每隔30里，有可以止宿的"宿"，"宿"设有"路室"，并且有服务于行旅的粮草储备；每隔50里有"市"，"市"有住宿条件更为优越的"候馆"，行旅消费品的储积也更为充备。当时，中原各国政府普遍沿交通干道设立交通站，置备车马和专职管理人员，遇到紧急情形，则乘传疾驰，次第相继，使军情政令得以迅速通达。孔子说："德之流行，速于置邮而传命。"①说明当时驿政的发达，突出表现为信息传递的神速。

《左传·哀公九年》记载，在这一年的秋天，吴国在"邗"地构筑城防，并且完成了"沟通江、淮"的工程。邗沟的开通，是中国古代运河建设史上的创举。邗沟通航，实现了南北水路的连接，促进了南北文化的交融。此后，吴王夫差为了引舟北上，称霸中原，又把邗沟向北延伸，进一步沟通了淮河以北的水路。《国语·吴语》说他起师北征，深凿运河，使宋国和鲁国之间有航道相通，沂水和济水，也都由这条人工运河连通到一个水路航运体系之中。大约开通于魏惠王十年（前360）的鸿沟，是继邗沟之后又一条著名的运河。鸿沟沟通黄河水系和淮河水系，进一步便利了南北往来。

安徽寿县曾经出土战国时期楚王颁发给鄂君的免税凭证，即著名的"鄂君启节"。从铭文中车舟所经过的城邑看，车节经过9个城邑，舟节经过11个城邑。所通行的水路以长江、汉水水系为主，东至邗沟，西至汉江上游，南则循湘、资、沅、澧、庐诸水，也分别可至上游。可见，在当时的水路交通体系中，运河已经发挥了重要的作用。

成书于战国时期的地理学名著《禹贡》中，有关于各地风土物产以及贡输道路的记述。说明当时陆运和水运的吸引范围、货流方向和运输能力，都已经初步形成规律，并且已经被人们所认识。

交通事业在秦汉时期得到了突出的进步。秦王朝和汉王朝都将发展交通作为主要行政任务之一。秦汉交通的主要形式为以后两千年交通事业的发展奠定了基本格局。

秦王朝交通建设最具有时代特色的成就，是驰道的修筑。"治驰道"，也就是经营驰道的修筑，是秦始皇统一后第2年就开始进行的宏大工程。对于驰道的形制，西汉人贾山曾经有这样的记述："道广五十步，三丈而树，

---

① 《孟子·公孙丑上》。

厚筑其外,隐以金椎,树以青松。"所谓"道广五十步",就是说,路面的宽度达到 50 步(相当于现今尺度 69 米左右)。"厚筑其外",是指路基的构筑务必要求坚实,两侧又形成宽缓的路坡。"隐以金椎",是说用金属工具夯击以使路基坚稳。贾山还说,秦王朝修筑的驰道,东方通达燕地和齐地,南面行抵吴地和楚地,江湖之上,以及海滨的宫观,都可以一一连通①。驰道,当时实际上已经成为全国交通网的主纲。驰道,其实是区别于一般道路的高速道路。驰道的路面分划为 3 条,又是最早的具有分隔带的多车道道路。

秦始皇时代,还曾经修筑由九原(今内蒙古包头西)直抵云阳(今陕西淳化西北)的大道,称为"直道"。据《史记·蒙恬列传》记载,这条道路全长"千八百里"。秦代经营的交通大道多利用战国原有道路,只有直道是在秦统一后规划施工,开拓出可以体现出秦帝国行政效率的南北大通道。秦始皇直道遗迹在陕西淳化、旬邑、黄陵、富县、甘泉等地都有发现,保存到现今的路面,有的地方宽达 50 米至 60 米。

秦始皇陵出土的铜车马(图9),可以代表当时制车工艺的顶峰。通过对已经修复的两辆铜车的研究,可以发现其性能在许多方面已经明显地超过了先秦时代的车辆。这两辆铜车都注重改进车轮的结构,以提高行驶速度。从车轮的形制看,不仅着地面窄,有利于在泥途行驶,设计者还巧妙地

图9　秦始皇陵铜车马

① 《汉书·贾山传》。

利用离心力的作用,使车轮在行进时不易带泥,并且在毂的结构上有所改进,以减少摩擦,并且能够储注较多的润滑油,使得车行比较轻捷。

秦汉时期,随着车辆制造技术的进步,一些传统车型得到改进,适应不同运输需要的新的车型也陆续出现并且逐步得到普及。例如四轮车、双辕车、独轮车的普遍应用,都对后世车辆产生了显著的影响。特别是双辕车和独轮车的推广,对于促进交通事业的发展意义尤其显著。

汉武帝时代养马业的空前兴起,是以对匈奴用兵多使用骑兵为背景的。而事实上马政的相应发达,则全面地推进了社会交通能力的总体进步。秦汉时期,大量的驴、骡、骆驼等西方“奇畜”作为驮负和引车的动力引入内地经济生活,也成为当时交通得到发展的重要条件之一。

隋唐时期,是秦汉时期之后中国文明进程中的又一个高潮时期。

在尚没有过江灭陈,统一全国之前,隋政权的主持者就以古邗沟为基础,开山阳渎,沟通了山阳(今江苏淮安)与江都(今江苏扬州)之间的运道,后来又整治取直,使江淮间的航运不再绕行射阳湖。隋文帝开皇四年(584),以渭水水量大小无常,组织力量另开漕渠,引渭水,大略循汉代漕渠故道,东至潼关入黄河。隋炀帝大业元年(605)三月,诏令动员河南、淮北民众前后百余万人,开凿“通济渠”,沟通黄河、淮河水运。同年,又动员淮南民众十余万人疏浚、改造邗沟,取代山阳渎,沟通了长江、淮河水运。大业五年,隋炀帝又命令开凿“江南河”,从京口(今江苏镇江)至余杭(今浙江杭州),全长 800 余里。河道宽 10 余丈。大业四年,隋炀帝命令征发河北诸郡男女百余万开“永济渠”,引沁水,南通黄河,北抵涿郡。在隋炀帝当政时代,以洛阳为中心,北抵涿郡,南到余杭的大运河终于全线建成。这是中国最长的运河,也是世界迄今为止最长的运河。全长 4000 华里的南北大运河的开通,对于当时社会经济与文化的进步,发挥了积极的作用。

唐代的商运已经相当发达。白居易《盐商妇》诗所谓“南北东西不失家,风水为乡船作宅”,以及刘禹锡《贾客词》诗:“贾客无定游,所游唯利并”,“行止皆有乐,关梁自无征”等,也都形象地记述了当时商人往来千里,辛苦经营的生活景况。商人的活跃,促成了特殊的交通现象。大的都市,往往商船四方荟萃,远帆云集。据《旧唐书·代宗纪》记载,广德元年(763)十二月辛卯这天,鄂州(今湖北武昌)大风,“火发江中,焚船三千艘。”一次江中火灾竟然焚毁 3 千艘船舶,可见在较大的商港,商运力量之集中。

宋代造船业的设计能力和生产能力,都已经达到新的水平。"车船"的出现,可以看作体现这一历史进步的例证之一。《宋史·岳飞传》记载了宋高宗绍兴五年(1135)岳飞和杨幺在洞庭湖水战的情形,说到杨幺率领的洞庭湖水上义军,曾经使用过一种叫做"车船"的特型战船,可以"以轮激水,其行如飞"。"车船"的发明,其实最早见于《旧唐书·李皋传》。据说李皋设计的一种新型战舰,两侧各装有轮桨,军士用脚踩踏,带动轮桨转动,可以乘风破浪,快速如飞,如同张满风帆一样。唐代的"车船",具体形制我们已经无从明确知道。而在宋代,"车船"的应用,又有更频繁的记载。

宋代造船业的成就,是由造船技术的总体性的进步得以体现的。宋人张舜民在《画墁集》卷八曾经说到当时内河航运使用的一种"万石船",可以载钱二十万贯,载米一万二千石。这种大船中部宽,舱容大,稳性好,首尾稍狭,可以减少阻力。因为船型短,材料所受弯曲力矩小,因而增加了强度。《清明上河图》中我们所看到的货船形制,正是如此。

宋元时代,是我国海上交通最为繁盛的历史阶段。中国的造船工艺,曾经对欧洲以及世界各国的航运发生过积极的影响。

元代国家疆域空前辽阔,当时行政管理、军事调度、经济往来、文化交流,都以邮驿系统作为基本条件。元代邮驿制度和邮驿组织在中国邮驿发展史和世界邮驿发展史中都具有重要的地位。元代经营的驿路,总里程已经难以确知。以元帝国的疆域而论,远远超过偏安东南的宋朝,与分别强盛一时的汉唐相比,也远为宏阔,在以元大都为中心的密集的交通道路网中,驿路东北通到奴儿干之地(今黑龙江口一带),北方则通到吉利吉思部落(今叶尼塞河上游),西南通到乌思藏宣慰司辖境(今西藏地区),联系地域之广阔,为前代所未有。[①]

明代的国内商运得到空前的发展。闽商李晋德编撰的《客商一览醒迷》和徽商黄汴编撰的《天下水陆路程》,都是便于使用的商运交通指南。这些专用书籍的问世,也是当时交通进步的反映。

清代的交通系统,在联络的幅面和通行的效率等方面,体现出超过前代的优势。当时的交通干道,称作"官路"或"官马大路"。清代的这种"官马

---

① 楼祖诒:《中国邮驿发达史》,中华书局,1940 年,第 205—288 页。

大路"，以京师为中心，主要分为官马北路、官马西路、官马南路、官马东路几大系统。清代的官马大路具有比较好的通行条件。以皋兰官路为例，同治年间左宗棠西进，为了保证军队和物资的转运，曾经调集大量民力修治这条道路。当时修筑的路基，依地形条件而异，宽度为 3 丈至 10 丈，最宽处为30 丈，大车往来可以通行无阻。官路两旁，5 里筑一小墩，10 里筑一大墩，作为里程标记。

二　"车同轨"与"书同文"

交通的进步对于我们民族文化共同体的形成和发展有重要的影响。

《礼记·中庸》引录孔子的话："今天下车同轨，书同文，行同伦。"其实，这位对"天下"大势永远保持热切关注的学者，在这里展开的只是一幅富有理想主义色彩的文化蓝图，在当时的历史背景下，"天下"的规模自然有限，对于各个文化层面"同"的程度，显然也不能估计过高。

但是，把"车同轨"看作文明进步的条件，看作文化同一的基点，确实表现出一种历史卓识。

逐步建立并不断完备的交通运输系统，成为秦汉王朝存在与发展的强大支柱，对于秦汉时期的政治安定、经济繁荣和文化统一，也发挥了积极的作用。

回顾秦汉时期交通发展的状况，我们可以看到，在这一历史阶段，联络黄河流域、长江流域、珠江流域各主要经济区的交通网已经基本构成，舟车等交通工具的制作已经达到相当高的水平，运输动力也得到空前规模的开发，交通运输的组织管理形式也逐渐走向完善，连通域外的主要交通线已经开通。正是以以上这些条件为基础，当时以华夏族为主体的多民族共同创造的统一的文化——汉文化已经初步形成。

秦始皇二十六年（前221）初并天下，确立了以郡县制度为基础的新的专制主义政体，分全国为 36 郡，由中央政府主持，进行了"治驰道"的伟大工程，形成了通达全国的交通网，作为"周定四极"，"经理宇内"的条件。据《史记·秦始皇本纪》记载，秦王朝公开宣布的基本政策，就包括"车同轨，书同文字"。

汉代帝王也同样将交通建设看作执政的主要条件。汉武帝时开通往"南夷"地区的道路，平治雁门地区交通险阻，以及建设回中道路等事迹，都记录在《汉书·武帝纪》中。据《史记·河渠书》记述,著名的褒斜道的经营和漕渠的开凿,也由汉武帝亲自决策施工。王莽通子午道,汉顺帝诏令罢子午道,通褒斜路等史实,也都说明重要交通工程都由最高权力中枢规划组织。交通建设的成功对于汉王朝开边拓地的事业有显著的意义。与汉地相隔绝,而且"道里又远"的西域诸国所以和汉王朝实现了文化沟通,当然和许多代"相属不绝"的使者以及"壮健""敢徒"的军人的交通实践有关①。汉武帝大修马政,使军队的交通能力切实提高,后方的军需供应也得到保障,于是继而出师匈奴,改变了北边经常受到侵扰的局面。交通建设的成就,使大一统帝国统治的广度和强度都达到空前的水平。

交通的进步,还使得行政效率得到保证。中央政府的政令,可以借助交通系统的作用,迅速及时地传达到基层,因而大多能够有效地落实。每当遇到政务军务紧急的时候,还往往通过驿传系统提高信息传递的速度。正是以此为基础,大一统的政治体制能够成立并且得以维持。

交通进步为大一统国家经济的运行提供了便利。

《逸周书·太子晋解》说到"天下施关,道路无限"的理想。这一理想在秦汉大一统政权建立之后开始实现。当时,海内成为一体,关梁的禁限多被打破,于是富商大贾得以"周流天下",而"交易之物莫不通",社会生产和社会消费都冲破了原有的比较狭隘的地域界限。所谓"农工商交易之路通"②的形势的形成,是以当时交通建设的成就为条件的。

利用当时的交通条件,政府可以及时掌握各地农业生产的实际状况,进行必要的规划和指导。当遭遇严重的自然灾害时,可以调动运输力量及时组织赈救。安置流民以及移民垦荒等政策,也是通过交通形式落实的。

秦汉时期交通成就对于经济发展的有力推动,还突出表现为当时商运的空前活跃,极大地促进了物资的交流,因而使得经济生活表现出前所未有的活力。以繁忙的交通活动为基础的民间自由贸易,冲决政府抑商政策的重重阻碍,对于秦汉时期的经济繁荣表现出显著的历史作用。

隋代在隋炀帝主持下开通的大运河,使后来全国经济文化重心向东南地区的转移能够实现。大运河在唐代曾经发挥出了极其重要的作用。唐都

---

① 《汉书·西域传下》。
② 《史记·平准书》。

长安，政治中心位于关中，关中虽然号称"沃野"，但是土地面积有限，出产不足以供给京师需求，于是唐王朝"常转漕东南之粟"①。唐代诗人李敬方曾经作《汴河直进船》诗，其中写道："汴水通淮利最多，生人为害亦相和。东南四十三州地，取尽脂膏是此河。"借助大运河以转输，中央政府于是得到东南地区强劲的经济支应。唐代地理书《元和郡县图志·河南道一》中说到隋炀帝时代开通运河航运的意义："公家运漕，私行商旅，舳舻相继。隋氏作之虽劳，后代实受其利焉。"大运河提供的交通条件，被历届政府用以发展漕运，也被民间私人用以从事商旅，大小船舶往来不断，隋人经营运河的开凿时虽然艰苦备至，但是后世人却享受了交通的便利。

唐代末年，大运河河道一度淤塞，宋初又重加疏浚。宋、金、元、明、清历代王朝都把政治中心设置在运河线上，而与这条水运航道南端的江淮经济发达地区相联结。

交通进步又为大一统国家文化的发育创造了条件。

东汉著名学者许慎在《说文解字叙》中，曾经这样评述战国时期的文化形态："分为七国，田畴异亩，车涂（途）异轨，律令异法，衣冠异制，言语异声，文字异形。"就是说，在七国纷争的时代，各地田亩不同，车轨不同，法律不同，服饰不同，语言不同，文字不同。秦始皇会稽刻石中则写道："远近毕清"，"贵贱并通"，"大治濯俗，天下承风"，"人乐同则，嘉保太平。"②这一篇文化统一的宣言，告示天下要树立"远近""贵贱"都共同遵守的所谓文化"同则"的决心。秦汉时期大一统的政治环境为各地区间文化的交流和融汇创造了条件。但是秦汉交通状况的迅速改观，特别是汉武帝时代交通的发展，为新的文化共同体的形成和凝定，也表现出显著的催进作用。

事实上，在秦始皇时代之后，各地区间文化的进一步融合，是在再一次出现交通建设高潮的汉武帝时代实现的。

汉武帝在多处凿山通道，使河渭水运也达到新的水平，又打通了西域道路，令汉王朝的威德播扬直至中亚地区，至于发"楼船军"浮海远征，更是交通史上的壮举。正是在汉武帝时代，起源不同而风格各异的楚文化、秦文化和齐鲁文化大体完成了合流的历史过程。也正是在汉武帝时代，秦隶终于

①《新唐书·食货志三》。
②《史记·秦始皇本纪》。

为全国文化界所认可。虽然"书同文"的理想很早就产生了文化感召力，但是实际上文字的真正统一，到汉武帝时代方得真正实现。汉武帝还推行了"罢黜百家，表章《六经》"，也就是推崇儒学，压抑其他诸家学说的文化政策①，促使中国文化史进入了新的历史阶段。这一重大历史转变的完成，也是和许多代学人千里负笈、游学求师的交通实践分不开的。

虽然汉武帝时代交通建设的成就为统一的汉文化的发育提供了较优越的条件，但是从司马迁《史记·货殖列传》的记述中，仍然可以看到各地文化风情的显著差异。不过，各地区的文化差异，已经随着交通的进步较前代明显淡化。

从西汉晚期到东汉，黄河流域已经可以大致归并为关东(山东)和关西(山西)两个基本文化区。由于各地文化基础并不一致以及相互文化交往尚不充分，以致两个基本文化区人才素养的倾向也表现出显著的差异，这就是所谓"山东出相，山西出将"，②"关西出将，关东出相"。③ 而东汉以后由于军役往来、灾民流徙、异族南下、边人内迁等特殊的交通活动的作用，进一步加速了文化融合的历史进程。

汉代学者扬雄在所著《方言》一书中所列举的某些方域语汇，到了晋代学者郭璞作《方言注》的年代，已经成为各地通语。许多关东、关西方言，当时已经逐渐混化而一。魏晋时期以后，中国实际上出现了江南和江北两个基本文化区并峙的局面。在由"关东·关西"到"江南·江北"这样的文化区划演变的过程中，无疑有着交通条件的作用。

中国历史上大的文化区划，后来又有"南方·北方"的分别，近世则出现"沿海·内地"或者"东部·西部"的说法。东部地区或者沿海地区，有较好的经济文化发展的条件，其中是包括交通方面的优势的。而"沿海"地方之所以基础优越，还加入了海外交通便利的因素。

三　从张骞的驼队到郑和的云帆

华夏文化与其他文化体系的最初往来，也许可以追溯到远古时代。有

---

① 《汉书·武帝纪》。
② 《汉书·赵充国传》。
③ 《后汉书·虞诩传》。

学者甚至认为，日本列岛绳纹文化前期的玉珏与河姆渡文化、马家浜文化、崧泽文化的玉珏有一定的相似性，或可作为长江下游和日本之间曾经发生交往的旁证。①

从成书年代大致相当于战国前后的《穆天子传》《山海经》以及《逸周书》等古籍中，可以看到当时人对于包括新疆以至中亚地区在内的广阔区域内山川形势和风土人情的初步了解。这种对于远地的知识，也反映了交通进步的历史事实。战国时期中原地区和阿尔泰地区的文化交往，还有考古资料以为实证。

《穆天子传》记载周穆王率领有关官员和七萃之士，驾乘八骏，由最出色的驭手造父等御车，从处于河洛之地的宗周出发，经由河宗、阳纡之山、西夏氏、河首、群玉山等地，西行来到西王母的邦国，与西王母互致友好之辞，宴饮唱和，并一同登山刻石纪念，又继续向西北行进，在大旷原围猎，然后千里驰行，返回宗周的事迹。其往返行程，大约可达 3.5 万里，前后经历约两年。

关于《穆天子传》的性质，历来存在不同的认识。有人曾经把它归入"起居注类"，有人则将其列入"别史类"，或者"传记类"之中。大致都看作历史记载。然而清人编纂的《四库全书》却又将其改隶"小说家类"。不过，许多学者注意到《穆天子传》中记录的名物制度一般都与古代礼书的内容大致相合，其中记事记言，形式颇与后世逐日记载皇帝言行的《起居注》和《实录》相当，因此认为内容基本可信。可能正是出于这样的考虑，《四部丛刊》和《四部备要》仍然把《穆天子传》归入"史部"之中。事实上，周穆王西行事迹，在其他史学经典中是有踪迹可察的。《左传·昭公十二年》说到周穆王"周行天下"的事迹。与《穆天子传》同出于汲冢的《竹书纪年》也有周穆王西征的明确记载。司马迁在《史记·秦本纪》和《赵世家》中，也记述了造父为周穆王驾车西行巡狩，见西王母，乐而忘归，为平定徐偃王之乱又长驱归周，一日千里的故事。刘师培《穆天子传补释序》说，这部书记载的地名人名以及宾祭礼仪器物等，都可以与其他古籍相印合，其实反映了"今葱岭绝西"地方很早就与中原地区有文化交流，"西周以来，往来互答"的事

---

① 《中国考古学·新石器时代卷》，第508页。

实。① 不少学者将《穆天子传》看作文化空前活跃的战国时期的作品,有人"假定其为中山人之西游记录"。② 有人看成"魏人之作"。③ 也有学者认为,"《穆天子传》的著作背景即是赵武灵王的西北略地"。④

对于《穆天子传》中"天子西征至于玄池"的文句,刘师培解释说,"玄池"就是今大位于哈萨克斯坦和乌兹别克斯坦之间的咸海。而下文随后说到的"苦山""黄鼠山"等,则更在其西。⑤ 顾实《穆天子传西征讲疏》则认为其西行的极点,"盖在波兰(Poland)华沙(Warsaw)附近"。他指出,通过穆天子西行路线,可以认识上古时代亚欧两大陆东西交通孔道已经初步形成的事实。顾实还提到孙中山在与他交谈东西交通问题时所说的话:"犹忆先总理孙公告余曰:'中国山东滨海之名胜,有曰琅邪者,而南洋群岛有地曰琅邪(Langa),波斯湾有地亦曰琅邪(Linga),此即东西海道交通之残迹,故三地同名也。'"他回忆说,孙中山当时手持一册英文地图,一一指示。顾实感叹道:"煌煌遗言,今犹在耳,勿能一日忘。然上古东西海道之交通,尚待考证;而上古东西陆路之交通,见于《穆传》者,既已昭彰若是。则今言东西民族交通史者,可不郑重宝视之乎哉!"⑥

琅邪在今山东胶南南,春秋战国时期越人北上,曾经在这里建港。秦始皇东巡,曾经3次行临琅邪。在这里,他曾查问方士徐福连续数年入海求神药的收获,又有梦见与海神交战的故事。汉武帝也曾经在出巡时多次经行琅邪。海上见闻,对于长期居于内陆的人们来说,显然富有神秘主义的意味。而大一统王朝帝王们的海恋情结,又暗示其内心对未知世界的热切向往,以及如海潮一般不能平息的政治进取意识。秦皇汉武的事迹,说明琅邪久已成为名港,在海上交通史上形成显著影响是必然的。然而对于确实可能发生的启航于琅邪的海船远涉重洋以致"琅邪"港名移用于南洋和西洋的情形,有必要进行认真的考察和研究。

---

① 《刘师培全集》第2册,中共中央党校出版社,1997年,第542页。

② 卫聚贤:《穆天子传的研究》,《古史研究》第2集,商务印书馆,1934年。

③ 缪文远:《〈穆天子传〉是一部什么样的书》,《文史知识》1985年11期。

④ 顾颉刚:《〈穆天子传〉及其著作年代》,《文史哲》1卷2期,1951年7月。

⑤ 《刘师培全集》,第2册,第546页。

⑥ 顾实:《读穆传十论·穆传发见上古东西交通之孔道》,《穆天子传西征讲疏》,中国书店,1990年,第23—24页。

先秦时期的中西文化交流，从早期的陶器、青铜器的器型和纹饰已经可以发现有关迹象。在阿尔泰地区发现的贵族墓中曾经出土中国制作的丝织品。这批墓葬的下葬年代，大致都属于公元前 5 世纪，相当于中国的春秋战国时期。其中最突出的例证是巴泽雷克 5 号墓出土有凤凰图案的刺绣。这座墓中还发现当地独一无二的四轮马车，有学者认为，从车的形制和随葬的丝织品推测，都应当来自中国。在这一地区公元前 4 世纪到公元前 3 世纪的墓葬中，还出土了有典型关中文化风格的秦式铜镜。许多古希腊雕塑和陶器彩绘人像表现出所着衣服细薄透明，因而有人推测在公元前 5 世纪中国丝绸已经为希腊上层社会所喜好。①

不过，这些社会文化现象当时并没有进入中国古代史学家的视野，因而在中国正史的记录中，汉代外交家张骞正式开通丝绸之路的事迹，在《史记·大宛列传》中被誉为"凿空"。

西汉时期，玉门关和阳关以西的地域即今新疆乃至中亚地区，曾经被称作"西域"。汉武帝听说匈奴的宿敌大月氏有报复匈奴之志，于是令张骞于建元二年（前 139）出使大月氏，希望能够形成合力夹击匈奴的军事联盟。张骞西行途中遭遇匈奴人，被拘禁 10 年方得逃脱。他继续履行使命，又西越葱岭，行至大宛（今吉尔吉斯斯坦、乌兹别克斯坦费尔干纳盆地），经康居（今哈萨克斯坦锡尔河中游地区），抵达已经定居在今乌兹别克斯坦阿姆河北岸，又统领了大夏（今阿富汗北部）的大月氏。然而大月氏因新居地富饶平安，无意向匈奴宣战复仇。张骞只得东返，在归途中又被匈奴俘获，扣留一年多，乘匈奴内乱，方于元朔三年（前 126）回到长安。张骞出行时随从百余人，13 年后，只有两人得以生还。他亲身行历大宛、大月氏、大夏、康居诸国，又对附近五六个大国的国情细心调查了解，回长安后将有关信息向汉武帝作了汇报。张骞的西域之行，以前后 13 年的艰难困苦为代价，使中原人得到了前所未闻的丰富的关于西域的知识，同时使汉王朝的声威和汉文化的影响传播到了当时中原人世界观中的西极之地。

张骞后来又以对西域地区地理人文的熟悉，建议汉武帝联合乌孙（主要活动地域在今伊犁河流域），汉武帝于是拜张骞为中郎将，率 300 人出使

---

① 沈福伟：《中西文化交流史》，上海人民出版社，1985 年，第 22 页。

乌孙。张骞抵达乌孙后,又派副使前往大宛、康居、月氏、大夏等国。乌孙遣使送张骞归汉,又献马报谢。后来终于与汉通婚,一起进军击破匈奴。张骞圆满地完成了他的政治军事使命,然而他的历史功绩,主要还是作为文化使者而创造的。

汉军击破匈奴,打通河西通道之后,汉武帝元狩四年(前119),张骞再次奉使西行,试图招引乌孙东归。此行进一步加强了汉王朝和西域各国之间的联系。此后,汉与西域的通使往来十分频繁,民间商贸也得到发展。西域地区50国接受汉帝国的封赠,佩带汉家印绶的侯王和官员多至376人。

东汉时期,被封为"定远侯"的班超,也曾经为中西交通的发展创立过不朽的历史功绩。

班超少时家贫,常为官府抄录文书以维持生计,后来决心仿效张骞等人立功异域,投笔从戎,从军出击匈奴,又使西域,平定50余国,以功封定远侯。汉和帝永元二年(90),贵霜(辖地包括今阿富汗、巴基斯坦及印度西部)远征军7万越过葱岭入侵。班超坚壁清野,进犯者抄掠无所得,联络龟兹以求救,又为班超伏兵截击,于是被迫撤军。永元六年,班超发龟兹、鄯善等8国兵7万余众征讨焉耆。焉耆王降。班超以坚定勇毅的风格用兵镇伏反对汉王朝的势力,威震西域。西域50余国于是都专心归服,遣质子臣属于汉。

汉和帝永元九年,班超派遣甘英出使大秦(即罗马帝国的东部地区)。甘英的使团来到今伊拉克境内的条支海滨,安息西界人说到海上航行的艰难:"前方海域广阔,往来者如果逢顺风,要三个月方能通过。若风向不理想,也有延迟至于两年之久的,因此入海者都不得不携带三年口粮。海中情境,令人思乡怀土。船行艰险,多有因海难而死亡者。"甘英于是知难而止,没有继续西行。后来有人推测,安息人阻挠汉人西入大秦,是为了垄断丝绸贸易。梁启超后来就此曾经发表言辞深切的感慨:"班定远既定西域,使甘英航海求大秦,而安息人(波斯)遮之不得达,谬言海上之奇新殊险,英遂气沮,于是东西文明相接触之一机会坐失。读史者有无穷之憾焉。"历史的偶然事件,或许确实是由必然的规律所决定的。如梁启超所说,"我国大陆国也,又其地广漠,足以资移植,人民无取骋于域外","谓大陆人民,不习海事,性使然也",这应当是"海运业自昔不甚发达","航业不振"的主要原因。①

甘英虽然未到大秦即中止西行,但是也创造了中国古代王朝官方使节外交活动之西行极界的历史记录。这一极点,在元明时代之前的一千多年间,一直没有被超越。唐代诗人杜牧有"甘英穷西海,四万到洛阳"的诗句②,说到甘英的功业。"四万",是指从汉王朝西境到洛阳的行程计四万里。

虽然甘英作为东汉帝国的正式外交代表对于越海远行的保守态度留下了永久的历史遗憾,但是这一时期民间商队的往来却并没有中止。罗马著名学者普林尼(Pliny,23—79 年)在他的名著《博物志》中记载了中国丝绸运销罗马的情形:"(赛里斯)其林中产丝,驰名宇内。丝生于树叶上,取出,湿之以水,理之成丝。后织成锦绣文绮,贩运至罗马。富豪贵族之妇女,裁成衣服,光辉夺目。由地球东端运至西端,故极其辛苦。赛里斯人举止温厚,然少与人接触,贸易皆待他人之来,而绝不求售也。"当时中原与西亚、非洲乃至欧洲的联系,有许多历史现象可以说明。从徐州贾旺东汉画像石中的麒麟画面看,当时人已经有了对于出产于埃塞俄比亚和索马里的长颈鹿的认识。山东曲阜和嘉祥出土的汉画像石以及江苏连云港孔望山摩崖石刻所见裸体人像,据有的学者研究,"都间接出自希腊罗马的裸体石雕艺术"。③

在班超经营西域以及甘英试探西海之后,汉桓帝延熹九年(166),大秦王安敦,即罗马皇帝马可·奥勒留(Marcus Aurelius Antoninus,161—180 年在位)派使者来到洛阳,实现了中国和罗马帝国的第一次正式接触。罗马帝国和东汉王朝两个大国,东方和西方两个文化系统,于是有了正式的外交往来。

汉代外交以"博望""定远"作为成功的标志。唐代国威强盛,却没有大规模的远行出使记录。当时的外交,有所谓"万国朝未央",④"万国拜含元"⑤的形势。梁启超在《祖国大航海家郑和传》中说,"唐宋以还,远略渐

① 梁启超:《祖国大航海家郑和传》,《饮冰室合集》专集第 3 册,《郑和研究资料选编》,人民交通出版社,1985 年,第 20—28 页。
② 杜牧:《郡斋独酌》,《全唐诗》卷五二〇。
③ 沈福伟:《中西文化交流史》,第 70—72 页。
④ 李世民:《正日临朝》诗,《全唐诗》卷一。
⑤ 崔立之:《南至隔杖望含元殿香炉》诗,《全唐诗》卷三四七。

替,我航业不振者垂数百年,及明代而国民膨胀力,别向于一方面。"在这一历史阶段规模较大的出使,以明成祖时郑和涉远洋出使最为著名。

明朝永乐时期,社会比较安定,政治比较清明,国家比较强盛,政府致力于恢复和发展中国和海外诸国的往来,开展了大规模的外交和外贸活动。在这样的形势下,于是有在中国航海史和世界航海史上都具有重要地位的"郑和下西洋"的伟大壮举。

郑和于明成祖时任为内宫监太监。从永乐三年(1405)至宣德八年(1433),28 年间,郑和奉明王朝之命,率领庞大的船队 7 次出使西洋。郑和的船队曾先后访问了亚洲和非洲共 30 多个国家和地区。郑和下西洋,比迪亚士发现好望角早 83 年,比哥伦布发现新大陆早 87 年,比达·伽马发现新航路早 93 年,比麦哲伦到达菲律宾早 116 年。"比世界上所有著名的航海家的航海活动都早。可以说郑和是历史上最早的、最伟大的、最有成绩的航海家。"[1]

以郑和为首领的远航使团,出行规模均多达两万七八千人。船队主体一般由 63 艘(一说 62 艘)大、中型宝船组成。大型宝船长 44 丈 4 尺,阔 18 丈。中型宝船长 37 丈,阔 15 丈。宝船与其他战船、粮船等各种类型的船只,组成了浩荡的大型舰队。郑和每次出使西洋,都有百余艘巨舶同行。第一次下西洋,船队的规模竟然拥有船舶 208 艘。(图 10)

图 10　明代郑和宝船舵杆

---

① 　吴晗:《明史》,《中国古代史讲座》下册,求实出版社,1987 年,第 382 页。

郑和下西洋的壮举,使中国海外交通的发展达到了空前的水平。马欢的《纪行诗》写道:"俯仰堪舆无有垠,际天极地皆王臣。圣明一统混华夏,旷古于今孰可伦!"不过,郑和下西洋的意义,绝不仅仅限于明帝国皇威的远扬。郑和使团重要成员马欢的《瀛涯胜览》、费信的《星槎胜览》、巩珍的《西洋番国志》等,都以大量文字比较详细地记录了海外诸国的地理面貌和人文面貌。郑和航海事业的成就,不仅丰富了中国人的海外知识,也使亚洲和非洲数十个国家和地区开始直接对中国有所认识。郑和航海图上往往复复的针路,从许多方面将中国文化和域外文化紧密地连纫起来。另外,郑和宝船的贸易实践,还对于当时经济运行形式的进步,表现出重要的意义。

梁启超在纪念郑和的《祖国大航海家郑和传》一文中,开篇就说到了郑和航海事业的世界史背景。他写道:"西纪一千五六百年之交,全欧沿岸诸民族,各以航海业相竞。"于是相继有"亨利(Don Henry)""哥伦布(Columbus)""维哥达嘉马(Vasco Da Gama)""麦哲伦(Magellan)"等人献身海事,取得成功。梁启超感叹道:"自是新旧两陆、东西两洋,交通大开,全球比邻,备哉灿烂。有史以来,最光焰之时代也。而我泰东大帝国,与彼并时而兴者,有一海上之巨人郑和在。"就堪称"国史之光"的郑和在世界航海史上的地位,以及郑和以后中国航海事业的凋败,梁启超又写道:"……及观郑君,则全世界历史上所号称航海伟人,能与之并肩者,何其寡也。郑君之初航海,当哥伦布发见亚美利加以前六十余年,当维哥达嘉马发见印度新航路以前七十余年。顾何以哥氏、维氏之绩,能使全世界划然开一新纪元,而郑君之烈,随郑君之没以俱逝? 我国民虽稍食其赐,亦几希焉。则哥伦布以后,有无量数之哥伦布,维哥达嘉马之后,有无量数之维哥达嘉马。而我则郑和之后,竟无第二之郑和,噫嘻,是岂郑君之罪也。"哥伦布1492年率领自己的船队踏上了美洲的土地。麦哲伦的环球航行1521年取得了成功。此后,各大陆建立起直接的海上联系,历史舞台扩大了。所谓"全世界划然开一新纪元"的直接标志,是地理大发现导致的空前的大航海运动的到来。"郑君之初航海"虽然在此之前,且有相当的气魄和规模,但是却与这一历史"新纪元"表现出文化的异象,存在着时代的界隔。

为什么西方国家能够利用航海业的空前成就,将历史推进到一个崭新的时代,美洲的发现和绕过非洲的航行,使"世界市场"得以开拓,于是各国的经济生活,都逐渐成为世界性的了,但是在中国,却不久反而采取了以

"海禁"为标志的自我文化封闭的政策呢？对于海外交通不同发展方向的这种比较，不能不引起每个关心中国文化进程的人的历史沉思。

四　中国古代的外来文明

在人类文明史的进程中，交通表现出非常重要的作用。各个文化系统所影响的区域规模，受到交通条件的制约。不同文化圈所实现的文明水准，也为交通条件所规定。正如马克思和恩格斯所说，"一个民族本身的整个内部结构都取决于它的生产以及内部和外部的交往的发展程度。"[1]文明的形态，也和交通条件有密切的关系。

文明的进步，通过交通条件可以充分地扩大影响，收取效益，从而推动历史的发展。文化传播和文化交往，于是表现出积极的历史作用。"某一个地方创出来的生产力，特别是发明，在往后的发展中是否会失传，取决于交往扩展的情况。"在交通隔绝的情况下，"每一种发明在每一个地方都必须重新开始"，[2]历史上甚至多有相当发达的生产力和一度极灿烂的文明由于与其他地区交通阻断以致终于衰落毁灭的史例。

由于张骞的努力，西域与汉帝国建立了正式的联系。张骞因此在西域地区享有很高的威望。后来的汉使，多称"博望侯"以取信于诸国。传说许多西域物产，如葡萄、苜蓿、石榴、胡桃、胡麻等，都是由张骞传入中土的，这样的说法未必完全符合史实，但是张骞之后因丝绸之路的正式开通，确实导致了外来文化因素对中原的影响。两汉时期，康居、大月氏、安息（今伊朗）、罽宾（今克什米尔斯利那加地区）、乌弋（今阿富汗坎大哈地区）等绝远之国也有使者频繁往来，据说一时诸国"莫不献方奇，纳爱质"[3]，于是"异物内流则国用饶"[4]。

张骞在中亚的大夏时，曾经见到邛竹杖和蜀布，得知巴蜀有西南通往身毒（今印度）的道路。"身毒"，也作"天竺""贤豆""损笃"，都是"印度"的

---

① 《德意志意识形态》，《马克思恩格斯选集》第 1 卷，人民出版社，1972 年，第 25 页。
② 同上书，第 60 页。
③ 《后汉书·西域传》。
④ 《盐铁论·力耕》。

音译。从四川、云南进入印度地区,当时确实有再转而西向大秦的交通路线。汉武帝根据这一发现,在元狩元年(前122)派使者从巴蜀启行,试图由此实现和西域的交通。于是,汉王朝和当时称作"西南夷"的西南地区滇、夜郎等部族的文化联系逐渐密切起来。这条道路,有人称之为"西南丝绸之路"。云南晋宁出土的西汉青铜双人盘舞透雕饰件,舞人足踏长蛇,双手各执一盘,舞姿带有明显的印度风格。类似的文物资料,都可以证明这一通路在当时联系着中国西南地区与印缅地方的历史事实。"西南丝绸之路"后来曾经十分畅通,东汉所谓"海西幻人"即西亚杂技艺术家们,就曾多次经由这一通道来到洛阳表演。

《史记·大宛列传》记载,汉武帝起初以《易》书卜问,得到兆示,说:"神马当从西北来。"他接受张骞出使乌孙之后乌孙王所献良马,命名为"天马"。后来又得到更为骠壮的大宛的"汗血马",于是把乌孙马改称为"西极",将大宛马称为"天马"。据说汉武帝为了追求西方的良马,使者往来西域,络绎不绝。汉武帝得到西域宝马之后,曾经兴致勃勃地作《天马歌》,欢呼这一盛事:"太一贡兮天马下,沾赤汗兮沫流赭。骋容与兮蹈万里,今安匹兮龙为友。"太初四年(前101),汉武帝在得到大宛汗血马之后,又作《西极天马歌》:"天马徕,从西极。经万里兮归有德。承灵威兮降外国,涉流沙兮四夷服。"可以看到,汉武帝渴求"天马",并不是仅仅出于对珍奇宝物的一己私爱,而是借以寄托着一种骋步万里,降服四夷的雄心。

"天马"远来的汉武帝时代,正是当政者积极开拓中西交通,取得空前成功的历史时期。当时,据说"殊方异物,四面而至","赂遗赠送,万里相奉"[1]。国外有的汉学家评价当时西域丝绸之路开通的意义时,曾经指出,"其在中国史的重要性,绝不亚于美洲之发现在欧洲史上的重要。"[2]所谓"天马",实际上已经成为象征这一时代中西交通取得历史性进步的一种文化符号。"天马"悠远的蹄声,为西汉时期中西交通的成就,保留了长久的历史记忆。新疆罗布泊地区出土的汉代锦绣图案中"登高明望四海"的文字,正体现了当时汉文化面对世界的雄阔胸襟。鲁迅曾经热情盛赞汉代社

---

[1] 《汉书·西域传下》。
[2] 俄罗斯学者比楚林(Бичурин)语,见〔苏〕狄雅可夫、尼科尔斯基编:《古代世界史》,日知译,中央人民政府高等教育部教材编审处,1954年,第224页。

会的文化风格:"遥想汉人多少闳放","毫不拘忌","魄力究竟雄大"。我们通过对中西交通的考察,可以对当时民族精神的所谓"豁达闳大之风",①有更深刻的认识。

我们所讨论的中国古代的外来文明,绝不仅仅是所谓"异物内流",也包括精神文化的内容。古代中国曾经以宽阔的胸襟面对外域文化,热心吸收其中具有积极因素的体现人类智慧的成分。例如原生于印度的佛教的传入,就是典型的例证。

佛教传入中国内地的年代,有多种说法。一说汉哀帝元寿元年(前2)博士弟子景卢受大月氏王使伊存口授《浮屠经》②。《浮屠经》,即佛经,是为佛教传入内地之始。有学者认为,这是关于佛教传入的比较可信的记载。③ 一说汉明帝永平年间,梦见神人,身有日光,飞在殿前,欣然悦之。次日问群臣:"此为何神?"通人傅毅回答说,臣闻天竺有得道者,号之曰"佛",飞行虚空,身有日光,陛下所见,可能就是此神。汉明帝于是派遣中郎蔡愔、羽林郎中秦景、博士弟子王遵等十二人往西域访求佛法,于大月氏写佛经四十二章④。或说永平十年(67),蔡愔等人于大月氏遇沙门迦叶摩腾、竺法兰二人,并得到佛像经卷,用白马驮回洛阳。汉明帝特为建立精舍,是为白马寺。据说摩腾与竺法兰二人在寺里译出《四十二章经》。

就江苏连云港孔望山东汉佛教摩崖造像的发现,⑤有的学者结合东汉佛教盛行于东海地区的记载,推想孔望山佛教艺术从海路传入的可能性很大。佛教传入内地,或许并不只是途经中亚一路。

佛教传入中国内地后,最早的信奉者多为帝王贵族,如楚王刘英为斋戒祭祀,汉桓帝在宫中立祠等。不过,当时人将佛教教义理解为清虚无为,省欲去奢,与黄老学说相似,所以浮屠与老子往往一同敬祭。楚王刘英"诵黄老之微言,尚浮屠之仁祠"⑥,汉桓帝也"设华盖以祠浮图老子"⑦,"宫中立

---

① 鲁迅:《看镜有感》,《坟》,《鲁迅全集》第1卷,人民文学出版社,1981年,第197页。

② 《三国志·魏书·乌丸鲜卑东夷传》裴松之注引《魏略·西戎传》。

③ 张岂之主编:《中国思想史》,西北大学出版社,1993年,第196页。

④ 《牟子理惑论》。

⑤ 连云港市博物馆:《连云港市孔望山摩崖造像调查报告》,《文物》1981年7期;俞伟超、信立祥:《孔望山摩崖造像的年代考察》,《文物》1981年7期。

⑥ 《后汉书·光武十王列传·楚王英》。

⑦ 《后汉书·桓帝纪》。

黄老浮屠之祠"。① 实际上,正如汤用彤所指出的,"黄老之道,盛于汉初",
"而其流行之地,则在山东及东海诸地,与汉代佛教流行之地域相同。其道
术亦有受之于佛教者。而佛教似亦与其并行,或且借其势力以张其军,二者
之关系实极密切也。"②

汉献帝初平四年(193),丹阳人笮融为徐州牧陶谦督广陵(郡治在今江
苏扬州)、下邳(首府在今江苏邳县南)、彭城(首府在今江苏徐州)等地运
漕,他利用手中的武装,断截三郡委输以自入,并大造佛祠,高铸佛像,广招
佛徒。据《三国志·吴书·刘繇传》记载:于是大起浮图祠,以铜为人,黄金
涂身,衣以锦采。累造铜槃九重,下为重楼,阁道可容三千余人。悉读佛经,
令界内及旁郡人有好佛者听受道,复其他役以招致之。由此远近前后至者
五千人余户。每逢浴佛时节,多设酒饭,布席于路,经数十里。民众前来观
看及就食将近万人,费以巨万计。这是关于佛教造像立寺的最早的记载。
而佛教的信众,已经扩衍至于民间。

唐太宗贞观元年(627),一位普通僧人玄奘开始了他赴印度求法的行
程。他从长安出发,经凉州(今甘肃武威),违反封锁边关的禁令,偷渡玉门
关,孤身穿越沙碛,九死一生,抵达高昌(今新疆吐鲁番),而后又取道焉耆
(今新疆焉耆)、龟兹(今新疆库车),越凌山,经碎叶(今吉尔吉斯斯坦托克
马克),过铁门关(今乌兹别克斯坦布兹嘎拉山口),进入吐火罗(今阿富汗
北部),然后,又通过今巴基斯坦北部,过克什米尔,到达北印度。玄奘在印
度各处游历,遍访名寺名僧,巡礼佛教圣地,拜师求教,辩证讲学,取得极高
的声誉。贞观十九年,他从今巴基斯坦北上,经阿富汗北部,又东行通过帕
米尔高原南侧的瓦罕山谷,取道天山南路,经于阗(今新疆和田)、且末(今
新疆且末),辗转回到长安。

玄奘西行取经,历时10数年,行程5万里,不仅旅途十分艰险,而且在
文化史上有伟大的意义。他通过自己非同寻常的交通实践,不仅成就为一
名著名的佛学大师,而且对于中原和西土的文化沟通,作出了重要的贡献。
他的旅行记录《大唐西域记》,详尽记述了游学沿途所见所闻的138个以上
的国家、城邦和地区的历史文化、物产民俗,具有极高的史料价值,甚至近代

---

① 《后汉书·襄楷传》。
② 汤用彤:《汉魏两晋南北朝佛教史》上册,中华书局,1983年,第42页。

学者在中亚和印度等地进行考古发掘时,仍然重视它的指导意义。

玄奘回到长安后,组织硕学高僧,主持对佛经的翻译,共译出佛经74 部(一说75 部),1335 卷。通过这次中国佛教史上著名的译经活动,佛学对中国的文化影响达到了新的水平。《大慈恩寺三藏法师传》一书记录了玄奘的生平事迹。由于他通过取经活动所表现的文化功绩,使得他后来成为神界人物。玄奘不畏艰难,远行取经的精神,体现了我们民族文化内质中热心汲取外来文明有益营养的积极的一面。

其他来自西亚的宗教文化,还有祆教、景教、伊斯兰教等。正如有的学者指出的,当时,"中国政府的习惯是各自信仰其宗教,而又不会表现出以不宽容的态度对待其邻居的信仰。"[1]外来宗教的命运,也在大多历史阶段感受到这种"宽容"。

唐代社会风尚受到"胡风"的强烈影响,当时的艺术作品也表现出对于外来事物的浓烈的兴趣。唐诗和唐画都因此体现出宏大辉煌的盛唐气象。[2] 唐代传入的印度、阿拉伯和拜占庭包括天文学、数学、建筑学等方面的科学知识,丰富了唐文化的内涵。事实上可以说,中国古代盛世的成功,往往都有吸收外来文明因素的作用。也正是由于宽宏开放的对外文化态度,成就了中国文化的繁荣。

正如张广达所指出的,"我国的漫长历史从来没有脱离过与另外的民族、另外的思想、另外的信仰、另外的风俗的交光互影,文献中保存着与另外的文化、另外的社会实践、另外的心灵交际的丰富记录。这使中国认识了'他者'和异域,并且借助于与'他者'的来往和与异域的交流而更好地认识了自己。对于这种与'他者'的对话,过去人们更多地体认到的是如何丰富了我国物质文化和艺术生活的内容,实际上,这样的对话也同时引发了人们对另外的思维方式的注意。中外文化异同的比较有助于破除思想上的畛域之见,改变仅凭自我存在、自我经验而形成的思维定式。在西力东渐之前,佛教的汉化和宋明理学的发展是借'他山之石'以促成新思维之绽开的最

---

① 〔法〕阿里·玛扎海里:《丝绸之路——中国-波斯文化交流史》,耿昇译,中华书局,1993 年,第 162 页。

② 〔美〕谢弗:《唐代的外来文明》,吴玉贵译,中国社会科学出版社,1995 年,第 47—66 页。

佳例证。"①从这样的视角观察,应当能够真切认识中国古代外来文明的历史作用。

思考题

1. 简要说明中国古代交通发展和中国历史总体进程的关系。
2. 简略介绍中国古代文化对外传播的主要途径。

参考书目

1. 白寿彝:《中国交通史》,商务印书馆,1937 年。

2. 沈福伟:《中西文化交流史》,上海人民出版社,1985 年。

3. 傅筑夫:《中国封建社会经济史》第一卷,人民出版社,1981 年;第二卷,人民出版社,1982 年;第三卷,人民出版社,1984 年;第四卷,人民出版社,1986 年;第五卷,人民出版社,1989 年。

---

① 张广达:《〈中古中国与外来文明〉序》,荣新江:《中古中国与外来文明》,第 3—4 页,三联书店,2001 年。

第五讲

中国历史上的民族关系

中国自古就是一个多民族的国家,中国现在的五十几个民族及其祖先,几千年来一直共同生活在中国这片土地上。除了俄罗斯等少数几个人口较少的民族以外,绝大多数民族都是中国的土著民族,都可以在中国这片土地上追溯出两千年以上有文字记载的历史。这一点与西方很多国家都不同。

中国各民族,长期生活在统一的国家之中。早在两千多年前,中国就是一个统一的多民族的国家。两千多年来,尽管出现过多次分裂,但与统一相比,分裂的时间是短暂的,统一是中国历史的主流。而且统一的范围越来越大,越来越巩固。

中国的统一与辽阔的疆域,是中国各民族共同缔造开发的。中国的文化与历史,也是中国 56 个民族及其祖先在几千年的发展过程中共同创造出来的。其中汉族居于主导地位,每一个少数民族都做出了自己的贡献。

一 地理环境对民族关系的影响

历史的面貌与发展方向,一向与自然地理条件有密切的联系。中国的长期统一和各民族的内聚趋势,在一定程度上受益于东亚的自然环境。中国的地理环境,由于其天然特点而自成一个半封闭的、内向型的区域。这种环境一方面阻隔着同这一区域之外的交通,另一方面又保证着这一区域之内各地区各民族之间的密切交往。中国虽然多次分裂,但最终总能归于统一,而且每次统一的版图都大体相似,与地理环境有密切关联。总之,这个地理区域的环境特点促成了多元文化的产生,又使多元文化在发展中逐渐走向一体,走向统一。

　　中国北方有辽阔的蒙古高原，高原上以草原为主要景观。草原被横亘于中间的大沙漠、戈壁和阴山分割为内蒙古（漠南）和蒙古（漠北）两片；在蒙古高原的北方，则是东西向绵延数千公里的山脉，山脉以北就是寒冷的西伯利亚。在西伯利亚南部，与蒙古草原相邻的山地中，有一些零星的部落居住在一些向阳的山坡和谷地中，如古代的丁零、黠嘎斯（柯尔克孜人的祖先）等部。他们世世代代千方百计地向南发展，以图进入平坦辽阔、水草丰美的蒙古草原。蒙古草原上则相继有北狄、匈奴、鲜卑、突厥、回纥和蒙古等部，盘马弯弓，四处游牧。他们向往长城以内的富庶与繁荣，钦慕中原的文化，随时都做着南下的准备。

　　中国的东北，西有兴安岭与蒙古草原相隔，东边则是浩渺的太平洋，北边东西向横列着外兴安岭，把中国的东北与千里冰封的东西伯利亚划分为两个区域。在这片由山海隔出的地域内，有辽阔的东北平原与丘陵地带。这里森林密布，沃野千里，北部宜于狩猎放牧，南部可以农耕。相继有东胡、肃慎（满族祖先）、乌桓、鲜卑（锡伯族祖先）、室韦（蒙古族祖先）、契丹和女真等族居处。东北与华北大平原之间，沿着渤海之滨，有一条狭长的走廊，由长城东端的山海关控扼其间。几千年来，起源于东北的民族，有的西向越过兴安岭，进入蒙古草原，如鲜卑、室韦；但更多的则相继沿着这条走廊南下，向温暖富庶和更为辽阔肥沃的中原发展。

　　中国的西北边陲，古称西域，即今天的新疆和巴尔喀什湖以东以南的中亚地区。新疆由一系列崇山峻岭和难以逾越的荒漠戈壁构成天然的屏障。其北方是唐努山与阿尔泰山，阻挡着西伯利亚的寒流；西边是葱岭和海拔4000米以上的帕米尔高原；南边是巍巍喀喇昆仑山，阻断了与青藏高原的交通。可见，这里是一个南北西三面环山的区域，只有东边敞开，向东北可进入蒙古草原，向东南沿河西走廊可直达甘、青地区和富庶的关中平原。这里自古相继有塞人、乌孙、月氏、匈奴、突厥、回纥和蒙古准噶尔部等部居处。这些古代的部落与民族，或来自蒙古草原（匈奴、突厥、回纥、蒙古），或来自河西走廊（乌孙、月氏），在此定居之后，也都以东部的中原和蒙古草原为主要的交流和发展方向。

　　葱岭以西的中亚河中地区（今乌兹别克斯坦、塔吉克斯坦和吉尔吉斯斯坦等地），在清代和清代以前的古代，也曾经长期是中国的疆域。它处于平行流入咸海的阿姆河与锡尔河之间，由一些山间盆地和绿洲组成，居住着粟特等经商务农的民族,这里是一个单独的地理区域。由于其西、北两边是干旱的草原与荒漠,活跃着强悍的游牧民族,南边是高山雪岭,为了经商和获得军事上保护的需要,使得粟特人自古以蒙古草原和中原为主要外出活动的区域。

中国的西南边界,则由世界最高的一列山脉,海拔5000米以上的喜马拉雅山和谷深水急的横断山脉连接而成,构成世界上最难以逾越的天险屏障。在古代,这里是中国交通最不方便的区域——世界屋脊青藏高原和由千山万壑组成的云贵高原。在这片区域中,自古就生活着吐蕃(藏族祖先)、门巴、羌、白、苗、傣等几十个民族。受西南方天堑屏障的阻挡和中原的吸引,这些民族活动和发展的方向也都是东北方的中原。

中国大陆的东南,则由一万余公里的海岸线组成,东南方的滔滔大海,长期被古代祖先们视为陆地的尽头。

中国这种变化多样而又具有内聚型的地理环境,对各民族的历史面貌都产生了明显的影响,造就了文化各异而社会经济发展水平有明显差距的各民族。如北方的游牧族,东北的狩猎族,天山以南的绿洲文化,西南藏、羌等民族半农半牧的高原文化。而连接着中国各地的江河水网,山间草原上的自然孔道,日益发达的交通工具,又把各地区和民族日益紧密地联结起来。

自古生活于中原四边的少数民族,一方面他们向外发展受到各种天然屏障和自然环境的阻隔与限制,另一方面中原温和的气候,辽阔肥沃而平坦的土地,丰富的资源和物产,特别是先进的文化,对他们有无限的吸引力。于是,几千年来,中国四边的少数民族,他们各种重大的政治、经济和军事的活动,都是向着中原的方向,即黄河与长江中下游流域发展。这种地理环境因素,产生了中华民族几千年来不断内聚的总体趋势。

二　"中国"与"天下"

今天的中国,有960万平方公里的土地和56个民族,地域辽阔,人口众多。这样的一个现实,是几千年历史发展的结果。"中国"一词,早在三千多年以前的商周时期就已屡屡使用,但古代的中国与今天的中国,内涵是不同的。它所反映的时代和地域,最早是传说时代居住于黄河中游的尧、舜及其部落控制的区域;①接着是夏朝、商朝和周朝的中心区域。以后,尽管中原王朝不断更迭,疆域不断扩大,中国一词的内涵也有所扩大,但始终以中原地区为主。那么,中原以外的地区,特别是四边的少数民族地区,是否在古代就不属于我国呢?并非如此。对此,我们应该准确理解古代"中国"一词的含义,进而准确理解中国自古就是一个多民族国家的历史。

中国一词,作为我们整个国家的名称,从辛亥革命以后才开始使用。在此以前,历代王朝,从夏、商、周到清代,其国号都以朝代名称命名。如:"大唐""大宋""大元""大明""大清"等。

在古代,"中国"不是一个国家的概念,它只是一个地域的概念。这个地域并不是国家的全部领域,而仅仅是这个领域的中心部分。如:《诗经·毛传》称:"中国,京师也。"也就是说,中国在商、周时代是商王或周王所在的"王畿",即首都的代称。《诗·大雅·民劳》称:"惠此中国,以绥四方。"也就是说,"中国"是与"四方"相对而言的,是抚绥控驭"四方"的。而四方都包括哪些内容呢?王绍兰《说文段注订补》称:"案京师为首,诸侯为手,四裔为足,所以为中国人也。"也就是说,四方包括了周王分封的诸侯国和受周王管辖的各边疆少数民族。

那么,在辛亥革命以前的几千年中,我们的祖先们是如何称呼我们的国家呢?

在古代,整个国家的概念是以"天下""四海""海内"等词来称呼的。这几个词是与"中国"一词同时存在和使用的。

例如:《周易·系辞下》"古者包牺氏之王天下也";《尚书·尧典》称,帝尧"光宅天下";《论语·泰伯》"舜有臣五人,而天下治";《尚书·大禹谟》"奄有四海,为天下君";《孟子·梁惠王》"汤一征,自葛始。天下信之";《礼记·中庸》曰,武王"壹戎衣而有天下"。

古人对于"天下""海内"和"中国"之内涵的不同,也有很多清楚的议论。

孟子说:"三代之得天下也,以仁;其失天下也,以不仁。国之所以废兴存亡者亦然。天子不仁不保四海,诸侯不仁不保社稷。"他又说:"天下之本

---

① 《孟子·滕文公上》。

在国,国之本在家。"①"不仁而得国者,有之矣;不仁而得天下者,未之有也。"②可见,"中国"只是天子的国都,"天下"才是全国。中国与天下是不同的概念。

先秦时期产生的这些思想和概念,此后成为中国历代的传统。如唐太宗时期(626—649),太宗与几位大臣在讨论唐朝与周边少数民族关系时,有如下议论:"中国如本根,四夷如枝叶","中国既安,四夷自服"。"中国,根干也;四夷,枝叶也"。在征服了突厥汗国以后,大臣魏徵向唐太宗说:"突厥破灭,海内康宁。"这时,漠北的突厥、铁勒等部民众向唐太宗说:"臣等既为唐民,往来天至尊所,如诣父母。"③可见,中国、唐朝、天下或海内,是三个不同的概念。当时的"中国"主要指长城以内的区域。"唐朝"则大于"中国",它包括了长城以外的西域(今新疆及中亚部分地区)、漠南(今内蒙古)和东北的契丹、奚等部。唐朝在西域设安西和北庭都护府;在漠南设顺、佑、化、长、定襄和云中六个都督府;在东北设安东都护府。而"天下",又大于唐朝,它包括了吐蕃、南诏和突厥等唐朝尚未建立管理机构的地区。唐太宗说:"我在,天下四夷有不安安之,不乐乐之。"④可见,在当时人的观念中,天子是有责任管理和安定天下的。

在古代人的观念中,"天下",既包括中原地区,也包括四边的少数民族地区,"天下"才是我们今天所说的中国。直至辛亥革命以后,成立了中华民国,提出五族共和,"中国"一词才成为具有现代国家意义的正式名称。所以,我们不能把历史上的中国与中原画等号,也不能把它与历代中原王朝画等号。历史上的中国,在地域上应包括中国各民族的地区,在政权上应包括各民族建立的中原与地方政权。

通过回顾"中国"一词内涵的演变历史,我们就可以明了日本帝国主义者侵占中国时所炮制的"满蒙自古非中国论"是多么荒谬。如今,仍有一些西方学者和中国的民族分裂主义分子只把中国古代的汉族称为"中国人",只把汉族所建立的政权叫做"中国",仍在宣扬"长城以北非中国论""古代

---

① 《孟子·离娄上》。
② 《孟子·尽心下》。
③ 《资治通鉴》卷一九三,贞观四年、二十一年。
④ 《新唐书·回鹘传下·薛延陀》。

新疆非中国论"等论调。持这种论调的人，不是对历史的无知，就是别有用心。

三 华夷界限与天下一统

天下一统，天下一家，是中国古已有之并流传了几千年的思想传统。早在商周时期，就有一个占统治地位的思想，即："溥天之下，莫非王土，率土之滨，莫非王臣。"①

战国时期的地理书《禹贡》将天下分为九州，每个州又分为若干个国。"凡四海之内九州，州方千里。州建百里之国三十，七十里之国六十，五十里之国百有二十。凡二百一十国。"《禹贡》很明确地描述了九州的地理位置、山川物产，是一个很清楚的地理概念，它既包括中原，也包括了四边的少数民族地区。

古人认为，天子的职责就是"混一九州"，"合万国而君之，立法度，班号令"。做不到这一点的，就是不称职的天子。所以宋代宰相司马光说："窃以为苟不能使九州合为一统，皆有天子之名而无其实者也。"②

几千年来，历代中原王朝的统治者，不管是汉族还是少数民族，都抱着这样"混一九州""一统天下"的思想。

在九州、四海之内，尽管有华夏和夷狄的区分，有民族歧视的观念和政策，如历代汉族统治者"非我族类，其心必异"的思想；蒙元统治者对不同民族的等级划分；清朝统治者对汉人的防范等，但几千年来，"夷夏一体""四海一家"的思想，"王者之于万物，天覆地载，靡有所遗"③的思想，始终与这些民族歧视的观念并存，并且成为统治者制定政策的理论依据。所以唐太宗说："夷狄亦人耳，其情与中夏不殊。人主患德泽不加，不必猜忌异类。盖德泽洽，四海可使如一家。"他还说："自古皆贵中华，贱夷狄，朕独爱之如一。"④

---

① 《诗·小雅·北山》。
② 《资治通鉴》卷六九，黄初二年四月。
③ 《资治通鉴》卷一九三，贞观四年四月。
④ 《资治通鉴》卷一九八，贞观二十一年五月。

唐太宗的这些言论与政策，一直被后世的历代君王视为抚绥和统治少数民族的榜样。几千年来，历代的封建统治者都执行了或多或少善待异民族的政策。这种政策的出发点，当然不是由于统治者的善良，而是维护统治的需要。因为在中国历史上，任何一个中原王朝，境内都包括了众多的民族。早在商周时代，境内就有戎、狄、夷、越等族。春秋时代，"夷蛮戎狄，犹错处内地"。汉、唐时期，疆域更加辽阔，包括了今新疆及中亚地区、内外蒙古、东北三省及云南福建等地，民族更加众多。没有一个合适的民族政策，就无法维持如此大的疆域。对于少数民族建立的中原政权来说，更是如此。即便是少数民族的地方政权，也往往是多民族杂处的局面。如1125年以后契丹人在中亚和新疆建立的西辽王朝，其境内的居民则以回纥、粟特、鞑靼等族为主。即便是吐蕃王国，境内也充满了汉、羌、白等多民族的人民。明末在东三省割据的满族后金政权，兵马十多万，"半皆中华人（汉人）"[1]。当时的辽东居民"华人十七，高丽土著、归附女直野人十三"[2]。因此，当时的满族首领努尔哈赤说："天降大国之君，宜为天下共主，岂独吾一身之主？"[3]

　　几千年各民族日益密切的交往，特别是少数民族的入主中原，使得华夷之分的概念逐渐淡漠，各民族大一统的思想、中华民族多元一体的思想则日益深入人心。到了1840年鸦片战争以后，由于各帝国主义国家对我国连续一百多年的侵略、瓜分和掠夺，中华各民族都深受其害，国家的衰亡、外敌的入侵给各民族带来的亡国灭种的灾难，联合抵抗外敌、命运与共的处境，使各民族最终形成了中华民族的意识，中国也最终代替了各种王朝或"天下""四海""海内""九州"等称呼，而成为中华各民族共同国家的名称。

四　统一的经济基础

　　世界历史上，曾出现过许多疆域辽阔的大帝国。如希腊马其顿亚历山大帝国（前4世纪），疆域东起印度河，西至尼罗河与巴尔干半岛。罗马帝

---

[1] 《筹辽硕画》卷四三。
[2] 《辽东志》卷一。
[3] 《清太祖实录》，卷二。

国(前30—476),疆域东起西亚两河流域,西至西班牙,北达多瑙河、莱茵河、南到北部非洲。蒙古帝国(13世纪)东起黄河流域,西至伊朗高原、欧洲东部。这些靠武力征服建立的帝国虽曾一度横跨欧亚大陆,盛极一时,却没有一个能够作为统一国家的共同体而维持下来。

　　古代的中国与上述帝国有着明显的不同。中国地域辽阔,地理环境复杂多样。各地的地形、土壤、气候等自然条件的千差万别,造成了地域之间经济文化面貌的巨大差异和发展的不平衡。在不同的自然环境中,人们要分别开发和利用不同的自然资源,他们的生产方式、生活方式和产品也就各不相同。这使得中国自古以来就有众多民族和多元的文化。不同的地域与文化,既有隔阂的一面,又有互相取长补短、互通有无的需要。因此,自身生存和发展的需要,使得自古以来的各地区与民族之间,冲破了山河阻隔,一直进行着日益密切的经济交流。

　　我国的少数民族,大多分布于周边地区。这些地区与汉族聚居的中原(黄河、长江中下游流域)相比,自然地理条件有巨大的差别。中原气候温和,土地平坦而肥沃,宜于农耕。北方民族居住的地区寒冷干燥,多草原、沙漠和森林,宜于牧业和狩猎。南方民族居住区气温高,潮湿多雨,多高山、丘陵、河流与湖泊,宜于农业和渔业。各个地区相比,中原物产最为丰富,经济文化最为发达,而各边疆地区的经济往往比较单一。生产和生活的需要,使得各边疆少数民族都有与其他地区,特别是与中原地区进行经济交流的迫切愿望。中原地区因此也得到了自己所缺乏的畜牧业等产品的补充。这种交流既有官方的,也有民间的,有朝贡、赏赐、互市等各种形式。这种经济上的联系,形成了一种自然的凝聚力,不以人的主观意志为转移,是几千年来四边少数民族都向中原发展的动力,也是中国各民族之间关系日益密切的基础。在对中原农业、手工业产品的依赖和向中原的积极发展方面,表现最为突出的是历代的北方游牧民族。

　　历史上活跃在北方蒙古草原的相继有匈奴、鲜卑、柔然、高车、突厥、回纥和蒙古等游牧民族。游牧经济产品比较单一,牧民日常生活所需的粮食、布匹、金属工具和各种手工业品等都需要用畜产品从中原换回,所以游牧经济对商业有很强的依赖性。几千年来,交换的需要使他们不断穿梭于漠北草原和漠南的长城沿线。与中原之间文化和政治的交往,也以此为背景而不断加深。交流的方式有互市、朝贡、赏赐、通使、和亲等。有很多部落逐渐迁到长城沿线,学会了农耕,过上了半农半牧甚至完全定居的生活。当有机会时,他们会大规模地涌进长城,进入富庶的中原,并逐渐融入汉人之中。

当北方草原上的游牧族与中原之间的交流比较顺利时,双方的关系就比较友好,和平的环境和物资的交流,会促进双方的繁荣特别是草原上的繁荣;当交流不顺利时,草原上的生活和生产会受到严重的影响,他们就会利用游牧族武力上的优势对中原施加压力,"时小入盗边",要求互市,甚至发动大规模战争南下掠夺。

他们像永不止息的海潮一样,一波一波地涌进中原。有的曾建立过显赫的王朝。如匈奴人的北凉、夏、刘汉和前赵,鲜卑人的北魏,蒙古人的元朝等。以后这些民族中的大多数人就逐渐融入了中原汉人之中。几千年来,尽管蒙古草原上的民族不断变换,但这种南下运动却一直在重复上演。这也是中原汉族人口不断壮大和中原文化充满活力、不断更新发展的重要原因之一。

最早在蒙古草原上建立游牧政权的是匈奴人。史称:"匈奴好汉缯絮食物。"当双方能够通过和平的互市、和亲等方式交流物资时,"匈奴自单于以下皆亲汉,往来长城下"。① 史称,每年匈奴南下交换的牲畜"驴骡驼驼,衔尾入塞",每次交换的数量常达"牛马万余头"。② 这使得中原地区缺乏牲畜的情况大为改善。西汉初年,在汉高祖和文、景皇帝时,皇宫专用的坐骑也只有"厩马百余匹"。③ 至西汉中期武帝时,就出现了"长城以南,滨塞之郡,马牛放纵,蓄积布野"④的繁荣景象。这些大牲畜或用于交通运输,或用于农业,对中原的经济发展有促进作用。匈奴用畜产品换回了大量的纺织品、粮食、金属工具、刀剑、乐器和书籍等,每年还得到大量金银和钱币。史称他们得到的钱币"动辄亿万"。⑤ 到了呼韩邪单于时期,南匈奴大量南下,散布于长城附近,并要求归顺汉朝。于是汉朝在长城沿线设郡县安置了五千余户匈奴人,"与汉人杂处"。到了曹魏时,长城沿线的匈奴已"弥漫北朔",并渐次进入山西汾河流域。西晋时,入塞的匈奴人达十九种,与"晋人

---

① 《史记·匈奴列传》。
② 《后汉书·南匈奴传》。
③ 《汉书·贡禹传》。
④ 《盐铁论·西域》。
⑤ 《史记·匈奴列传》。

杂居"①。西晋灭亡后,这些匈奴人相继在中原建立了北凉、夏、刘汉和前赵政权。

也有的匈奴部落,如北匈奴,由于与汉朝相互为敌,冲突不断,断绝了政治的来往,经济和文化的交流也随之中断,只得亡匿到漠北苦寒无水草之地,过着单一的游牧生活,长期得不到中原农产品和手工业品的接济,不久就"兵数困,国亦贫"②,以致衰落下去,公元1世纪,残部只得西迁。

匈奴以后的两千年中,来到蒙古草原的其他游牧民族也和匈奴一样,周而复始地演绎着同样的规律:或者逐渐将自己的经济和政治重心转移到接近中原的阴山以南,以维持和发展与中原的经济交流,从而壮大繁荣起来,得以统一整个蒙古草原,甚至进一步入主中原。或者始终局促于漠北,由于地理条件的限制而难以与中原进行有效的贸易与交流,从而始终维持着单一的游牧经济。游牧经济的脆弱性,使这样的政权,一遇天灾,就顷刻瓦解。部众或四散,或西迁远走。

继匈奴之后占领蒙古草原的是鲜卑人。它们与中原之间的交往比匈奴更为密切,因此也有更为迅速的发展。

鲜卑原居于大兴安岭丛山中的阿里河附近,山深林密,交通不便,难以发展。于是他们举部南迁,先到达蒙古草原东部,在这里"畜牧迁徙,射猎为业"。不久,他们再次南迁,经"九难八阻",历经千辛万苦,到达阴山之南的内蒙古草原。在这里,他们积极与中原的曹魏和西晋政权通商和亲,并接受册封,表示政治上的臣服。双方"聘问交市,往来不绝"。鲜卑将大量畜产品运进中原,曹魏和西晋给予鲜卑的"金帛缯絮,岁以万计"。鲜卑于是迅速强大起来,先是统一了整个蒙古草原,并于公元340年定都于盛乐(今呼和浩特南),接着进入中原,占领了淮河以北的大半个中国,建立了北魏政权,并于公元494年迁都洛阳,数十万鲜卑人也随之移居于中原各地。

隋唐时期(581—907)的突厥、回纥(维吾尔人祖先)以及元朝灭亡以后的草原蒙古政权,它们能否维持与中原之间正常的经济交往,是其兴盛与衰亡的重要原因。

公元552年,突厥在蒙古草原建立汗国。不久其疆域就扩大到"东自辽

---

① 《晋书·四夷传·匈奴》。
② 《汉书·匈奴传上》。

海(今渤海)以西,西至西海(今咸海)万里,南自沙漠以北,北至北海(今贝加尔湖)五六千里"的广大地区。成为当时东亚地区的霸主。突厥以一个游牧汗国,能够如此强大,有两个重要的经济原因。一是它乘中原离乱,控制了天山以南各农业绿洲,强迫绿洲居民缴纳白叠(棉花)、粮食等为赋税;二是当时分裂的中原北周,北齐两个政权,为了笼络突厥,争相与其和亲通好,每年送给突厥大量丝绸、粮食、铁工具和钱币。双方民间与官方的贸易也畅通无阻。

隋朝统一中原之后,突厥可汗向隋称臣,官方每年以朝贡和赏赐的形式进行贸易,规模很大。如,开皇十二年(592),突厥各部向隋朝进贡马万匹,羊两万只,驼、牛各五百头。隋朝则回赐了丰厚的金、银、钱币、丝织品和粮食等。大业二年(606),隋炀帝一次就赏赐给突厥可汗丝织品一万二千匹,同时赏赐各部酋长丝织品二十万段①。隋朝还应突厥之请求,"缘边置市",在幽州,太原、榆林等地开设榷场,准许民间"交相往来,吏不能禁"②。这种比较自由的贸易,吸引着草原上的牧民不断南下进入长城沿线。仅仁寿元年(601),就有九万突厥人南下"内附",仁寿三年,又有思结、卜骨等十余部草原牧民南下"内附"。使得长城沿线出现了"人民羊马,遍满山谷"的景象。

到了唐代,一部分突厥部落继续与中原保持着大规模的贸易。如开元二十四年(736),突厥一年就南下送马一万四千匹,唐朝"回赐"丝织品五十万匹③。唐朝人赞叹"突厥马技艺绝伦,筋骨适度,田猎之用无比",对中原的农耕、交通和军队的装备都必不可少。因此史称双方"甲兵休息,互市交通","彼此丰足,皆有便宜"④。经济的交流又推动很多突厥人进入中原,并逐渐定居下来。唐太宗时,在唐朝担任将军、中郎将等官职的突厥人很多,五品以上者就有一百多人,"殆与朝士相半"。也有一部分突厥人进入长城沿线的今内蒙古和山西、陕西北部地区,从事农耕。神功元年(697),唐朝曾一次就送给他们谷种四万斛,丝绸五万段,农具三千件,铁四万斤。

---

① 《隋书·突厥传》。
② 《册府元龟·外臣部》。
③ 《曲江集》卷六。
④ 《册府元龟·外臣部·通好》。

也有一部分突厥贵族与唐朝为敌。特别是后突厥汗国，与唐朝争战了几十年。当时唐朝已控制了整个西域，又对后突厥关闭关市，实行经济封锁，后突厥遂逐渐衰亡。

唐代回纥汗国(744—840)的兴起和发展，也明显地受益于同中原兴旺的经济交流。早在唐朝初年，回纥等部就向唐太宗请求，在漠北回纥牙帐和漠南之间修一条一千多里长的"参天可汗道"。沿途设邮驿六十六所，备有房舍、酒肉、马匹和车辆。路上的商队、使臣往来不绝。人多的时候，每队达"数千百人"。草原上的牧民也"老幼不惮遐远，悉手持方贡"南下交易①。由于双方关系友好，回纥的商人可以比较自由地进入中原。当时在长安、太原、洛阳甚至南方的一些城市，都有回纥商人的足迹。常年居住在长安的回纥使者和商人就达数千人。他们"殖货产，开第舍，市肆美利皆归之"。②

回纥汗国时期，草原上多年的和平促进了畜牧业的发展，回纥希望唐朝多买他们的畜产品，要求每年收购十万匹马。唐朝政府本来没有如此大的购买能力，但为了酬谢回纥骑兵帮助平息内乱的功劳，也就尽力满足其要求，甚至出现"府藏空竭"，"税百官俸以给之"的情况。仅此一项，回纥每年就可得到一百万匹以上的丝绸。大历八年(773)，回纥一次就运回丝绸一千多车。回纥牧民"衣皮食肉"，这些丝绸大部分被贩运到了西方。当时在东罗马的市场上，一两丝绸一两金，比唐朝价格提高了几百倍。回纥在这项贸易中获得了巨额的利润，回纥汗国也因此繁荣起来。很多贵族由此放弃了游牧而经商，过上了定居的生活。草原上因此出现了很多新兴的城镇，至今能够找到城墙遗址的还有二十多座。其中最大的城址达25平方公里。城内有宫殿、市场、居民区、寺庙和官署。在这些城址中，都发现了大量中原的钱币、金属工具、丝绸残片等物。③

明代(1368—1644)北方蒙古政权与明王朝二百余年的和战关系，也说明了正常的经济交流对双方的重要性，特别是北方游牧经济对这种交流的依赖性。明初，蒙古贵族退居塞外，他们在政治上希望得到明朝廷的册封，在经济上希望与中原自由地贸易。双方的经济交往以"通贡"和"互市"的

---

① 《册府元龟·帝王部·功业一》。
② 《资治通鉴》卷二二五，大历十四年七月。
③ 参看杨圣敏：《回纥史》第一章，吉林教育出版社，1991年。

方式进行,其规模是很大的。据统计,从永乐元年到隆庆四年(1403—1570),蒙古贵族向明廷入贡达八百多次,每次的贡使达数千人。往往是"前使未归,后使踵至",达到了贡使"络绎乎道,驼马迭贡于廷","金帛器服络绎载道"的局面。明朝每年招待贡使的费用就达三十余万两白银[1]。但明朝廷仅将此种经济交流视为维护边防和控制蒙古的羁縻之术,对互市规定了诸多限制,即"开市有日,货物有禁"。每年开市的次数少,时间短,根本不能满足草原牧民物资交流的需要。而且不仅严禁军器交易,有时连锅釜、茶叶等生活必需品也在禁例之中,并严禁任何私市。致使草原牧民常陷入"爨无釜,衣无帛","无茶则病"的困境[2]。而汉族军民也往往因互市的中断而缺乏军马、耕畜和皮货、衣衾等生活用品。故双方的民间犯禁私市的活动始终不断。蒙古贵族更为此发动了三十年的对明战争。双方损失惨重,明英宗也一度被俘。当战争停息,互市再次开通的时候,蒙古俺答汗在给明朝廷的《答谢表》中有如下感叹:"臣等生齿日多,衣服缺少。……各边不许开市,衣用全无,毡裘不耐夏热,段布难得,每次因奸人赵全等诱引,入边作歹,虽尝抢掠些须,人马常被杀伤。今年各边常调兵出捣,杀虏家口,赶夺马匹,边外野草尽烧,冬春人畜难过。"[3]

可见,战争与断绝互市,给双方都造成了无法承受的苦难,而不断加强经济和政治的联系,才是千古不变的、双方社会经济发展的客观需要。互相依存、互通有无的经济交流是几千年来维系各边疆民族与中原关系的基础。它犹如强有力的纽带,把各边疆地区与中原日益紧密地联结在一起。北方游牧民族与中原之间几千年的关系史,都说明了这样的一个道理。这也是几千年来,中国作为一个多民族的国家能够长期维持统一的经济基础。

纵观北方民族与中原几千年的关系史,可以看出,我国统一多民族国家的建立过程,第一步通常是从各民族之间的经济交往开始。这种交往有官方的,也有民间的。以征服战争开始的情况是少见的。其间的一些武力冲突,往往是由经济交往的障碍激起的。当这种经济交往的障碍被打破,各民族之间经济文化的联系日益密切以后,就会带动政治上的联合。这种联合

---

[1] 《明英宗实录》卷一三六。
[2] 《万历武功录》卷八。
[3] 《玄览堂丛书》卷一。

往往是以边疆民族对中原王朝的依附形式进行。这种政治依附关系往往是自愿建立的，是受经济利益驱动的。不同民族的统治阶级，也多次发动征服战争。既有中原王朝对边疆地区的扩张，也有边疆地区向中原的进攻。发动战争的目标，都是为了创造更大范围的统一。战争的结果，则进一步加强了不同民族地区间的经济、文化和政治的联系以及不同民族之间的融合。

五　多元一体的政治制度

中国作为一个多民族的统一的大国，和世界上其他几个文明古国一样，几千年来历经沧桑。国内的动乱，自然的灾害，民族的纷争，特别是近代以来帝国主义列强对她的侵略与摧残，跌宕起伏的波澜不断。但中国一直绵延不绝，她的疆域能够基本维持，她的众多民族不仅未曾分散，而且日益团聚，这在世界历史中，特别是与其他古国相比，是一个十分罕见的现象。这其中有地理的、经济的、思想文化的等多方面原因。除此之外，中国几千年来的政治制度，也是这个多民族的千年古国得以始终维持统一的重要原因。

在中央集权制度之下，允许多种类、多层次的管理制度与多种类型的社会经济文化制度的并存，是中国传统政治制度的主要特征，也是保证中国数十个发展既不平衡，经济文化又有很大差异的民族能够统一于一个国家之内的重要原因。

世界上的文明古国，多经历过封建制时期。而同样是封建制时期，又各有不同的制度。有的国家采用共和制，即由多个地主阶级的代表人物共同掌权。而中国几千年来一直采用的是君主制，政权归皇帝一人掌握。皇帝具有至高无上的权力，表现为高度的中央集权，这是占主导地位的制度。同时，又在一些边疆少数民族地区实行自治或半自治的（册封）封国制和羁縻府州（土司）制度。册封与羁縻府州制度和中央集权制度一样，都是贯穿于中国封建社会两千多年的基本政治制度。两千多年来，不管王朝如何更迭，不管哪个民族掌握政权，这种政治制度和统治形式都一直延续下来。它既有助于打破民族间的隔阂和地区间的分裂割据状态，又有助于每个民族内部和不同民族之间的政治凝聚力的形成。这是中国各地区、各民族有如百川归海、日益统一的政治基础。

中国古代的中央集权制度，成熟于秦朝。在本书第二讲中已有论述，这里从略。在秦朝以后两千多年的历史中,各个朝代,无一例外地都实行这样的中央集权制度。即便是在分裂时期,如魏晋南北朝、五代十国或宋辽夏金时期,各个局部的地方政权也都实行集权制。不管最后由哪一个民族或地方政权统一全国,都会继续实行这样的制度。在每一次大分裂之后,都会出现更大范围更高程度的统一。

几千年来,中国各民族的经济、文化和社会制度一直千差万别,差异就是矛盾,有民族差异,就会有民族矛盾。在一个多民族的国家中,承认这种差异,并且制定相应的制度,才可能维持各民族的统一。几千年来,在边疆和少数民族地区实行的(册封)封国和羁縻府州制度,就是承认这种差异的政治制度。

"羁縻"的本意为对牛马的束缚。"羁,马络头也。縻,牛缰也。《汉官仪》:'马云羁,牛云縻。'言制四夷如牛马之受羁縻也。"①羁縻可引申为怀柔、抚绥之意。羁縻制度,就是封建国家治理边疆少数民族的一种制度,用以维系多民族国家的统一。自西汉以来,羁縻制度经历了边郡制、羁縻府州与册封制、土司制三个阶段。

边郡制度。西汉把在边疆地区新设的郡称为边郡或初郡,与中原地区的郡有明显不同。首先,这些郡大多是少数民族地区。中原王朝通过战争或其他方式占领了这些地区后,以当地民族或部落的原有地域为郡的范围,保持当地原有的头人和风俗法纪。《史记·平准书》称:"汉连兵三岁,诛羌,灭南越,番禺以西至蜀南者。置初郡十七,且以其故俗治,毋赋税。"中原王朝在边郡设立两套官吏系统。一是与内地相同的守、令、长等官吏,由中央政府直接派遣任免,属于流官系统;二是与前者并列的王、侯、邑长等,虽然也由中央政府任命,并颁给金、银、铜印,但都是由当地原民族的首领世袭充任,属于土官系统。当地少数民族原有的部落和人民都由土官管理,不缴赋税,只是向政府交纳一些土贡(土特产),以此对中央政府表示政治上的臣服。

羁縻府州与册封制度。唐朝建立以后,打败了在北方称霸半个世纪的突厥汗国,疆域空前广大。唐朝统治者总结前代的经验认识到,如果单纯依

---

① 《史记·司马相如列传》索隐。

靠武力，一方面难以征服众多的边疆少数民族政权；另一方面，对依靠武力征服的地区难以维持长久和有效的统治。于是他们采取"偃武修文"的方针，以通使、和亲、册封、互市等政治和经济手段为主，武力威慑为辅的策略，对边疆各少数民族地区和政权进行招抚，从而达到"中国既安，四夷自服"的目的。有唐一代，除了对屡屡南下进犯的突厥采取大规模进攻的策略外，对于其他边疆民族地区和少数民族政权，则较少采取武力征服的手段。对于比较强大的吐蕃、回纥和南诏政权，通过册封、和亲和互市，分别建立了甥舅、属国的关系。

例如，唐朝皇帝与少数民族首领通婚共 23 次，唐高祖的 19 个女儿中，近半数嫁给了少数民族首领。在唐朝与吐蕃的关系中，和亲是双方都十分重视的政治行为。唐朝皇帝分别将文成公主和金城公主嫁给吐蕃的赞普（国王），促进了双方的友好，此后吐蕃历代赞普就称唐朝皇帝为舅。如公元 729 年，吐蕃赞普上表说："外甥是先皇帝舅宿亲，又蒙降金城公主，遂和同为一家，天下百姓，普皆安乐。"[①]对于回纥、南诏（白族与彝族政权）和渤海国（满族先民政权），则通过册封而建立了正式的君臣和属国关系。唐朝册封南诏首领为云南王，册封渤海国首领为渤海王，回纥的历代可汗则必须经过唐朝册封才能正式即位。这些被册封的首领和政权，有义务去长安朝贡，他们的军队要接受唐朝的调遣。如南诏于公元 738 年统一洱海地区，其首领被唐朝册封为南诏王，此后凡继王位者必须先去长安朝觐、宿卫和接受册封。唐朝在南诏置云南安抚使司，南诏王要接受唐朝云南安抚大使的监护。渤海首领大祚荣于 698 年在今吉林省境内建立地方政权后，唐朝册封他为渤海郡王，接受唐安北都护府的监护，渤海郡王传十余世，每代郡王都接受唐的册封并去长安朝贡，送上土特产品，唐朝则回赐丝绸、金银和各种生活用品。渤海立国二百多年，向唐朝朝贡"凡一百三十二次"。

回纥武力强盛，唐朝曾多次调遣回纥骑兵助战。如公元 657 年，回纥从蒙古草原出骑兵数万，至锡尔河上游的楚河流域，协助唐朝灭亡了西突厥。公元 756 年以后，又两次出兵中原，助唐平息"安史之乱"。唐朝皇帝则将宁国、太和、咸安等几位公主嫁给回纥可汗，并每年送给回纥大量丝绸。双

---

① 《旧唐书·吐蕃传上》。

方始终保持着君臣关系。

除了对这些较强大的民族政权采取册封为国王或可汗的方式以维持友好或臣属关系外,唐朝在其他民族地区则直接建立了大量羁縻府州。有唐一代,在西域(今新疆与中亚)、东北、岭南、漠北等地共置羁縻府州近千个。如,在突厥、党项、吐谷浑地区置29府90州;在龟兹、于阗、焉耆、疏勒和粟特等地区置51府198州;在契丹、靺鞨等部置14府46州;在岭南置92州;在羌族等居住地置261州。

羁縻府州的都督和刺史都由当地少数民族首领世袭充任。同时,唐朝又在这些边疆地区设都护府和节度使来统领这些羁縻府州。如安西都护府、北庭都护府、安东都护府、燕然都护府、安北都护府、剑南节度使等。

这些接受册封的地方民族政权和羁縻府州,主要有如下的特点:第一,由当地少数民族首领世袭管理,内部事务自行其是;原有风俗制度一概保留,"顺其土俗",中央政府不加过问。第二,地方首领和地方政权与中央政府保持联系,有甥与舅、君与臣、上级与下级、中央与地方等不同形式的联系,在军事上要"奉征调"。第三,这些地区的少数民族不列入"编户齐民",中央政府在这些地区不收赋税,仅接受以政治象征意义为主的土贡。

唐代以后的宋、辽和金朝在周边民族地区都基本沿袭了这个制度。

土司制度。元朝统一全国后,将以前半独立或独立的边疆少数民族政权逐个消除,在全国推行行省制度,中央集权得到加强。同时又在一些边疆地区实行有别于内地的土司制度。土司的官署称为宣慰使司、宣抚司、安抚司、招讨司、长官司等。其中除最高一级的宣慰使司官署内皆为流官,由中央政府任命外,其他的官署都是土官,由地方少数民族首领世袭。土司所管辖的境域,实行自治,朝廷不干预其内部事务,不征赋税。但土司有朝贡的义务,"或三年一朝,或每年朝贡",给皇帝贡献土特产品,皇帝则根据土司品级的高低给予不同的回赐。土司的袭替必须由朝廷册命。史称:"袭替必奉朝命,虽在万里外,皆赴阙受职。"[1]元朝,由于中央集权的加强,建立土司的地区比唐代的羁縻府州大为减少,中央政府对这些地区的控制也比唐

---

① 《明史·土司传》序。

代更有力。

明清两代，都沿袭了元朝的土司制度。明朝，全国共有土知府以下官298人。到了清代，由于实行改土归流，土官逐渐减少。据统计，当时在土司比较集中的云南、四川、贵州和广西的土官共112人，[1]比明代已减少了很多。

为了与在少数民族地区实行的羁縻制度相适应，唐朝的法律中，还制定了与少数民族有关的条文。如《唐律·名例第一》中有"诸化外人同类自相犯者，各依本俗法，异类相犯者以法律论"的条文。也就是说，少数民族内部的纷争，用该民族自己的惯例来处理。如果是不同民族之间的纷争，就要依唐朝的法律处理。另外，在当时制定的法律条文中，还有很多与少数民族有关，如朝会、厩牧和关市等条文。在法律的具体执行中，对于少数民族首领，往往比较宽大。如突厥颉利可汗屡次率众犯边，抢掠唐朝边民，按唐律属于死罪。唐太宗在将其抓获到长安后，免其死罪，并"悉还其家属，馆于太仆，禀食之"，[2]结果起到了安抚其部下的作用。唐代以后，历宋、元、明、清各代，都基本沿袭了唐朝制定的这些律令。

纵观两千余年来中国边疆少数民族地区所实行的羁縻制度，尽管其形式不同，但出发点都是不强求与中原地区一致，不激化矛盾，适应各少数民族地区独特的社会经济与文化状况，实行自治或半自治。其主要目标就是要各边疆少数民族承认中原政权在政治上的核心地位。这种羁縻制度与中央集权制相结合，使得各民族既能够独立地发展自己的民族经济与文化，又能方便地互相交流与学习，并逐渐走向团聚与统一。

六　统一过程与民族融合

中国自古就是一个多民族的国家，而且早在两千多年前，就是一个统一的多民族的国家。中国的疆域、历史与文化，都是中国这56个民族及其祖先在几千年的发展过程中共同开发、创造出来的。

例如，华夏族最早开发了黄河流域的陕甘及中原地区；东夷最先开发了

---

[1]　参看吴永章：《中国土司制度渊源与发展史》，四川民族出版社，1988年，第166页。
[2]　《新唐书·突厥传上》。

沿海地区;苗、瑶族最先开发了长江、珠江和闽江流域;藏、羌族最先开发了青海、西藏;彝、白等民族最先开发了西南地区;满、锡伯、鄂温克和鄂伦春等民族的祖先东胡族最先开发了东北地区;匈奴、突厥、蒙古等民族先后开发了蒙古草原;黎族最先开发了海南岛;高山族最先开发了台湾。

中华文明在世界上独树一帜,源远流长。它的渊源,来自各个民族的创造与发明。例如,汉族首创了造纸、印刷、指南针和火药四大发明;维吾尔和黎族最先学会了棉花的种植和纺织;回族建筑师亦黑迭儿丁规划并主持修建了元大都(今北京),为北京成为世界名城打下了基础;藏族保存的两大古代佛学著作《甘珠尔》和《丹珠尔》(即藏文大藏经),至今是中华文化宝库中的两件瑰宝;汉语普通话的发音特点,是受蒙古语的影响而形成的。凡此种种,不胜枚举。

纵观历史,可以看出,几千年来,中华各民族的团聚和统一,始终以中原地区为中心,以汉族为主体而日益发展、扩大。

早在传说时代,在距今四五千年以前,各民族的祖先就生活在东亚今天的中国这片土地上。当时,在中原黄河流域,主要有夏族(汉族的祖先);在东部的淮河流域和泰山之间,有东夷;在南方的长江流域,有三苗;在西北地区的黄河与湟水之间,有羌族;在北方的蒙古高原,有荤鬻(xūn yū)。夏族与周围各族都有交往联系。

到了夏(前21—前16世纪)、商(前16—前11世纪)、周(前11世纪—前771)和春秋(前771—前476)、战国(前476—前221)时期,根据文字记载的历史,各族之间的交往更加密切。在黄河流域有夏、商和周族,东方有夷族,东北有肃慎(满族祖先),北方和西北有狄(突厥人祖先)、戎、羌、氐,南方有蛮、越等民族,在此期间,以夏族、周族和商族为主,吸收了夷、羌、狄、苗和蛮等族的成分,演化成了华夏族,并且相继建立了夏、商和周朝,国家的疆域越来越大,包容的民族也越来越多。

秦汉时期(前221—220),华夏族吸收了更多其他民族的成分,形成了汉族。汉朝的疆域,东至大海,在西方包括了今新疆各民族,在北方越过长城,统一了南匈奴,控制了内蒙古,在南方,它的行政机构越过五岭(今福建、广西、广东省)一直设立到海南岛。

到了隋唐时期(581—907),中原王朝的疆域进一步扩大。隋、唐两个王朝,少数民族占有重要的地位。隋朝的鲜卑族大臣在朝廷中占很大比重,隋朝皇后也多为鲜卑人。唐朝前期，中央政府中的官员几乎有一半是少数民族成员。唐朝后期，军队中的高级将领有一半以上来自契丹、突厥、回纥、高丽等少数民族。唐朝政府主要依靠北方少数民族的骑兵，控制了北到黑龙江和贝加尔湖、西到巴尔喀什湖和中亚两河流域。在今日中国的版图中，除了西藏以外，其他地区和民族都成为统一的唐朝的一部分。

到了元朝（1271—1368），其版图"有汉唐之地而加大"，其人民"有汉唐之民而加多"。包括西藏的藏族在内的所有民族就都统一在一个中央政权之内了。到了清朝（1644—1911），这种统一就更加巩固。

几千年来，中华各民族日益密切的交往、团聚和统一的过程，也是民族大融合的过程。各民族经过不断的迁徙、杂居、通婚和各种形式的交流，在文化上互相学习，在血统上互相混合，你中有我，我中有你，致使各民族、地域间的界限日见淡漠，而中华民族共同的文化和心理特征则逐渐产生。

中国的主体民族——汉族的形成，就是各民族大融合的结果。早在先秦时期，我国存在着华夏、东夷、北狄、西戎和百越五大民族集团。古代有舜为"东夷之人"、周文王为"西夷之人"的说法①，可见，华夏族是在夷夏融合的过程中发展起来的。有人考证，齐国的大臣管仲名夷吾，也是夷人。春秋时期，狄人部落大量散布于黄河以北，与华夏人通婚的记载很多。如，晋国的国君重耳的母亲就是狄人。南方的吴、越两国，就有大量越人。到秦统一时，原散布于中原的夷、狄、戎、越已大部分融入华夏族之中。

汉代以后，特别是当少数民族入主中原时，他们就会大规模地融入汉族之中。如西晋末年，鲜卑、羯、氐、羌和匈奴五个少数民族乘乱进入中原，在中原分别建立了十几个国家，史称"五胡十六国"（303—439）。一百多年以后，这些少数民族都消失于汉族的汪洋大海之中。

女真人的金国（1115—1234）占据黄河流域以后，有"几百万口"女真军户迁入河南，结果全部汉化了。原居于东北的满族人，随着清朝的建立大部分迁入关内，到了清末，这些人已完全丢弃了满文、满语，他们使用汉语汉文，饮食起居也与汉族没有什么差别了。

进入中原的少数民族，有的主动向汉族学习。如鲜卑族的北魏孝文帝

---

① 《孟子·离娄下》。

（471—499），发布命令要求鲜卑族学习汉语，穿汉族服装，改汉姓，鼓励与汉族通婚。加快了鲜卑人与汉族的融合。也有的少数民族统治者，反对汉化。如金世宗规定："禁女直人不得改称汉姓，学南人衣装，犯者抵罪。"①清太宗也发布过如下命令：不许"废骑射而效汉人"，"有效他国衣冠、束发、裹足者，治重罪"②。他们还禁止满汉通婚，禁止满人经营商业和农业，甚至封锁东三省，不准汉人去开垦。

但是，民族融合是历史发展的必然趋势，是进步的现象。特别是那些社会经济发展水平低于中原汉族的少数民族，一旦走进黄河流域这个汉文化的摇篮，他们就终究要融入这个汪洋大海之中。恩格斯说："比较野蛮的征服者，在绝大多数情况下，都不得不适应征服后存在的比较高的'经济情况'；他们为被征服者所同化，而且大部分甚至还不得不采用被征服者的语言。"③中国历史上进入中原的少数民族统治者，都是这样的结局。

元代的蒙古族也是如此。元朝统治者曾实行严格的民族隔离政策，于是有的学者就断言："元朝奉行蒙古主义，汉文化及汉人皆不受尊崇。"④但事实是，蒙古统治者为了统治的需要，于1233年就在燕京设国子学，让蒙古子弟学习汉语、汉文。忽必烈也曾下令诸王子及近臣子弟从汉儒学习经典，皇子皆受双语教育。有学者作过考证，元朝科举前后十六科，共录取进士1139人，其中蒙古人三百余人。曾经埋首汉文经籍、投身考场的蒙古子弟则数以万计。⑤元朝廷还加封孔子为大成至圣文宣王，加封屈原为忠节清烈公，改封柳宗元为文惠昭灵公，谥杜甫为文贞，可见其对儒学的推崇。元朝末年，很多蒙古人已改汉姓，从汉俗。元朝灭亡后，蒙古人的身份已失去了等级上的优势，大部分蒙古人就很快融入了汉人之中。

自汉朝以后，历代都有很多西域的僧侣、商人、军人等来到中原。有学者曾对其中有文献可考的一百三十余人作过专门研究，证明它们都接受了

---

① 《金史·世宗纪下》。
② 《清史稿·太宗纪二》。
③ 《反杜林论》，《马克思恩格斯选集》第3卷，人民出版社，1972年，第223页。
④ 羽田亨：《羽田博士史学论文集·上卷·历史篇》，京都，东洋史研究会，1957年，第670页。
⑤ 萧启庆：《论元代蒙古人之汉化》，彭卫等主编：《历史学·中国古代史卷》中册，兰州大学出版社，2000年。

汉文化。① 其中包括今新疆的吐鲁番人、和田人、库车人、吉木萨尔人等。还有来自葱岭西的乌兹别克斯坦人、阿拉伯人、波斯人等。古代文献中也有西域人曾成百上千地结队来到中原的记载。如汉灵帝时，一位叫法度的大月氏人，"率国人数百名归化"。又如，唐代的雍州醴泉县北，"有山名温宿岭者，本因汉时得温宿国（今新疆阿克苏）人，令居此地田牧，因以为名"②。唐代于阗国（新疆和田）曾派遣一支五千人的军队进入中原，帮助平息安史之乱，再未见其返回的消息，可见已融入中原。唐朝的将军尉迟敬德就是于阗人，至今仍是流传于汉族民间的门神之一。

几千年来，汉族人融入少数民族和少数民族互相融合的记载也是很多的。如，秦始皇曾徙五十万中原人于当时的南越（今两广地区），其中很多人就融入了越人之中。隋朝末年，中原离乱，很多汉人北逃或被掳入漠北突厥为奴，唐朝建立后，唐太宗曾派人携钱币丝绸去草原上赎人，前后赎回汉人数万。回纥、吐蕃、粟特和突厥等族的很多商人、使节来到中原后娶汉族妇女带回的记载也是很多的。如贞元三年（787），唐朝政府在长安一次就查出娶了汉妇的"胡客"（西域商人）四千人③。也有汉族人被抢掠或汉族地区被少数民族占领后，汉族人被少数民族同化的情况。

七　民族关系中的几个问题

统一与分裂的问题，是民族关系中的首要问题。

我们说，中国自古就是一个统一的多民族的国家。这只是一种笼统的、概括性的总结。从历史上看，这个统一的多民族国家，并不是一成不变的，她的统一与疆域，有一个形成、发展的过程。

首先，中国的统一是逐渐扩大和巩固的。中国历史上最早出现的国家是公元前 21 世纪的夏朝，它的疆域约包括今河南、山西和陕西等几省的部分地区。到了唐朝，它已控制了北到黑龙江和贝加尔湖，西到巴尔喀什湖和

---

① 陈垣：《元西域人华化考》，载《国学季刊》，第一卷四号，1923 年；《燕京学报》，第二期，1927 年。

② 《汉书·西域传下》颜师古注。

③ 《资治通鉴》卷二三二，贞元三年六月。

中亚两河流域的广大领土。到了元朝,包括西藏在内的所有民族和地区就都统一在一个中央政权之下了。

第二,在中国有文字记载的几千年历史中,统一始终是一个主要趋势。中国也曾多次分裂,分裂为很多地方和民族政权,但在这几千年中,统一的时间远超过分裂的时间,统一始终是历史的主流。在各民族的交往中,曾经发生多次的战争,但和平交往始终是民族关系的主流。为什么几千年来,统一始终是中国历史的主流呢?因为几乎所有的民族都希望统一,都争取统一。历史上作过这种努力的除了汉族以外,还有匈奴、突厥、鲜卑(北魏王朝)、氐(前秦王朝)、契丹(辽朝)、蒙古(元朝)和女真(金朝与清朝)等。

这就是为什么几千年来中国始终是一个统一的多民族国家的重要原因,这也证明了中国的统一是各族人民共同创造的,其中特别是汉族、蒙古族和满族起了突出的作用。

第三,历史上中国的疆域,不仅包括历代中央王朝或汉族政权控制的疆域,也包括尚未纳入中央王朝版图的各地方和少数民族政权的疆域。历史上中国疆域内的各民族,不管是处于中央王朝统辖之下,还是建立独立政权时期,不管是统一时期还是分裂时期,都是中国的民族。例如,秦汉时期的匈奴,隋唐时期的突厥,契丹人建立的西辽(1125—1211),回纥人建立的哈拉汗朝(840—1211)等,他们生活和控制的区域,都是中国疆域的一部分;他们建立的政权,都是属于中国的不同民族的政权。虽然在分裂时期,不同的民族政权可以互相视为异域或外国,但从整个历史看,那是中国统一多民族国家的暂时分裂时期,它们之间的关系,是国内不同民族政权之间的关系,不是中国与外国的关系;他们的历史,都是中国历史的一部分。

如何看待各民族的历史贡献,也是民族关系中的一个重大问题。

在阶级社会中,不同阶级之间的关系是不平等的,不同民族之间的关系也是不平等的。这种不平等的关系,充满了世界史,也充满了中国史。但我们今天必须用各民族一律平等的原则来分析历史上的民族关系。

中国的统一与疆域,中国的历史与文化,是各民族共同缔造、开发的。中国的历史,是中国疆域内各民族历史的总和。我们在观察和分析各民族的历史活动时,必须基于民族平等的原则。但我们所说的民族平等,主要是指各民族所应享有权利的平等。在历史问题上,应使用同样的标准和尺度,来评价和衡量各民族的历史活动。但这不等于说各民族在历史上的作用也平等。

在我国历史上，当中原地区已处于比较发达的封建社会时，有些边疆地区的少数民族还处于农奴制社会，个别地区还处于奴隶制社会甚至氏族社会。由于各民族所处地域、发展水平和人口规模的明显差异，他们在历史上的作用和贡献也是不同的。其中，汉民族一直起着主导的作用。

汉族能够在历史上起主导作用，不仅因为它人口众多，更重要的是因为它有比较先进的生产方式、比较发达的经济和文化。即便汉族被其他民族征服以后，仍是如此。马克思说："野蛮的征服者总是被那些他们所征服的民族的较高文明所征服，这是一条永恒的历史规律。"①在中国历史上，相继征服过汉族地区的有鲜卑（北魏），契丹（辽），女真（金），蒙古（元）和满族（清）。他们在进入中原以前，都处于比中原的汉族较低的发展阶段，因此当他们进入中原以后，不仅未能改变汉族原有的生产方式和文化，反而逐渐被汉族文化所同化。因此，著名史学家翦伯赞先生说："我以为即使在鲜卑人、契丹人、女真人统治半个中国的时期，在蒙古人、满洲人统治整个中国的时期，汉人仍然在中国史上起着主导作用。"②

正确评价民族战争与民族英雄，是民族关系研究中的一个重要领域。

我国各民族之间，在历史上曾发生过多次战争。战争固然是民族关系中一种重要的现象，但我们首先应明确，几千年来，各民族之间主导的关系是和平相处，是经济、文化和政治上的正常交往。旧时代的史学家，往往具有狭隘的民族主义偏见，过多强调了民族间的战争，而忽视了民族之间的正常交往，以及这种交往对于我国各民族逐渐团聚统一的重要意义。事实是，各民族之间和平相处的时间比战争的时间长得多，历史上，各民族和平相处是主要的方面，战争是第二位的。当民族矛盾发展到和平相处不能维持下去时，才会爆发战争。

历史上国内各民族之间的历次战争，虽然都是一种内战，但也有性质的区别。战争的双方也有正义与非正义、侵略与反侵略、压迫与反压迫、征服与反征服、统一与分裂的区别。如何评价和区别这些战争的性质，是一个很

---

① 《不列颠在印度统治的未来结果》，《马克思恩格斯选集》第 2 卷，人民出版社，1972年，第 70 页。

② 《翦伯赞历史论文选集》，人民出版社，1980 年，第 114 页。

重要也很复杂的问题。

我们在评价这些战争时,首先要摆脱狭隘的民族主义,既不能站在大汉族主义的立场,也不能站在某一个少数民族的立场,而要从我国是一个整体的多民族国家的立场出发来进行评价。

判断战争的性质,先要了解战争是由哪个阶级发动的,是为了什么而进行的,是什么政策的继续。民族战争,是阶级社会的产物。因为这些战争或是由各民族的统治阶级发动的,或是由统治阶级的民族压迫和剥削政策激起的。各民族的统治阶级,为了统治更多的地区和人民,掠夺更多的财富,往往会发动针对其他民族和地区的战争。

例如,匈奴、鲜卑和突厥等北方草原民族对中原地区和西域城邦国的掠夺与征服战争,汉武帝征大宛(今中亚乌兹别克斯坦)的战争,金朝对南宋的战争,蒙古帝国对中原、西亚和欧洲的征服战争等,都是侵略性质的战争,是非正义的。而遭受侵略的民族、地区或国家的反抗,则是保卫自己的家园,保卫自己民族生存的战争,是正义的反侵略战争。

历史上有的边疆少数民族的首领,为了保护少数统治者剥削奴役本民族人民的特权,反对国家的统一,甚至勾结外国势力,发动分裂祖国的战争,这类战争都是反动的。对这种反动势力的打击则是正义的,符合当地少数民族人民的利益,也有益于国家的统一。

虽然各民族统治者发动侵略战争的目的,主要是为了扩大本民族统治阶级的权益,但历史上也有一些战争,它的结局和客观效果,是与发动战争的统治者的主观目的不完全一致的。列宁说:"历史上常常有这样的战争,它们虽然像一切战争一样不可避免地带来种种惨祸、暴行、灾难和痛苦,但是它们仍然是进步的战争,也就是说,它们有利于人类的发展,有助于破坏特别有害的和反动的制度(如专制制度或农奴制),破坏欧洲最野蛮的专制政体(土耳其的和俄国的)。"①我国历史上有些民族间的战争,也属于这类性质,它破坏了反动落后的制度,促进了国家的统一和民族的融合。

在历史上的民族战争中,涌现出了一些杰出的领袖人物,受到本民族人民的爱戴。他们中有的人是通过战争,将原来分散的部落合成了统一的民

---

① 《论社会主义与战争》,《列宁全集》第 21 卷,人民出版社,1956 年。

族,促进了本民族的发展和强大。如蒙古族的成吉思汗,满族的努尔哈赤。有的是在反侵略战争中英勇抵抗了异族的进攻,保护了本民族人民的家园和生命财产。如汉族的岳飞和于谦等。他们都是本民族的英雄。

在我国历史上,还有一些英雄人物,在反抗外来侵略者,保卫中华民族的战争中做出了杰出贡献。如明代抗击倭寇的戚继光,从荷兰侵略者手中收复台湾的郑成功,鸦片战争中的林则徐。他们是我们中华各民族的英雄,受到全国人民的爱戴。

以上所有的这些民族英雄们,他们为了民族的利益所表现出来的勇敢、智慧、英勇献身的精神和业绩,将永远铭记于中国的史册,激励各族人民前进。

思考题

1. 为什么说中国一直是一个多民族的国家?
2. 从历史上看,为什么说统一是中国的主流?
3. 从世界史的角度看,中国历史上的民族关系有什么特点?

参考书目

1. 向达:《唐代长安与西域文明》,三联书店,1983 年。
2. 翦伯赞:《翦伯赞历史论文选集》,人民出版社,1980 年。
3. 翁独健主编:《中国民族关系史纲要》,中国社会科学出版社,1990 年。

第六讲

中国古代的政治、选官和法律制度

在中国古代，随着社会的发展，形成了一套完整的政治、选官（古代称选举）和法律制度。这一制度体系，是中华文明形成发展过程中的创造，其起源与演变与西方文明有着很大不同。在由原始社会向阶级社会的演变中，中国的早期国家夏商周三代继承了较多的部族统治方式，形成了以宗法制为代表的制度建构。经过上千年的演变，到战国时期诞生了中央集权的政治体制。随着秦汉大一统帝国的建立，以皇权为核心的政治体制开始主宰中国古代的社会，并形成了发达的官僚制度和法律制度。在随后的王朝更替中，帝制、官僚体制和礼法制度随着社会变化不断调整。直到晚清，在中外文化的交锋中，王朝政治才走到了尽头，被共和体制取代。

秦汉以后的王朝体制，围绕着皇帝制度建立了完整的国家政治体系。在中央，两汉在实行三公九卿制的同时围绕皇权形成了中外朝体制，经过魏晋南北朝的演变发展为隋唐的集体宰相制和三省六部制，直到明清变化为内阁制和军机大臣制。在政治制度的沿革中，最突出的特征是形成了决策与执行、政务与监察、实务与清议的制衡机制，相互嵌合，以保证王朝的长治久安。

在中国古代的官僚体制中，最富有特色的是官吏的选拔与管理制度。从汉代的察举开始，到魏晋南北朝的九品中正制，再到隋唐创立科举制，一直发展到明清的八股取士。这一制度体系，不但保证了传统国家对社会的有效治理，而且开创了官民之间的上下通道，对于维护古代社会的稳定具有特殊意义。

三代时期，形成了以"礼"治国的制度体系，礼刑并用。到了战国，法治兴起，刑罚转变为法制，产生了细密严酷的秦律。汉代以后，王霸并用，礼法融合,逐步发展形成了"中华法系"。其中汉《九章律》《唐律疏议》和《大清律例》最有代表性。

一 国家机器的演变和政治制度的发展

中国古代最早的国家,是在原始社会基础上发展起来的。在原始社会,基本的社会关系是血缘关系和亲缘关系,这种社会结构在国家诞生后被较为完整地保留了下来。因此,中国古代的早期国家(夏商周三代)是一种部族国家,它的政治制度带有浓厚的部族色彩,形成了以宗法制为核心的制度体系,用分封制作为治理国家的基本方式,用世卿世禄制作为选拔官吏的基本方式。这种制度体系,以西周最为典型。

夏代(约前21—前16世纪)的资料极少,商代(约前16—前11世纪)就已经有了比较发达的宗族体系,西周(约前11世纪—前771)的宗法制度发展到了高峰。所谓宗法制,实际上就是以血缘关系和亲缘关系组建的部族政治体系。商周的国家组织原则是"亲贵合一",即按照血缘关系和姻亲关系来确定社会等级,政权和族权合二而一,由贵族行使政治统治权。夏商周的最高统治者称为"王",按照昭穆制度来确定班辈等级,根据政治地位划分"大示(宗)"与"小示(宗)"。[①] 王之下为诸侯,诸侯之下为卿大夫,卿大夫之下为平民(国人),部族以外的被统治者则称为野人。

为了适应部族统治的需要,商周实行分封制。商周的"国"很小,实际上就是统治者直接治理的城邦,相传商初有三千国,周初有一千八百国。最高统治者"王"的直辖版图也不大,"王不待大,汤以七十里,文王以百里"(孟子语),就是这种状况的写照。这种"国"实际上就是都,国都之外为野,也称为鄙,是被统治部族居住并从事生产劳动的地方。"王"直辖区域以外的广大地区,采用分封诸侯的方法行使主权。例如,商王曾分封渭水流域的姬周部族,其部族首领被称为"西伯"。西周时,这种分封制已高度成熟,即所谓的"封邦建国,广建诸侯,以藩卫宗周"。周初大分封,奠定了西周的国家格局。史称武王克商,"其兄弟之国者十有五人,姬姓之国者四十人"[②];

---

① 关于昭穆制度和大宗小宗,可参见张光直《中国青铜时代》的论述,三联书店,1983年。
② 《左传》昭公廿八年。

周公平叛,"兼制天下,立七十一国,姬姓独居五十三人"①。被分封的诸侯,接受周王的册封和礼器,对周王承担纳贡和朝聘义务,并随王参与出征、祭祀、吊丧庆贺事项。如果诸侯发生了争执或冲突,则由周王进行调处。对于不尽义务的诸侯,周王有权处罚乃至征讨。诸侯国内部再分封卿大夫,周王统领天下,诸侯治国,卿大夫治家,士享禄田。"国"与"家"的同构关系由此形成。

西周分封制本质上是松散的邦盟,诸侯国具有相当大的自主权。到了春秋时期,随着诸侯国之间的疆域变化,以及诸侯国内部卿大夫的实力消长,王室衰微,诸侯称霸,分封制开始解体。经过激烈的兼并战争,中国历史进入战国时期(前475—前221),一种前所未有的政治体制逐渐从旧体制中脱胎而出,这就是区域性的中央集权和君主专制制度。战国七雄先后通过广泛的变法,完成了制度转换。

战国的一个重大变化就是逐渐用郡县制替代了分封制。春秋时期,随着兼并战争的进行,秦、楚等国都在新占领的地方上设立县和郡,作为新的行政建制。郡县的长官,不再是世袭领主,而是由君主委派官员直接管理。郡县长官由君主任免,对君主负责,成为中国历史上取代贵族领主的最早职业官僚。郡县制取代分封制,有两个重要意义:一是在国家制度中由地域关系取代了血缘关系,使早期的部族国家转化为疆域国家;二是国家管理人员由职业官僚取代了世袭领主,使贵族政治转化为官僚政治。

战国的另一个重大变化是逐渐形成了区域性的君主专制制度,其中以秦国最为典型。从秦孝公到秦王嬴政,建立起由君主执掌大权、卿士俯首听命的制度,为大一统专制帝国的诞生奠定了基础。

秦王朝(前221—前206)实现统一大业,在中国历史上第一次建立了大一统的专制帝国。实现统一后的秦王嬴政,自称始皇帝,成为皇帝制度的创始人。汉代(前206—220)统治者沿用了皇帝的称号,此后这一称呼沿用了两千多年。从秦汉起,帝制成为中国古代政治制度的核心。

为了确保皇帝地位的神圣性,秦汉时期为皇帝的衣食住行规定了一系列特殊称谓。东汉学者蔡邕在《独断》中将其概括为:"汉天子正号曰皇帝,

---

① 《荀子·儒效》。

自称曰朕，臣民称之曰陛下，其言曰制诏，史官记事曰上，车马衣服器械百物曰乘舆，所在曰行在所，所居曰禁中，后曰省中，印曰玺，所至曰幸，所进曰御。其命令一曰策书，二曰制书，三曰诏书，四曰戒书。"从汉代起，皇帝都有特殊的庙号、谥号和年号。在庙号上，缔造王朝者称祖，德泽万民者称宗；在谥号上，一般用最能表达皇帝功绩的概括性字样，如"文""武""明""庄"等等；年号是从汉武帝开始使用的，一般用具有特殊指意的词汇，如："建元""元鼎""建武""永平"等等。今人在习惯上一般用谥号称呼汉晋皇帝，如汉文帝、汉元帝、晋武帝；用庙号称呼唐宋皇帝，如唐高祖、唐太宗、宋仁宗；用年号称呼明清皇帝，如洪武帝、永乐帝、康熙帝。

汉代统治者吸取秦朝不早立扶苏导致赵高矫诏传位胡亥的教训，建立了太子制度以保证帝位的传承。此后，太子被称为"国本"。立太子的基本原则是"立嫡以长不以贤，立子以贵不以长"。如遇皇帝年幼或因其他原因无力处理政务，汉代又形成了太后听政制度。这样，就从制度上孕育出了太后和皇帝争权的隐患。太后听政，一般都重用外戚，皇帝久居深宫，身边的亲信只有宦官，东汉的外戚宦官轮流专政，实际上就是皇帝专权和太后听政制度矛盾冲突的表现。

秦汉时期的正规中央政府为三公九卿制。三公是最高政府长官，其中丞相负责行政，太尉负责军事，御史大夫负责监察。九卿是政府部门长官，其中太常负责礼仪教育，光禄勋负责宫殿侍从，卫尉负责皇宫守卫，太仆负责车马畜牧，廷尉负责司法审判，大鸿胪负责外交和少数民族，宗正负责皇族事务，大司农负责财政经济，少府负责皇帝生活事务。九卿以外还有一些部门长官，称为列卿，如执金吾负责京城警卫，将作大匠负责工程修造，太子太傅和太子少傅负责太子事务，大长秋负责太后事务。

皇帝居住和办公的地方叫宫禁，或叫宫省；三公九卿的衙门在宫外，叫府或寺，以三公九卿为代表的正规中央政府也叫外朝。为了皇帝处理公务方便，皇宫内部也设有一些办公机构，叫台或阁，其中比较有名的是尚书台和兰台。另外，皇帝还可以用加官的方式，给外朝信得过的官员加上某个头衔，令其入宫办事，加官比较有名的有侍中、中常侍、给事中等，加官和台阁比较灵活，不太正规，但他们在皇帝身边，大权在握，形成了事实上的决策中心，人们称其为中朝。三公九卿虽然正规，却离皇帝较远，主要是执行政策和管理事务。中外朝的形成，对后来的政治体制有着重大影响。到了东汉时期,尚书台就已经取代了丞相的职能,御史台也取代了以前的御史大夫府。主管行政的尚书令,主管监察的御史中丞,加上督察京畿的司隶校尉,成为朝廷中最重要的人物,人称"三独坐"。

在地方上,秦和西汉实行郡县两级制,东汉实行州郡县三级制。州的长官为刺史,郡的长官为太守,县的长官为县令长。汉初,曾在各地分封了一批诸侯王国,后来,诸侯王国与中央集权形成了严重的对抗,以至演变为"吴楚七国之乱"。七国之乱平定后,诸侯王国的最高行政长官"相"一律由中央任免,听命于朝,剥夺了诸侯王的行政权。同时,汉武帝还继承了文景以来的削藩政策,采用推恩、助酎的方式,解决了地方势力过大的问题。所谓推恩,就是使诸侯王诸子都有继承分封的权利,从而用类似"分家"的方法肢解诸侯王国;所谓助酎,就是让诸侯王拿出黄金作为祭祀祖宗的赞助,对于有抗命迹象的王国,则借口酎金成色不纯削夺其爵位。通过这些措施,武帝以后的诸侯王国,成为与郡相同的地方行政建制。

王朝体制由秦创立,汉承秦制而且历代相沿。但是,秦朝统治酷烈,二世而亡。汉朝吸取秦亡教训,调整统治政策。到了武帝以后,推崇儒术,建立天人感应理论,以儒学确立基本价值导向,以法制稳定社会秩序,王霸兼用,礼法并行。在政治制度上,一方面皇帝具有最高权威,另一方面皇帝要受天命约束;公卿百官既要听命于君主,又要遵循社会公认的道义;并且在中外朝之间,在政务官员和监督官员之间形成了初步的制衡体系。这对于王朝的长治久安起到了积极作用。

魏晋时期(220—420),门阀政治兴起。所谓门阀政治,就是家族等级制向政治领域的渗透,具体表现为名门大姓把持朝政。司马氏取代曹魏政权后,世家大族在政治上日益显赫,被人称为士族,控制了各级政府的清要官职。西晋时,皇帝要依赖士族统治社会,制约宗室,驾驭官僚队伍。到了东晋,门阀势力的膨胀使其与皇权有了一定的矛盾。民谣称"王与马,共天下",反映了作为士族的代表王氏家族与皇族司马氏在国家权力中的关系。

魏晋的政治制度在分封问题上走了一段弯路。曹魏鉴于汉代的分封曾造成了地方割据,加上宫廷斗争的因素,魏文帝对宗室限制较严,大权旁落于外姓。司马氏从曹魏手中取得政权,片面汲取曹魏失权的教训,大封宗室,诸王集军、政、财权于一身,结果酿成了"八王之乱"。东晋以后,分封过重的弊端才逐渐纠正了过来。

隋代（589—618）结束了南北朝的分裂局面，重新实现了统一，在政治制度上承继北朝，有一番比较大的建设举措。继隋而起的唐代（618—907），进一步健全制度，在宰相制度、机构设置、监察台谏诸方面更为完备。

秦汉时期，以丞相作为皇帝的辅佐。到了东汉，尚书令取代了丞相的权力。南北朝时期，中书令和侍中逐渐有了宰相之称。到了隋唐，对宰相制度做了比较重大的改革，实行集体宰相制，分割相权，以消除皇权与相权的矛盾。

所谓宰相，是指辅佐皇帝、统辖百官的政务长官。各朝各代的宰相名称不同，如秦汉为丞相和三公，隋和唐初为三省长官，即尚书仆射、中书令和侍中各二人。同时，又以各种加衔，如参掌朝政、平章国计、同知政事等名目参与宰相事务。后来，逐渐确定以加衔“同中书门下平章事”和“同中书门下三品”为宰相，三省长官反而被排除在宰相班子之外。宰相的办公地点为政事堂，采取集体议事制。这种集体宰相制，有效地保证了皇权专制，除了玄宗时期出现过宰相专权外，基本上再没有出现过汉魏以来的那种“强权宰相”。

从唐太宗起，任用了一批学士作为自己的政务顾问。高宗时正式设立北门学士以分宰相之权。玄宗在皇宫内设立翰林院，作为皇帝身边的近侍顾问机构。起初，翰林学士逐渐取代了中书省的部分职权，为皇帝起草诏旨文书，后来，逐渐又取代了部分宰相权力，成为皇帝身边的决策中枢。所以，贞元以后，人们有时称翰林学士为“内相”。

隋唐的中央机构实行三省六部制。三省为尚书省、中书省和门下省，是政务中心。

尚书省是最高行政机构，由东汉以来的尚书台演变而来。它以“省”为名，正是要显示其出于宫禁的来历。尚书省的长官为尚书令，但一般不设，而由左右尚书仆射总揽其事。仆射之下，有左右丞协助仆射分管六部，左右司郎中协助左右丞处理事务。尚书省的总机关，称为都省。尚书省下设吏、户、礼、兵、刑、工六部，六部长官为尚书，副职为侍郎。唐代六部尚书常常作为重臣的兼职，其中吏部尚书和兵部尚书权力尤重，往往为宰相兼任。安史之乱后，六部尚书逐渐成为藩镇大员的加衔，而侍郎成为六部的实际长官。六部各有四司，共二十四司，司的长官为郎中，副职为员外郎。

中书省是最高决策机构，掌“军国政令，草拟制诏”。长官隋代称内史，唐代改为中书令。副职为中书侍郎。凡是正式的制诏诰敕，一律由中书省起草。具体负责起草诏令的官员为六名中书舍人，同时负责对尚书省六部的上奏文书提出处理意见。中书舍人还负责监督官吏考核和法司审判。

门下省是最高审议机构，掌"出纳帝命，封驳诏奏"。长官隋代称纳言，唐代改为侍中。副职为门下侍郎。凡是上下文书，一律由门下省审议。具体负责审查诏奏的官员为四名给事中，具有封驳权。封指封还，驳指驳正。皇帝下发的制敕，六部上报的奏章，门下省认为不当者可封还重拟，或者直接改正。这种封驳制度在政策制定和政务监控上具有重要意义。同中书舍人类似，给事中也负责监督官吏考核和法司审判。

中书省和门下省附设有一批言谏官员，具体为散骑常侍、谏议大夫、补阙、拾遗，分左右而设，右归中书，左归门下。言谏官员可以对政务廷诤面议，也可上封言事。"凡发令举事，有不便于时，不合于道，大则廷议，小则上封。"① 从而使进谏有了制度上的保证。另外，中书省和门下省还设有一批记注官员，分别为起居舍人和起居郎，负责记录皇帝言行，称为《起居注》，用作修史的原始资料。唐代言谏制度和记注制度的完善，是中国古代政治体制走向成熟的标志之一。

三省之外，隋唐还设有秘书省、殿中省和内侍省。秘书省下设著作局和太史局，分管四部图书和天文历法。殿中省下设尚食、尚药、尚衣、尚舍、尚乘、尚辇六局，分管皇帝的生活事务。内侍省为专职宦官机构，下设掖庭、宫闱、奚官、内仆、内府五局，统管宫内服务和宦官宫女。

在国家管理中，往往新的制度建立起来了，而旧制度的遗存依然保留了下来。秦汉的九卿，到了隋唐时期演变成九寺五监。在职能上，它们大都与六部重叠，成为在六部管辖下的具体办事机构。例如，文化教育由礼部统管，九寺中的太常寺、光禄寺、鸿胪寺，五监中的国子监也都属于文化教育机构，其分工是：礼部主管文化教育的政令和制度，太常寺则负责具体的祭祀和乐舞，光禄寺专管饮食供应，鸿胪寺专管接待宾客和丧葬仪制，国子监具体负责学校管理。这些机构的存在，使政务和事务有了较明显的分工。

在唐代政治制度中，宦官专政是一个突出的问题。随着皇权的加强，皇

---

① 《旧唐书·职官二》。

帝身边的宦官成为控制朝政的有力工具。玄宗开始，内用宦官供奉，外用宦官监军，宦官的地位开始上升。安史之乱期间，宦官开始介入政务。到代宗时，任用宦官掌握枢密，主管文书出纳和宣布诏令。后来，鉴于藩镇割据，德宗为了建立一支真正听命于自己的军队，派宦官统领中央禁军中的神策军。正是由于皇帝不断扩展宦官势力，最终发展到宦官可以左右皇帝废立的程度。唐代的宦官专政，与正规宦官机构内侍省没有多大关系，而是由皇帝派遣宦官担任各种使职形成的。其中最重要的，是负责皇帝与宰相之间传递信息的两名枢密使，以及统管神策军的两名神策中尉。左右枢密使和左右神策中尉在晚唐号称"四贵"，成为真正的政要。

隋唐在地方体制上实行州郡合并，中央直接管州郡，减省了地方中间机构。唐代又分全国为十道（开元后分为十五道），作为对地方州郡的监督区域。但唐代设置的节度使，对政治产生了极大的影响。盛唐时期，为了更好地防范边疆游牧民族的入侵，由辽东到剑南沿边设置了平卢、范阳、河东、朔方、北庭、安西、河西、陇右、剑南九大节度使，统辖边防军队。由于军事行动的需要，节度使逐渐兼任辖区的支度使和营田使，并插手地方官员的任免和民政事务的处理。这样，节度使集军、政、民、财于一身，手下又有一支实力强大、善于作战的军队，而朝廷并未形成有效控制节度使的方法。尤其是安禄山，身兼范阳、平卢、河东三镇节度使，最终酿成了安史之乱。在平定安史之乱的过程中，由于军事需要，唐王朝不得不在内地广泛设置节度使，习称方镇或藩镇。到宪宗元和年间，全国有方镇四十八处，形成了割据态势。

经过五代（907—960）的战乱，北宋又重建了统一政权。宋代（960—1279）全盘继承了唐代的制度体系，在外忧和内患之间，两宋更为重视"防微杜渐"。宋太宗曾有言道："国家若无外忧，必有内患。外忧不过边事，皆可预防。惟奸邪无状，若为内患，深可惧也。帝王用心，常须谨此。"[①]因此，宋代的制度建设，更为重视细微之处的完善，特别注重官僚集团的制衡和监控。而宋代儒学的发展，又形成"天下事道理最大""与士大夫共治天下"的社会思潮，使宋代在制度建设上形成了一定的特色。

宋太祖以戏剧性的方式"杯酒释兵权"以后，重视文治，形成了重文抑

---

① 《续资治通鉴长编》卷三二，淳化二年八月丁亥。

武的国策。北宋改进了唐代的集体宰相制,形成了宰执制度。宰是宰相,执是执政。同平章事为宰相,参知政事和枢密使为执政。宋代以中书门下为宰相机构,但是中书门下不管军事,军务另设枢密院掌管。另外,财权则由三司使负责。中书管行政,枢密掌军,三司理财,使宰相权力分割到多个机构,突出机构之间的制衡。

宋代的台谏机构有很大的变化,御史台在宋代以后,除了监察以外,新增了言事职能,真宗时还专门添置了言事御史。从太宗到真宗,又逐渐在唐代门下省的基础上改置了谏院。凡是台谏官员,一律由皇帝直接任命,不由中书。这样,台谏官员批评宰执可以无所顾忌。加上宋代有不杀大臣和言事官的惯例,使台谏可以不惧皇帝。仁宗以后,台谏合流,弹劾谏诤,中外耸听,对皇帝用权和宰相执政都形成了极大的制约。当时人苏轼在奏章中评论说:"言及乘舆,则天子改容;事关廊庙,则宰相待罪。"台谏所言,并不一定都正确,然而这种制度,可以有效反映舆情,矫正决策。"台谏所言,常随天下公议。公议所与,台谏亦与之;公议所击,台谏亦击之。"①宋代的台谏,使东汉以来的清议风气制度化规范化,并成为国家决策、政务推行所不可缺少的组成部分。

宋代厚待士大夫,其积极作用是养育了士人的骨气,其消极作用就是造成叠床架屋的机构和滥竽充数的冗员。隋唐至五代形成的机构,宋代几乎都原封不动保留了下来,同时又伴随着政府职能的调整新设了很多机构。旧有的机构大都成为不理政务的闲散养老去处,而且专门设置了宫观官职和祠禄制度,以安置脱离了政治中心的官员。

在地方建制上,宋代的府、州、军、监与唐代的州郡区别不大,比较有特色的是"路"的设置。"路"是在唐代"道"的基础上演变而来的,宋初为十五路,神宗时增为二十三路,其性质介于中央派出机构和地方领导机构之间,以监督地方为主,行政职能为辅。路一级设置有安抚使司(帅司)、转运使司(漕司)、提点刑狱使司(宪司)、提举常平使司(仓司)等机构,统称监司。所有监司均直接对中央负责,互不统辖,互相牵制,主要职能是监控府州。在府州一级,宋代设置了一个特殊官职,称为通判,又叫监州,顾名思

---

① 《宋史·苏轼传》。

义，主要职责是监督知府知州，凡府州之事，通判无不过问，知府知州的公文，必须有通判连署方可发出。由监司到通判，宋代中央对地方的控制能力大大加强了。尤其是为了保证中央集权，宋代推行以京官知地方事的差遣制。派到地方的行政长官，其正规职务为京官，全称为"某某官权知某某地方军州事"，逐渐演变为后代的知府、知州、知县。

辽金元都是少数民族建立的政权。它们在一定程度上都受到了唐宋制度的影响，在汉化过程中借鉴甚至仿照了唐宋之制。但是，它们又以少数民族的原始方式，冲击着唐宋制度体系中的腐朽成分。

辽（907—1125）为契丹族所建之国，起初，由八个部落的"大人"轮流担任可汗，在耶律阿保机手里才建立了皇帝制度。此后的帝位承继，依然保存着诸部"大人"确认的仪式，而且皇族耶律氏和世代通婚的国舅部萧氏的关系非常密切。国舅部萧氏一直在辽国政治中有重大作用。辽国的汉化是有限度的，具体来说，就是在契丹部落实行旧制，在汉族区域实行汉法。"兼制中国，官分南北，以国制治契丹，以汉制待汉人。"①政府分为两个系统，治理契丹的称北面官，实行少数民族的契丹旧俗；治理汉人的称南面官，实行仿照唐宋的爵称官制。

金（1115—1234）为女真族所建之国，1949 年后依然保留着称为"勃极烈"的部落议事会议制。到金熙宗完颜亶天眷年间，极力推行汉化政策，建立了太子制，废除了"勃极烈"，仿照唐宋制度建立了政治体系，设尚书、中书、门下三省，史称"天眷新制"。但是，金国只是学到了汉制的形式，却没有掌握汉制的实质。例如，唐代三省并立，其目的是互相制约，防止宰相专权。而金国为了消除三省的互相制约，在新制实行后不久即废除了中书、门下二省，由尚书省独揽政务。

元代（1205—1368，1279 年改名元朝以前为大蒙古国时期）是蒙古族以武力所建之国，直到世祖忽必烈手里才采用了汉制。但是，元代一直保留着部落联盟时期的"忽里台"制（诸王大会）。即使立了太子，还得经过"忽里台"会议承认。皇帝处理政务也不正规，一直没有朝参议政制度。元代宰相权力过大，往往是权臣执政，特别是怯薛（皇帝身边的亲兵伴当）在政治

---

① 《辽史·百官一》。

中有重大作用,多数大臣出身于怯薛。元朝的中央政府,以中书省掌管政务,以枢密院统领军政,以御史台掌管监察谏诤。从忽必烈以后,中书令和枢密使均由太子挂名,实际宰相则由中书省的左右丞相、平章政事充任。宰相往往兼知枢密院事和兼领宿卫,这是元代宰相专权的一个重要途径。在地方建制上,元代的重大举措是创立了行省制。大都(北京)周围称为"腹里",由中书省直辖,腹里之外设置十一个行中书省,分辖地方事务。

明(1368—1644)清(1644—1911)两朝,皇权专制得到了进一步加强,国家体制也有了新的变化。

明清的政治体制,在重大政治决策上强调"乾纲独断",即皇帝的个人独裁。明太祖朱元璋为了防止权臣专政,废除丞相制度,由皇帝直接统领六部,处理政务,大大强化了皇帝的作用。然而,明代政治中的制度性弊端,正是强化皇权带来的副效应。永乐以后,明代的皇帝多不争气,有的贪玩,拿国家大事当儿戏,如正德帝和天启帝;有的同大臣意见不合闹别扭,如嘉靖帝和万历帝。结果不是把权力交给阁臣,就是把朝政交给宦官,导致了政治的昏暗。清代皇帝矫正明制之弊,视朝听政不辍,解决了宦官专政问题,但专制独裁的根本弊端依旧存在,满汉隔阂又加剧了政治中的猜忌提防。

明代的太子制度,已经出现了危机。明太祖的太子早逝,朱元璋立了"皇太孙",结果引发了"靖难之役"。万历帝想立自己宠爱的郑贵妃之子,违背了"立嫡立长"的规则,大臣们力争不可,导致了长达十四年的"争国本",反过来又深深扩大了皇帝与大臣之间的裂痕。清朝康熙帝深受汉文化的影响,实行太子制,却因为太子的不胜任深受困扰,并引起了后来残酷的宫廷斗争。到雍正帝时,总结历史教训,创立了"密建皇储"制度,即由皇帝在所有皇子中秘密选择继承人,写成两份密旨,一份置于乾清宫"正大光明"匾后,一份随身携带。皇帝死后根据密旨继位。这一变化,对于保证继任皇帝的品行能力具有一定作用。清代皇帝多数不算昏庸,同密建皇储制度有相当关系。

明代由于制度原因引起的皇帝与大臣冲突,以"大礼议"最为典型。正德帝暴死无嗣,大臣迎立已故兴献王之子朱厚熜,即嘉靖帝,导致了能不能立兴献王为"皇考"的"大礼"之争。以首辅杨廷和为代表的一大批大臣,主张按礼制以孝宗为"皇考";以观政进士张璁为代表的官员,则揣摩迎合嘉靖帝的意图建议立兴献王为"皇考"。嘉靖帝不接受内阁的主张,内阁也不接受嘉靖帝的旨意。皇帝与内阁的严重不和,使明朝政治受到了极大影响。内阁以集体辞职要挟,皇帝以廷杖答责威逼,结果引发了嘉靖帝四十年不上朝,斋醮炼丹,求道求仙,政务荒废。万历时的"争国本",与嘉靖时的"大礼议"具有类似后果。这表明,帝制和礼制之间暗含的冲突到了明朝已经难以调和,皇帝和文官集团发生对抗,缺乏必要的协调机制,旧有的体制对此难以化解。

明清皇帝统领政务,主要通过视朝和批阅奏章进行。为了协助皇帝,明代形成了内阁制度,为皇帝提供批答奏章的草稿,称票拟。然而,从宣德年间起,宦官机构司礼监开始制约内阁票拟。明英宗重用宦官王振,导致"土木之变",后来又依靠宦官夺门复辟,从此开始了明朝的宦官专政。皇帝如果不视朝,宦官就成为皇帝处理政务的重要助手,替皇帝批答奏章,传递命令。而为了保证皇权,皇帝又要加强对百官的监督,于是,宦官统领的东厂、西厂、锦衣卫等特务组织,就成了皇帝监控官员的得力打手。由此,使明代的宦官专政达到了极点。清代通过皇帝亲自处理政务,直接与大臣沟通,较为彻底地解决了宦官专政问题,厂卫特务组织也因为弊端太多而在清代被废除。为了保证皇帝掌握不同信息,清代从康熙起建立了"密折奏事"制度,即给皇帝信得过的大臣官员赐予密折奏事权,所奏的密折直达皇帝,任何其他人不得观看,皇帝的批答也直送本人。密折的格式随意,内容无所不包,凡有关政治经济、民间舆论、流言蜚语、官场秘密等大事琐闻,均通过这一渠道上达皇帝,成为皇帝了解下情、控制官吏的重要手段。

明初朱元璋借胡惟庸案废除了中书省,以防止大权旁落,还以"皇明祖训"的形式,规定后代子孙一概不许设立丞相,如有提议设丞相者则以奸臣论处。然而,皇帝日理万机,终须有人辅佐,于是,明成祖时创立了内阁制度。所谓内阁,就是以一些翰林院官员入直文渊阁,参与政务,协助皇帝。内阁的主要职责,是为皇帝充当顾问,票拟批答。后来内阁逐渐升级扩大,阁臣中有一人总负责,称为首辅。到嘉靖、万历时,内阁地位越来越高,成为不是宰相的宰相,嘉靖帝自己也说,内阁首辅,"虽无相名,实有相权"。如嘉靖时的严嵩,万历时的张居正,都以首辅身份权倾一时。尽管如此,内阁的性质始终只是皇帝的秘书顾问,在权力上同以前的宰相不能相提并论。

清代沿用了明代的内阁制度,但其作用下降为掌管文字的秘书班子,军政大事并不由内阁商议。内阁大学士以殿阁为名,习称中堂,名义上是宰相;助手为协办大学士,习称协揆,名义上是副相;然而他们并无宰相副相之权。真正的政务中枢,清初是议政王大臣会议,雍正以后为军机处。内阁只是一个承办各种文书的机构,负责草拟章奏批答和起草诏旨。军机处设立后,内阁连重要文书都不再经办,只是处理一些常规例行的公开文件。

清入关前夕设立议政王大臣会议,称为"国议",作为皇帝的辅佐机关。重大政务都由它决定。康熙时,重用南书房的侍从,以抵消议政王大臣会议的作用(乾隆时正式裁撤)。雍正时为了适应西北用兵的需要,在养心殿外设立军机处,取代了南书房的职责,统管军政大事,由皇帝任命军机大臣,下有军机章京协助。军机处不用书吏,草拟文稿由军机大臣亲自进行,间或由军机章京代拟。从军机处建立后,朝廷公文分为两类:一般文件仍由内阁处理下发,称为"明发";重要文件则由军机处密封驿送,称为"廷寄"。军机大臣每日入值,可与皇帝天天见面;皇帝巡幸,则军机大臣随从。事关军政要务,军机大臣可向皇帝提出建议,但事事均由皇帝定夺。大学士虽然有宰相之名,但不入军机,不能算"真宰相"。至此,清朝皇帝的辅政机构最终定型。

明清均由皇帝直辖六部。六部的设置,基本上沿用唐宋旧制而略有变化。六部以吏部为首,吏、礼、兵三部,按职能各设四司,户、刑、工三部,则按省名设司。清代为了统管少数民族和边疆事务,还设有理藩院,与六部并列。六部的长官为尚书,副手为侍郎,习称堂官。

六部之外的重要机构,有翰詹科道和通政司、大理寺。翰为翰林院,主要职责是编辑校勘图书史籍。在明清时期,翰林院有一特殊职能,就是高级人才的储备训练。部院长官直至内阁军机,大都出自翰林院。从明代起,高级官吏的选拔上就有"非进士不入翰林,非翰林不入内阁"之说。詹为詹事府,本来是辅导太子的机构,与翰林院通职。到了清代废除太子制,但詹事府依旧保留,职能与翰林院混同。科为六科给事中,负责审核六部事项。道为十三道监察御史(清为十五道,光绪时改为二十道),负责监督百官。明朝改前代的御史台为都察院,强化了监督职能。通政司是明代开始才有的特殊设置,专管向皇帝呈转所有奏章,后来又负责撰写贴黄引黄。贴黄是奏章的摘要,引黄是在外封书写的条目要点。由于明代通政司掌握了通向皇帝的所有信息通道,有喉舌之称,权力过大,清代则削减了通政司的权力,各种奏章直送内阁,密折连内阁都不经过,通政司的职责只是核对公文程式和呈转。大理寺是司法审判机构。明清的三法司分工为：刑部初审，大理寺复审，都察院监督。大理寺专管复审刑部和行省审决的案件。明清时期所说的九卿，就是六部长官加上都御史、通政使和大理寺卿九人。明清中央的机构设置，六部主要从事实务，翰詹科道以清议著称，二部分隐然相对，形成牵制之势。

明清在地方建制上沿用了元代的行省制，明代分全国为十三行省和南北两直隶，清代分全国为十八省（包括直隶）。另外，清代的满洲、内蒙古、外蒙古、回部、西藏五个地区不设省，作为特别行政区由中央直接管辖。清末，陆续又增设了新疆省、台湾省和东北的奉天、吉林、黑龙江省。

明代在各省设置三司：以都指挥使司掌管军事，简称都阃或都司；以承宣布政使司掌管民政，简称布司或藩司；以提刑按察使司掌管刑狱和监察，简称按司或臬司。三司互不统辖，分别对中央负责。为了统辖事权，克服三司互相抵牾之弊，明代中后期开始向各省派遣巡抚，统管一方事务。随着巡抚的固定化，藩臬二司逐渐成为巡抚的下属机构。另外，明代还在部分地区派遣过总督，以协调各省和各镇的军事行动。

清代在全国固定设置八大总督（直隶、两江、湖广、陕甘、两广、闽浙、云贵、四川），统管一省或数省军政民政，习称制台或制军，因其挂兵部尚书和都御史衔，也叫部堂。另外，还有河道总督和漕运总督，专管治河和漕运。按省设置巡抚，作为一省最高行政长官，习称抚台或中丞，因其挂兵部侍郎和副都御史衔，也叫部院。总督和巡抚衙门不设佐贰属官，没有下属部门。每省设布按二司，为一省的正式官府。属督抚管辖。明清的督抚藩臬为地方大员，特别是清代督抚，号称封疆大吏，但是却要受中央的严密控制，不可能形成地方势力。直到晚清，在镇压太平天国时湘淮军兴起，督抚权力才日渐增长，中央和地方的关系格局有所变化。

二　从世袭到选举的官员选拔与管理制度

三代时期治理国家的统治者是贵族，与后代那种职业官吏有着很大不同。与分封制相适应，商周的官员选拔采用"世卿世禄制"。以西周为例，周王由嫡长子继承，其他子弟封为公侯伯子男，建立诸侯国；诸侯也由嫡长子继承，其他子弟封为士大夫，建立家邑；士大夫同样由嫡长子继承，其他子弟为士,享有禄田;士的嫡长子继承,其他子弟则为平民,即国人。对于异姓部族,则按联姻关系的亲疏远近进行分封。从诸侯到士,根据出身的高低贵贱来兼任政府职务,世代为官。这种世卿世禄制,与后代的"选贤任能"有着本质上的差异。

按照嫡长子继承制和宗法制,为了防范统治者的不胜任,需要强化教育手段,使贵族得到良好的培养。所以,与西周的礼治体系配套,当时已经有了专门培养贵族子弟的学校系统,三代之学分别称为庠、序、校。周代的天子之学叫辟雍,诸侯之学叫泮宫,由师保官员教授贵族子弟德行和六艺(礼、乐、射、御、书、数),以保证执政者的基本能力。

在"世卿世禄制"下,也有"选贤任能"的现象,比如商汤重用伊尹,武丁擢拔傅说,文王起用姜尚,周公"吐哺握发"等等。但这种选贤任能并不打破世卿世禄制的基本原则,有些属于个别的"破格"现象,有些则在不同层次上分别属于世袭和选贤的范畴。王国维在《殷周制度论》中,较为透彻地说明了"亲亲"和"贤贤"的关系。"盖天子、诸侯者,有土之君也。有土之君,不传子、不立嫡,则无以弭天下之争;卿、大夫、士者,图事之臣也,不任贤,无以治天下之事。"以周公为例,封为鲁公即世袭,而不就封留佐武王即选贤。这样的制度体系,体现出"尊尊亲亲"与"选贤任能"的一致性。

三代时期政府中的具体办事人员,则在国人中采用"乡举里选"的方式产生。

春秋时期,选贤任能成为新的政治风尚。齐桓公纳鲍叔牙之谏,重用同他有一箭之仇的管仲,委以军国要务,奠定了东方大国的基础。晋文公在外流亡十九年,身边形成了一个久经考验的辅佐班子,实现了他尊王抗楚、取威定霸的夙愿。秦穆公在用人上不拘一格,把来自敌国的丕豹、少数民族的由余、五张羊皮换来的奴隶百里奚,统统网罗在自己麾下,成为西方霸主。楚庄王任用"鄙人"孙叔敖,问鼎中原,饮马黄河。吴王阖闾重用楚国亡臣伍子胥,几乎灭了楚国。越王勾践重用范蠡和文种,卧薪尝胆,灭吴复仇。整个春秋时期,选拔优秀人才的故事不绝于书。但是,这时的选贤任能,属于一种"伯乐相马"式的人治方式,没有形成规范化的新制度。

经过春秋战国的社会变化,选贤任能成为治国的基本准则。尤其是在战国变法之后,新的体制需要大量新型官员,为了满足这一需要,战国时期在官吏选拔上广泛推行了军功制和养士制。

军功制就是把功劳大小作为选拔官员的基本条件。魏文侯任用李悝变法，规定"食有劳而禄有功"①。燕昭王宣布用人的原则是："不以禄私其亲，功多者授之；不以官随其爱，能当者处之。"②特别是秦国，商鞅变法时明确规定："宗室非有军功，论不得为属籍。"③真正做到了如同商鞅所说的那样："利禄官爵专出于兵，无有异施也。"④这种军功制的实行，已经有了计算功劳的标准、方法以及升迁等次规定。

养士制就是由执政的高级官员豢养一批具有特殊知识或技能的士人，作为人才储备，为己所用。"士"在战国时期已经成为在政治上具有重大影响和作用的社会群体，是当时新型职业官员的主要来源。贾谊曾在《过秦论》中对战国时期以养士著名的四君子称道："齐有孟尝，赵有平原，楚有春申，魏有信陵。此四君者，皆明智而忠信，宽厚而爱人，尊贤重士，约从离衡。"秦的相邦吕不韦，门下也有食客数千。李斯初入秦时，就是吕不韦的门客。有的国家，还由政府直接建立机构养士，如齐国的稷下学宫。

军功制和养士制的推行，彻底打破了世卿世禄制。同春秋时期的选贤任能相比，选官不再是因人而异的"相马"，而是制度化的"赛马"。即所谓"明主使法择人，不自举也；使法量功，不自度也"⑤。军功制对于提高军队的作战力和国家的竞争力有着重大作用。《荀子·议兵》中比较战国军事力量说："齐之技击不可以遇魏氏之武卒，魏氏之武卒不可以遇秦之锐士。"军队的强弱恰恰与军功制实施的彻底程度成正比。秦国实行军功制最为彻底，它的军队享有"虎狼之师"的威名，它的政府行政效率和管理能力也在七雄中最为突出。养士制则完全打破了血缘宗法关系，战国士人大量为异国效力，"朝秦暮楚"正是摆脱宗法血缘束缚的写照。但是，军功制下的"功"同管理国家需要的"能"有可能会不一致；养士制容易形成私人势力集团。因此，这两种制度在进入大一统王朝以后，就受到限制，尤其是养士制基本上不再实施。

汉代形成了一套完整的选官制度，主要有察举、征召、辟除、任子、赀选

---

① 《说苑·政理》。
② 《战国策·燕策二》。
③ 《史记·商君列传》。
④ 《商君书·赏罚》。
⑤ 《韩非子·有度》。

等方式。

察举是推荐官员制度。从汉文帝到汉武帝,建立了察举制,此后,察举就成为汉代最重要的选官制度。具体做法,就是根据国家的不同需要,由中央的三公九卿和地方的郡国守相向皇帝推荐能够担任官职的人才。就整个两汉来看,察举分为两大类:一类是定期常举,一般每年一次,在年终随着"上计"即地方向中央的年度报告进行,具体科目有孝廉、茂才(即秀才,东汉避光武帝讳改名)等;一类是不定期特举,由皇帝根据实际需要随时下诏指定科目和人选要求,具体科目有贤良方正、贤良文学等。两汉的察举,以孝廉最多,所以人们也常用"举孝廉"来指代整个察举制。察举孝廉的标准有四条:一是德行高妙,志节清白;二是学通行修,熟知经书;三是明习法令,善于决狱;四是头脑清楚,才干出众。凡是地方推荐上来的孝廉,一般先在中央担任郎官,经过官场上的见习和初步锻炼,再根据对其实际能力的考察出任实职。

为了保证察举的质量,汉代规定:州郡长官有推荐人才的责任和义务。"不举孝,不奉诏,当以不敬论;不察廉,不胜任也,当免。"[1]凡是发现察举有不合格的,举荐人要承担连带责任。察举贤良,一般还要进行对策考试。比较有名的对策,有董仲舒的"天人三策"等。

征召比较特殊,是皇帝对特殊人才直接聘任的选官制度。秦始皇时就有了征召,如叔孙通以文学被征。汉代所征,多为学术名士或道德楷模。隆重者还要以"公车""安车玄纁蒲轮"而征,以象征朝廷对所征之人的尊崇。但除王莽时期外,征召都是个别进行的,在选官中占的比例不大。

辟除是长官直接聘任部下的一种方式。汉代用人,中央只任命行政长官,其部下掾属则基本由长官自行聘任。按规定,二百石以上的官员,均由中央任免,所以,辟除的掾属,一概都是百石。上至三公九卿,下到郡守县令,下属吏员大都为自行辟除。被辟除的掾属,与其长官结成连带责任关系。由于他们是长官亲选,所以多执掌实际事权,而中央任命的辅佐官员,尽管级别较高,却往往没有实权。

任子是对高级官员子弟的一种特殊照顾方式。汉代规定,二千石级官

---

① 《汉书·武帝纪》。

员任职满三年以上，可以任子弟一人为郎。赀选是对官吏的资产限制。汉代统治者信奉"有恒产者有恒心"，规定必须具备一定的家产才能够被选拔为官。汉初为十算（算为汉代的征税单位，一算为资产一万钱），景帝时降为四算。后来到武帝时，又开始卖官，称为纳赀，从而打破了汉初商贾不得为官的限制。此后，卖官鬻爵成为历代王朝选官制度的一个补充手段。

汉代以察举和辟除为主体的选官制度，解决了战国以来军功制和养士制不适应国家治理的问题，比较成功地完成了由夺天下到治天下的转变，回答了"马上得之"不能"马上治之"的难题。更重要的是，这种选官制度从武帝以后以儒家思想作为基本准则，统一了官吏的价值标准，并由此而产生了一批以文人为主的职业官吏，适应了当时的大一统王朝治理国家的需要。但是，这种制度也有它的缺陷。察举作为一种自下而上的举荐方式，会造成用人权的下移，辟除是直接下放用人权。推行时间一长，使中央集权受到了严重冲击。累世三公的豪门望族和盘踞一方的州牧郡守，"门生故吏遍天下"，形成了私人势力集团。另外，察举和辟除都侧重于名声，越到后来沽名钓誉现象越严重。汉末民谣"举秀才，不知书；察孝廉，父别居；寒素清白浊如泥，高第良将怯如鸡"①，就是这一弊端的写照。

同门阀政治的兴起相适应，九品中正制成为魏晋时期特有的选官制度。九品中正制由曹魏的吏部尚书陈群创立，经过两晋南北朝，一直实行到隋文帝时才彻底废除。根据这一制度，朝廷在各州和各郡设立了中正一职，但不属于正式官府编制，不得干预政务，只是专门负责品评人才。中正评价人才的标准，分为家世和行状两个方面，家世包括祖辈资历和门户名望；行状包括道德行为和才干能力。中正综合家世与行状，把士人分为九等，以备选用。但中正只有品评权，没有任命权，只是把自己的品评意见提交给政府，作为政府用人的依据。而政府虽有任用权，却必须根据中正的评定来任免官员，不得擅自做主。中正同掌握用人权的政府长官互相牵制，谁也不能擅权，有效防止了私人势力集团的形成，在一定程度上克服了汉末选官制度造成的尾大不掉弊端。现任官员也要受中正制约，每三年按照籍贯由中正"清定"一次，官员的考核升迁往往要受这种"清定"的左右。

---

① 《抱朴子·审举》。

九品中正制的实施,在政治上有利于克服汉末以来的分裂割据局势,但是,却造成了官吏任免中的权责分割。中正管品评而没有用人权,对用人不当不承担责任;政府有用人权却受到中正品评的牵制,不能按照自己的意图用人。正如马端临所批评的那样:"至中正之法行,则评论者自是一人,擢用者自是一人。评论所不许,则司擢用者不敢违其言;擢用或非其人,则司评论者本不任其咎。体统脉络各不相关,故徇私之弊无由惩革。"①在九品中正制的实施中,本来要求家世和行状两条标准并重,很快就演变为仅仅依据家世定品。中正一职,也多被大族世家所把持。"上品无寒门,下品无世族",任用官吏,全凭门资。选官制度上的门第观念,同门阀政治相得益彰,助长了士族对政权的控制。但是,这一时期的门阀政治,是专制皇权体制下的一个插曲,同先秦的世卿世禄制有着本质上的差异,并不是贵族政治的复活。

九品中正制囿于门第的限制,在选拔官吏的实际效果上无足称道。西晋的刘毅,认为这一制度为"权时之制",曾上疏抨击这一制度"未见得人,而有八损"②。此后,有见识的官员一直对其批评不断。为了保证政权的运转,魏晋南北朝各代,依旧沿用了两汉以来的察举制和辟除制。察举的科目,主要集中在孝廉和秀才两途。不过,从曹魏开始,就对察举和辟除做了一些实施上的调整和改进,以消除汉末的弊端。最主要的改进,是把察举和考试结合起来,后来逐渐固定了考试的标准和要求,大体上孝廉侧重于经义,秀才侧重于文采。这种考试方式在南北朝时期越来越被重视,开了隋唐科举制的先声。

南北朝时期,士族与皇权的冲突加剧。士族的寄生性和腐朽性在这一时期充分表现了出来。他们尽管占据高位,但过于崇尚虚名,不屑于务实,通常都只担任名分高贵而不理庶务的清要官职。部分士族甚至连马都不会骑,"肤脆骨柔,不堪行步,体羸气弱,不耐寒暑,坐死仓猝者,往往而然"③。南朝的开国皇帝多出身不高,士族不为其用。于是,皇帝开始有意识地拔擢寒门执掌机要,排斥士族。在中央,决策中枢中书省和门下省的最高长官中

---

① 《文献通考·选举一》。
② 《晋书·刘毅传》。
③ 《颜氏家训·涉务》。

书令、侍中依然还是士族担任，但其中实际掌握政务的中书舍人和给事中，却基本上都是由寒族充当。在侯景之乱中，南朝的士族元气大伤，门阀政治逐渐衰落。

隋唐在官吏选拔上最大的贡献是创建了科举制。从隋文帝起，废除了汉代以来地方长官自行辟除掾属的权力，所有品官一律由中央任免，同时又停止魏晋以来的九品中正制。此后，逐渐形成了秀才、明经、进士三大科目，作为选拔官吏的重要途径。唐代沿用并发展了隋代的科举之法。唐代的科举科目较多，有秀才、明经、进士、明法、明字、明算、一史、三史、史科、开元礼、道举等等。仅仅明经一项，又有五经、学究一经、三礼、三传等区分。秀才科本来最为严格，但取人过少，高宗以后停用。真正起重要作用的是进士和明经两科。明法、明字、明算诸科，属于专门性质。

科举制同察举制最大的区别，在于察举制是由他人推荐，考试为辅；而科举制为自我推荐，即史书所谓的"怀牒自举"，以考试定取舍。唐代能够参加科举考试的有两种人：一是由中央到地方各级学校的在读生员，二是身家清白符合报名条件经州县审查合格的普通百姓。倡优隶皂刑徒僧尼不得应试，现任官员可以参加制科考试但不得参加常科考试。考试起初由吏部的考功员外郎主持，开元以后，改为由礼部侍郎主持。参加考试者要"结款通保"，即互相担保，进入考场时要核对正身并搜检衣服以防作弊。

唐代的科举考试内容前后有所变化，大体上，进士科为帖经、诗赋和时务策；明经科为帖经、经义和时务策。帖经是经学基础知识测验，诗赋是考察文采辞章，经义是经学理论，时务策是以经学为基础的政论见解。专科性质的科举则考专门知识。如明法考律令，明字考《说文》和《字林》，明算考十部算经等等。相比而言，诗赋最难，经义较易。

唐代科举能否考中，不仅在于考场发挥如何，更要看平时文章如何。当时有纳卷和行卷之制。参加考试的学子，要把自己的优秀旧作汇集成卷，在考试前送给文坛名士或政坛要人以求推荐，称行卷；或者直接送到礼部供主考录取时参考，称纳卷。例如，白居易向诗人顾况行卷，顾况在读卷前，以其姓名打趣，说："长安百物贵，居大不易。"但看到"野火烧不尽，春风吹又生"

一句,乃感叹道:"有句如此,居天下有甚难!"①另外还有通榜公荐,主考的友人帮助主考确定取舍为通榜,官贵名人直接向主考举荐为公荐。太学博士吴武陵,十分赞赏杜牧的《阿房宫赋》,径直向主考崔郾推荐为"状头"(即第一名),崔郾答应取为第五名,即是公荐中的趣事一例②。

唐代科举每年一次,进士大致录取数人至数十人,中唐以后固定在三十人左右。杜佑在《通典·选举三》中称:"其进士,大抵千人得第者百一二,明经倍之,得第者十一二。"所以,唐人有"三十老明经,五十少进士"之谣,意谓三十岁考中明经者已老不堪言,而五十岁考中进士者则正当少壮。一中进士,世人皆以"白衣公卿"看待。因此,进士及第,极为荣耀。"春风得意马蹄疾,一日看遍长安花",就是及第进士的心情写照。但科举考中后,只是取得了出身,即任官资格,是否能够任职还需要经过吏部铨选。

唐代科举除每年一度的常科外,还有皇帝临时确定不定期举行的制科,但制科远没有常科重要。与文科相对应,武科举也已经创设,主要考查长垛、马射、步射等,但武举始终不是武官的选拔正途,行伍出身才是武将正道。

科举制度在唐代起了重要作用。它改变了前代选官制度中的权力下移之弊,适应了加强中央集权的需要,把官吏的选拔权彻底上收到朝廷。正因为如此,唐太宗才说出了那句著名的得意之言:"天下英雄入吾彀中矣!"③科举制还扩展了统治集团的社会基础,打破了官贵世家倚仗门荫资历对政权的垄断,为中小地主乃至平民开辟了入仕途径,形成了由下层社会到上流社会的政治通道。"朝为田舍郎,暮登天子堂"的希望,吸引了莘莘学子的毕生精力,"老死于文场而无所恨"。特别是科举制将教育制度与选官制度结合为一个整体,在一定程度上保证了官僚队伍的知识化,有利于陶冶官吏的操守品行,在文化层次上,保证了社会思想与统治思想的高度融合,在维持社会稳定方面有明显作用。因此,科举制度不但得到了唐代统治者,而且得到了以后各代王朝的高度重视,成为中国古代最重要的制度建树之一。

除科举之外,唐代选官还有两条途径影响较大。一是门荫,二是流外

---

① 《唐摭言》卷七。
② 《唐摭言》卷六。
③ 《唐摭言》卷一。

铨。门荫是对五品以上官吏子弟的照顾措施，令其服役一定时间，然后经过专门考试则可做官。流外铨是针对流外官而设。唐代有大量流外官，充任各衙门的具体办事人员，统称吏员。他们没有品级，按年度对其功过行能进行考课，经三考逐级升转，转迁时均要试判（一种考试方式，见后）。最后可以经考试入流，成为正式品官。这种集考核、选拔、任用为一体的流外官铨选程序，叫作流外铨，也叫杂品入流。唐代由流外铨进入官僚队伍的数量最大，是下级官员的主要来源。

科举、门荫、流外铨通过者，只是取得了任官资格，真正担任实际官职，还需要经过铨选。唐代铨选，按文武两途，分别由吏部和兵部执掌。另外，唐代有任职年限的规定，凡是任职期满解职的官员，也需要经过铨选重新任职。唐代铨选实行"四才三铨"之制。"四才"是铨选的四条标准，即身、言、书、判。身要求"体貌丰伟"，言要求"言辞辩正"，书要求"楷法遒美"，判要求"文理优长"。四才相当则看德行，德行相当则看才干，才干相当则看劳绩。

身言书判四者之中，唐人最重视判。判就是判语，近似于今日之案例考试，要求应试者针对某一给定的案件或公事写出判语。"始取州县案牍疑议，试其断割而观其能否，此所以为判也。"马端临称："吏部所试四者之中，则判为尤切。盖临政治民，此为第一义。必通晓事情，谙练法律，明辨是非，发摘隐伏，皆可以此觇之。"[1]判语首先要看情理逻辑，其次要看文辞对仗，比较著名的判语人称"龙筋凤髓判"，争相传诵。由于试判重要，所以考场管理比科举更严，实行糊名暗考，而且还要核对笔迹，以防作弊。五品以上官员，铨选时则不再试判。铨选通过者，由吏部根据品级和官缺授予实职。

伴随着选官制度的改进，唐代在官吏考核制度上也有新的创建。从魏晋以来，许多较有作为的帝王都进行过建立考核制度的探索。如魏明帝令散骑常侍刘劭作都官考课法七十二条，晋武帝令河南尹杜预制定考绩之法，北魏孝文帝制定了三年一考的考格，西魏北周之际的度支尚书苏绰制定了管理官员的六条诏书。但是，作为系统的官吏考课制度一直未能形成。唐代在前人探索的基础上，建立了比较详细的分类考核标准和比较严密的官

---

① 《文献通考·选举十》。

吏考课程序。

唐代官吏考核由吏部考功司主持,同时在考核时由中书舍人和给事中各一人监考,每年定期考核一次。考核的标准为"四善二十七最"。"四善"是对官吏的共同要求,分别为德义有闻、清慎明著、公平可称、恪勤匪懈;"二十七最"是将所有官吏分为二十七类,每一类都设定一个最好标准。考核时,由长官宣读被考核的官员当年的功过行能记录,公议优劣,根据"善""最"的有无和政绩的高低确定考第,分为九等,报尚书省按照一定的名额比例核准。考核等次决定当年的俸禄增减,累计四次考核决定官阶的升迁和职务的黜陟。

唐代在官僚体制上的又一个建树,是官吏品秩制度的规范化和细密化。唐代官吏实行九品等级制,每一品级又分正从,从正四品起再分上下,所以,唐代官吏实际品秩为九品三十阶。最重要的是唐代有了职事官和散官的区分。散官又叫本官、阶官,是官吏的身份标志和等级标志;职事官是官吏的工作岗位,是官吏所负职责的表现。散官因人而设,职事官按事而定。"以职为实,以散为号。"职事官和散官都有对应的品级,同一官员,自身所带的散官阶与他所担任的职事官不一定是同一品级,职高阶低者称"守",职卑阶崇者称"行"。这一制度体系,标志着古代官僚体系已经趋于成熟。另外,在官吏管理中,有了较为严格的清流和浊流之分,在任职资格、升迁途径等方面迥然有别。这对保证官吏职能,优化官吏队伍,有着较大作用。

隋唐创立的科举制,在宋代得到了高度完善,从太宗到真宗,宋代对科举制度进行了多次调整,定制为三年一次,分州试、省试(中央考试)、殿试(皇帝亲试)三级进行。在参加考试的人数以及录取名额上,宋代大大超出了唐代。经过州试淘汰到京城参加省试者,每次都有一二万人。宋初,科举分为进士和诸科(相当于唐代的明经等科目),神宗以后,只保留进士一科。每科录取三四百人至七八百人,使科举成为宋代及其以后官吏选拔最主要的途径。据《登科记》统计,两宋科举共录取达五万人左右。

宋代科举考试的内容,前后一直有变化。起初,北宋进士考诗赋、帖经、时务策和墨义,同唐代差不多。后来为求实用又加考律令,神宗时罢诗赋而改考经义,哲宗时既考诗赋又考经义。从北宋后期到南宋,考诗赋还是考经义有多次争论,以考诗赋居多。

唐宋在科举上的最大区别是宋代废止了行卷和公荐,实现了"一切以程文为去留"。完全按照考试卷面作为评价标准，彻底消除了推荐制的遗留痕迹。在考试程序和方法上，宋代逐渐形成了严密的规定。这些制度，使科举制趋于规范化，也在一定程度上保证了程序和形式的公正。按照宋代规定，州试时，试纸由官府盖印当场发给，发现夹带作弊的当场遣出。现任官员和不属本籍的寓居士人，不得参加州试，而由转运使主持另行考试。州试后要将报名人数、落选人数以及上解举子姓名、答题文卷一律报送礼部贡院，以供查核。如有弊端，主考官和监临官都要受处罚。

礼部贡院是进行省试的地方。省试的主考官叫"知贡举"，副主考叫"同知贡举"。主考和副主考由皇帝临时任命，一般用六部尚书、侍郎或翰林学士、给事中充任。主考一旦受命，要直接进入贡院，断绝与外界的来往，称为"锁院"。省试进场要搜检，以防夹带。考卷实行糊名弥封制，即先将卷面糊名，阅卷并复核无误后，方可拆封。真宗时又创立了誊录制，为防止考官辨认笔迹，所有弥封卷面，一律由书吏照抄一遍，考官阅卷只能看抄本，判定取舍后再对照原本。省试张榜以后，如有不公，还可进行复试。如有大臣权要的子弟参加科举，则必须复试。

宋初，只有复试而没有殿试。宋太宗以后，复试演变为殿试。殿试也有考官、覆考官、编排官、弥封官等。复试考题一般比较简单，通常为一诗、一赋、一论。试卷由宦官收缴，交编排官去掉卷头编号，然后誊录，考官阅卷定等后重新弥封，送覆考官再次定等，以发现误差。最后对号排名，交皇帝审定公布。起初殿试有淘汰，仁宗以后，殿试不再淘汰，只是决定名次。录取的进士分三个档次，一等赐进士及第，二等赐进士出身，三等赐同进士出身。

宋代科举还有"特奏名"之制，经历多次省试而不得及第的老举人，可以由皇帝特别批准赐予出身。

宋代科举录取，不再经过铨选直接任官。进士及第者，一般担任幕职官或试衔知县等，但没有定制。总体上宋代对科举出身者比较重视，虽然初任职务不高，但在考核、升迁中同其他仕途差别极大，从而保证了官僚队伍高层结构的科举出身者占绝对优势。

宋代仍有制举，但远没有常举重要。参加人数和录取极少。由于现任官员参加常举有诸多限制，所以，制举成了现任官员改官的一种手段。

科举之外，宋代另一选官途径为荫补，即汉唐以来的任子和门荫。门荫在宋代数量极大，高级官员不仅荫及子孙，甚至荫及亲属或门人，是宋代冗官的主要来源。但是，荫补者要选官，必须参加考试，考试的内容有律、诗、判等。

宋代继承了唐代的铨选制度，分类进行。文官分为三大类，称作选人、京官和升朝官。武官也分为三大类，称作使臣、诸司使和横班。选人是低品级的散官，授职要试以身言书判，注拟州县幕职官，经过一定年限磨勘并有人保举，才能改任京官。京官和升朝官合称京朝官。只有进入京朝官行列，才能在政治上有所作为。官员初任，依据出身不同，职务的高低紧要程度也不同，进士出身最优，荫补次之，流外出身最差。

宋代真正的任官不在铨选，而在差遣。差遣在唐代就有，到了宋代，成为官员任职的主要方式。所谓差遣，就是以临时派差的方式给官员安排实职。为了加强中央对地方的控制，宋代采取以京朝官权知地方事的方式，府州军监的长官，一律由京官担任，用"权知某某府（州）军州事"的名义派遣。多数比较重要的县也采用派遣知县的方式。只有极不重要的少量边远县份，才正式任命县令。中央政府的官员，多数也是任其职者不理其政，而是采用"权知""判""提举""管勾"等名义派遣实际长官。例如，枢密院的正式长官是枢密使，但更常见的是以别的官员"知枢密院事"。用这种方式，保证皇帝更有效地控制官吏，并借此削弱吏部和兵部的任免权。

辽国实行科举制起于圣宗统和六年（988），分乡试、府试、省试三级，后来又增加了殿试，一两年或两三年举行一次。起初进士分为诗赋和经义两科，后来以诗赋为正科，以法律为杂科。但是，辽国科举纯为汉人设立，契丹人禁止参加科举。金国科举分为乡试（县级考试）、府试、会试、殿试四级，三年一次，后来废除乡试。女真和汉人分别考试，女真试题简单，只考策论；汉人则分诗赋和经义两科，难度较大。由于金国汉化程度较辽国高，科举制的政治作用也较辽国大。

元初，由于科举以文取士的性质与蒙古以武立国的宗旨不合，一直未能采用科举制，直到仁宗皇庆二年（1313）才确立科举之法，分乡试、会试、殿试三级，对现任官员参加科举不加限制。科举的操作办法，与宋代相似但较粗略。考试内容以经义为本，词章次之。经义以四书五经命题，用朱子集注。元代科举最大的特点是奉行民族歧视政策，蒙古人和色目人为一套试题，汉人和南人为一套试题。从乡试开始，就按地域分配录取名额，乡试共录取三百人，其中蒙古、色目、汉、南人各七十五人。会试录取一百人，四色人等各二十五人。殿试有所淘汰，录取名额不定，在三四十人到七八十人之间。及第者除状元外，一般授七品至八品官职。

元代的官吏来源，以宿卫亲兵（怯薛）和吏员为主，科举出身者在官僚队伍中所占比重极小，升迁上不具优势，而且还被蒙古人看不起，在仕途中没有重要作用。相反，吏员在元代不但比例大，而且为统治者所看重。史称："由进士入官者仅百之一，由吏致位显要者常十之九。"①对吏员入仕，元代有考试、递补、岁贡等多种制度。

从秦汉开始，在官吏队伍的构成上就有"儒"与"吏"的区分。到宋元时期，这种区分发展到了严重对立程度。大致上，儒士经过多年读经陶冶，以信念见长，却不善理事；吏员经过长期实际操作，以干练见长，却操守较差。从汉到唐，统治者儒吏兼用，长短互见。唐代刘晏就曾说过："士陷赃贿，则沦弃于时，名重于利，故士多清修；吏虽廉洁，终无显荣，利重于名，故吏多贪污。"②宋代科举制度的发展，使儒士占据了官僚队伍的绝对优势，官员精忠报国者屡见不鲜，然而政府无能与此不无关系；元代轻视科举，排斥儒士，吏员和宿卫亲兵成为官僚队伍的主要来源，雷厉风行见效一时，然而官场腐化也与此高度相关。后人有"宋亡于儒，元亡于吏"之说，尽管有失偏颇但有一定道理。

明清的官吏选拔制度中，最重要的是科举。科举三年一次，分为乡试、会试、殿试三级。乡试和会试各为三场，第一场考四书义三道，五经义四道；第二场考论一道，判五道，诏、诰、表选一道；第三场考时务策五道。殿试只有一场，考时务策一道。清代乾隆以后，改为第一场考四书义三道，五言八韵诗一道；第二场考五经义各一道；第三场依旧考时务策五道。

明清科举与宋元相比，最大的不同是八股取士。八股又叫制义，以宋儒注解的四书五经命题，如《四书》用朱子集注，《易》用程传，《书》用蔡氏传，《诗》用朱子集注，《春秋》用左氏、公羊、谷梁三传及胡安国传等等。作文要仿古人语气，替圣贤立言，采用特定的格式，分为破题、承题、起讲、提比、中比、后比各个部分。八股的写作十分讲究，时人号称有"作文十法"，即命意、立句、行机、遣调、分比变化、虚实相生、反正开合、顿挫层折、琢句、练字

① 《元史·韩镛传》。
② 《文献通考·选举八》。

十种作文要求和技巧。① 八股取士并不是简单的死记硬背,既要考知识,更要考智力和悟性,学界有人认为,八股考试已经趋向于智力测验。

乡会试的主考、同考由皇帝钦定派遣。乡试提调由布政使担任,监试由按察使担任,清代则由巡抚监临。会试提调由礼部司官担任,监试由科道官担任。主考和同考称内帘官,提调和监试称外帘官。考试有严密的程序,考官入院,提调官和监试官立即封锁内外门户,不得擅自出入。甚至运送物料,都要由提调、监试会同开门点检送入,再行封锁。乡试入院时,要逐人搜检。嘉靖以后,会试也要搜检。考生所带考具均有规矩,如帽用单毡,鞋用薄底,砚台不得过厚,笔管不得镂空,食物必须切开,木炭不过二寸等等,以防夹带。开考后有巡绰官负责巡逻监督。考生交卷时由受卷所登记收缴,转送弥封所编号密封,再送誊录所朱笔誊抄,对读所对读朱墨二卷核对无误,将朱卷交同考官分房阅卷。同考再向主考荐卷,均要写出评语。名次确定后在公堂上调入考生原作墨卷对照字号,确定名单发榜。殿试则较为简单,只有一场,收卷后同样弥封编号,交读卷官评定高下,报皇帝钦定名次,送内阁填写黄榜公布。

明代起,乡试逐渐有了名额限制,大省一百余,小省数十名,清代略有增加。乡试考取者为举人,第一名俗称解元。会试名额每届三百名左右,部分年份有所增加。除正榜外,清代乡会试增加了副榜。从明代开始,会试分南北卷,按南北分配名额,以保证地域上的平衡。会试第一名俗称会元。殿试不淘汰,取中者为进士,分三甲。一甲三人,俗称状元、榜眼和探花,赐进士及第;二甲若干人,赐进士出身;其余为三甲,赐同进士出身。

明清考中举人即可任官。考中进士后,经过挑选庶吉士,其余进士直接任官。明清的庶吉士制度在培育人才中有着特殊作用。选拔庶吉士称为馆选,具体办法就是在新科进士中选拔优秀者,进入翰林院,继续学习三年,然后考试决定去向,称为散馆。优秀者直接授翰林院编检官,其次出任科道,再次出任部曹,再次出任州县。其后的转迁升任,都优于他途。

明清的科举制度,就其制度的严密性、规范性来说,堪称完备。八股取士,实际上是古代科举向标准化规范化方向发展的必然结果,在技术手段

---

① 可参见章学诚《清漳书院留条别训》,载《章学诚遗书》,文物出版社,1985 年。

上，达到了古代所能达到的最高成就。有相当多的名臣廉吏，都是出自科举；而且在古代社会阶层的流动上，起到了积极的筛选推进作用。然而，随着封建政治的僵化，八股取士也同思想禁锢结合为一体，特别是"所习非所用，所用非所习"的积弊影响较大。在晚清大变革的格局中，最终成为妨碍中国政治转型的重要一环，被历史所淘汰。然而，其中的某些合理因素，尤其是智力测验的技术手段和臻于细密的制度程序，还值得今天借鉴。

明代官吏铨选，文归吏部，武归兵部。文官初授官职，都要参加吏部的大选。明清的官职，有繁简冲要的区别。进士出身，一般在京为清要，在外为繁剧。举人出身，则一般为边远简职。监生听选，则要仿唐制考身言书判四事。为了防止铨选中的行贿请托，明代万历以后一直到清代铨选实行掣签法。即将对应的职务和具备任职资格的人员分别制签，以抽签方式决定具体职务的担任人员。明清铨选极重出身，正途和杂途有天壤之别，在一定程度上保证了官员的基本素质。

明清在官吏管理上还建立了一套较为严密的考核制度。明代分考满考察两法。考满主要按年资进行，任职期满按考核等次决定升降和调繁调简。考察主要是纠察不合格官员及举荐优异官员。考察又分为京察和大计。京察在中央官员中进行，六年一次；大计随地方官员朝觐进行，三年一次。京察大计特别卓异的，不次提升；不合格的，按八法处理。所谓八法，是指贪、酷、浮躁、不及、老、病、罢(pí)软、不谨八种情况，分别予以革职、冠带闲住、致仕、改调等处置。清代考察则发展为"四格八法"之制。四格是才、守、政、年四项标准，才分长平短，守分廉平贪，政分勤平怠，年份青健老，综合四格决定官员的加级、升职、留任、降调。八法与明代相同，只是处置办法略有变化。

三　古代法律制度的演变和中华法系的兴衰

夏商周的法律制度包括"礼"和"刑"两个方面。三代强调礼治，特别是西周，形成了完善的礼乐制度，用礼制来区分贵贱，明确等级，维护统治秩序。同时，以惩处为中心的刑罚制度也已经形成。但是，这一时期的礼和刑尚未融合为一个体系，而是各自为用。礼主要用于调整贵族内部的社会关系，刑主要用于控制社会下层劳动人民。即所谓"刑不上大夫，礼不下庶人"。按照史籍的记载,夏有"禹刑",商有"汤刑"。西周的礼制和刑罚资料均较多,礼有吉礼、凶礼、宾礼、军礼、嘉礼五礼;刑有墨刑、劓刑、刖(髌)刑、宫刑、大辟五刑。五刑的具体条目,有三千种之多。1976 年在陕西扶风发现的西周青铜器中有一个刖刑奴隶守门鼎(藏陕西历史博物馆),就是西周刑罚的生动写照之一。

春秋时期(前 770—前 475),周王室衰微,"礼乐征伐自诸侯出"。据鲁《春秋》记载,从公元前 722 年到前 479 年,诸侯朝齐晋楚者达 33 次,而朝周王者仅 3 次。在诸侯国中,有实力的大夫控制了政权,如齐国的田氏,晋国的韩赵魏氏等。春秋后期,以郑国子产"铸刑书"(前 536)和晋国赵鞅"铸刑鼎"(前 513)为标志,法律制度也开始出现重大变化,刑罚体系开始向成文法制转变。

经过春秋时期的演变,到战国变法以后,与君主集权制度的建立相适应,法家思想在三晋兴起,并在赵、魏、韩和秦国得到了广泛贯彻,通过变法,这些国家建立起以刑罚为主体的成文法律体系。如魏国李悝所作的《法经》六篇①就是其中的代表。特别是秦国,在商鞅变法中继承了李悝《法经》的思想,改法为律,实行"以法为教,以吏为师"的国策。此后,秦国统治者不断增加法律内容,其立法和执法的严苛和细密,在中国历史上是屈指可数的。

在法律制度上,秦代崇尚法治。1975 年 12 月,在湖北云梦睡虎地出土了大批秦简,反映了秦统一前后的法律状况,弥补了文献资料的不足。仅仅从秦简涉及的秦律名称就可以看出,人称秦律"密于凝脂"是毫不过分的。②秦简中的秦律,涉及政治、军事、农业手工业生产、市场管理、货币流通、交通

---

① 李悝《法经》六篇为盗法、贼法、囚法、捕法、杂法、具法,是中国历史上第一部封建法典。春秋时期的"铸刑鼎"是刑罚法制化的开端,而战国时期的《法经》则是刑罚法制化的完成标志。

② 睡虎地秦简共一千余枚,分十种。其中《秦律十八种》《效律》《秦律杂抄》属于法律条文;《法律答问》属于法律解释和判例;《封诊式》属于审理程序。所涉及的秦律名称,有《田律》《厩苑律》《仓律》《金布律》《关市》《工律》《工人程》《均工》《徭律》《司空》《军爵律》《效律》《传食律》《行书》《内史杂》《尉杂》《属邦》《除吏律》《游士律》《除弟子律》《中劳律》《藏律》《公车司马猎律》《牛羊课》《傅律》《屯表律》《捕盗律》《戍律》等,可见规定之具体细密,反映了"秦法繁于秋荼,而网密于凝脂"(《盐铁论》语)的实际。详可参见《睡虎地秦墓竹简》,文物出版社,1978 年。

运输、行政管理、官吏任免、案件审理、诉讼程序等各个方面，"皆有法式"。在法律的实施上，秦代坚持轻罪重刑，严刑酷法，仅死刑就有车裂、定杀（溺死）、扑杀（打死）、磔（分裂肢体）、阬（活埋）、斩、枭首（斩头示众）、凿颠、镬烹、抽胁、腰斩、囊扑等方法。法网过密导致了社会矛盾的迅速激化，并成为秦王朝迅速灭亡的重要原因之一。

汉初，以亡秦为鉴，废弃了秦代法律的严酷繁杂成分，由萧何制定了崇尚宽简的《九章律》，①约法省刑，简易疏阔。张释之任廷尉，确立了执法不阿君意的原则，到武帝即位以后，伴随统治思想由无为向有为的转变，重用张汤和赵禹"条定法令"，刑律日繁。"律令凡三百五十九章，大辟四百九条，千八百八十二事，死罪决事比万三千四百七十二事。"②汉律的形式，主要有律、令、科、比四种。律为律条，令为诏令，科为法律适用，比为案例类推。汉律强调皇权至上，法自君出，即廷尉杜周所说的"前主所是著为律，后主所是疏为令"③，但同时又强调法的公平性和稳定性，有了"刑狱"和"诏狱"的区分。其法制的指导思想则为礼法并用，以礼入法，儒家经义成为法理的基础，坚持德主刑辅，先教后刑，奠定了此后法制体系"礼刑一体"的基本框架。近代严复曾说："三代以还，汉律最具。吾国之有汉律，犹欧洲之有罗马律也。萧相国明其体，而张廷尉达其用。"④在刑罚种类上，汉代逐渐以徒刑、笞刑和死刑取代了以前的黥刑、劓刑和斩左右趾，废止了部分肉刑，反映了司法的进步。

魏晋南北朝的法律制度有一定发展。魏明帝时命陈群等人在汉律的基础上制定了《魏律》十八篇，将汉代的"具律"改为"刑名"，并列为首篇，这种体例一直被后代所用。西晋泰始三年，由贾充、羊祜、杜预等人大规模修订法律，以汉律和魏律为基础，"蠲其苛秽，存其清约"，制成了简约、规范的《晋律》二十篇⑤。同时，由明法掾张斐为《晋律》作注，诏颁天下，作为有同等效力的法律解释。南朝基本上沿用晋律，变动不大。北魏在孝文帝时广

---

① 汉《九章律》早佚，其内容为在李悝《法经》六篇的基础上增加户、兴、厩三篇，分别是：盗、贼、囚、捕、杂、具、户、兴、厩。
② 《汉书·刑法志》。
③ 《史记·酷吏列传》。
④ 严复：《法意》卷六按语。
⑤ 见《晋书·刑法志》。

泛总结汉魏晋法制的经验,修成北魏律二十篇。陈寅恪评价说:"北魏前后定律能综合比较,取精用宏,所以成此伟业,实有其广收博取之功,并非偶然所致也。"并认为北魏法律影响深远,"汇集中原、河西、江左三大文化因子于一炉而冶之,取精用宏,宜其经由北齐,至于隋唐,成为两千年来东亚刑律之准则也。"①

隋唐时期,法律制度有着重大进展。隋文帝令苏威等人制定了具有继往开来性质的《开皇律》十二篇五百条。到了唐代,唐高祖令裴寂、萧瑀等人在《开皇律》基础上制定了《武德律》,并编纂了令、格、式,与律配套,开创了唐律的四种形式。唐太宗时,房玄龄、长孙无忌主持对《武德律》进行长达十年时间的全面修订,形成《贞观律》。"凡削繁去蠹,变重为轻者,不可胜纪。"②唐高宗时,又由长孙无忌、李勣、于志宁等人编纂《永徽律》,同时还对《永徽律》进行逐条逐句统一注解,附在律文之后颁行天下,具有同等效力。后世将《永徽律》与注疏的合编本称为《唐律疏议》,看作唐律的代表。另外,唐玄宗在开元年间还主持编纂了《唐六典》,被后人誉为中国最早的"行政法典",开了律典分野的先河。

唐律继承了汉晋以礼入律的传统,明确规定"德礼为政教之本,刑罚为政教之用"③,标志着礼制法律化已经达到了很高的程度。唐律的法律形式也已经相当完备,律、令、格、式各有其用。"凡律以正刑定罪,令以设范立制,格以禁违正邪,式以轨物程事。"④在刑罚的类别上,经过汉魏的演变,至唐代形成了新的"五刑"制度,即笞、杖、徒、流、死五种刑罚,其中笞分五等(十至五十),杖分五等(六十至一百),徒分五等(一年至三年),流分三等(二千里至三千里),死分两等(绞、斩)。在法律的实施上,唐代统治者强调慎狱恤刑,特别是完善了死刑复核程序,有效防止了滥用刑罚。

唐代在法制监督上有了新的进展,沿用了汉晋以来的御史台建制,以御史台总管监察。御史台下设台院、殿院和察院,分别由侍御史、殿中侍御史、监察御史分负其责。侍御史主要监督司法,推鞫狱讼。殿中侍御史主要监

---

① 陈寅恪:《隋唐制度渊源略论稿》。
② 《旧唐书·刑法志》。
③ 《唐律疏议》卷一。
④ 《唐六典·尚书刑部》。

督殿廷礼仪,京城巡视。监察御史主要分巡地方,弹劾官吏。在司法监督上,大理寺初审,刑部复审,御史台监督,合称"三法司"。法司判决有称冤屈的,则由中书舍人、给事中和监察御史联合审理,称"三司受事"。御史台监督的重点在于纠察百僚,肃清吏治。

宋代法制基本上沿袭了唐律,宋太祖时,由窦仪主持编纂了《宋刑统》,内容与唐律大体相同,没有超出多少。其中旧律规定不足者以及随着时代演变而出现新的法律问题,则用敕令解决,以编敕方式不断增补。"宋法制因唐律令格式而随时损益,则有编敕。"①这样,编敕就成为宋代特别是神宗以后更为重要的法律渊源。在司法实践中,"凡律所不载者,一断于敕"(同上),敕律并行,神宗以后,发展到以敕代律,并把唐代法制形式中的律令格式改为敕令格式。皇帝随时发布的敕令地位超过了相对固定的律条,反映了皇权在立法领域的强化。在刑罚种类上,增加了凌迟和刺配。

辽金元法制建设的成就不如唐宋,带有一定的原始性。"金初,法制简易,无轻重贵贱之别,刑赎并行,此可施诸新国,非经世久远之规也。"②金熙宗以后,陆续颁布了一些律令,但较为零散。直到金国晚期的章宗泰和年间,才制定了较为系统的《泰和律义》,其内容大略不超出唐律。元初本无法律,断理狱讼沿用金律。忽必烈即位以后,逐渐开始法制建设,陆续制定了《至元新格》等条文。到英宗至治三年,修成《元典章》与《大元通制》两部法典汇编。《元典章》在体例上仿照《唐六典》,收集了从元世祖到英宗的诏令、判例及典章制度。《大元通制》汇辑了元世祖以来的"法制事例",分为诏制、条格和断例三种。元代法律为一事立一法,缺乏系统性,而且均为现行规定,强调"古今异宜,不必相沿",不取唐宋旧典。具体案件的决断,则以具有蒙古民族色彩的断例为主。在刑罚种类上,元代大量恢复了肉刑。

在法律制度上,明清是一个体系。洪武三十年,明太祖主持制定了《大明律》三十卷,首列名例,次按六部分类。明孝宗弘治十五年,又制定了《大明会典》,作为行政规范性质的法典。正德、嘉靖、万历时对《会典》进行了多次校刊增订。流传至今的《大明会典》就是万历续纂本。清朝顺治四年,在《大明律》的基础上制定了《大清律集解附例》,体例内容基本同《大明

---

① 《宋史·刑法志》。

② 《金史·刑法志》。

律》相仿。康熙、雍正、乾隆时对《大清律例》不断修订，到乾隆五年定稿。今天看到的《大清律例》就是乾隆本。康熙开始，仿照明会典编纂《清会典》，其后屡次增订，形成了《雍正会典》《乾隆会典》《嘉庆会典事例》《光绪会典》五部会典。值得一提的是，清代还制定过《回律》《番律》《蒙古律》《西宁番子治罪条例》和《苗例》等针对少数民族的单行法律法规，以适应不同民族地区的司法需要。

随着古代法制的发展，到了明清，"例"越来越重要。由于明太祖强调"祖制"不得更改一字，在法律实施中为了弥补《大明律》的不足，从明孝宗时开始用"条例"和"事例"辅助法律。后来，由"以例辅律"发展为"以例破律"。清代继承了明代编订条例的做法，在编制《大清律》时就附有条例，康雍乾嘉道咸同光每个皇帝都增订条例，由此决定了清代司法中"例"占具优先地位，有例从例，无例才从律。而各种条例越来越繁复，这就给司法留下了极大自由裁量空间。在刑罚种类上，明清在杖、徒、流、绞、斩的基础上，增加了充军（流刑附加刑）、发遣（配边远驻防军人为奴）、枷号、凌迟等罚则。明清两代在司法的宽严程度上大不相同，大体上，在对官吏的法治监督上明代失之严峻，清代失之宽容。

明太祖惩元之弊，以重典酷法治国。在《大明律》之外，还专门制定了《大诰》①作为司法依据，使"诏狱"制度化。在司法方面，古代向来都有诏狱，即由皇帝诏令在法律之外处理案件，判决不是根据律条而是根据皇帝的意旨。明初朱元璋处理的胡惟庸、蓝玉、郭桓、空印四大案，是诏狱的典型案例。胡案和蓝案对功臣大开杀戒，株连四五万人，将元老宿将一网打尽。郭桓案是借口户部侍郎郭桓贪污惩治京官，六部长官多数被杀。空印案是怀疑地方到户部核对钱粮的空印文书有弊，将府州县主印官员以及部下杀头流放。另外，明朝还创立了廷杖之法，对敢于抗命的官员当廷杖责，打得皮飞肉溅甚至死于非命，相当多的正直之士遭受过这种屈辱。这些做法，打掉了多数官员的廉耻和自尊。法网稍一松弛，吏治立刻败坏到不可收拾的地

---

① 《大诰》是明太祖亲自制定的特别刑法，分为《大诰一编》74条、《大诰续编》87条、《大诰三编》43条、《大诰武臣》32条。其内容包括法外用刑的案例、结合案例而颁布的重刑命令和对臣民的训导。其量刑标准远比《大明律》重，与《大明律》并行。洪武三十年改编为《钦定律诰》，附于《大明律》之后。

步。尽管明太祖自己也曾说过："仁义者,养民之膏粱也;刑罚者,惩恶之药石也。舍仁义而专用刑罚,是以药石养人,岂得谓善治乎?"①然而,重典治国,法外用刑,正是由明太祖奠定的明朝法治基调。

清代司法,强调"以德化民,以刑弼教",一般较为宽松。即使人称暴戾的雍正帝,其残暴冷酷,主要表现在与"夺嫡"有关的宫廷斗争上,而在治理国家上则循法守规。但是,出于满汉隔阂,清朝整饬吏治从宽,整饬思想从严,对官员司法以宽大为主,对文人司法则以严酷出名,大兴文字狱,在思想文化的专制上走向了极端。

在法制监督上,明清改御史台为都察院,并将六科在名义上改归都察院管辖,从体制上完成了台谏合一,使其成为法制监督最重要的机构。都察院的最高长官为都御史,执掌纠察司法,大狱重刑则会同刑部、大理寺共同鞫讯,称为三司会审。三司会审不能决断者,则交由九卿会审。吏部考察官吏,由都察院监督。都察院下辖科道,但十三道监察御史和六科给事中相对具有较大独立性。监察御史按省分道,分别负责弹劾官吏,巡视京城,刷卷(审核文档),监督科举,巡查仓库,纠察礼仪,上书进谏,巡按地方。给事中按六部对口设置,分别负责审查对口各部的奏章文书,监督部政,驳正违失,进谏议政。六科未签署的公文,六部不得执行,六部有事,堂官要赴科画本(签署)。清代都察院与明代作用类似,所不同处是根据省份的变化改十三道为十五道。科道的强化,使古代的监察制度发展到高峰。

秦汉以来的法制,以皇权为法律的基本渊源,刑法、民法、行政法诸法合一,司法行政不分,形成了中华法系的基本特点。明清的法制体系,把中华法系推到了尽头,却缺乏向近代法制体系转化的内在机制。到了晚清,在西方列强入侵的冲击下,逼迫统治者对法律条文做了一些修改。但是,最终也未能走上立法民主化、司法独立化的近代化道路。

中国古代的政治、选举、法律制度,经过长期的历史积淀,形成了极为丰厚的内容,并且在历史演变中具备了高度的自洽性,能够不断自我修复完善并自我发展。在一定程度上,完善的制度体系,可以对包括皇帝在内的人的因素形成一定的制约,同时又能激发人为改善制度的不断努力。从技术性

---

① 《明史·刑法志》。

和操作性上看,古代的这一制度体系,比较有效地维持了统治秩序的稳定,有利于在统治集团中吸纳社会精英,形成较高素质的官僚队伍,其中有些方法和措施,如政府机构的权力配置与相互制约、科举选官的操作方式等,已经达到了非常精致的程度,不乏可供现代参考借鉴的成分。作为传统社会遗留给今人的一份遗产,其历史作用和借鉴价值已经得到人们的高度重视。

在政治制度方面,三代形成的礼制,确立了古代政治的价值取向;秦汉形成的帝制,构建了王朝时代的体制框架。秦汉以后,国家机构的"秦制"和文化传承上的"周制"经过不断渗透磨合,形成了中国特有的制度体系。这一制度体系一方面是君主集权,保证大一统国家的稳定运行;另一方面是君主也要受天命、祖宗成规、法律制度、文化观念的制约。以文官为主体的官僚制度,与皇帝制度相配套,实现了政治秩序与伦理秩序的高度吻合。在选举制度方面,由世卿世禄制,到军功、察举制,再到科举制,不但建立了一套行之有效的人才选拔机制,而且推动了古代的社会流动,使封闭的社会等级具备了一定的开放性。① 在法律制度方面,中国历史上形成的中华法系,具有鲜明的特色,以礼法并用的方式,把"天理、人情、国法"有机融合在一个法律体系之中,保证了传统社会的治理秩序。

不过,中国古代的这一制度体系,在整体上是同皇权专制的"家天下"体制相适应的。专制体制的人治本质与制度规范的法治要求,存在着深刻的内在冲突。因此,中国古代的制度,与现代民主制度有着本质差异。对于这种制度体系的本质和弊端,明清之际的思想家黄宗羲指出:帝制时代的君主,"视天下为莫大之产业,传之子孙,受享无穷",是传统政治制度的根本弊端,"为天下之大害"②。三代以后的法制,"藏天下于筐箧者也。利不欲其遗于下,福必欲其敛于上。用一人焉则疑其自私,而又用一人以制其私;行一事焉则虑其可欺,而又设一事以防其欺。天下之人共知其筐箧之所在,吾亦鳃鳃然日惟筐箧之是虞,故其法不得不密,法愈密而天下之乱即生于法之中,所谓非法之法也"。③ 中国古代的这种置天下于一家之"筐箧"的专制

---

① 可参见何炳棣《明清社会史论》,徐泓译,台北:联经出版公司,2013年。
② 《明夷待访录·原君》。
③ 《明夷待访录·原法》。

性质,使其制度建设更多地侧重于保证君主的绝对地位,保证政治统治的有效性,而对社会管理重视不够,最终无可避免地走向一治一乱的王朝循环。

思考题

1. 简要归纳中国古代皇权专制与文官集团的关系。

2. 如何评价科举制?

3. 中华法系有哪些特色?

参考书目

1. 吕思勉:《中国制度史》,上海教育出版社,1985 年。

2. 王亚南:《中国官僚政治研究》,中国社会科学出版社,1981 年。

3. 瞿同祖:《中国法律与中国社会》,中华书局,2003 年。

4. 商衍鎏:《清代科举考试述录及有关著作》,百花文艺出版社,2004 年。

5. 何怀宏:《选举社会及其终结》,三联书店,1998 年。

第七讲

中国古代农业、手工业和商业

中国古代以农业为主体经济形式。农业技术的成熟和农业管理方式的完备，成为中国古代经济最突出的特征之一。手工业在中国古代地位仅次于农业，手工业技术的改进可以推动其他产业的发展。历朝手工业的管理有严格的制度。商业使中国古代社会获得经济活力，然而执政集团长期实行重农抑商的政策，商业的发育备受压制。

一　中国传统农业的进步

古代中国以先进的农业文明闻名于世。中国人在农耕事业方面的创造，对世界文明的进步有卓越的历史贡献。

源生于黄河流域和长江流域的中国早期农业的发展，曾经为中国文明的发生奠定了物质基础。南方地区从采集食用野生稻到驯化形成栽培稻的考古证据的发现，使中国的农业起源研究有了突破性的进展。[①] 甲骨文中禾、稻、黍、麦、稷、米等字多见，反映中原地方作物栽培的种类已经相当多。"畛"字反映农田灌溉技术的采用。"廪"字则体现了谷物堆积的情形。殷墟发掘的一处窖穴中，发现集中存放曾经使用过的石镰多至千件，可知当时耕作特殊的组织形式。[②] 周人先祖重视农耕，据说，"弃为儿时，……其游戏，好种树麻、菽，麻、菽美。及为成人，遂好耕农，相地之宜，宜谷者稼穑焉，民皆法则之"。帝尧听说弃的事迹，举任为农师，于是"天下得其利，有功"，

---

① 　中国社会科学院考古研究所编著：《中国考古学·新石器时代卷》，中国社会科学出版社，2010 年，第 780 页。

② 　参看唐启宇：《中国农史稿》，农业出版社，1985 年，第 21—22 页。

号曰后稷①。通过《诗经》等文献的记录，可以了解周人农耕事业的成就。春秋时期，铁器的使用和牛耕的出现，进一步推动了农业的发展。

虽然早在史前时期，长江中下游已经形成了相当发达的农业经济文化区和自有特色的农业体系，但是从商周到秦汉，黄河流域的经济和社会发展却领先于长江流域。其原因，除了南北两个地区生产工具的使用，生产技术的传播，以及人口密度都有所不同之外，也与气候、地质、地形、水文、生物、土壤等自然条件的差异有一定关系。秦至西汉时期，长江中下游地区经济生活中渔猎采集仍占较大比重。正因为如此，其社会经济带有原始性的特征。直到东汉后期，由于诸种自然因素和社会因素的作用，长江中下游的经济开发才进入了新的历史阶段。

秦及西汉时期，北边新经济区的建设受到特殊重视，政府组织的垦荒运动，使农耕经济区与畜牧经济区的分界曾经向北推移。秦始皇时代已开始向北边移民。西汉仍多次组织移民充实北边。通过甘肃武磨咀子48号汉墓出土的西汉木牛犁模型，可以看到牛耕已在北边地区得到推广。② 辽阳三道壕西汉村落遗址出土的巨型犁铧，据推测可能是用数牛牵引的开沟犁，③可以体现当时北边地区对于水利灌溉事业的重视。《史记·匈奴列传》记载，自西汉军队取得决定性胜利之后，匈奴远遁，大漠以南无王庭。汉人北渡黄河，自朔方(郡治在今内蒙古乌拉特前旗南)以西至令居(今甘肃永登西)，"往往通渠置田，官吏卒五六万人，稍蚕食，地接匈奴以北"。以水利建设为基础的农耕经济，逐渐蚕食畜牧区地域，使农业区向北扩张。居延汉简所见"田卒""治渠卒"诸称谓，可能就是北边以军事化形式开发农耕经济的文字遗存。西南夷地区的开发，也取得了新的历史成就。秦汉农耕经济发育的地理空间，东至海上，北抵沙漠，西上高原，南逾所谓"北向户"地方，即北回归线以南，较前代有明显的扩大。

《史记·平准书》有一段关于当时经济形势的记述，具体地反映了国家经济实力的充备和民间经济生活的富足：汉初70年间，国家没有经历严重的政治动乱，又没有遭遇严重的水旱灾荒，于是民间人给家足，城乡的大小

① 《史记·周本纪》。
② 甘肃省博物馆：《武威磨咀子三座汉墓发掘简报》，《文物》1972 年第 12 期。
③ 黄展岳：《近年出土的战国两汉铁器》，《考古学报》1957 年第 3 期。

粮仓也都得以充满,而朝廷的财政也历年有所盈余。京师的钱财累积至于千百万,以致钱贯朽坏而不可清校。国家粮仓太仓的存粮年年堆积,陈陈相因,至于满溢而堆积于露天,导致腐败不可食用。民间大小民户都风行养马,阡陌之间驰游成群。人们竞相逞示富饶,骑乘母马的人,甚至没有资格参与乡间聚会。① 农耕经济的空前发展,使得粮价普遍降低。楚汉战争时,曾经出现"米石万钱""米斛万钱"的情形。② 而据《太平御览》卷三五引桓谭《新论》,汉文帝时,谷价石数十钱。据《史记·律书》记载,当时粮价甚至有曾经达到每石"粟至十余钱"的历史记录。

除了铁制工具的广泛推广和牛耕的空前普及之外,汉代水利建设的进步,也显著地促进了农业的发展。汉武帝时,在关中开凿了许多渠道,如漕渠、白渠、龙首渠、六辅渠、灵轵渠、成国渠等,形成了"衣食京师,亿万之口"的水利网。京畿之外的关东地区,也有许多著名的水利工程。当时,朔方、西河、河西、酒泉等郡都引黄河水及川谷之水,汝南、九江等郡引淮水,东海郡引钜定泽,泰山郡引汶水,穿渠溉田各万余顷。各地规模较小的水利工程,更不可悉数。汉武帝元封二年(前109),发卒数万人在瓠子(今河南濮阳附近)修治被冲毁的黄河堤坝。汉武帝亲自巡视工地,命令随从官员自将军以下都负薪堵塞黄河决口。自此黄河回归故道之后,80年没有造成大的灾害。

汉昭帝时代注重经济的恢复。汉宣帝继续坚持"农者兴德之本"的执政原则,推行积极招抚流亡人口,鼓励发展农耕生产的政策,流民能够还归乡里者"假公田、贷种、食",由政府提供基本生产资料,并且免除算赋及徭役负担③。政府还重视积极组织灾区的生产恢复,适时减免田赋,降低盐价,以调动农民的生产积极性。当时边塞无兵革之事,农人的赋役负担得以减轻,因此促进了农业的发展。元康年间(前65—前62),由于连年丰收,谷价降低到每石五钱,西北僻远如金城(郡治在今甘肃永靖西北)、湟中地区(今青海西宁附近),每石也不过八钱。这是西汉以来最低的谷价记录。

"江南"地区曾经是经济文化水平相对落后的地区。西汉时期,江南农

---

① 《史记·平准书》。
② 《史记·货殖列传》:"楚汉相距荥阳也,民不得耕种,米石至万。"《汉书·高帝纪上》:"(汉王二年六月)关中大饥,米斛万钱。"
③ 《汉书·宣帝纪》。

业还停留于粗耕阶段，生产手段较为落后，虽矿产、林产资源丰饶，然而尚有待开发。司马迁在评价"江南""多贫"，"地广人希，饭稻羹鱼"的经济水平时，说到"或火耕而水耨"。所谓"火耕水耨"，是指烧去杂草，灌水种稻的简单的耕作方式。司马迁又分析说，江南地区的自然资源条件有优越之处，野生植物和水产，可以方便地采获，有"地势饶食"之称，因而没有饥馑的忧患。然而在"无冻饿之人"的另一面，也没有相对富足的"千金之家"。《汉书·王莽传下》记载，天凤年间，费兴任为荆州牧，曾经这样分析当地经济形势：荆州、扬州民众大多依山林水泽定居，"以渔采为业"。颜师古解释说："渔"，是说捕鱼。"采"，是说采取蔬果之类。可见直到西汉末年，长江中下游许多地区，渔猎采集在经济生活中仍然占有相当大的比重。其经济形式与中原先进农耕区相比，存在相当大的差距。

据《后汉书·循吏列传·卫飒传》记载，东汉光武帝建武年间，卫飒、茨充相继任桂阳太守，引进黄河流域农耕技术，指导当地经济进步，取得显著成效。他们的事迹，可能代表了江南经济开发的方向。除了"垦辟倍多"①之外，江南水利事业也得到发展。《太平御览》卷六六引《会稽记》说到汉顺帝时代会稽地区的水利建设：汉顺帝永和五年（140），会稽太守马臻创治"镜湖"，在会稽、山阴两县界筑塘蓄水，根据水旱状况随时调节水量，所以不再有凶年。堤塘周回三百一十里，溉田九千余顷。这是规模相当大的水利工程，而规模较小的水利设施在江南分布之普遍，可以由汉墓普遍出土的水田陂池模型得到反映。

汉安帝永初初年，因水旱灾异连年，郡国多被饥困，曾经有在"荆、扬孰郡"安置灾民的政策②。《后汉书·安帝纪》又有永初元年（107）和永初七年（113）以江南租米北调江北的明确记载。可见，江南地区农耕业的发展水平和经济实力，与江北许多地区相比，已经逐渐居于优势地位。《三国志·吴书·鲁肃传》裴松之注引《吴书》记载，东汉末年雄杰并起，中州扰乱，鲁肃对从属说，时下中原纷乱，淮水、泗水之间已经难以生存，我听说江东"沃野万里，民富兵强"，可以避战乱之害，你们愿意与我相随，"俱至乐

---

① 《后汉书·循吏传·王景》。
② 《后汉书·樊准传》。

土,以观时变"吗? 其从属皆从命。看来,秦及西汉时期的所谓"卑湿贫国"[1],到东汉末年前后,已经演进成为"沃野万里,民富兵强"的"乐土"了。《抱朴子·吴失》说到吴地大庄园经济惊人的富足:势利倾于邦国之君,储积富于朝廷公室,僮仆成军,闭门为市,牛羊遮蔽原野,田池遍布千里。庄园主有充备的物质实力,享受着奢靡华贵的生活,"金玉满堂,伎妾溢房,商贩千艘,腐谷万庚,园圃仿拟上林之苑,馆第僭逼太极之宫,梁肉余弃于犬马,积珍陷失于帑藏"。这样的情形,与司马迁所谓江南"无千金之家"的记述形成了鲜明的对照,而几乎完全成为王符《潜夫论·浮侈》、仲长统《昌言》中所描绘的东汉中期前后黄河流域豪富之家极端奢侈的经济生活的翻版。

显然,自两汉之际以来,江南农业经济确实得到速度明显优胜于北方的发展。正如有的学者所指出的,"从这时起,经济重心开始南移,江南经济区的重要性亦即从这时开始以日益加快的步伐迅速增长起来,而关中和华北平原两个古老的经济区则相反地日益走向衰退和没落。这是中国历史上一个影响深远的巨大变化,尽管表面上看起来并不怎样显著。"[2]

关于岭南地区水稻一年两熟制的最早记载,始于东汉时期。[3] 在广东佛山澜石东汉墓出土的一件陶制水田模型中,附有表现农田劳作的陶俑,有的犁地,有的插秧,有的收割,有的脱粒,展现出在不同田垄中抢种双季稻的紧张的劳动场面。模型还表现了备耕田中的粪肥堆,说明当地水稻田已经普遍施用基肥。又可见育秧田和插秧俑。[4] 番禺沙头16号东汉墓出土的陶水田模型也有农人插秧的形象。这些文物资料,可以说明东汉时期岭南某些地区已采用适应水稻一年两熟连作需要的育秧移栽技术。[5]《后汉书·循吏列传·任延》记载,南阳宛人任延任九真(郡治在今越南清化西北)太守,当地传统民俗以射猎为业,不知牛耕,任延于是令铸作铁制农具,教之垦辟,于是田畴岁岁开广,百姓充给,一时"风雨顺节,谷稼丰衍"。先

① 《史记·五宗世家》。
② 傅筑夫:《中国封建社会经济史》第二卷,人民出版社,1982年,第25页。
③ 《初学记》卷二七引杨孚《异物志》:"交趾冬又熟,农者一岁再种。"《太平御览》卷八三九引《异物志》作:"交趾稻夏冬又熟,农者一岁再种。"《隋书·经籍志二》:"《异物志》一卷,后汉议郎杨孚撰。"又写道:"《交州异物志》一卷,杨孚撰。"
④ 广东省文物管理委员会:《广东佛山市郊澜石东汉墓发掘简报》,《考古》1964年9期。
⑤ 中国社会科学院考古研究所编著:《中国考古学·秦汉卷》,中国社会科学出版社,2010年,第578页。

进的农耕技术的引入，是当地经济文化进步的主要因素之一，而大规模南下的移民，可以直接把黄河流域的先进农耕技术推广到岭南。东汉末年，因为黄河流域严重的战乱和灾荒，再一次掀起了新的移民浪潮。许多中原人在北方社会动乱激烈的背景下"避乱交州"。甚至北方军阀刘备也曾经准备南下投靠苍梧（郡治在今广西梧州）太守吴巨①，孙权也曾卑辞致书于曹魏，其中有"乞寄命交州，以终余年"语②。大致以往被看做"山川长远、习俗不齐"，"重译乃通，民如禽兽"③的南边地区，经先进经济形式长期的影响，其经济状况在许多方面可能已经与"中土"农业经济区相当接近了。岭南地区两汉户口的高增长率，也与农业的开发有关。④（图11）

图11　四川德阳出土播种画像砖

回顾中国农业史，可以看到，凡是社会比较安定，政策比较合理的历史时期，农业都可以获得发展。

唐代前期，农业经济的发展繁荣达到高峰。⑤ 政治的安定为社会经济

① 《三国志·蜀书·先主传》注引《江表传》。
② 《三国志·吴书·吴主传》。
③ 《三国志·吴书·薛综传》。
④ 参看朱宏斌：《秦汉时期区域农业开发研究》，中国农业出版社，2010年，第182页。
⑤ 曹贯一：《中国农业经济史》，中国社会科学出版社，1989年，第440页。

的发展创造了条件,于是生产发展,民生殷富。开元时期,荒地多有开垦开辟,出现了史书所谓"高山绝壑,耒耜亦满"的局面。当时,在籍人户空前增益,生产获得迅速发展,民间出现了粮食丰溢、布帛充盈的景象。据杜佑《通典》记载:"(开元十三年)米斗至十三文,青齐谷斗至五文。自后天下无贵物,两京米斗不至二十文,面三十二文,绢一匹二百一十文。"可见当时粮食、布帛产量丰富,物价低廉。到开元二十年(732),全国有民户786万(最多时逾千万),人口4543万,与唐初比较,户口增加一倍半以上。有的经济史学者注意到,唐代"长期造田运动的继续和进一步发展",而江南的开发尤为突出,"到了唐代,全国从北到南——直到国境的南端,所有平地都被开发利用了"。① 特别是江南开发所取得的成效,使得全国经济重心向东南转移的过程得以完成。大运河在唐代曾经发挥出了极其重要的作用。唐都长安,政治中心位于关中,关中虽然号称"沃野",但是土地面积有限,出产不足以供给京师需求,于是唐王朝"常转漕东南之粟"②。唐代诗人李敬方曾经作《汴河直进船》诗,其中写道:"汴水通淮利最多,生人为害亦相和。东南四十三州地,取尽脂膏是此河。"借助大运河以转输,中央政府于是得到东南地区强劲的经济支应。而正是由于农业经济的发展,才使得东南地区具备了支持中央的能力。

宋代是汉代以后大力兴修水利的最突出的历史阶段。"其炽热程度较之西汉殆有过之而无不及。大体上可以说,宋代是中国历史上兴修水利,推广灌溉的最盛时代。"在这一时期,不仅全国各地新建了许多大规模的水利灌溉工程,一些早已堙废的旧有渠道也得以修复疏浚。"凡有可以利用的江河湖泊,凡有可以开凿沟通的陂塘渠道,必尽量加以修治,力求使全国河网化,以尽量扩大土地的灌溉面积,提高农产品数量。"这一时期农业经济的进步,还体现于农业生产工具的改良,作物优良品种的引进和推广以及种植方法的改进。"宋代农业精耕细作的程度,在过去历代已经取得的成就之基础上,又大大前进了一步。"③

明清农业的突出进步,首先表现在产量的增加,可以大体满足人口急剧

---

①　傅筑夫:《中国封建社会经济史》,第四卷,人民出版社,1986年,第227—235页。

②　《新唐书·食货志三》。

③　傅筑夫:《中国封建社会经济史》第五卷,人民出版社,1989年,第201—276页。

增长的需要。康熙时代采取缓和阶级矛盾,发展社会经济的政策,取得了一定的成功。清初曾经历社会生产凋敝的阶段。顺治年间奖励垦荒,但收效甚微。康熙帝以与民休息为执政原则,十分注意恢复和发展生产。他下令停止清初圈地弊政。为招徕垦荒,修订顺治年间的垦荒定例,对于垦荒者给予更多的优遇。又规定地方官能招徕垦荒者升迁,否则罢黜。实行"更名田",将明藩王土地给予原种之人,改为民户,承为世业,使耕种藩田的农民成为自耕农。实行蠲免政策,以鼓励农业生产。蠲免的种类大体上有:免征荒地田赋、灾荒蠲免、普免钱粮等。康熙二十四年(1685)至二十六年,先后将河南、直隶、湖北等九省田赋普免一周。五十年,又将全国各省钱粮分三年轮免一周。这在以往的历史朝代是罕见的。五十一年二月,宣布"滋生人丁,永不加赋",将全国人丁税固定下来,使农民的负担有所减轻。经过几十年的努力,全国垦田面积由顺治末年的5.5亿万亩增加到康熙末年的8亿亩以上,农耕生产得到空前的发展,人口也迅速增长,历史上所谓"康乾盛世"得以实现。

二　农学的成就

由于农耕生产始终受到重视,总结农耕经验的农学著作相当多。农学,成为体现出中国古代文化重视实用,重视实验,重视实利的一支中成就最为突出的内容。

对于农学文献的分类,王毓瑚编著的《中国农学书录》划分为14类:1.农业通论;2.农业气象,占候;3.耕作,农田水利;4.农具;5.大田作物;6.竹木、茶;7.虫害防治;8.园艺通论;9.蔬菜及野菜;10.果树;11.花卉;12.蚕桑;13.畜牧,兽医;14.水产。书后附有编著者题为《关于中国农书》的论文,其中提出,"全面看起来,似乎可以把过去一切形形色色的、可以称为农书的著作归纳为以下几个系统",这就是:1.综合性的农书;2.关于天时、耕作的农书;3.各种专谱;4.蚕桑专书;5.兽医书籍;6.野菜专著;7.治蝗书;8.农家月令书;9.通书性质的农书。[①]

《汉书·艺文志》说:"农家者流,盖出于农稷之官。播百谷,劝耕桑,以

---

① 　王毓瑚编著:《中国农学书录》,农业出版社,1964年,第1—2、303—322、346—347页。

足衣食,故八政一曰食,二曰货。孔子曰'所重民食',此其所长也。"所著录有"农九家,百一十四篇",包括:《神农》二十篇(六国时,诸子疾时怠于农业,道耕农事,托之神农)、《野老》十七篇(六国时,在齐、楚间)、《宰氏》十七篇(不知何世)、《董安国》十六篇(汉代内史,不知何帝时)、《尹都尉》十四篇(不知何世)、《赵氏》五篇(不知何世)、《氾胜之》十八篇(成帝时为议郎)、《王氏》六篇(不知何世)、《蔡癸》一篇(宣帝时,以言便宜,至弘农太守)"。《汉书·艺文志》中著录的"六国时"农学作品可以说已经一无所存,我们所看到的专论农业的先秦文献,只有《吕氏春秋》中的《上农》《任地》《辩土》《审时》4 篇。有学者推断,《上农》等 4 篇,大致是采自《后稷农书》的。《后稷农书》,应当是战国时代较早的作品,故能为吕氏所采用。这一农书,在《汉书·艺文志》中即未著录,可见它是早已失传了;幸而在《吕氏春秋》中保留了这一部分。《上农》一篇,讲的是农业政策;《任地》《辩土》《审时》3 篇,讲的是农业技术。① 或说《上农》篇讲重农政策,《任地》《辩土》《审时》3 篇"是栽培通论的性质",可以说是"我国现存最早的三篇农学论文"。研究者也注意到,《后稷》"可能是战国时期一部托古的农书"。《吕氏春秋》提到它的 10 个生产问题,《汉书·食货志》提到它的甽田法,《氾胜之书》也提到它的溲种法。

讨论《吕氏春秋》中农学 4 篇的意义,我们不妨引用一部农学史专著中关于"吕氏春秋所反映的战国时期农学"的分析:"精耕细作的理论基础:编著的《中国农学书录》1. 人是作物生产的首要因素;编著的《中国农学书录》2. 精耕细作是向自然斗争的武器;编著的《中国农学书录》3. 耕作及时是精耕细作的关键。土地利用的理论与技术:编著的《中国农学书录》1. 任地的意义;编著的《中国农学书录》2. 作物栽培与土地利用;编著的《中国农学书录》3. 休闲与复杂的土地利用技术。整地的理论与技术:编著的《中国农学书录》1. 先秦祖先对于土壤的要求;编著的《中国农学书录》2. 整地的理论与技术。甽种法——我国最早的栽培法:编著的《中国农学书录》1. 甽种法的田间设计布置;编著的《中国农学书录》2. 甽种法的整地要求;编著的《中国农学书录》3. 高甽栽培法的播种匀苗要求;编著的《中国农学书录》4. 从甽种法来

① 夏纬瑛校释:《吕氏春秋上农等四篇校释》,农业出版社,1979 年,第 2 页。

看战国时期用犁的线索。"①有的学者则指出,《吕氏春秋》中的《上农》等4篇,"是先秦最系统的农业学著作",除农业技术以外,也包括农业政策。"这几篇文章反映了吕不韦和秦国政府对农业问题的高度重视,它主张先农业、次工商,与商鞅'困末作而利本事'的政策有一定区别。"②

西汉农学经典是《氾胜之书》。东汉农学最高成就的代表,则是崔寔所著《四民月令》。成书于东汉后期的《四民月令》,是田庄经营经验的总结。《四民月令》以历书的形式记录了许多农业生产经验和管理经验。《隋书·经籍志三》把这部书也列为农家著作。③《氾胜之书》是以关中地区作为试验区的农书。《四民月令》所记述的,则是以洛阳地区为主要对象的农耕生活规范。

北魏贾思勰撰《齐民要术》,作为反映当时黄河中下游地区相当高水平的农业科学技术的农学专著,也受到研究者的重视。④

图12 《农桑辑要》书影

日本学者天野元之助的《中国古农书考》,可以看做王毓瑚《中国农学书录》的补充。其排列顺序完全仿照王氏《书录》,所收书则有所增减。出于作者"把比较容易看到的书作为研究对象的缘故",所录农书总数少于王氏《书录》,只有240种。⑤

关于农学书录,胡道静曾经发表《稀见古农书录》⑥和《稀见古农书别录》,⑦均收入《农书·农史论集》。⑧ 收入这部文集的,还有涉及古代农书《四时纂要》《梦溪忘怀录》《南方草木状》《种艺必用》《农桑辑要》(图12)、《树艺篇》《农学集成》的论文多篇。此

①　中国农业科学院、南京农学院中国农业遗产研究室:《中国农学史(初稿)》上册,科学出版社,1959年,第77—102页。

②　牟钟鉴:《〈吕氏春秋〉与〈淮南子〉思想研究》,齐鲁书社,1987年,第30—31页。

③　避李世民讳,称《四人月令》。

④　缪启愉校释:《齐民要术校释》,农业出版社,1982年。

⑤　〔日〕天野元之助著:《中国古农书考》,彭世奖、林广信译,农业出版社,1992年,第15页。

⑥　原载《文物》1963年第3期,收入《农书·农史论集》,有1979年3月补记。

⑦　原载《图书馆》1962年第4期。

⑧　农业出版社,1985年。

外,同书又收有《我国古代农学发展概况和若干古农学资料概述》,概要介绍了中国古代农学文献的精华,其中关于"若干新发现的重要古农学资料"的内容,尤其值得注意。

三　历代王朝的农业管理形式

《吕氏春秋》还在《十二纪》中强调,施政要依照十二月令行事。而十二月令,实际上是长期农耕生活经验的总结。《吕氏春秋·上农》强调治国应当以农业为重,指出,古代的圣王所以能够领导民众,首先在于对农耕经济的特殊重视。民众务农不仅在于可以收获地利,更值得重视的,是有益于端正民心民志。《吕氏春秋》提出了后世长期遵循的重农的原则,特别强调其意义不仅限于经济方面,又可以"贵其志",即发生精神文化方面的作用。同篇又从这样三个方面说到推行重农政策的目的:编者的《中国农学书录》
1. "民农则朴,朴则易用,易用则边境安,主位尊。"编者的《中国农学书录》
2. "民农则重,重则少私义,少私义则公法立,力专一。"编者的《中国农学书录》3. "民农则其产复,其产复则重徙,重徙则死其处而无二虑。"就是说,民众致力于农耕,则朴实而易于驱使,谨慎而遵从国法,积累私产而不愿意流徙。很显然,特别是其中前两条,"民农则朴,朴则易用"以及"民农则重,重则少私义"的内涵,其实都可以从政治文化的角度来理解。这样的思想,长久地影响着后来历代统治者的政策。

《吕氏春秋》是战国百家争鸣时代最后的文化成就,同时作为文化史即将进入新的时代的重要的文化标志,可以看作一座文化进程的里程碑。《吕氏春秋》的文化倾向,对秦帝国的政策有重要的影响。

关于秦王朝经济生活的史料有限,由于秦王朝短促而亡,后人回顾秦制,多持全面否定的态度,秦代经济运行的总体面貌不能得到真切的反映。1975 年,湖北云梦睡虎地 11 号秦墓出土简书 10 种,其中多有可以补充史籍记载的珍贵资料。云梦睡虎地秦简所提供的经济史料,使我们对于当时社会经济生活的若干具体情形,得到了一些新的认识。

睡虎地秦简的一部分内容,整理者命名为《秦律十八种》。大致看来,18 种律文都不是该律的全文,抄写人当时只是根据自己的需要摘录了其中有关的部分。

《秦律十八种》涉及的内容相当广泛。例如，《田律》规定，降雨及时，谷物抽穗，各地应当及时以书面形式上报受雨、抽穗的耕地顷数以及虽开垦却没有播种的田地的顷数。禾稼出苗之后降雨，也应当立即报告雨量多少和受益田地的面积。如果发生了旱灾、风灾、涝灾、蝗灾和其他虫灾，使农田作物遭受损害，也要上报灾区范围。距离近的县，由步行快捷的人专程呈送上报文书。距离远的县，由驿传系统交递，都必须在八月底以前送达。中央政府于是可以全面了解农业形势，严密注视生产进度，准确估算当年收成，进而实施必要的管理与指导，进行具体的规划与部署。《厩苑律》规定，在四月、七月、十月和正月评比耕牛。满一年，在正月进行大规模的考核。考核中成绩领先的，赏赐田啬夫酒一壶、肉脯一束，饲牛者可以免除一年更役，有关人员还可以得到相应的奖励。律文还规定，如果用牛耕田，牛因过度劳累致使腰围减瘦，每减瘦一寸，主事者要受到笞打十下的惩罚。在乡里中进行的考核中，成绩优异和成绩低劣的，也各有奖惩。我们还看到这样的法律条文：借用铁制农具，因原器破旧而损坏，以文书形式作正常损耗上报，回收原器，不令赔偿。律文还规定，使用或放牧官有的牛马，牛马若有死亡，应立即向当时所在的县呈报，由县进行检验之后，将死牛马上缴。如果上报不及时，要受到相应的惩罚。如果是大厩、中厩、宫厩的牛马，应将其筋、皮、角和肉的价钱呈缴，由当事人送抵官府。如果小隶臣死亡，也应将检验文书报告主管官府论处。每年对各县、各都官的官有驾车用牛考核一次，牛在一年间死亡超过定额的，主管官员和饲牛的人都有罪。

汉王朝推行的政策，也有促进农业经济的内容。例如，天下大定之后，刘邦罢遣军中士卒，表示结束战争状态，恢复经济生产的决心。这一决定，也顺应了社会上下期盼安定和平的共同意愿。大批出身农人的兵士的复员，使农耕经济复苏得到了最基本的条件。刘邦宣布对于罢遣的军士给予政治地位和经济利益方面的优遇，即赐爵授田。并且明确宣称，所依据的原则，正是"法以有功劳行田宅"，即按照战争中的功绩和劳绩分配土地宅屋。这一政策虽然文辞内容似乎与秦法相类同，但是在当时的时代背景下却表现出新的意义。对于所谓"从军归者"及"有功者""赐爵"及"先与田宅"，安定了人心，使最有生机的社会力量倾心回到农业生产中。同时，也使一个包括中小地主和富裕自耕农的较富有实力的阶层，成为新兴的西汉王朝的坚实的社会基础。刘邦同时还宣布了两项重要的政策：1. "民前或相聚保山泽,不书名数,今天下已定,令各归其县,复故爵田宅,吏以文法教训辨告,勿笞辱。"2."民以饥饿自卖为人奴婢者,皆免为庶人。"平民在战乱以前的身份地位以及私有财产的所有权,在回归故乡后,得到政府的全面承认。地方官不得歧视欺凌。战乱中被迫自卖为奴婢者,恢复平民的地位。这样,使战乱中大量流亡于野山大泽的民众重新回归到政府控制之下,成为编户齐民,又使一定数量的奴婢得到人身解放。这些人以极高的生产热情投入到农耕经济活动之中,必然可以有效地促进农业的发展。

汉初统治者实行与民休息的政策,对于促进当时社会经济的恢复和发展,有重要的作用。《汉书·食货志上》说,汉文帝在位时,贾谊曾经建言重视农耕,他说,驱使民众归于农耕,就意味着依附于国家经济的根本,如此,则可以使天下各食其力。贾谊以为,这样则"可以为富安天下"。这位有识见的思想家"为富安天下"即通过发展经济以保障安定的政治设计,在文景时代基本上实现了。荀悦《前汉纪·文帝二年》引述了晁错这样的话:现今农夫五口之家,其直接劳作者不过二人,其能够耕作的田地不过百亩,百亩农田收益的谷物,不过三百石。有的学者据此推断,当时农业生产恢复并且得到发展,粮食亩产已经赶上并略超过战国后期的水平了。"汉时小亩比战国时的周亩略小",因而"单产实际上是提高了"。"折合今量就是产粟281市斤/市亩。"①

汉武帝晚年,觉悟到发展农耕经济较强兵任战对于国家强盛有更重要的意义,于是又明确以"富民"作为大政方针,宣布"方今之务,在于力农"。命搜粟都尉赵过推广先进耕作技术"代田法"。代田法在关中地区试验,每亩产量较一般农田增长一斛甚至二斛以上。据《汉书·食货志上》记载,汉武帝于是又"令命家田三辅公田,又教边郡及居延城",此后各地推广,得到收益,"用力少而得谷多"。居延汉简所见"代田仓"简文,说明代田法确实曾经在河西边地成功推行。

东汉初年,汉光武帝刘秀调动农业生产的积极性以促进农业发展的一项重要政策,是减免租赋。田赋征收是国家和耕作者直接发生经济关系的主要形式。田赋征收的额度,决定政府可能控制的财力。田赋征收的比例,

---

① 吴慧:《中国历代粮食亩产研究》,农业出版社,1985年,第111页。

又决定农耕生产者的生活水平和劳动热情,从而影响到社会的治与乱。刘秀注意到调节田赋征收的意义,重视采用这一方式缓和政府与民众的矛盾。建武六年(30),在虽已削平黄河流域主要的割据势力,北方的主要地区得以安定,而隗嚣、公孙述未平,全国战事尚未结束的情况下,刘秀下诏宣布:此前因为战争状态尚未解除,军费用度不足,因而实行什一之税。现今军士屯田,粮储有所积蓄,"其令郡国收见田租三十税一",如旧时制度①。"三十税一",是汉文帝时代曾经实行的田赋制度。刘秀当政的年代颁布诏令重申"三十税一"的制度,表现出最高执政集团努力避免因田赋征收过度而导致社会危机的意向。

历史上关系农业经济发展的制度和政策,主要是土地制度和赋税制度。中国古代多次改革,主持者都是期望通过对土地制度和赋税制度的调整,使生产关系得到改善,为农业经济的发展创造良好的条件。

历朝土地制度往往以限制大土地所有者对土地的集中占有为出发点,以保证政府对农业经济的直接控制。个体农户相对平均地占有耕地,客观上有益于农业生产积极性的调动。历代土地制度的调整,有成功的,有失败的。总体看来,比较合理的土地制度,能够适应农业生产力发展的趋势。②

以推进农业经济发展为动机的赋税制度的改革,可以以唐代"两税法"和清代"摊丁入地"制度的施行为例。

唐初实行均田制,在一定程度上可以保证每个农户有一块土地,所谓"以丁身为本"的租庸调制,就是在这一基础上实行的。但是由于土地兼并的不断发展,在唐代中期,失去土地而流亡的农民已经有很大数量。农民逃亡,政府一般责成邻保代纳租庸调,于是迫使更多的农民逃亡。显然,在这样的条件下,租庸调制的维持已经十分困难,赋税制度的改革势在必行。唐德宗时,宰相杨炎建议实行"两税法"。这一改革措施在建中元年(780)正月正式公布。两税法的主要原则,是不再区分土户(本贯户)和客户(外来户),只要在当地有资产、土地,就在当地上籍征税。这样可以防止一些官

① 《后汉书·光武帝纪下》。

② 参看赵俪生:《中国土地制度史》,齐鲁书社,1984 年;陈守实:《中国古代土地关系史稿》,上海人民出版社,1984 年;林甘泉主编:《中国封建土地制度史》第一卷,中国社会科学出版社,1990 年;李埏等主编:《中国古代土地国有制史》,云南人民出版社,1997 年。

僚富豪破除籍贯,逃避租庸调,到其他州县去购置田产,以享受轻税优待。另外,征税不再以人丁为主,而是以财产和土地为主,并且越来越以土地为主。两税法的具体形式是:1. 将建中元年以前的正税、杂税及杂徭合并,其总额称"两税元额";2. 将这个元额分摊到各户,分别按垦田面积和户等高下摊分;3. 每年分夏、秋两季征收,夏税不得超过六月,秋税不得超过十一月,因此成为"两税"(一说是因为包括户税和地税两项内容);4. 无固定居处的商人,所在州县按照其收入的三十分之一收税;5. 租、庸、杂徭悉省,但丁额不废。两税法将中唐极其紊乱的税制统一起来,短期内在一定程度上减轻了民众的负担,并且把征收原则由按人丁改为按贫富,扩大了征税面,也对无地少产的农民有一定的好处。

清代又曾经实行过一次赋役制度的重要改革,这就是"摊丁入地"。所谓"摊丁入地",也就是将历代相沿的丁银并入田赋征收的一种赋役形式,又称作"摊丁入亩""地丁合一""丁随地起",通称"地丁"。

清王朝建立初期,经过长期战乱,版籍无存,满洲地主和部分汉族地主享有免役免税的特权,官绅豪强又千方百计地把赋税和徭役转嫁到无地或少地的农民以及其他劳动者身上,于是,赋役征发不合理,赋役征发困难的矛盾更为突出。贫苦农民和其他劳动者不堪承受沉重的赋役负担,不得不离开土地流亡,或者直接抗缴赋役银。传统的赋役制度,是按土地数量和人丁数目两个标准征收,分别为"地银"和"丁银"。由于人丁死亡增殖,隐匿流动,变化频繁,难以准确统计。为了保证政府的赋役收入,缓和日益尖锐的阶级矛盾,清政府于康熙五十一年(1712)规定,以康熙五十年的人丁数(24611324人)作为以后征收丁银的标准,此后滋生人丁(即所谓"盛世滋生人丁")永不加赋。把丁税总额固定下来,稳定了全国负担的丁税额。这一改革措施,是中国专制时代徭役向赋税转化的重要标志,为"摊丁入地"的新赋役制度的推行奠定了基础。"摊丁入地"是赋役制度的重大改革。推行"摊丁入地"之后,从此废除了历史上长期实行的人头税的征收,统一了赋税标准,简化了赋税手续,有利于丁多地少的农民,农民与地主间的人身依附关系也有所减弱。

四　中国古代手工业发展的特征

中国古代手工业有辉煌的历史。

远古时代的陶艺、纺织和玉器制作等，已经表现出相当高的工艺水平。不过，独立于其他经济部门的作为产业的手工业的成熟，应当从商周时代起始。当时的玉器和青铜器所体现的手工业水准，在某种意义上可以得到"空前绝后"的评价。汉代的炼铁、铸铁和制钢业、丝织业、漆器制造业以及造纸业的兴起，是当时经济繁荣的主要标志之一。此后百工技巧之业，历代都有成就。我们今天看到的许多珍贵的历史文物，都是古代手工业劳动者的智慧的结晶。

关于中国古代手工业的管理制度，有出土文献提供的信息可以反映。

睡虎地秦简《金布律》是有关府库金钱布帛之事的法律，规定了关于财务管理的制度。其中说到政府征收和发出钱币的方式，可知当时法律要求，买卖往来，商品"各婴其贾（价）"，即明码标出价格。《关市律》还规定，从事手工业和为官府出售产品，收受金钱时必须当面立即把钱投入陶制容器之中，违反法令的要受到处罚。特别值得注意的，是《工律》中这样的内容："为器同物者，其小、大、短、长、广亦必等。"要求制作同一种器物，其大小、长短和宽度必须相同。即使在官营手工业生产系统，这样讲究标准化的要求，也是值得重视的。《工律》还规定，县和工室由官府有关机构校正其衡器的权、斗桶和升，至少每年应当校正一次。本身有熟习校正方法的工匠的，则不必代为校正。这些度量衡用的标准器在领用时也要加以校正。《工人程》是关于劳动生产定额的规定。例如，其中写道，冗隶妾 2 人相当于工匠 1 人，更隶妾 4 人相当于工匠 1 人，可以役使的小隶臣妾 5 人相当于工匠 1 人。我们还可以看到，律文明确规定，隶臣、下吏、城旦和工匠在一起生产的，在冬季劳作时，得放宽其标准，3 天的定额相当于夏季 2 天。①

睡虎地秦简又有《均工律》，体现了使劳役人员才尽其用的原则：隶臣

---

① 汉代算术书《九章算术》中有《商功》篇，其中列有计算劳动生产定额和劳动生产率的应用算题，其中写道："冬程人功四百四十四尺"，"夏程人功八百七十一尺，并出土功五分之一"。也说冬夏劳动生产定额有所区别，这是因为冬季和夏季昼夜长短不同的缘故。

有特殊技艺可以作为工匠的,不承担驾车、烹炊的劳作。《均工律》还说,新工匠开始工作,第一年应当达到规定生产定额的一半,第二年所完成的数额应当和熟练工匠相当。工师精心指教,有一定技术基础的工匠,应当一年学成;新工匠则应当两年学成。能够提前学成的,向上司报告,应有所奖励。逾期未能学成的,也应记录在案。

从睡虎地秦简的有关律文,可以看到,当时政府对经济生活的控制是相当全面相当具体的,政府进行手工业管理的措施,也达到极细微极严密的程度。当时已经建立了相当严格的手工业生产质量考核制度。[1]

东汉以来走向发达的田庄经济,田庄内部能够"闭门成市",甚至可以"有求必给",即农林牧副渔诸业并兴,又有做功"巧不可言"的手工业,其基本生活消费,可以不依赖田庄以外的市场。

崔寔的《四民月令》,也反映了田庄的生产形式和生活形式。田庄的经营活动以大田作物栽培为主,兼及蔬菜、果木及染料作物,种植的竹木除竹、桐、梓、松、柏外,还有漆、蚕桑作业,也受到重视。药材的采集,以及酒、醋、酱、饴糖等物的酿造加工,纺织手工业,农具和兵器的修造等,也都被列入详密的安排之中。可见,田庄就是一个相当完备的微型社会,其经营内容,是包括手工业的。山东滕县宏道院出土的汉画像石,可以看到地主田庄中冶铸锻造铁器的画面。[2] 而田庄中车辆制作的场面,在汉代画像中也有反映。[3]

官营手工业的管理,一直有非常严格的制度。服役于官营手工业的劳动者,许多是民间工匠注籍匠户后世代以无偿劳役形式艰苦劳作。官工匠中有许多是由官奴婢转成的,特别是织室、绣房中的女工,其实依然是女奴。[4]

由于官营手工业具有一定的生产规模,内部技术分工十分细密。"每一种这样的生产,又按照不同的生产程序——这些不同的程序原来都是独立的生产部门——使各个程序成为既互相独立、又互相补充的局部操作。分配在各程序上的工匠各从事一种专门化的局部操作,不兼作、不二事,这

---

① 蔡锋:《中国手工业经济通史·先秦秦汉卷》,福建人民出版社,2005 年,第 435 页。

② 山东省博物馆、山东省文物考古研究所:《山东汉画像石选集》,齐鲁书社,1982 年,图 341。

③ 山东省博物馆、山东省文物考古研究所:《山东汉画像石选集》,齐鲁书社,1982 年,图 181。

④ 参看傅筑夫:《中国封建社会经济史》第三卷,人民出版社,1984 年,第 302—303 页。

样每个工人都成为整个生产过程中的一个局部劳动者。"有学者于是认为，"这说明各种规模庞大的官手工业（包括少府监主管的各种手工业），虽然都是政府的官设机构，但却都具备了工场手工业的生产条件，并具备了工场手工业的基本性能"①。

论者还指出，中国古代官营手工业"不是以营利为目的的商品生产"，其生产过程中"指挥工作"的"是由政府派遣的官吏"，此外，"生产出来的产品没有交换价值，而只有供统治阶级消费或官家使用的使用价值，因而其生产和分配不受价值规律支配。"于是可以说，"以资本主义的方式生产纯粹的使用价值，是中国历代官手工业所具有的一个重大特点"②。

五　历朝重农抑商政策和商业的艰难发展

在中国传统社会，商人的社会地位相当低。商业被看做"末业"，长期受到鄙薄和压抑。

在秦始皇时代，"贾人"是首先被政府征发"谪戍"的对象③。只要一入市籍，三代都丧失人身自由，对外用兵时，首先被作为"谪戍"④。汉初又规定商人不许穿丝绸衣服，不许持有武器，不许乘车骑马，不许仕宦为吏，不许购买土地，违反者以法律处置。

尽管商人受到贬抑，他们仍然能够在当时的经济条件下成功致富，仍然能够在社会经济中发挥重要的作用。这是因为在货币经济已经规范社会生活的时代，由于利益的驱动，"富商大贾周流天下，交易之物莫不通"⑤，生产与消费都冲破了原来的地域界限。所谓"农工商交易之路通"⑥的经济形势的形成，正是以商业活动的广度和密度为条件的。广泛而频繁的商业行为，愈益使各经济区都融入"财物流通，有以均之"⑦的经济共同体之中，经济意

---

① 傅筑夫：《中国封建社会经济史》第四卷，人民出版社，1986 年，第 295 页。
② 傅筑夫：《中国封建社会经济史》第五卷，人民出版社，1989 年，第 279—280 页。
③ 《史记·秦始皇本纪》。
④ 《汉书·晁错传》。
⑤ 《史记·货殖列传》。
⑥ 《史记·平准书》。
⑦ 《盐铁论·通有》。

义上"海内为一"①的局面终于形成。

秦汉时期商业活动对于经济发展的有力推动，突出体现为商运的空前活跃极大地促进了物资的交流，"农商交易，以利本末"②，因而使得经济生活表现出前所未有的活力。当时，"富商大贾，周流天下，道无不通"③，"千里游敖，冠盖相望，乘坚策肥"④，"船车贾贩，周于四方"⑤，"东西南北，各用智巧"⑥。以繁忙的出行活动为基础的民间自由贸易，冲决政府抑商政策的重重限遏，对于秦汉经济的繁荣做出了贡献。

《四民月令》中有关"籴""粜"等买卖谷物以及三月可"买布"，八月买"韦履"以备冬寒，十一月"买白犬"以供祭祀之用等内容，反映了农村商业行为的活跃。《四民月令》的"四民"，指士农工商，而其主体是"农"。在《四民月令》的安排中，虽然没有"列肆卖侈功"的市场，但是有农副产品的季节性买卖。这种认识倾向，在崔寔的个人经历中已经有所表现。据《后汉书·崔寔传》记载，崔寔父亲去世后，出卖田宅以起家茔，安葬后，资产竭尽，因为穷困，曾经经营酿造生意，当时许多人讥笑他，崔寔却不以为耻。不过经营目的只是在于取足，并不追求有多的盈余。对于工商，崔寔与王符《潜夫论·务本》中的观点是一致的。他们认为，农桑是本，以致用为目的的百工和以通货为目的的商贾，也是本。这种对工商在一定程度上的肯定有积极意义。这种观念的产生和发展，是以东汉经济的进步为时代基础的，也是以关东地区特别是洛阳附近地区的工商业传统为地域条件的。

不过，传统儒学思想"重农抑商"的原则确实发挥着重要的影响。汉王朝从这一原则出发，又出于现实利益的考虑，曾经推行过十分有效的政策。

官营盐铁，就是使西汉帝国的经济基础得以空前强固的有效的经济政策之一。官营盐铁，就是中央政府在盐、铁产地分别设置盐官和铁官，实行统一生产和统一销售，利润为国家所有。盐业官营的形式，是由在产盐区设置的盐官备置煮盐用的"牢盆"，募人煮盐，产品由政府统一收购发卖。铁

---

① 《史记·货殖列传》。
② 《盐铁论·通有》。
③ 《史记·淮南衡山列传》。
④ 《汉书·食货志上》。
⑤ 《后汉书·仲长统传》。
⑥ 《汉书·贡禹传》。

业官营的形式，是由在产铁区设置的铁官负责采冶铸造，发卖铁器。官营盐铁的实施，使国家独占了于国计民生意义最为重要的手工业和商业的利润，可以供给皇室消费以及巨额军事支出。当时，人民的赋税负担并没有增加，国家的用度却得以充裕。官营盐铁，又不可避免地给社会经济和民众生活带来了一些消极的影响。例如官盐价高而味苦，铁制农具粗劣不合用等。

汉武帝时代，又曾经由桑弘羊主持推行史称"均输""平准"的制度。均输法，就是大农向若干郡国派遣均输官，进行官营运输业的经营，改进调整以全国为规模的运输调度，扭转了以往重复运输、过远运输、对流运输等不合理运输所导致的天下赋输运费甚至超过货物所值的现象。汉武帝元鼎年间，河渭漕运粮食 400 万石，再加上官府自行购买谷物，方能够满足需求，在桑弘羊以均输法调整运输政策以后，元封年间，关东漕运的运输量增加到岁600 万石。600 万石粟，按照汉代一车载 25 斛的运载规格，用车可达 24 万辆次。交通运输的合理组织，促使财政形势也大大改观。① 平准法，就是由大农在京师设平准官，进行官营商业的管理，平抑物价，调剂供需，节制市场。均输法和平准法的制定和推行，体现出西汉王朝的国家经济管理水平有新的提高。

统一货币、官营盐铁、建立均输制度和平准制度，使政府不仅获得经济利益，更重要的是为重农抑商奠定了经济基础。

汉武帝时代，还采取了"算缗"和"告缗"等直接打击大商贾的政策。元狩四年（前 119）开始推行的"算缗钱"制度，规定商人、兼营手工业的商人以及高利贷者，必须向政府申报其资产。每 2 千钱应纳税一算，即 120 钱。自产自销的手工业品，每 4000 钱一算。轺车一车一算，商人拥有的轺车则加倍。船五丈以上一算。商人有产不报或报而不实的，罚令戍边一年，财产予以没收。元鼎四年（前 114），汉武帝又下令实行"告缗"，鼓励民间相互告发违反"算缗"法令的行为。规定将所没收违法商人资产的一半奖励给告发者。于是，在"告缗"运动中，政府没收的财产数以亿计，没收的奴婢成千上万，没收的私有田地，大县数百顷，小县百余顷。中等资产以上的商贾，大多数都遭到告发以致破产。

---

① 汉代数学专著《九章算术》中有《均输》章，其中的算题，反映了当时官营运输业的组织者和管理者制定详密计划分派运量、调度运力，并且严格规定运输行程的情形。

"算缗""告缗"推行之后,政府的府库得到充实,商人受到沉重的打击。专制主义中央集权制度的空前加强,得到了强有力的经济保障。"算缗"和"告缗"对于当时政府经济危机的缓解,对于抑制在经济上可能与政府抗衡的商人的实力,都有直接的效用。不过,这种以强制手段剥夺一部分民众的财产以充实国库的做法,却在历史长开了一个不好的先例。中国传统专制国家这一行政习惯的形成,显然受到汉武帝政治成功的启示。而中国古代大一统帝国重农抑商基本国策的切实推行,也可以在汉武帝时代找到历史源头。

在王莽推行的一系列新政中,又有被称为"五均六筦"的城市经济政策。"五均六筦",即"五均赊贷"和"六筦"的制度。王莽曾经试图通过这一形式,改善对工商业和财政的管理。"五均六筦",即对六种经济活动实行管制,包括对盐、铁、酒实行专卖,政府铸钱,名山大泽产品收税以及五均赊贷即政府对城市工商业经营和市场物价进行管制并办理官营贷款业务等。居延汉简中可以看到这样的简文"……枚,缣素,上贾一匹直小泉七百枚,其马牛各且倍,平及诸万物可皆倍。牺和折威侯匡等所为平贾,夫贵者征贱,物皆集聚于常安城中,亦自为极贱矣。县官市买于民,民……"(E. P. T59:163)。简文中所谓"牺和折威侯匡",可能就是《汉书·食货志下》中说到的主持"五均六筦"的"羲和鲁匡"。[①] 事实证明王莽时代推行的"五均赊贷"制度不仅限于"盐铁钱布帛",可能也曾试图涉及物资,包括"马牛""及诸万物"。当时实行"五均"的六个城市,称为"五均市"。"五均市",就是:长安(今陕西西安西北)、洛阳(今河南洛阳东)、邯郸(今河北邯郸)、临菑(今山东淄博东)、宛(今河南南阳)、成都(今四川成都)。《汉书·食货志下》记载,王莽当时颁布诏令说:《周礼》有赊贷制度,《乐语》有五均形式,《传》《记》等诸种典籍又多说到"斡",其作用在于使众庶得到平均,使兼并得到抑止。于是在长安及五都设立"五均官",更名长安东、西市令及洛阳、邯郸、临菑、宛、成都市长皆为"五均司市师"。东市称"京",西市称"畿",洛阳称"中",其余四都各用"东""西""南""北"为称,分别设置交易丞五人,钱府丞一人。

---

① 《汉书·王莽传下》则写作"牺和鲁匡"。

当时，新朝政府宣称希望通过类似的经济管理方式，限制商人对农民的残酷盘剥，制止高利贷者非法牟取暴利的行为，以完备国家的经济制度，调整社会的经济关系。但是，这些措施也多有不利于实行的成分，遭到了工商业者的联合反对，导致了明显的经济混乱。

"五均六筦"法实行了十数年，并没有取得理想的收效。到王莽地皇二年（21），和他一系列失败的政策一样，也准备正式废除。然而第二年，王莽的新朝政权就覆亡了。

正如有的学者所指出的，"从西汉到三国，在整个两汉时期，商业发展的势头并没有被打断，尽管在一个以小农制经济为基本核心的社会经济的结构中，商品的国内市场极为有限，而又经常处在抑商政策、抑奢政策、禁榷制度等等千方百计地打击、压迫、阻挠、干扰之下，而失去活动自由，但是它仍然在层层压力的夹缝中为自己开拓活动的园地，不论被拘囚在多么狭小的樊笼内也能找到一线的出路，于艰难险阻之中，照旧买贱鬻贵，以大获其利。"①

汉代商业发展的情形，其实可以看做中国古代商业史的一个缩影。

后世商业的发展，曾经达到十分繁盛的程度。以唐代为例，唐人姚合有《庄居野行》诗，描述了当时民间经商热的状况："客行野田间，比屋皆闭户。借问屋中人，尽去作商贾。""居人尽东西，道路侵垅亩。采玉上山岭，采宝入水府。"行商千里奔波，所谓"年年逐利西复东"的生活，在诗人张籍的《贾客乐》中，有生动的体现："金陵向西贾客多，船中生长乐风波。欲发移船近江口，船头祭神各浇酒。停杯共说远行期，入蜀经蛮远别离。金多众中为上客，夜夜算缗眠独迟。"白居易《盐商妇》诗所谓"南北东西不失家，风水为乡船作宅"，以及刘禹锡《贾客词》："贾客无定游，所游唯利并"，"行止皆有乐，关梁自无征"等，也都形象地记述了当时商人往来千里，辛苦经营的生活景况。元稹的《估客乐》诗，更是当时经商者真实生活的写照。诗人写道："估客无住者，有利身即行。出门求火伴，入户辞父兄。""求珠驾沧海，采玉上荆衡。北买党项马，西擒吐蕃鹰。炎州布火浣，蜀地锦织成。越婢脂肉滑，奚僮眉眼明。通算衣食费，不计远近程。经营天下遍，却到长安城。"

---

① 傅筑夫：《中国封建社会经济史》第二卷，人民出版社，1982 年，第 400—401 页。

商人经营的内容丰富多样，基本的原则是只要"有利"则"身即行"，山南海北，不辞艰辛。

商人的活跃，促成了特殊的交通现象。大的都市，往往商船四方荟萃，远帆云集。《太平广记》卷四四引《河东记》说，萧洞玄周游天下，到扬州时，看到众船在水道中拥挤争行的情景："于时舳舻万艘，隘于河次，堰开争路，上下众船，相轧者移时，舟人尽力挤之，见一人船顿，蹙其右臂且折，观者为之寒栗。"据《旧唐书·代宗纪》记载，广德元年（763）十二月辛卯这天，鄂州（今湖北武昌）大风，"火发江中，焚船三千艘"。一次江中火灾竟然焚毁3千艘船舶，可见在较大的商港，商运力量之集中。《唐会要》卷八六有这样一段文字，描写了当时的商运形势："且如天下诸津，舟航所聚，旁通蜀汉，前指闽越，七泽十数，三河五湖，控引河洛，兼包淮海。洪舸巨舰，千舳万艘，交货往还，昧旦永日。"全国各个交通要地，都聚集有大量的运船，其航向或西行蜀汉，或南指闽海，或北上河洛，或东向淮海，来往于诸泽薮河湖各个水系。各种船型，万千会集，装卸往还，繁忙以至不分昼夜。

唐人李肇所撰《唐国史补》卷下记载说，江湖上通常流行这样的说法："水不载万。"就是说最大的舟船，也不过装载八九千石。可是唐代宗大历至唐德宗贞元年间（766—804），有所谓"俞大娘航船"形制最大，船上"居者养生、送死、嫁娶，悉在其间"，甚至可以在甲板上种植菜圃，操驾之工多达数百人。"俞大娘航船"南至江西，北至淮南，每年往返一次，载运利润十分可观，其运输能力是绝对不止"载万"的。

当时陆路商运也十分发达。服务于商运的附属辅助性的经营形式，如客舍、邸店、车坊等，生意非常兴隆，甚至许多官吏也纷纷参与争利，朝廷不得不严令限制。例如：唐玄宗开元二十九年（741）正月，"禁九品已下清资官置客舍、邸店、车坊。"①唐德宗大历十四年（779）六月，"禁百官置邸货鬻。"②同年七月，唐德宗还颁布诏书，严令王公卿士不得与民争利，指出各节度观察使在扬州"置回易邸"的弊端，命令予以罢除。③

---

① 《旧唐书·玄宗纪下》。
② 《新唐书·德宗纪》。
③ 《旧唐书·德宗纪上》。

宋明时代,商业空前发达。(图13)我们在明代著名文学家冯梦龙的作品中,可以看到商人奔走四方,在商海大潮中游竞沉浮的生动形象。《喻世明言》第一卷《蒋兴哥重会珍珠衫》中写道,蒋兴哥新婚,"一日间想起父亲存日广东生理,如今担阁三年有余了,那边还放下许多客帐,不曾取得",决意不能"抛了这行衣食道路",于是"拣了个上吉的日期",终于与妻子"怨离惜别"。第十八卷《杨八老越国奇逢》也写道,杨八老因"读书不就,家事日渐消乏",于是与妻子商议:"祖上原在闽、广为商,我欲凑些资本,买些货物,往漳州商贩,图几分利息,以为赡家之资。"妻子李氏表示支持:"妾闻治家以勤俭为本,守株待兔,岂是良图? 乘此壮年,正堪跋涉,速整行李,不必迟疑也。"于是"择个吉日出行"。和这个故事相照应,冯梦龙又录有《古风》一篇,"单道为商的苦处":"人生最苦为行商,抛妻弃子离家乡。餐风宿水多劳役,披星戴月时奔忙。水路风波殊未稳,陆程鸡犬惊安寝。平生豪气顿消磨,歌不发声酒不饮。少资利薄多资累,匹夫怀璧将为罪。偶然小恙卧床

图13 《清明上河图·水运商贸》

帏,乡关万里书谁寄?一年三载不回程,梦魂颠倒妻孥惊。灯花忽报行人至,阖门相庆如更生。"《警世通言》第二十二卷《宋小官团圆破毡笠》中,说到刘顺泉的身世资产,"那刘顺泉双名有才,积祖驾一只大船,揽载客货,往各省交卸。趁得好些水脚银两,一个十全的家业,团团都做在船上。就是这只船本,也值几百金,浑身是香楠木打造的。江南一水之地,多有这行生理。"说明当时已经出现服务于"客货"商运,往来"各省",谋得"好些水脚银两"的运户。所谓"江南一水之地,多有这行生理",体现出一种新的经济力量的兴起。明代著名作家凌濛初的《初刻拍案惊奇》卷一《转运汉遇巧洞庭红,波斯胡指破鼍龙壳》,还讲述了一个苏州商人往北京贩卖扇子,后来又随"几个走海泛货的邻近","附了他们航海",偶得暴利,"做了闽中一个富商","立起家业",长久"殷富不绝"的故事。这样的故事,其实是当时"专一做海外生意"求利的商人们经营事迹的文学映象。

《客商一览醒迷》一书,是一位闽商李晋德编撰的记录经商体验的著作。这部书,和《天下水陆路程》合刻,题《客商一览醒迷天下水陆路程》,于明崇祯八年(1635)刊行。《客商一览醒迷》记述了商人在各个商务过程中,包括投牙、找主、定价、过秤、发货、付款、索债以及诉讼等行为中应当注意的环节。其中尤其提出了在与商运有关的交通活动中,应当如何观测天地气候变化,择定出行归返吉日,警惕心怀叵测之徒,留心人身钱货安全,防止发生各种意外等。这部书采用格言式的文体,风格一如明代民间普遍流行的《小儿语》《续小儿语》,以及很可能当时已经成书的《增广贤文》等。书后又附有《悲商歌》三十首,其中许多说到了商旅的艰辛。如:"抛却妻儿渡海滨,不辞晓夜载星行。若然财本轻虚费,辜负勤渠受苦辛。""四业惟商最苦辛,半生饥饱几曾经。荒郊石枕常为寝,背负风霜拨雪行。"对于他们经历交通往来之艰辛而得到的社会体验,有些诗句的表述虽然少有文采,但是却隐含有比较深刻的内涵,有些内容甚至有相当积极的意义。例如:"身世飘萍无定踪,利腥牵我走西东。风光旦暮频更眼,花木荣枯处处同。""举目山河异故乡,人情处处有炎凉。须知契合非吾里,自古男儿志四方。"在这部书的后面,还附有所谓《逐月出行吉日》《憎天翻地覆时》《杨公忌日》《六十甲子逐日吉凶》等,这些都是满足出行择吉需要而流行于民间的文书。这些内容,也反映了当时以商业为出行目的的交通往来十分频繁。

徽商黄汴编撰的《天下水陆路程》一书,原名《一统路程图记》,最初刊行于明隆庆四年（1570），是一部根据各种"程图"和"路引"汇编而成的当时比较完备的国内交通指南。其中详细地记载了二京十三布政司水陆通道的起迄分合、走向里程、驿铺名称，同时也部分涉及沿途物产行情、治安状况、食宿条件、船轿价格等信息。另一部《天下路程图引》，题"西陵澹漪子识"，刊于明天启六年（1626）。书中汇集明代水陆路引 100 条，以记载水陆交通路线的站名和里距为主，同时涉及沿途各地的物产风情、名胜古迹以及具体的交通条件等。例如卷一《芜湖由安庆转至团风镇路》写道："安庆府，竹牌头搭石牌小船，八十里至石牌。如水小，就在此雇驴。如水大，竟搭船至太湖县起旱，头口钱略可省些。五十里至仓下。中伙。三十里至太湖县。"在《芜湖由江西樟树至广东路》题下，我们又可以看到这样的内容："客货装至樟树镇，再换三板船，上去无虞。万安县南有十八滩，上水无虞，下滩小心。淡江多滩无石，上难而下易。赣州以上，多有山岚瘴气，陆路出门宜迟，水路舟中无害。梅岭路隘，驴马遗溺甚臭，宜醉饱而行。至于广城，乃阳泄阴盛之地，冬不下雪，树不落叶，人多湿疾，宜保真元。"这些内容如此完备详尽，应当都是当时人从事商业活动的亲身体验。这些记载能够长期流传，也应当看做当时商业经营已经相对成熟的反映。

思考题

1. 中国古代农业发展的主要特征是什么？
2. 简要说明中国古代手工业的管理制度。
3. 简述中国古代抑商政策的作用和影响。

参考书目

1. 中国农业科学院、南京农学院中国农业遗产研究室：《中国农学史》（初稿）上册，科学出版社，1959 年；下册，科学出版社，1984 年。

2. 傅筑夫：《中国封建社会经济史》第一卷，人民出版社，1981 年；第二卷，人民出版社，1982 年；第三卷，人民出版社，1984 年；第四卷，人民出版社，1986 年；第五卷，人民出版社，1989 年。

第八讲

中国古代的军事思想与军事制度

战争是一种社会历史现象。有正义战争与非正义战争的区别。中国历史上抵御外侮、反抗压迫的许多气势恢弘的战争和战役,表现了兵家的智慧。即使是非正义战争,也留下不少值得后人记取的教训。从中国历史中可以看到比较成熟完善的军事思想体系和军事制度,这些都值得我们认真地加以研究。

一　中国古代的军事思想

人们一般都认为,中国古代军事思想产生于春秋战国时代,《孙子兵法》为其代表。这并不符合历史事实。《孙子兵法》虽说是中国古代成熟的兵书,又被历代兵家奉为圣典,但它反映的却不是最早的军事思想。

《周易》是现存的第一部反映古代军事思想的著作。[①] 军事思想来源于战争实践,商末周初,朝代更替,战争频仍,《周易》对军事活动也有总结。大致说来,《周易》的军事思想首先是主张和平相处,恃强凌弱是可耻的。《兑》卦"初九"爻辞:"和兑,吉。""兑"就是"悦",国与国和谐共悦,就是件吉利的事。《兑》卦"九二"爻辞:"孚兑。吉,悔亡。""孚"通"俘",意思是说以俘虏他人为悦,暂时吉利,终归是要倒霉的。《兑》卦"六三"爻辞:"来兑,凶",某国恃其强大,威胁他国,强迫其服从自己的意志,是件凶事。从一些

---

① 早在南宋时,大学问家王应麟就在《通鉴答问》中指出:"盖《易》之为书, 兵法尽备,其理一矣。"现代知名学者郭沫若《中国古代社会研究》(载《郭沫若全集》(历史编)第 1 卷,人民出版社,1982 年)、李镜池《周易通义》(中华书局,1981)、高亨《周易古经今注》(中华书局,1984)都持相同意见。

特定战争场合的描述上看,《周易》作者有浓烈的反战情绪。《离》"九三"爻辞:"突如,其来如,焚如,死如,弃如。"这似乎是一场突然的袭击,造成被袭一方的大灾难。作者表述的是一种非战主义思想,追求的是"庶政为和,万国咸宁"的太平盛世,这与西周统治者反复宣扬的"保民而已""仁民爱物"的政治理念比较契合。

不过,《周易》虽然主张用和平方式解决国家之间的争端,但并不反对师出有名的正义战争。《谦》卦"上六"爻辞:"鸣谦,利用行师,征邑国。"战前赢得道义上的主动是争取战争胜利的关键。《蒙》卦"上九"爻辞:"不利为寇,利御寇。"主动去侵略别国会对本国造成不利之局面,而进行自卫性的防御作战则是有利的。慎战的思想在《周易》中得到反复的强调,战前要重视运筹计划,不可盲目用兵。《豫》卦卦辞:"豫,利建侯,行师。"军事活动及国之大事,应事先详细考虑,周密计划。一旦出兵,军队的纪律和作风就是决定战事胜负的重要因素。《师》卦"初六"爻辞:"师出以律,否臧,凶。"无纪律约束的军队是不可能打胜仗的。作战的指导思想,《周易》中也有体现。其一,进攻要大胆果断。《晋》卦"九四"爻辞:"晋如鼫鼠,贞厉。"畏首畏尾,必致失败。其二,抢占关键要塞,一举消灭敌人有生力量。《同人》卦"九三"爻辞:"伏戎于莽,升高其陵,三岁不兴。"有时,毕其功于一役,即可使敌国遭到毁灭性的失败,多年不得恢复。

图14 《孙子兵法·三十六计》

我们若是把《周易》的军事思想比做是有价值的璞玉的话,那么,《孙子兵法》就是十分珍贵的珠宝。这部被称为"东方兵学鼻祖"的经典性军事著作,对以后的战争实践和军事思想,都起着指导性的作用。《孙子兵法》内容之博大,论述之精深,后世无出其右者。

《孙子兵法》是春秋末期吴国名将孙武所著,全书共十三篇,各有主题,构成一个完整的思想体系。(图14)

孙子始终对战争抱着十分慎重的态度,他的"慎战"思想,几乎渗透了其《兵法》的所有篇章。"兵者,国之大事,死生之地,存亡之道,不可不察也。"①战争关系到国家的存亡,人民的生死,是不能不认真对待的。孙子"慎战",但不是畏战,他认为战争的目的是争"利",是否符合国家利益应作为国家选择战争与和平的准绳。"夫战胜攻取,而不修其功者凶,命曰'费留'(白费力气)。故曰:明主虑之,良将修之。非利不动,非得不用,非危不战。主不可以怒而兴师,将不可以愠而致战;合于利而动,不合于利而止。怒可以复喜,愠可以复悦;亡国不可以复存,死者不可以复生。故明君慎之,良将警之,此安国全军之道也。"②任何战争,无论其采取何种形式,运用何种策略,归根结底,总是同一定的政治和经济利益紧密相连的,所以说,"利益"是战争目的性在最广泛、最一般意义上的表现。

与此相联系,孙子将决定战争胜负的因素概括为五个方面:"一曰道,二曰天,三曰地,四曰将,五曰法。"③其中"道"是最重要的。"道者,令民与上同意者也",即取得人民的拥护。其次才是天、地、将、法等条件。必须根据交战双方的这五个条件进行比较研究,有胜利的把握,才可出兵。"天"有阴阳、寒暑、时制之别;"地"有高下、远近、广狭、死生之分;将领的素质有智、信、仁、勇、严的差异;"法"有"曲制"(即军事编制)、"官道"(即军官职责)、"主用"(即后勤补给)的不同。这些概括,奠定了战略分析的基本思路。

《孙子兵法》在作战指导上追求的最高理想是"不战而屈人之兵",即通过威慑,达到"自保而全胜"的战略目的。"凡用兵之法,全国为上,破国次之;全军为上,破军次之。……是故百战百胜,非善之善者也;不战而屈人之兵,善之善者也。故上兵伐谋,其次伐交,其次伐兵,其下攻城。……故善用兵者,屈人之兵而非战也,拔人之城而非攻也,毁人之国而非久也,必以全争于天下,故兵不顿而利可全。"④孙子认为,军事行动的上策是在谋略上取胜;中策是用外交手段取胜;下策才是在战场上取胜;攻城则属下下策。

"不战而屈人之兵"毕竟是不易实现的理想境界,孙子更为重视的还是在现实的作战之中如何进行指导的问题。为此,他指出不少值得借鉴的作

---

① 《孙子兵法·计篇》。
② 《孙子兵法·火攻篇》。
③ 《孙子兵法·计篇》。
④ 《孙子兵法·谋攻篇》。

战指导原则。如"知彼知己，百战不殆"。"致人而不致于人"，作战中要力争主动，避免为敌人所调动。"因敌变化而取胜"，即根据战争情况的变化，灵活机动地改变作战方法，这就是"兵无常势，水无常形"的道理，抱残守缺是最不可取的。"兵贵胜，不贵久。"战争的物质基础是经济，"驰车千驷，革车千乘，带甲十万，千里馈粮，则内外之费，宾客之用，胶漆之材，车甲之奉，日费千金，然后十万之师举矣"。① 战争中经济消耗极大，没有任何国家经得起长期战争的消耗，所以，孙子提出"兵贵胜，不贵久"的原则，他认识到"久暴师则国用不足"，后果是极为可怕的。

《孙子兵法》中的攻防理论极为完备，其用兵原则为"十则围之，五则攻之，倍则分之，敌则能战之，少则能逃之，不若则能避之"。② 十倍于敌就包围敌人，力求全歼；五倍于敌就进攻；一倍于敌就要设法分散敌人；敌我兵力相等，要有把握，有决心战胜敌人；比敌人兵力少，要能退却；比敌人弱小，要避免决战。指挥官要善于处理防守与进攻的关系，"昔之善战者，先为不可胜，以待敌之可胜。不可胜在己，可胜在敌。故善战者，能为不可胜，不能使敌之可胜。……不可胜者，守也。可胜者，攻也"。③ 防守的主动权永远是掌控在自己手里的，而进攻的时机则常取决于敌人的失误和疏忽，"善守者，藏于九地之下"，④防守异常坚韧、隐蔽；而进攻时却"动于九天之上"，避实击虚，出其不意，攻其无备，形成战役或战斗的突然性。

《孙子兵法》还很讲究作战的布势（兵力部署）问题。"治众如治寡，分数（军队编制）是也；斗众如斗寡，形名（旌旗金鼓）是也；三军之众，可使必受敌而无败者，奇正是也"。⑤ 意思是说，要统一指挥众多的军队，靠的是正确的兵力区分和编组；要使众多的军队，行动统一，发挥整体的战斗力，靠的是正确的指挥（旌旗金鼓的运用）；要使军队在战斗中，立于不败之地，靠的是奇正的运用。奇正，是中国古代军事术语中的常用范畴。其含义包括以下两方面内容：在兵力部署上，担任正面作战的为正，担任侧击、包围、迂回的为奇；担任钳制敌人的为正，担任突击的部分为奇；列阵对敌的为正，集中

---

① 《孙子兵法·作战篇》。
② 《孙子兵法·谋攻篇》。
③ 《孙子兵法·形篇》。
④ 同上。
⑤ 《孙子兵法·势篇》。

机动的为奇。在战法上,明攻为正,偷袭为奇;按一般原则作战为正,采用特殊战法为奇。孙子认为:"凡战者,以正合,以奇胜",①高明的指挥官,一定是善于出奇制胜的,"战势不过奇正,奇正之变,不可胜穷也"。② 作战就是一个奇正运用的问题。军队之间的正面交战,往往是由以侧击、迂回、奇袭、包围等"奇"的形式展开的行动而取胜的。奇正的变化,是无穷无尽的,因而军队的部署(战势、战斗队形)也是千变万化的,指挥不可拘泥于一格。

孙子曾说过"知彼知己,百战不殆。""知彼"就是了解敌情,这与作战胜败有着直接的关系,"故明君贤将,所以动而胜人,成功出于众者,先知也"。③ 要先知敌情,不可取于鬼神,不可象于事(类比推断),不可验于度(看天象星辰),必取之于间谍。孙子特别强调使用间谍侦察敌情的重要意义,整个军队要依靠间谍提供的情报而展开行动,同时又指出,"非圣智不能用间,非仁义不能使间,非微妙不能得间之实"。使用间谍时,必须机智、果敢和精心细致,以防止被敌人欺骗和利用。"知彼知己,胜乃不殆;知天知地,胜乃不穷",④封闭、狭隘、自以为是,是不可能赢得战果的。

战国时期,战争频繁(图15),丰富的作战实践,为军事思想家提供了充足的素材,《孙膑兵法》是这一阶段的代表作,展现了当时军事思想的特征。

《孙膑兵法》是战国时齐人孙膑及其后学所著。⑤ 全书三十篇,对《孙子兵法》的军事思想作了继承和发挥。

首先,《孙膑兵法》继承了《孙子兵法》的"慎战"思想,认为战争的胜负直接关系到国家的存亡,故而必须加以认真对待。"战胜,则所以存亡国而继绝世也;战不胜,则所以削地而危社稷也,是故兵者不可不察。"⑥发动战争应基于充足的物质储备和正义性之上,"夫守而无委(物资储备),战而无

---

① 《孙子兵法·势篇》。
② 同上。
③ 《孙子兵法·用间篇》。
④ 《孙子兵法·地形篇》。
⑤ 《史记·孙子吴起列传》明确记载:"孙武既死,后百余岁有孙膑。"《汉书·艺文志》对《孙膑兵法》亦有著录,称《齐孙子》,后失传。但是,自宋代以来,疑古风气太重,居然有人认为孙膑就是《孙子兵法》的作者,《孙膑兵法》乃子虚乌有。1972 年,山东临沂银雀山汉墓同时出土《孙子兵法》和《孙膑兵法》竹简,对此问题做出了很好的回答。
⑥ 《孙膑兵法·见威王》。

图 15　战国时期战车模型

义,天下无能以固且强者"。① 除此之外,取胜的根本因素是人。"天地之间,莫贵于人",②具体说来就是"篡(选)贤取良"。"篡贤"指选拔优秀的将帅。孙膑认为,优秀的将帅应具备"义""仁""德""信""智"五种品德。"不义则不严,不严则不威,不威则卒弗死(不肯效死)";"不仁则军不克(取胜),军不克则军无功";"无德则无力,无力则三军之利不得";"不信则令不行,令不行则军不榑(命令得不到贯彻),军不榑则无名"。③ 孙膑特别看重将帅的"智",认为智谋不足的将帅往往会盲目自负,刚愎自用,"智不足,将兵,自恃也"。④ 一位智勇双全的将帅起码应做到"不轻寡(不因敌军数量少而轻视它),不劫于敌(不为强大的敌人所逼迫),慎终若始"。⑤ "取良"是针对挑选士兵说的,士兵素质的高低直接关系到部队战斗力的强弱。不仅对兵员应作严格的挑选,同时还要对选出的士兵作严格的训练。"兵之胜在篡卒(精选士卒),其勇在于制(纪律),其巧在于势,其利在于信,其德在于道。"⑥士兵的素质包括政治素质。孙膑重视政治素质的培养,"德行者,

①　《孙膑兵法·见威王》。
②　《孙膑兵法·月战》。
③　《孙膑兵法·将义》。
④　《孙膑兵法·八阵》。
⑤　《孙膑兵法·将德》。
⑥　《孙膑兵法·篡卒》。

兵之厚积也"，①军人的品德，是军队建设的基础。

其次，孙膑对作战的攻防理论有进一步的思考，较之《孙子兵法》，有新的发展。尤其对进攻规律的探索，如"必攻不守"进攻指导原则的提出，就是对敌人没有或无法防备的地方，必须予以致命的打击。又如以众击寡与以寡击众的作战原则，孙膑认为，在我众敌寡、我强敌弱的情况下，我军就是"赞师"（寻敌决战的军队），凭借自己的优势，迫不及待地逼敌决战并不是最好的办法，而"毁卒乱行，以顺其去"（故意使队列显得混乱，以迎合敌人求胜的愿望），诱敌出战，伺机歼之，才是最为高明的。而在敌众我寡、敌强我弱的情况下，则先要"让威"，避开敌人锐气，然后"攻其无备，出其不意"。孙膑对冷兵器时代两军交战时的作战形式作了详尽的探讨。《孙膑兵法·十阵》论述了各种阵势的列法和战法，其所创立的以步兵为主、车骑为辅的战斗队形（阵法）的理论为后代作战阵法奠定了基础。中国冷兵器时代的阵法，基本上没有超出孙膑的原则和方法。后世阵法，只是孙膑十阵的发展而已。

战国、秦汉到隋唐时期，是中国古代社会的上升阶段，其中汉唐两代，史称盛世，军事上也处于开疆拓土的鼎盛时期，涌现了一批优秀的将领。在军事思想上，承前启后，留下了许多创见。《吴子》和《李靖兵法》就是很好的例子。

《吴子》相传是战国初吴起所著，但我们今天所能看到的《吴子》，可能是一部托名吴起所著而真正成书于西汉早期的伪书，②反映的是汉代的军事成就及军事思想。

《吴子》有六篇。《图国第一》首先阐述了战争观，认为"修德废武"和"恃众好勇"都是不可取的。战争既不是可以无条件仗恃的手段，也不是可以完全避免采用的手段，"内修文德，而外治武备"才是正确的态度。《吴子》的战争观较之《孙子兵法》有其新意，"战胜易，守胜难。故曰，天下战国，五胜者祸，四胜者弊，三胜者霸，二胜者王，一胜者帝。是以数胜得天下者稀，以亡者众。"这其实是《孙子兵法》"兵贵胜，不贵久"思想的发挥，它深

---

① 《孙膑兵法·篡卒》。

② 具体的考证参见《中国军事史》第四卷，《兵法》，解放军出版社，1988 年，第 140—141 页。

刻地指明,长期的战争对国力的消耗将会是灾难性的,即使是战胜国,也付不起这种代价。

《料战第二》论述判断敌情、因敌制胜的方法。"审敌虚实,而趋其危。"熟知敌我双方情况,是获胜的前提条件之一。它提出"凡料敌有不卜(不必占卜)而与之战者八","有不占而避之者亡"。要乘敌处于困难境地之时,抓住战机,乘敌之隙而迅速击灭之。相反,当敌人强大而又处于有利形势时,则应避免决战,"见可而进,知难而退"。《孙子兵法》在论述"相敌"时,列举了敌军在战场上出现的三十多种现象,显得有些繁杂而无重点,《吴子》的总结则比较简明而具体。显然,这是新时期军事思想的新发展。

《治兵第三》论述了军队建设,认为其要点在于"不在众寡"而"以治为胜"。如何以治为胜?一是建成"父子之兵",也就是令行禁止的精兵,"居则有礼,动则有威,进不可当,退不可迫,前却有节,左右应麾,虽绝成陈(阵),虽散成行。与之安,与之危,其众可合而不可离,可用而不可疲。投之所往,天下莫当。"纪律严明,训练有素,精诚团结,众志成城,则攻无不克,守无不坚。二是治军要以"教戒为先",它包括军事基础训练和战备行动训练。三是培养治军将领的果敢决心。战争实践表明,将领能否根据敌我双方情况,把握战机,沉着、冷静、果断、正确地下定决心,对部队的行动和作战的胜负有着重大的关系。《吴子》要求将领在作战指挥时,犹如"坐漏船之中,伏烧屋之下"那样谨慎、冷静;而待计谋已成,决定一下,行动则要迅速,要使"智者不及谋,勇者不及怒"。"用兵之害,犹豫最大,三军之灾,生于狐疑。"是为千古名言。

《论将第四》阐述为将的标准和将领的职责。将领必须具备"五慎""四机"等军事素质。所谓"五慎",即理、备、果、戒、约。要求将领具有"治众如治寡"的治军才能,"出门如见敌"的敌情观念,"临敌不怀生"的献身精神,"虽克如始战"的谨慎态度,"法令省而不烦"的治军作风。所谓"四机",即气机、地机、事机、力机。要求将领必须掌握部队的士气,充分利用地形,运用谋略胜敌,随时注意增强部队的战斗力。

《应变第五》论述临敌应变的战术思想和战法运用。它首先指出任何情况下,军队都必须听从指挥。"三军服威,士卒用命,则战无强敌,攻无坚阵矣。"然后分别论述各种情况下的不同战法,提出了山地作战、水上作战、围攻城邑、防御袭击等作战原则。

《励士第六》强调奖励有功将士以激励士气的重要性。士气,即精神的力量,在战争中起着不容低估的作用。国家若能做到"发号布令而人乐闻,兴师动众而人乐战,交兵接刃而人乐死",则何往而不胜?

《吴子》反映的是战国后期到秦汉时代大兵团以骑兵作战为主要形式的军事战争的实况,它所提出的军事思想及作战原则,是《孙子兵法》在新时代的发展,其价值不容低估。

李靖(571—649),唐初大将,辅助唐高祖、唐太宗征战天下,北征突厥,西讨吐谷浑,身经百战,战功赫赫,是中国古代罕见的军事天才。著有《李靖六军镜》三卷,都已失传,唐代杜佑的《通典》一书中保存了部分内容。[①]

在战略思想上,李靖继承了以《孙子兵法》为代表的中国传统军事思想中的"慎战"原则。"夫决胜之策者,先胜而后战,守地而不失,是为必胜之道也。"[②]战前的准备,形势的分析,战机的把握,是必须详加考虑的。在肯定孙子"兵贵胜,不贵久"原则的前提下,李靖在理论上首先提出"战略持久"的问题,"兵之情虽主速,乘人之不及,然敌将多谋,戎卒欲辑,令行禁止,兵利甲坚,气锐而严,力全而劲,先可速而犯之耶?"[③]在这种情况下,就应当"蓄盈待竭",与之持久相抗,待敌我强弱之势发生变化以后再力求歼灭敌人。李靖还继承了《吴子·料敌第二》中提出的"料敌制胜"的思想,"料敌者,料其彼我之形,定乎得失之计,始可兵出而决于胜负矣。当料彼将吏孰与己和,主客孰与己逸,排甲孰与己坚,器械孰与己利,教练孰与己明……"[④]他对《吴子》"必可击之道"又作了发挥,认为有"十五形可击",乘敌之隙,便可一举击败之。

李靖的战术思想反映了隋唐时期战争的实况,他特别强调运用"锥行阵"。锥行阵是进攻队形的一种形式,便于突破、分割敌人阵势。在此之前,进攻一般是采用方阵。李靖把锥行阵用作经常的战斗队形,是个创举,也说明他在战斗中勇于对敌进行突破与分割的攻击精神。此外,李靖还首创了纵队战术(坚阵)的理论,专用于对付恃仗险固、顽固抵抗的敌军,并对

---

① 早在北宋中期,《李靖兵法》就已失传了,宋神宗曾命臣下据《通典》整理,也未见成效。直到清代,汪宗沂才据《通典》引文辑成《卫公兵法辑本》,可略窥《李靖兵法》概貌。

② 《通典》卷一五〇引李靖语。

③ 《通典》卷一五四引李靖语。

④ 《通典》卷一五〇引李靖语。

逐次抵抗、交互掩护的撤退战法也加以完善。李靖精通古代兵法，结合自己丰富的实战经验，他写出的军事著作，在中国古代军事思想史上占有重要的地位。

宋代是中国古代专制社会前后期的分界线，是中国专制社会由前期转入后期的决定性的关键时代。宋朝同过去一些专制王朝相比，在政治上的突出特点是施行高度的中央集权的专制制度。这主要表现在下列几个方面：一、实行内重外轻的军事部署，把军事力量集中在首都周围；二、高度中央集权的行政体制，重内轻外；三、采用优礼与钳制相结合的方法控制文人士大夫，造成重文轻武的社会风气。这种政治生活的特征折射于军事方面，便形成了从本质上说是消极防御的军事战略。此种战略构想，又与重文轻武的政治策略相结合，"弱宋"的地位由此而奠定。所以，尽管宋代文治鼎盛，修成了中国历史上第一部兼有军事理论和军事技术的综合性兵书《武经总要》，①编撰了第一部军事丛书《武经七书》，②但还是改变不了其困于辽、西夏，亡于金、蒙古的命运。

明朝民族英雄戚继光的《纪效新书》是中国古代社会后期最有价值的军事论著。戚继光是明代中期著名的抗倭将领，《纪效新书》则是其实战经验的总结及古代兵法的发挥。

《纪效新书》十八卷，在继承、借鉴古代阵法、战法的基础上，针对当时的敌情（倭寇）、地形（江南水网地带）、火器等特点，创造性地制定出以十二人为基础的"鸳鸯阵"与"三才阵"。已接近于近代散兵群、散兵行的形式，鲜明地标志着冷兵器与火器并用时代的特点。在战法上，也有了开进、展开、野战进攻、合围、逐次抵抗（交互掩护撤退）等近代战法和行军、宿营、侦察、警戒等各种战斗勤务，以及物资保障等。所有这些，都在前代兵法基础上有所创新。尤其是其军事训练思想，有着超越时代的永恒价值。如注重提高士兵参与军事训练的自觉性，坚持将帅带头参加军事训练。主张"为将之道，所谓身先士卒者，非独临阵身先，件件苦处要当身先；所谓同滋味

---

① 《武经总要》，成书于北宋仁宗庆历七年（1047），编撰者是曾公亮、丁度等人，此书共40卷，内容涉及军事理论、军事技术及训练、装备各方面。

② 《武经七书》，成书于北宋神宗元丰三年（1080），编撰者为朱服、何去非，它是中国古代七部著名兵书的总汇，这七部兵书是：《孙子》《吴子》《司马法》《尉缭子》《三略》《六韬》《唐太宗、李卫公问对》。

者,非独患难时同滋味,平时处亦要同滋味";①训练要按实战要求进行,反对搞形式主义,"设使平日所习所学的号令营艺,都是照临阵的一般,及至临阵,就以平日所习者用之,则操一日必有一日之效,一件熟便得一件之利"。②《纪效新书》的最显著特点就是它的实用性,正如戚继光在叙言中所说的:"夫曰'纪效',明非口耳空言;曰'新书',所以明其出于法,而不泥于法,合时措之宜也。"它的实用思想直至现在仍有很高的价值。

二 中国古代的著名战例

中国历史上,为实现国家统一,反抗外来侵略、民族压迫及统治暴政,各民族、各政治集团之间曾发生过无数次战争。其中许多关键战争,往往决定或影响某阶段历史的演进和某些民族、王朝及政治集团的兴亡盛衰。指挥这些战争的人物,给后人留下了宝贵的经验。

这里选取秦赵长平之战、汉匈之战、赤壁之战、淝水之战、唐朝反击突厥之战、宋金和尚原之战,作为中国古代的典型战例进行一些分析。这几个战例,在中国古代的战争中具有一定的代表性。长平之战不仅是决定秦能否统一的关键,而且在战略决策、用间出奇、战术调整等军事行动方面具有典型意义。汉匈之战,标志着骑战成为战略手段,而且创造了农业民族打败游牧民族的奇迹。赤壁之战和淝水之战都是以少胜多的战例,并对中国后来的政权格局有着决定作用,但二者又有较大的差异,曹魏输在战技战法上,前秦输在人心向背上。唐朝反击突厥之战,是长途奔袭的典范。宋金和尚原之战,则充分体现了守御战中奇兵出击的配合作用。

(一) 长平之战

秦统一战争中的关键性战役是秦赵长平之战。赵国自武灵王"胡服骑射"改革军政制度后,"民富库实",迅速强盛起来,成为秦国东进中原、统一天下的主要对手。周赧王五十五年(前260),秦军在王龁的统率下进攻居于赵国势力范围内的长平(今山西高平西北)。赵国老将廉颇坚壁清野,筑

---

① 《纪效新书·谕兵篇》。
② 《纪效新书·操练篇》。

城固守,准备待秦军师老兵疲之际予以歼灭性的打击。秦军攻势受阻,无可奈何。秦王为尽快实现自己的战略意图,采纳范雎的计谋,派间谍用重金收买了赵国的权臣,四处散布流言,说秦最为畏惧的是赵国名将赵奢之子赵括。赵王本来就不满意廉颇的作战方略,于是改由赵括指挥赵军,秦国见反间计成,即刻改派白起为主将,准备与赵军决战,并传令全军严禁泄漏白起为主将的消息。

赵括上任后,马上改变原来正确的固守疲敌的作战方略,并大举更换支持这一方略的中高级军官,引发赵军中不满情绪。赵括下令大举进攻,秦军佯败,赵军追至秦军营垒前,受阻。此时,白起派两支奇兵包抄赵军后路,一支切断赵军退路,另一支在赵军侧翼进行骚扰攻击,赵军被分割包围。秦王得知赵军被围的消息,征发 15 岁以上男子,全部开往长平前线,这实际上是全国总动员。秦军以优势兵力切断了赵军的援军和粮道,赵军在长平被围 40 余日,粮尽援绝,多次组织轮番突围,但均告失败。最后赵括亲率精兵突围,阵亡,赵军 40 万人投降白起。白起为彻底消除统一战争的这一强大对手,震慑并瓦解六国意志,将降卒全部坑杀。

长平之战是秦统一战争中规模最大的一次战役。秦国胜利的原因是:首先,正确地选择了战略进攻的主攻对象。在战国晚期,六国在军事上能与秦相抗衡的只有赵国。击败赵国,就等于扫除了秦统一六国事业军事上的最大障碍,对六国军心士气的打击具有重要的意义。其次,秦充分利用反间、示弱等手段,诱使赵国决策者决策失误。再次,任命最有实战经验的白起为主帅,正确判断出赵军的作战意图,利用赵军求胜心切的心理,采取诱敌出击,分割包围,聚而歼之的作战部署,一举消灭了赵国的有生力量,基本上摧毁了赵国赖以抗衡秦国的军事力量。

(二) 汉匈之战

匈奴是自殷周至秦汉一直活跃于中国北方的游牧民族,楚汉战争时,匈奴乘隙进入富饶的河套平原,力量空前强大。西汉初年,汉高祖不得不采取"和亲"政策,企图以汉室公主和大量物质财富换取和平。到文景时期,此项政策行之七十余年,结果没有也不可能阻止匈奴的袭扰。汉武帝时,汉朝国力强盛,武力反击匈奴的条件已经成熟。元光六年(前 129),汉军出师,从此大规模反击匈奴的战争拉开序幕。

汉匈河南、漠南之战，是反击匈奴的第一回合。元朔二年(前127)，匈奴兵犯上谷(今河北怀来东南)、渔阳(今北京密云西南)。武帝避实就虚，派卫青率大军进攻久为匈奴占据的河套平原(当时又称河南)。卫青引兵北上，突袭匈奴，收复河南地，设朔方、五原郡，移民十万屯田戍边，为进一步反击匈奴奠定了基地。

此后，匈奴右贤王欲夺回水草丰美的河套平原，屡攻朔方，武帝元朔五年(前124)，卫青率军北出朔方，进入漠南(今内蒙古中部)反击右贤王。李息兵出右北平(今内蒙古宁城西南)，牵制单于、右贤王，策应卫青。卫青以三万铁骑出塞外六七百里，夜袭右贤王庭，击破匈奴有生力量。次年，卫青率大军十万再出塞北，于定襄(今内蒙古和林格尔西北)重创匈奴，匈奴损失惨重，退往漠北。

河南、漠南之战，为汉朝彻底消除北部边境的战乱之源奠定了坚实的基础。其军事特点有三:其一，河南水草丰美，是汉匈战略要冲，双方对此争夺激烈，以前一直是匈奴进犯中原的前进基地，所以收复河套平原，是汉反击匈奴战争的良好开局。其二，收复河南后，汉军随即主动出击漠南的右贤王，扩大战果，将匈奴主力逼离汉境，并切断了匈奴左右部的联系，以便分而制之。其三，匈奴左部(左贤王)势力强大，所以汉军在东部虚晃一枪，以主力攻取其力量相对薄弱的河南，正应了兵法出其不意、攻其不备的原则。

元狩二年(前121)，汉骠骑将军霍去病兵出陇西，目的是断匈奴右臂。霍去病越焉支山(今甘肃山丹)，西入匈奴境内千余里，歼敌万余。次年，霍去病兵出北地(今甘肃庆阳西北)，越居延泽(今内蒙古居延海)，西攻至祁连山，大破匈奴，俘三万余人。河西匈奴部损失惨重，浑邪王率所部四万人降汉。

河西之战，汉军胜在战略进攻方向选择正确。汉军在取得漠南战役胜利后，匈奴主力被迫转入漠北，而来自东部、西部匈奴的威胁相对增加，但二者之中，西部较弱，且因汉立国关中，所以威胁更大。汉军选择西部作战略进攻方向，既歼灭了匈奴河西势力，扩大的漠南战役成果，又一举消除了其对关中平原的威胁。从战术上讲，汉军河西之战充分运用了连续出击与迂回包抄相结合的战法，使敌防不胜防，最大限度地完成了战役任务。

元狩四年(前119)，汉武帝决定对匈奴采取更大规模的军事行动，派兵深入漠北(今蒙古国境内)，寻歼匈奴主力。大将军卫青、骠骑将军霍去病各率五万骑兵为主力,另以步兵数十万,战马十万匹配合行动。二人分东西两路北进,决心在漠北与匈奴会战。

卫青兵出定襄,北进千余里,与匈奴单于相遇。经激战,击破匈奴军,歼敌近两万人,追至寘颜山(今蒙古国境内杭爱山脉一支)。霍去病在东路出兵,深入两千里,与匈奴左贤王接战,歼其精锐,追至狼居胥山(今蒙古国乌兰巴托东),歼敌七万,凯旋而归。

漠北之战,汉军采取了远途奔袭,寻歼匈奴主力的战略方针。针对匈奴流动性大、机动力强的特点,汉军以骑兵大军团远途奔袭和大迂回战法,深入敌境,利用匈奴认为汉军不敢深入漠北的心理,出其不意,疾驰穷追,一举荡平之。

(三) 赤壁之战

东汉末年,中原动荡。曹操因势而起,逐渐扫平群雄,统一了北方。建安十三年(208),曹操率军南下,夺取荆州,进而准备攻取江东,实现全国的统一,遭到刘备与孙权联合抵御,双方在长江中游的赤壁进行了一场大战。

建安十三年(208),曹军自江陵(今湖北荆州)顺流而下,水陆并进。孙权与刘备联军抵抗,双方会于赤壁(今湖北蒲圻西北)。当时,曹军拥有 20 万人,孙刘联军不到 5 万人。但曹军长途跋涉,疲病之极,正所谓"强弩之末势不能穿鲁缟",士气不高。而联军方面,尤其是东吴的水师,一向训练有素,战斗力较强。且因这场战争关乎孙刘两家前途,均是背水一战,故而战斗意志相当坚决,这在一定程度上也弥补了军队数量上的劣势。两军在赤壁相遇,一经接战,曹军便告不利,曹操引军退至长江北岸的乌林休整,等待决战。

曹军不适应水上作战,因而将战船"首尾相接",以求平稳。孙刘联军的指挥官周瑜的部将黄盖看到这种情况,便向周瑜进火攻之计。为实施这项计划,周瑜让黄盖诈降。曹操轻敌,竟信以为真,便约定了投降的时间和信号。黄盖于是率战舰十艘,满载饱浸油脂的干柴,上蒙布幕,插上投降的旗号,向曹营出发。时值东南风起,战舰顺风而驰,很快接近了曹营。黄盖令各舰同时点火,然后跳上小船退回。风助火势,顷刻间,曹军水营便淹没在一片火海之中。不久,又蔓延至岸上的大营,曹军一片混乱,人马被烧死、溺死者不计其数。此时,孙刘联军发起进攻,曹军大溃。曹操率残部向江陵方向撤退,孙刘联军水陆并进,紧追不舍。曹军一路饥病交加,退至江陵,已伤亡过半。曹操只得退回北方。

曹操兵败赤壁,关键在于骄傲轻敌,急于求战。而曹军恰恰不习水战,以己之短,击敌之长,犯了兵家大忌。而孙刘联军却能利用曹军的弱点,发挥自己的优势,一战成功,取得了以弱胜强的胜利。赤壁之战,是形成三国鼎立局面的关键性战役。经过这次战役,曹操力量受挫。孙权保住了江东,刘备占据了荆州四郡,有了立足之地,接着又取得了天府之国的益州,从而形成了三分天下的格局。

(四) 淝水之战

前秦苻坚是十六国时期诸胡政权中一位有作为的君主,他选贤任能,能征善战,兼并群雄,统一北方,为实现全国的统一,东晋太元八年(383),苻坚对东晋宣战。

太元七年(382),苻坚谋议伐晋,立即遭到以丞相苻融(苻坚之弟)为首的朝廷大臣、妃子、太子,乃至高僧释道安等人的一致反对。但苻坚一意孤行,他声称"以吾之众旅,投鞭于江,足断其流",[1]骄狂之态,溢于言表。

太元八年(383),苻坚下诏伐晋,在政权所及范围内征兵调粮,并作如下部署:命丞相、征南大将军苻融督统步骑 25 万为前锋,直趋寿阳(今安徽寿县);命幽州、冀州所征兵员向彭城(今江苏徐州)集结;命姚苌督梁、益之师,顺江而下;苻坚亲率主力大军由长安出发,经项城(今河南沈丘)趋寿阳。几路大军,合计约百余万人,"东西万里,水陆并进",大有席卷江南、一举扫平东晋之势。

面对前秦军队的攻势,东晋也作了下列防御部署:丞相谢安居中调度;桓冲都督长江中游巴东、江陵等地武装力量,控扼上游;谢石为征讨大都督,谢玄为前锋都督,率北府兵八万赴淮南迎击秦军主力。秋季,苻融的前锋军也进抵颍口(今安徽正阳关),其他两路秦军正在进军途中,中路进展甚快,两翼行动迟缓,前秦的优势兵力,已呈分散之形。此时,苻融前锋军包围了驻扎在硖石(今安徽寿县淮河北岸)的一部分晋军。苻坚大喜,亲率八千轻

---

① 《晋书·苻坚载记》。

骑赴寿阳,并派原东晋的襄阳守将朱序去劝降晋军。朱序心怀故国之情,力劝谢石趁前秦大军未集,迅速出击,挫其锐气,以利于全面破敌。谢石于是决定改变原来坚守不战以待秦军师老兵疲的作战方案,转守为攻,沿淮河西上,一路击破秦军,进至淝水东岸,与秦军夹水而阵。此时,苻坚登寿阳城头,望见晋军布阵严整,见城外八公山上,于秋风中起伏的草木,以为是东晋之伏兵,始有惧色。由于秦军逼淝水而阵,晋军不得渡河,谢玄便派人至秦方要求秦军后撤一段距离,以便晋军渡河决战。苻坚心存幻想;企图待晋军半渡,一举战而胜之,所以答应了这个要求。不料,秦军此时已军心不稳,一听后撤的命令,便借机奔退,由此而不可遏止。朱序等人又在阵后大喊:"秦军败矣",秦军后队不明前方战情,均信以为真,于是争相奔溃;全线大乱。晋军乘势追杀,大获全胜,苻融战殁,苻坚狼狈逃归,损失惨重。

淝水之战,东晋以八万北府兵一举战胜号称百万大军的前秦,从根本上说,这主要决定于军心、民心的向背。双方的战争谋略,及临阵指挥上的优劣,也是胜败的重要原因。首先,苻坚狂妄轻敌,刚愎自用,在内外条件不具备的情况下,倾全国之力,孤注一掷;其次,在临战指挥上,犹豫狐疑。当大军进驻寿阳后,迟迟不进兵,把希望寄托在晋军的投降上;待晋军反击后,锐气顿减,以致淝水之战前,全军上下就有惧敌心理,交战中一退而不可复止。而晋军却抓住战机,一战成功,创造了历史上以少胜多的著名战例。

（五）唐突厥之战

突厥系中国北方的古老民族,隋唐之际势力逐渐强大,其所辖范围东自辽东,西迄西域。隋朝时突厥内部不和,分为东西两部。唐朝立国后,东突厥的威胁尤其大,高祖甚至有迁都的打算。武德九年(626),东突厥可汗颉利趁"玄武门之变",率十万铁骑兵犯关中,与唐军隔渭水而阵,唐所受威胁到了前所未有的地步。

为彻底解除突厥的威胁,唐太宗除采取一系列政治、经济措施革弊兴利以增强国力外,同时于数年间培养起一支精锐部队,在军事上积极备战。贞观四年(630),唐朝反击的条件成熟,大将李靖、李世勣率军进击突厥。李靖所部突袭定襄(今山西朔州平鲁区西北),颉利以为唐主力出动,急徙牙帐于碛口(今内蒙古善丁呼拉尔)。此时,从并州出发的李世勣越过云中(今山西大同),大败突厥,与李靖会师。二人商议趁夜进兵,不给突厥以喘息的机会。前锋苏定方星夜急驰,在离颉利牙帐仅七里的地方始被发现。颉利逃走,李靖大军继至,突厥大败,阵亡万余人,被俘十万。颉利夜遁灵州(今宁夏灵武),走投无路,举众降唐。至此,东突厥灭亡。唐太宗击灭东突厥,是隋唐以来取得的空前胜利,为中国北方清除了一大边患,唐太宗也以其赫赫威名,被北方少数民族君长尊为"天可汗"。

唐灭东突厥,之所以能一战而胜,除了唐朝经济恢复、政治稳定、国力增强等原因外,从军事上看,战前已取得进攻前进基地。最善于用兵的李靖实施前敌指挥,与李世勣相互协同,运用奇袭迂回的战术,突然接敌,连续突袭,使敌军走投无路,被迫投降。

(六)宋金和尚原之战

女真族是居住在中国东北地区的一个古老民族,12世纪初逐渐强大起来(建国号金),在攻灭辽朝后,迅速转攻北宋,并一举灭亡之。自建炎元年(1127)起,金军数度南下,企图摧毁南宋政权,但不能如愿。建炎四年秋,金方将全面进攻改为东守西攻,完颜宗弼的10万主力由江淮战场西调陕西,试图集中力量,占领陕西,进而越巴山、过蜀道攻入四川,控制长江上游,为从右翼大规模迂回南宋创造条件。金军以凤翔府(今陕西宝鸡)为前进基地,逼近作为四川门户的和尚原。绍兴元年(1131)十月,宗弼十万精兵对和尚原宋军阵地发起猛攻,宋军主将吴玠命士卒以强弓劲弩抵御,分番迭射,连发不绝,密如骤雨。金军稍却,吴玠又出奇兵邀击,并截断金军粮道,又在金军撤退必经道路上设置伏军。金军至,伏兵出击,金军大乱。吴玠又挥军夜袭,金军不支,乃溃退而去。"俘馘首领及甲兵以万计,宗弼中流矢二,仅以身免,得其麾盖,自入中原,其败衄未尝如此也。"[1]吴玠指挥的这次防御作战,深得兵法之精髓。兵法云:"凡战者,以正合,以奇胜。故善出奇者,无穷如天地,不竭如江河。……战势不过奇正,奇正之变,不可胜穷也。奇正相生,如循环之无端,孰能穷之。"[2]宋军凭险关要隘顽强拒守,将正面抵御与侧翼邀击结合起来,最大限度地实现了杀伤敌人有生力量,保卫战略要地不致沦陷的意图。

---

① 《建炎以来系年要录》卷四十八。
② 《孙子兵法·势篇》。

三　中国古代的军事制度

　　中国古代的军事制度,可上溯至上古三代。从夏商周到春秋时期,军政不分,军制以车战为主,以"师"为作战单位。到了战国,随着战争方式由车战为主向步战为主的转变,军事领导体制产生了相应变化,普遍实行了将、相分权制度,统率军队的长官称将、将军、上将军、大将军。秦称大良造,秦王嬴政时又设国尉为武官之长,楚国武官之长称柱国、上柱国。

　　战国时期将以下的武官设置也比较完备了,赵国设左司马、都尉,齐国设司马。秦、齐、楚设郎中,各诸侯国都普遍设都尉负责卫戍之职,秦国又有中尉一职,负责警卫国都。

　　战国时期,军队领导体制的基本特征是各诸侯国都建立了统一的军队,国君成为军队的最高统帅。军权高度集中,国君独揽军队组建、调动、征伐的权限。"虎符"制度就是军权集中的主要体现。各国普遍实行征兵制,以郡县为单位征集兵员,男子服兵役的年龄,大约从 15 岁到 60 岁。有些诸侯国采用招募、考选勇士的办法作为组建军队的一种方式,如魏国的"武卒"、齐国的"技击"、秦国的"锐士"等。这种招募兵员的方法可视为募兵制的开端。

　　战国时车兵的地位较之春秋时虽大为降低,但还是军队中的重要组成部分,步兵替代车兵成为当时各国军队中的主力兵种。骑兵开始发展为独立的兵种,自赵武灵王"胡服骑射"建立强大的骑兵以来,各诸侯国均重视骑兵建设,骑兵遂成为军队中的重要兵种。

　　战国时期,各诸侯国普遍建立了常备兵。为使军队拥有强大的战斗力,各国都普遍抓紧了对军队的严格训练,执行严肃的军纪。为此,各国都建立了军队中的赏罚制度。如秦国制定军功爵 20 级,规定不分贵贱,按军功大小实行奖赏。《商君书·境内》称:"能攻城围邑,斩首八千以上,则盈论;野战,斩首三千,则盈论。吏自操及校以上大将尽赏。"凡"盈论"者,基本方法是按 20 等爵递升。士卒畏战退却,要处以黥、劓刑。总之,战国的军事法规,已相当完善,在维护战场纪律,军队内部连保制度,军营内部的警戒,各级军官的权限,战斗编组及军旗、徽章的使用,指挥号令的实施等方面,都有具体而严格的规定,表明当时的军事制度已经相当完备。

秦朝是中国历史上第一个统一的专制集权国家,此时创立的中央集权军事领导体制对后世产生了极大影响。

秦统一以后首创皇帝制,皇帝执掌全国最高的军事权力。全国各地军队的调发,将帅兵权的授予都必须以皇帝发给的虎符为信物。兵符以铜铸成虎形,背刻铭文,分为两半,一半留在皇帝手中,一半发给统兵将帅。任何军队的调发,须由皇帝所遣使臣持符验合,方能生效。

中央最高军事职官称太尉。统一前,太尉又称尉或国尉,地位次于大良造。大良造被撤销后,太尉升为武官之长,位列"三公"。太尉有统兵权,但无调兵权。国家发兵时,皇帝则指派将军统兵。中央集权的军事领导体制是与郡县制的行政体制相适应的。在郡、县、乡均有专职主管军政的职官,郡设郡尉,负责兵员征集、调遣和武器装备的制造、保管以及地方治安等;县设县尉,掌一县之军政;乡设游徼,管军政及治安。

秦朝的车兵依然在作战中担负着重要任务。进攻时,车兵冲锋陷阵,破坏敌军战斗队形;防御时,以战车布成阵垒,阻滞敌军的冲击。车兵的编制基本上沿袭战国时制度,一般可分为御手、乘车战士和车属步兵三部分。

步兵是秦军的主要兵种,称为"材官"。有轻装步兵与重装步兵之分。轻装步兵不穿铠甲,行动灵活,战时以弓弩杀伤远距离敌人。重装步兵身着铠甲,待与敌人接近时,以戈、矛、钺、殳等兵器与敌格斗。这种区分,是由武器装备和战斗需要决定的,在军制史上是一大进步。

秦军作战时多以车、步、骑诸兵种混合编队,协同战斗,既可发挥各种兵器特长,又能弥补各兵种的缺点。从秦始皇陵兵马俑坑出土的情况看,在一个数千人组成的军阵中,有执矛持钺的步兵,有驾驭战车的车兵,也有策马而立的骑兵。诸兵种各司其职,默契配合。

秦朝实行普遍征兵制,凡适龄男子都必须在专门的名册登记,并开始服徭役,当时称此为"傅籍"。"傅籍"年龄从 17 岁开始,至 60 岁为止(有爵位者止于 56 岁)。"傅籍"者一律服兵役二年,一年在本郡,一年去京师或边疆,统称"正卒";每一成年男子,除二年兵役外,还需在本郡县服役一个月,担负修筑城垣、道路及运输等任务,到期更换,故称"更卒"。这种全国性按年龄征发的普遍征兵制,对后代影响很大。

西汉军事制度既继承了秦代制度又有创新。皇帝仍是最高军事统帅,他通过直接操纵的两大中央军事领导机构控制全军。这两大机构是:由郎中令、卫尉、中尉等组成的中央警卫机构；由太尉、将军、将、尉等组成的全国最高军事行政机构。

中央警卫部队可分为宫廷警卫与京城警卫。宫廷警卫称南军，由郎中令（光禄勋）负责，卫尉统领；京城警卫称北军，由中尉（执金吾）负责，担任宫殿之外京城之内的日常警备。为有效地控制全军，皇帝在中央设置了以太尉为首的军事领导机构。太尉名义上是最高军事长官，但实际只负责军事行政，并无发兵、统兵之权。汉武帝时，设置了大将军一职，逐渐取代太尉而执掌军权，甚至超越了丞相的权限。但武帝后时置时罢，其实际地位的高下也因人而异。

西汉地方行政体制是郡县制。长官称太守，次官称都尉，太守总管军民诸政，都尉分治军事。后者具体负责郡内一切军事行动，直接统率地方部队，权力很重。县级军事领导机构与郡级相类似，县令主管一切军政事务，县尉分管军事，职责主要是抓捕盗贼，负责境内警备，对于县令有一定的独立性。乡设游徼，乡以下有亭，设亭长，是地方军事的基层组织。

从汉武帝始，中央对降附或内属的少数民族，均设属国以处之。属国都尉是属国最高长官，以武职兼理民事，为汉代军事体制的又一特征。为加强对属国及边疆地区的军事控制，中央还派去一些临时的武官，称"持节都护"，如西域都护、护羌校尉等，地位相当于内地的太守，构成汉代一种独特的地方军事领导机构，同时也是中央政府对边疆地区进行控制的特殊措施。

西汉兵役与劳役不分，统称"徭役"。成年男子均需服徭役，先是在本郡当一年"车骑材官卒"，即郡国兵，进行军事训练，获得必要的军事技能，然后回乡务农，成为国家的预备兵；以后再根据实际需要，或当一年"戍卒"，即在边防军服役一年，或当一年"卫卒"，即在京城警备部队服役。结束后每年还需在本地服劳役一月，称"更卒"，任务是修营垒、烽燧，建宫室、陵墓，修河堤，从事运输劳役等等。

汉武帝前，车、骑并重，之后，骑兵取代车兵，成为汉军的主力兵种。汉匈战争的几大战役，骑兵发挥了重要的作用，使中国古代骑兵完成了向战略军种的转变，成为战争的主力。

汉军的编制是部曲制，在领兵将军之下设部、曲、屯、队、什、伍的组织系统。部是汉军中的最高一级编制，部的主管军官称校尉，官秩同于太守，出征作战时受领兵将军指挥。曲隶属于部，长官叫军侯，地位相当于县令。屯置屯长,队设队率,什伍是军中最基层组织。这套军事组织体制常年设置,战时则由朝廷任命将军予以统帅,出征讨伐。

隋唐军事制度最有特点。盛唐的赫赫军威,很大程度上得益于完善的、运行良好的军事体制。

唐朝军权集中于中央,由皇帝亲自掌握。尚书省下辖的兵部,为国家日常军务统理机构,其长官为兵部尚书。贞观十年(636),对北朝以来的府兵制度进行重大调整:府兵为国家基本的常备军,平时隶属于十二卫和太子东宫六率,其中左右卫领 60 个军府,诸卫领 40—50 个军府,其余隶属东宫六率。每卫设大将军一人,将军二人,每率设率一人,副率二人。平时负责管理府兵轮番宿卫诸事,战时经皇帝任命,率领从各府调集的府兵出征。"若四方有事,则命将以出,事解辄罢。兵散于府,将归于朝。"[1]重大军机要事由政事堂举行的宰相会议辅佐皇帝商决,兵部负责武官的考核、任免,军队的编制及轮换、甲仗、厩牧、图籍等事务。

府又称军府,是唐朝中期以前基本军事单位,其寓兵于农、兵农合一的构思向来为人们所称道。太宗时,军府又名折冲府,兵员达 1200 人为上府,1000 人为中府,800 人为下府。每府置长官折冲都尉一人,副长官左、右果毅都尉各一人。全国最多时共设 634 府,兵员达 60 万人,主要分布于作为政治中心的关中、陇右、中原等地。

府兵的来源,主要从自耕农和地主中挑选,也有贫民。按规定:三年一简,凡 20 岁以上成年男子,都是简选对象。简选标准以资财、材力、丁口三者为据,财产相当者取富,力量相当者取强,财、力均相当者取丁口多者。一经加入府兵,要到 60 岁方解除兵役。府兵本人免租庸调,但家人没有减免优待。盛唐以后,征战日多,赏赐多不兑现,军人社会地位下降,有财产者厌恶服役。伴随土地兼并严重、均田制度的破坏,军资越来越无所依靠,府兵制逐渐为募兵制所替代。玄宗开元十年(722),开始大规模募兵。募兵已具有雇佣兵性质,兵员素质低下,战时一触即溃,平时横行市井。军费开支因募兵制的施行而转嫁于民间,使社会负担日重。募兵制度既是唐由盛转衰的原因之一,也是中国传统社会后期尚武精神颓丧的根源。

---

① 《新唐书·兵志》。

盛唐时期,在边疆地区建立了节度使制度,统辖边境野战军队。其兵员已经职业化,且以骑兵为主,军力强盛。但极易于被长期握兵的将帅所利用,最后引发了安史之乱。

宋代,皇帝直接掌握军队的建置、调动和指挥大权,其下兵权三分:枢密院为最高军政机关,负责战略决策、处理日常事务,招募、调遣军队,长官称枢密使。三衙分掌全国军队的最高指挥权力,其全名是殿前都指挥使司、侍卫亲军马军都指挥使司、侍卫亲军步军都指挥使司。各设都指挥使为长官,地位低于枢密院。枢密院与三衙分握发兵权和管兵权,互相牵制。帅臣尽管平时有所统辖部队,但战时由皇帝临时派遣,率兵出征,事定之后,兵归三衙。宋人自己说:"祖宗制兵之法,天下之兵,本于枢密,有发兵之权,而无握兵之重;京师之兵总于三帅,有握兵之重,而无发兵之权。上下相维,不得专制,此所以百三十余年无兵变也。"①这种制度对削弱唐藩镇割据以来的兵祸,保障社会安定确有贡献,但同时也造成了互相掣肘、效率低下的弊端。

宋朝的军队有三种:禁兵、厢兵和乡兵,边境地区又有番兵。禁兵是国家的正规军,任务是守备京师,担任征战和屯戍边郡、地方的任务。厢兵是地方军队,实际上是一支专任劳役的队伍,它分属各州和某些中央机构,担负筑城、修路、运输等任务,多不训练。乡兵即民兵,是非正规的地方武装,但有些区域内的乡兵反而因保境卫土而有较强的战斗力。

宋朝的禁兵、厢兵都实行募兵制,"亢健者"选入禁兵,"短弱者"选入厢兵。应募后,家属可以随营,本人须黥面涅臂为标志,中途不得退役,实则终身服役。兵员空缺则从子弟中补选,如逃亡或犯罪,惩罚极重。每遇凶年饥岁,就大量招募破产农民,从而形成宋朝冗兵冗费的局面,而且往往收编盗贼为兵,在兵源缺乏时甚至罪犯也成为来源之一,军队的素质大为降低。

明朝的军事制度颇具独创性。军队的编制采用卫所制。在皇帝独揽军政大权的基础上,全国各要地设立卫所。一州设所,数州设卫,一卫约有5600人。所分千户所与百户所,各隶千余人与百余人。全国的军队均按此制度编入卫所,每个卫所官兵又分别隶属于所在地方的都指挥使司,都指挥使司隶属于中央五军(中、左、右、前、后)都督府。都督府是最高军事机关,

---

① 《宋史·职官志二》。

掌管全国的卫所军籍。但征讨、镇戍、训练等则听命于兵部。遇有战事，兵部奉皇帝旨意调军，任命领兵官，率领从卫所调发的军队出征。战争结束，领兵官归朝廷述职，军队散归各卫所。这种制度，保证了统军权与调军权的分离，防止大将专权作乱，保证皇帝与朝廷(中央)对全国军队的控制。

明军分为京军、地方军、边兵三大部分。京军为全国军队的精锐，平时宿卫京师，战时为征战的主力。明成祖时，京军有72卫，并正式成立了五军、三千、神机三大营。平时，五军营专习阵法，三千营主巡逻，神机营掌火器(图16)。地方军为各地的卫军，配置于内地各军事重镇。边兵配置于东起鸭绿江、西抵嘉峪关的九个军镇，称"九边"，各设总兵官管辖。另外还有民兵，为军籍之外维持地方治安的武装。

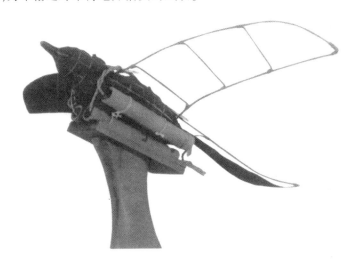

图16　明代神火飞鸦

卫所兵源来自世兵制，卫所军士和武官均为世袭，一入军籍，称为军户，属都督府管辖，不受地方行政长官的约束，父死子继，世代从军。他们社会地位低下，常常与罪犯为伍，素质低下，逃亡不断。因而，明中期以后又实行募兵制，招募士兵逐渐成为军队主力，但募兵制养兵耗费巨大，国库日绌，终致国力耗竭。

清代前期，中央设军机处，掌军政大事，承皇帝旨意办理。军队由八旗兵和绿营兵组成。八旗以正黄、镶黄、正白、镶白、正红、镶红、正蓝、镶蓝八种旗帜为标志。"旗"本为满族"兵民合一"的社会组织，兼有军事、政治、经济等方面的职能。八旗各有旗主,皆为世袭。清太宗又增设蒙古八旗和汉军八旗。统一全国后,八旗成为完全不事生产的军政组织,直属于国家而不再属于旗主,又分为京营八旗(由正黄、正白、镶黄三旗担任)和驻防八旗,后者分驻全国要冲,作为震慑地方的武力。绿营兵是参照明朝卫所制度招募的汉兵,以绿旗为标志,以营为基础建制单位,有骑兵、步兵、守兵之分。将官由兵部选任,每省均有绿营数镇,主将称总兵,总兵之上设有提督,节制一省或数省各镇总兵,巡抚、总督又有统率提督之权力。

满洲八旗以骑射为长,在平川旷野冲锋陷阵本其所长;而汉军八旗善用火器,在围城攻坚和水上作战中屡建奇功。然而,因八旗兵为清王朝的建立和巩固立下汗马功劳,故而清朝采取了优待满洲八旗的政策,在各方面均给予特殊照顾。八旗兵逐渐斗志消沉,自康熙平三藩之乱开始,八旗对绿营的依赖日益严重,其战略的主力地位也为绿营所取代。

思考题

1. 《孙子兵法》军事思想的要点及其历史价值。
2. 唐灭东突厥之战的战役突然性。
3. 试述中国古代征兵制度的变迁。

参考书目

1. 《中国军事史》(第二卷,兵略),解放军出版社,1987 年。
2. 《中国军事史》(第三卷,兵制),解放军出版社,1987 年。
3. 《中国军事史》(第四卷,兵法),解放军出版社,1988 年。

第九讲

中国古代丰富多彩的社会生活

　　"社会生活"有广义和狭义两种理解。广义的社会生活是指整个社会的生产和精神活动,狭义的社会生活是指人们的日常生活,主要集中在衣、食、住、行和社会一般情趣等方面。

　　中国自古就有注重社会生活的传统心态。例如春秋时孔子整理辑集的《诗经》、历代正史的志书以及典志体专史,都包含有各历史时期不同社会阶层的生产生活和精神生活素材。凡邑聚分布迁徙、社会组织、衣食住行、劳动场景、男女婚媾、祀神祭祖、风尚礼俗、娱乐教育等等,都有所反映。辛亥革命前后,近代科学意义的社会生活史研究开始起步,此后的数十年间,出版了一大批中国古代社会生活史专著、专题论文以及有关社会生活史的资料整理成果,社会生活史的研究成为 20 世纪三四十年代一种重要学术现象。这些研究成果借鉴近代科学理论和方法,在原有材料或新出土的材料基础上,尝试复原古代社会生活,特别是人民大众的社会生活的原貌,深化了人们对于历史的认识。

一　远古时期的人类生活

　　原始人类面对险恶的自然环境如何生存和发展,这是各种神话和传说的主题。中国也不例外。传说最早的人类或居于洞穴之中,或构木为巢,生食蔬果与鸟兽之肉,茹毛饮血。有燧人氏出,钻燧取火,教人熟食。这些传说与远古人类生活的实际情况基本一致。据考古发现,在旧石器时代的距今 71 万年至 23 万年左右,生活在北京周口店一带的远古人类才开始学会用火。他们以草本植物、灌木和乔木的叶子和枝梗为燃料,把自然火种长期保存下来，用于烘烤食物、取暖、照明、防寒和抵御野兽侵袭。当时人们只能用锤打砸击等办法制作一些简单的石器，依靠这些工具根本不可能对付肉食猛兽，最多只能猎取鹿一类等草食动物，得到的肉食品非常有限。采集是获取食物的主要手段，食物主要是朴树子，还有胡桃、楸、栎、榛、蔷薇、鼠李、松、榆等的果实、种子和叶子，以及禾本科、豆科植物的茎和种子。当时只排除双亲与子女、祖父母与子孙发生关系，实行同辈男女相互婚配的群婚，有血缘关系的兄弟姐妹互为夫妇。

大约到距今四五万年左右，中国社会进入旧石器时代晚期，社会生活有了较大发展，制作石器的技术有了明显进步，石器增多，狩猎成为食物的重要来源，已经掌握了人工取火。排除了同胞兄弟姐妹以及旁系兄弟姐妹发生婚姻关系，演进成为出生于不同群落的同辈男女互为夫妇的群婚制。群落的规模一般在三五十人之间，过着共同婚姻生活的男女们，生前在各自出生的群落生活，死后埋葬在各自出生的群落的墓地，子女则属于母亲的群落。群落之间开始形成比较松散的联系。

距今约 1 万年前，中国社会从旧石器时代过渡到新石器时代。新石器时代从距今 1 万年开始，到距今 4000 年结束，经历了大约 6000 余年的历史。其中前 4000 年是母系氏族社会繁荣期。在母系氏族社会经济生活中，采集和渔猎仍占重要地位，但这时已发明了种植农业，而且由于自然条件的差异，黄河中下游地区成为种植粟和黍的发源地，长江下游地区成为种植水稻的发源地。耕作、收割、加工三大类农具都已基本具备，用石、骨、蚌、木制作的农具数量超过渔猎工具，成为当时的主要生产工具。饲养业已开始出现并得到发展，猪、狗、鸡、牛成为普遍饲养的动物。发明了陶器，人们制作了包括碗、钵、盆、罐、瓮、盂、缸、小口尖底器、小口平底以及大口尖底器等许多品种的器具，涉及饮食器、储藏器、水器和炊器等多种类型。当时陶窑的温度在 900—1000℃ 之间，由于氧化作用，出窑的陶器呈红色，器面上的图案则为黑色，这样的陶器被称为彩陶。编织技术已达到相当水平，有斜纹缠结、棋盘格、间格纹等多种编织方法。

母系氏族社会居住单位从小到大分为房组、房群、村落三级。村落的人口据估算约在 300 人左右。① 每个村落，均有居住区和墓葬区，有的还有陶窑区。村落居住区的中央一般是中央广场，周围分布着向广场开门的房屋。房屋又可以分为几个群组。整个村落是一个具有血缘联系的人群组织，其中每一房群里居住的人们之间，比其他房群里居住的人们之间，血缘关系要接近，而每一房组里居住的人们之间血缘关系更为接近，每一个小房子里居住的则是一个对偶家庭，包括一位妇女和她的孩子，以及与她过婚姻生活的外氏族的男子。墓葬区与居住区的村落、房群、房组三级结构相对应，形成墓地、墓区、合葬墓三级结构，几个合葬墓构成一个墓区，几个墓区构成一个村落的墓地。男女死后还是分别归葬于本氏族墓地。

在新石器时代的后 2000 年期间，即距今约 6000—4000 年之间，古代社会生活发生了历史上最深刻的一场变革。黄河、长江流域的氏族部落先后从母系氏族转变为父系氏族社会。在父系氏族社会，农业成为社会生产的主要部门。农业生产工具大型石铲达到了石器制作技术的顶峰，江南地区还出现了犁、破土器和耘田器，农业生产产量得到较大提高。与农业生产稳步增长相对应的是家畜饲养业的兴旺发达。传统中所谓六畜马、牛、羊、鸡、犬、猪都已得到了饲养。陶器种类和器形变得越来越复杂，鬶、鬻、鬲、甑、鼎、豆、罐、盉、盉、盆、碗、壶、杯、瓮等应有尽有，质地坚硬，一般为灰色和黑色，出现了以"蛋壳黑陶杯"为代表的精美陶器。漆木器制作也有相当水平，作为木工工具的石斧、石锛、石凿等磨制精致，锋利实用。当时已比较熟练地掌握了开料解板、取齐刨平、榫卯接缝、刮削打磨等加工技术，为了使木器变得美观华丽，还在木器上施以彩绘花纹。这一时期的纺织品分麻织品和丝织品两类，麻布经纬线的密度由母系氏族社会的每平方厘米 12×12 根左右提高到 30×30 根左右。出现了大量的玉器和铜器。

在父系氏族社会，社会居住单位虽然表面上仍是房组、房群、村落三级，但它的内容已经发生质的变化。首先它改变了向心封闭式的格局。原来的中央广场的功能和作用已被聚落内的大室庙堂及其广场所取代。房屋多成排布列。每一大排房屋群，可视为一个大家族，每一大家族中又分若干大家庭，每一大家庭居住在二三间连在一起的小排房或邻近的单间房内。单间

---

① 王震中：《中国文明起源的比较研究》，陕西人民出版社，1994 年，第 66—67 页。

房的存在表明:在大家庭内,一部分已婚的子女有其相对独立的生活。而那些相互毗邻的若干排大的房屋群,则可构成一个宗族群体。墓葬也开始按家族分区。一排或一组墓群构成一个家族的墓区,几个家族墓区共同构成宗族墓地。特别值得注意的是在聚落内部,家族长辈与各类家庭成员之间在地位和财富占有上产生了悬殊,聚落与聚落之间也形成了差别。原来大体平等的农耕聚落发展为含有初步分化和不平等的中心聚落形态。有的聚落的居民无论在财富上还是社会地位上都超过了其他聚落,它的首领们不但统治本聚落的平民,还统治着其他聚落的人民。[①] 有的中心聚落甚至出现了城邑。大约从公元前 3000 年前后开始,一直到公元前 2000 年间,在中国的黄河、长江流域以及其他地区,陆续出现了许多用夯土城墙或石头筑成的城邑。城邑的出现使得聚落的面貌为之一变,形成所谓"万邦林立"的局面。据传说,当时还创造了部落联盟的形式来协调各方国之间的关系。

在父系氏族时代,自古以来对于自然的崇拜、对于图腾的崇拜以及对于祖先的崇拜等种种信仰,开始形成以氏族为单位的传统和习惯,这些传统和习惯又随着聚落与聚落交往的增多而初步开始融合。天地和父系祖先的祭祀在社会生活中变得越来越重要。在黄河、长江流域甚至周边地区,都发现有这一时期的大型祭坛。

二　夏商周时期的社会生活

关于夏、商、周的朝代更替,本书第二讲已有记述,这里不再复述。

夏商时期城市是王朝和各方国的政治中心和军事堡垒。城市设有防御设施,或修筑高峻的城墙,或挖掘巨大的壕沟,或利用天然屏障。城市内最重要的主体建筑是贵族居住的宫殿和祭祀祖先神灵的宗庙。城市内的居民都是聚族而居,聚族而葬,体现了宗族社会结构的特点。城市内还有手工业作坊,分工细致。

夏商时期婚制的主流是一夫一妻制,但贵族中一夫多妻现象非常普遍。贵族政治联姻的特征较为明显。夏商王朝与异族方国常常政治联姻,娶异

---

① 严文明:《中国新石器时代聚落形态的考察》,载于《庆祝苏秉琦考古五十五年论文集》,文物出版社,1989 年。

国之女为妻,也将本国女子外嫁。

夏商时期的饮食用器有炊器、饮器、食器三大类。炊器主要有鬲、鼎、甗、罐、甑等,用于煮蒸食物;饮器有斝、爵、盉、觚、杯等,多数为饮酒之器;食器主要有簋、豆、钵等。夏代多为陶器,商代则主要是青铜器。当时人们主要的进食方式是抓食,匕、勺、箸是比较常见的餐具。商代的食物中,谷物有粟、黍、麦、稻等。肉类食物有两类,一类是家畜,有牛、羊、豕、犬、马、鸡;一类是野生动物。饮酒盛行是殷商社会生活的显著特点。上自商王,下至臣子,各级贵族均嗜好饮酒。酗酒荒政是商王朝腐朽败亡的重要原因之一。

夏人和商人特别崇拜天神。他们把现实世界称为"下"的世界,而把神的世界称为"上"的世界。上的世界有一个叫做"帝"或"上帝"的至上神,他统率日、月、星、辰、风、云、雷、雨等天空诸神和土、地、山、川等地下诸神,具有支配自然运行、主宰人间祸福的能力。商人还盛行用龟卜的办法探求神意。凡生老病死、出入征战、立邑任官、田猎农作、婚姻嫁娶、祀神祭祖,事无巨细,都要经过占卜,探明天神旨意,然后决定行动。祖先死后,灵魂也能降下福祸,但他们只是上帝和商王之间的中介,地位不如上帝那样重要。

西周时期的国家形态表现为周王朝与诸侯国的不平等联盟。与夏商两代不同的是,这种联盟大多建立在家族分封的基础之上,相互间有着宗亲与姻亲关系,因而其联盟较之商代的方国联盟要密切和稳固。

城市依然是周王朝与诸侯国的政治、军事、文化中心。由于周王朝与诸侯国的纵向关系以及诸侯国之间的横向关系比较密切,西周时期的城市建置相对统一,等级比较明显。就规模而言,天子的都城大于诸侯,诸侯的都城也有等级之别,贵族和卿大夫的封邑规模要小于都邑。宫殿和宗庙仍是城市的主体建筑,遵循"择国之中而立宫,择宫之中而立庙"的原则。城市均有手工业作坊,商业活动比较活跃。

西周的婚姻形态与夏商时期没有本质区别。所不同的是,西周的婚姻已在礼制的规范下运作,形成了一系列约定俗成的礼仪。这在本书第二讲已有介绍,这里从略。

西周的服饰通过质地、形状、尺寸、颜色、花纹来表现等级贵贱之别。天子、诸侯、卿大夫的礼服有严格的等级规定。常服主要有元端和深衣两种,元端上衣下裳互不连属,自天子至于士皆可穿着;深衣是衣和裳连在一起,也是自天子至于庶人皆可以穿着。

周代饮食也体现出浓厚的礼仪特征,对各种场合的饮食行为都有详细具体的规定。在饮酒方面,周人比较节制,周初曾制定严厉的禁酒措施,强制戒酒。但西周中期以后,酒禁放宽,饮酒风气渐浓。

三　春秋战国时期社会生活的变化

春秋战国是中国古代社会的大变革时期。这一时期城市有很大变化。春秋时期,城邑的数量有了明显的增加,有关筑城立邑的记载史不绝书。国土有限、实力平平的鲁国,自隐公至哀公的二百余年间,见诸《春秋》《左传》记载的筑城、修城、扩城活动就有二十余次,由此可以想见诸侯大国的筑城情况。城邑的增多表明:政治、军事、文化生活已经不再局限于都邑或某几个核心城市。春秋城市的规划布局开始呈现多样化的特点,有的沿用西周时期的旧制,有的则突破礼制约束。战国时期,城市数量空前增加,城市的经济功能较前更加显著,兴起了一批重要的商业城市。赵国的邯郸(今河北邯郸)、蔺(今山西离石西),齐国的即墨(今山东平度东南)、安阳(今山东曹县东)、薛(今山东滕县东南),燕国的下都(今河北易县)、涿(今河北涿县)、蓟(今北京市西南)、魏国的大梁(今河南开封)、安邑(今山西夏县西北)、温(今河南温县西南)、轵(今河南济源东南),韩国的郑(今河南新郑)、阳翟(今河南禹县)、荥阳(今河南荥阳东北)、屯留(今山西屯留南)、长子(今山西长子西南),楚国的郢(今湖北江陵纪南城)、宛(今河南南阳),寿春(今安徽寿县)、陈(今河南淮阳),越国的吴(今江苏苏州),宋国的陶邑(今山东定陶北),卫国的濮阳(今河南濮阳南),秦国的雍(今陕西凤翔南)、咸阳(今陕西咸阳东北)、栎阳(今陕西临潼北),周室的雒阳(今河南洛阳),都是当时有名的大城市和商业都会。① 有些并非诸侯国都城的城市规模甚至超过春秋诸侯国都的水平。战国时代的城市有商业市区,市区四周有市门,早启晚闭。齐都临淄是战国时代规模最大和最为繁华的商业都会。纵横家苏秦对临淄的繁华景象有这样的描述:临淄城中有 7 万户人家,成年男子就有 21 万。市民悠闲自在,"无不吹竽、鼓瑟、击筑、弹琴、斗

---

① 杨宽:《战国史》,上海人民出版社,1980 年,第 99 页。

鸡、走犬、六博、蹴鞠者"，音乐、杂耍等娱乐活动丰富多彩。马路上来往的车辆很多，以致常常车轮相互碰撞，街道上人山人海，拥挤不堪，"连衽成帷，举袂成幕，挥汗如雨"①。

春秋战国时期的乡村也不断发生变化。随着人口增加、铁制农具的广泛使用以及农业耕作技术的进步，过去被视为鄙野之地的郊野，逐渐繁荣起来，有的甚至成为新兴商业都市。荒野也陆续开垦，新的居民点不断出现。为了加强对乡村地区的控制，各诸侯国逐渐采用县制，在原来的鄙野地区或被灭亡的邻国，根据需要，设立县制行政机构。县成为以管辖农村为主的基本行政单元。战国时代，又在县的基础上再设立郡，从而形成了郡县两级制的地方组织。拥有一定数量土地，主要从事农业生产，同时兼营家内手工业的自耕农成为乡村的主要劳动者。

春秋时期的婚姻形态仍然遵行"同姓不婚"的原则。诸侯和卿大夫都要在相同的等级之内迎娶异姓女子，天子求婚于诸侯，王室宗女也多下嫁于诸侯。士以下的平民家庭，多为一夫一妻。婚嫁年龄男子通常在20—30岁之间，女子在15—20岁之间，妇女被夫家休弃的现象在这一时期比较普遍，离异的女子再嫁也司空见惯。

由于地理和气候的差异，以及政治上的多元化，加之各地奢俭风尚的不同，春秋战国时期的服饰具有一定的地域性，多样化的特点比较明显。服饰最大的变化，首推战国赵武灵王的改易胡服。公元前307年，赵武灵王力排众议，毅然实行军事改革，命令军队采用东胡、林胡、楼烦等游牧部族的服饰，穿短装、束腰带、用带钩、穿皮靴，后来又将胡服进一步推广到上层人士。

春秋战国时期，贵族的饮食活动礼仪化的色彩依然很浓厚。用青铜制作的饮食器开始衰落，漆器被广泛用到日常生活的各个方面。漆器制作得非常精美，造型精巧，漆色鲜丽，纹饰丰富，透出一种秀逸之美。多姿多彩的漆器，给饮食生活带来了清新的气息。

春秋战国时代是一个以血与火为时代特征的社会，战争的技艺与勇敢精神得到广泛的崇尚。一年中农隙的时候有春蒐、夏苗、秋狝、冬狩四次练兵习武。《春秋谷梁传》记载说，在田猎的时候讲习武事，是礼仪中的大事。

---

① 《战国策·齐策一》。

割兰草插在地上,作为田猎的界限。田猎时,不许越界。把战车矗立起来,插上大旗作为辕门,辕门的大小以车的两轴离辕门两侧各四寸为宜。在田猎之中,如果车轴碰着辕门,御者就没有资格进入辕门之内田猎,因为御者驾驭战车的能力太差。田猎还要求:驱车奔驰,战车所扬起的尘土不能飞出车辙之外;马在奔驰之中,四蹄相应,快慢适度,驾驭车的人不失驰骋之节,射箭的人才能射得中。田猎还规定,禽兽跑出所设定的田猎范围之外,就不再追杀,这是取战争中不追杀奔跑的败军之义。射中的禽兽如果伤在面上、头上,就放掉不要,取"不杀投降之人"的意思;射中的禽兽太小,也放掉,取不虐幼小之义。勇武作为一种社会规范,已经成为春秋社会男性角色的重要内容。一身戎服有高超的射技和御技的男子,是人们心目中所崇拜的英雄。[1]

四　秦汉时期的社会风尚

秦汉时期,全国城市的总数量在不断增加。一般来说,郡、县两级的治所,均须筑城立市,所以郡县的总数也就大致相当于当时城市的数量。秦统一后,国土空前广袤,据研究,秦王朝最初把京畿以外的国土分为 36 郡,后扩大为 41 郡,设立了 1000 个左右的县。秦代的城市总数大约 1100 个。

由于兼并战争的关系,战国时期有些非常繁华的城市相对凋敝,但秦咸阳却很繁华,人口在 50 万以上。西汉时期,平帝时城市的数量约有 1500 余座。战国时代东方大国齐国共约 70 座城市,西汉时期,齐国故地境内的城市已达 120 余座。随着封建政府大力加强对西北和西南地区的统治,边地也陆续出现了一些新的城市,如匈奴故地河西地区,汉武帝在这里设置了武威、张掖、酒泉、敦煌四郡,至西汉后期,河西四郡已辖有 35 县。东汉时期,河西地区的县城继续增加,总数发展为 43 城。这些在边地设置的郡城和县城,最初带有浓厚的军事据点性质,后来随着人口增加和经济发展,逐渐成为这些地区的经济、文化中心。

秦汉时期城市的建筑规模继续发展,当时城市的整体布局,大致有城垣、宫殿及官署、街道、市场、住宅、城郊建筑以及手工业作坊区等组成部分。

---

[1]　参见蒲卫忠:《略论〈左传〉所反映的社会生活》,《庆祝杨向奎先生教研六十年论文集》,河北教育出版社,1998 年,第 102—115 页。

城垣围绕城市四周，一般用黄土版筑而成，其厚度和高度根据城市的大小而各有不同。汉长安城城墙基部宽达 16 米，残存城墙最高达到 8 米。城墙四面各有若干城门。城市大多以宫殿或官署为中心进行布局。都城之内的宫殿区四周还筑有宫墙。市肆集中在城市特定区域，与宫殿区、官署区、住宅区严格区分开来。市场周围也筑有墙垣，并有市门以供出入。住宅区以闾里为单位，既有豪华的私家府第，也有贫民居住的区域。当时的城市建设已突破城墙的局限，开始向城郊地区发展，把一些礼制建筑建立在城郊。

从长城以北至岭南地区的广大乡村，特别是黄河流域、淮河流域、长江流域以及泾、渭、汾河流域的农业生产地区，分布着广泛的自耕农。他们大多仍以宗族为单位，聚族而居。作为国家的编户齐民，他们有名义上为国家所认可、有独立的使用权的一定数量的土地，但必须承担国家规定的田租和人口税，还要服徭役。两汉时期，除城市贵族、官僚之外，还有一批地方豪强在残酷的土地兼并中壮大起来。特别是东汉时期，还形成"闭门成市"的田庄经济，他们"荣乐过于封君，势力侔于守令"，①成为乡村社会的一种新生力量，对原来因贵而富的社会常规形成冲击。

汉代的冕服制度直到东汉明帝时期才初步形成。皇帝的服装上衣用黑色材料制成，下裳用赪黄色材料制成，上衣有六种图案，下裳有六种图案，这十二种图案依次为日、月、星辰、山、龙、华虫（一种雉鸟）、宗彝（祭祀礼器）、藻（水草）、火、粉米（白米）、黼（斧形）、黻（常作亞字形）。皇帝在隆重场合必须穿十二章服，诸侯、三公用山、龙以下九章服，九卿以下用华虫以下七章服。至于常服，秦汉时期，服饰文化有统一趋同的倾向。春秋战国之交出现的上衣下裳连在一起的所谓"深衣"，西汉时期仍然广泛流行。东汉时，男子多着宽大的直裾长衣。女式深衣在式样上有较大翻新，垂于衣下的一枚尖角增为两枚一组的燕尾形式，而且增加了飘带。对汉代女性来说，唇以朱红为佳，齿以洁白为美，颈以秀长为美，皮肤以白里透红为美，体态以颀长为美。马王堆一号汉墓出土的侍女俑以及汉阳陵陪葬墓园出土的塑衣式跽坐拱手俑（图17），都是朱唇黑眉，面容清秀，一袭深衣，正是现实生活的写照。

秦汉时期主食的基本结构是黍、粟、麦、稻、菽。由于踏碓、石磨等粮食

---

① 《后汉书·仲长统传》。

图 17　汉阳陵出土侍女俑

加工工具的普及，民间也可食用精良加工的粮食。作为副食的肉类以羊、猪、狗、鸡的食用较为普遍。秦汉时人有嗜鱼倾向，经营水产品者常成巨富。饮酒风气也比较盛行。当时人吃饭，要先在甑中将饭蒸熟，然后用匕取出，放入簋簋，移到席上。酒则平时贮存罍中，要喝时注入尊、壶，放在席旁，然后用勺斟入爵、觚、觯、杯等酒器中，饮罢再放回席上。到了西汉时期，出现了饮食器具"案"，人们要先把食物和食器放在案上。在家庭生活中，为了尊敬长者或者表达夫妻间相敬如宾的感情，供食者将案举得高高的，请对方进食。举案齐眉这一佳话即出现于东汉①。

秦孝公时代，商鞅变法涉及家庭婚姻关系的主要精神是："令民父子、兄弟同室内息者为禁"，"民有二男以上不分异者，倍其赋"②。规定凡是老百姓有两个儿子而不把他们分出去另立门户者，就要让他们加倍交赋税，每家只许有一夫一妻和他们所生的一个儿子。等到儿子结婚后，也只许留一个孙子在身边。也就是说，一个家庭只许有两代的一夫一妻。一百多年后，秦始皇进一步把商鞅当年的家庭婚姻改革用法律条文固定下来。公元前210 年，秦始皇巡狩到今浙江一带，立有《会稽刻石》，系统地阐述了他理想的婚姻观念和婚姻道德。他认为越地丈夫死后，留有儿子，寡妇可以任意改嫁，这种风俗必须严格禁止；男女结婚后，女子常因不满意男方而逃跑，这种现象也不能容忍；越人内外不分，男女无别，经常发生不正当男女关系，杀之无罪。秦始皇认为保护一夫一妻制度，绝非是一件细微的生活小事，而是关系天下太平的大事。他把提倡寡妇守节，遵守一夫一妻制，同确立中央集权制度联系在一起，试图把婚姻观念和婚俗如同统一度、量、衡一样，完全规范

---

① 《后汉书·梁鸿传》。
② 《史记·商君列传》。

划一起来。两汉时期,虽然男女结婚、离婚、寡妇再嫁有了较大自由,但伦理观念开始渗透到婚姻关系之中,男子在父兄死后娶庶母或寡嫂为妻的"燕""用""报"式的婚姻遗风,受到口诛笔伐,在中原地区逐渐衰竭。婚姻主要通过社会舆论而向一夫一妻制的核心家庭发展。贵族婚姻重亲现象比较严重,婚姻之家复结婚姻。

秦汉时期,形成了体系化的祭祀制度。大约到汉成帝时期,已形成南郊祭天、北郊祭地的天地祭祀模式。中经几度反复,到东汉初,确立了南郊祭天、北郊祭地、季节性祭祀、封禅和社稷祭祀的天地祭祀格局。东汉明帝后,确立了"同堂异室"、在一庙之内依世次祭祀祖先的制度。祭祖之典主要包括禘祫、四时祭享和丧祭墓祭。这些制度成为历代封建王朝的范本,以后各代的国家祭典只有局部的改变,整体格局没有发生实质性变化。秦汉时期的平民和公卿贵人,祭社和祭祖成为他们最主要的精神寄托。

秦汉时期的生老病死、衣食住行,处处可见巫觋活动、数术之学的影响。湖北云梦睡虎地出土秦简《日书》,就是一部选择时日吉凶的数术书。据统计全年行忌日超过 151 天,占全年总日数的 41.3%。在这种文化状态下,人在社会生活中的自觉和自由都是有限的。汉并天下后,长安设祠祀官,分别有梁巫、晋巫、秦巫、荆巫,巫在宫廷和民间十分活跃。

西汉时期发明了造纸术,东汉蔡伦又加以改进,这是秦汉文化生活的一件大事。纸的发明,改变了文字刻画或书写在器物(主要是陶器、青铜器)或动物(主要是龟甲、牛胛)以及布帛、竹简之上的历史。

秦汉时期,从贵族到平民,普遍表现出一种积极的进取精神。例如田横在秦末与刘邦同封为王,后来刘邦取得天下,田横及其八百壮士耻事汉王,全部壮烈自尽;①汉中人张骞,公元前 138 年应汉武帝招募,充当使者前往大月氏,历十余年,终于凿空西域。讲气节,重信义,是秦汉时期社会风气的重要特点。苏武出使匈奴,持节不侮;②杨震欲留清白,深夜以"天知、地知、你知、我知"却贿(《后汉书·杨震传》),这些都折射出两汉社会蓬勃向上的精神面貌。

---

① 《史记·田儋列传》。
② 《汉书·李广苏建传》。

五　魏晋南北朝时期的社会生活

魏晋南北朝时期是中国历史上的民族大融合时期，民族融合的范围极广，几乎包括了中国长江、黄河、辽河、漠北广大区域。北方各民族的匈奴、鲜卑、羯、氐、羌、卢水胡各族先后建立政权，将社会组织模式乃至文化习惯带到中原；南方的山越、蛮族、僚人、俚人、僚人也走出深山老林，开始与汉族融合。

民族大融合带来了南北社会组织形态的激烈变动。北方割据政权大体都经过"胡汉分治"的阶段。所谓胡汉分治，就是对于境内少数民族采用本族制，而对于境内汉族则采用汉制。直到北魏太和（477—499）初年，才逐渐用汉族的原有办法改革地方基层管理。太和九年到十年（485—486），均田制、三长制、州郡制相继出台。三长制规定每五户百姓置邻长，合五邻置一里长，合五里置一党长。太和十年，北魏下令在全国设置38个州，同时对畿内地区居民实行分并改组。北方地区重新纳入秦汉以来的州、郡、县的组织结构。魏晋南朝的汉族政权虽然社会组织方式与秦汉基本相似，沿用州、郡、县的管理模式，但世家大族和地方豪强的势力大为膨胀，社会出现了一个特殊阶层——门阀士族。北魏孝文帝改革后，北方士族也迅速发展。南、北士族都拥有大量土地，建有田庄，享有政治经济特权。个体小农虽然也拥有自己的一小块土地，但往往沦为士族的奴婢、豪强的佃客。

魏晋南北朝时期，南方农业经济有了较大的发展，形成了六大著名稻作区。它们是江南稻作区，包括三吴、皖南及晋陵地区，它是南朝最重要的稻作区；荆湘南川稻作区；汉中巴蜀稻作区；南阳盆地稻作区；淮南稻作区；交广和闽广稻作区。这些稻作区从根本上改变了南方农业在全国经济中的低下地位。南方城市的密集度也远远超过了秦汉时期，其中尤以扬州、荆州、益州、广州四个地区城市最为密集。

魏晋南北朝时期，主食为稻米、小麦。在面食制作方面出现了很多变化，西晋束晳的《饼赋》提到新出的面食有安乾、柜妆、豚耳、狗舌、剑带、案盛、醠鲩、髓烛等名目。它们有的由普通百姓发明，有的从外族传入中原。这一时期，中国菜肴的九大主味：酸、甜、苦、辣、咸、鲜、香、麻、淡等都已具备。汉代已知如何用曲酿醋。北魏时，用谷物制曲酿醋的技术相当成熟。

《齐民要术》中有多种制曲酿醋法，而且还开创了酿造陈醋的方法。先秦时只有肉酱"醢"，汉人已用豆作酱。《齐民要术》有《作酱法》，专章介绍 13 种风味不同的酱的做法。魏晋南北朝时期，中原地区不少菜肴的做法来自外域。本是胡人喜食的乳酪，成为北方汉人广泛流行的副食。还有一种菜肴，叫"羌煮貊炙"。据《齐民要术》介绍，羌煮原是羌人的一道菜，吃法是将精选的鹿肉煮熟后切成块，蘸着各种调料制成的浓汁吃；貊炙是貊人发明的一种烤乳猪，做法是用火慢烤，一边烤，一边往上洒酒抹油，烤熟的乳猪色泽鲜丽，呈琥珀色，入口即化，汁多肉润，是上等美味。

两晋时期，饮茶之风盛行，待宾之礼，有献茶一项。王濛不但个人喜爱饮茶，还爱以茶待客。因为劝茶过于殷勤，以致客人望而生畏，有"水厄"之怨。茶还被用来表示人品的高低。东晋陆纳在家用茶招待名士谢安，陆纳的侄子认为过于清俭，擅自献上酒肉，结果弄巧成拙。谢安走后，他被陆纳狠狠地教训了一顿，认为败坏了他的清名。酒也是当时人们的饮品。晋人刘伶是个著名的酒鬼，常乘鹿车，随走随饮，要仆人扛锄于后，称随死随埋。家人劝他戒酒，他答应了，但背后又祷告上天："天生刘伶，以酒为名。一饮一斛，五斗解酲。妇儿之言，慎不可听。"[1]《齐民要术》保存有几十种酿酒的方法。其中说有一种"稬米酒"，酒味奇佳，但酒性很烈，饮过量即死。"与人此酒，先问饮多少，裁量与之。若不语其法，口美不能自节，无不死矣。"[2]

魏晋南北朝时期，讲究服饰之美。体衣（上下衣）、头衣（冠帽）、足衣（鞋袜）成为人们典型的装饰式样。当时服饰更新速度很快。《抱朴子·饥惑》曾说，当时冠履衣服，每天每月都有新的变化，"乍长乍短，一广一狭，忽高忽卑，或粗或细，所饰无常"，经常突破等级限制。胡服在当时十分流行。十六国、北朝时，胡服在黄河流域达到与汉服平分秋色的程度。直到孝文帝改革后，服饰的胡化风气才有所改变。

魏晋南北朝的婚尚以等级性婚姻为典型特征。世族享有特权，他们把血统、门第、出身当做衡量人们社会地位及身份价值的尺度，婚姻也竭力保持血统的纯化，因而形成了世族婚姻的两个特点：一是重门第。南方世族之间依据政治地位、社会名望和家庭势力构成了比较稳定的婚姻圈。琅琊王

① 《晋书·刘伶传》。
② 《齐民要术》卷七。

氏、陈郡谢氏、陈郡袁氏三者之间的通婚最繁，其他如河南褚氏、谯国桓氏、颍川庾氏等虽与王、谢通婚，但政治地位、家族势力有所不及，频率不高。与北方大族崔氏、卢氏联姻的，绝大部分都是有一定郡望的世族。[1] 可见当时南北方的大族，对于婚姻等级界线划分得十分严明。二是地缘性因素比较突出。如吴姓大族中以吴郡顾、陆、张氏同会稽孔氏和吴兴沈氏五者通婚最密，而以吴郡顾氏、陆氏、张氏三者婚嫁较繁。等级性婚姻造成早婚现象非常普遍。如东吴郁林太守陆绩之女，年方 13 就嫁给同郡张自，东晋荀羡年15 岁就与帝室联姻。梁武帝纳丁贵嫔时年 14 岁。陈朝周弘正年 10 岁时，河东裴子野就以女妻之。早婚自然早育，这就造成了兄弟姊妹年龄悬殊、而叔侄姑侄之间年龄反而相近的现象，遂使高频率的血缘异辈婚姻成了这时门阀婚姻的一个显著特色。高门世族在六朝后期"肤脆骨柔，不堪行步，体羸气弱，不耐寒暑"，[2]正是这种婚姻的恶果。

南北等级性婚姻习俗虽然大体相似，但也略有不同。在继娶纳妾方面，南方的正室侧室之分及嫡庶之别，不如北方严格，家庭纠纷亦不如北方严重。妇女在家中的地位，南北也有不同。北方受少数民族胡化的影响，妇女与社会接触较多，地位较高。家庭的组织形式和家庭情感，也有南北之别。南方形成了父子异居和一门数灶之风。《太平广记》曾著录这样一个故事：北齐使者卢思道聘陈，陈朝显贵宴请他，席间相互嘲谑。陈朝官吏诵诗云："榆生欲饱汉，草长正肥驴"，讥辱北方人是食榆嚼草的蠢驴。卢思道反唇相讥："共瓶分灶米，同铛各煮鱼。"[3]他讽刺南方人同炊异馔，一家人不同吃一锅饭。卢思道的谑诗反映出南方的一门数灶之俗。

魏晋南北朝特别重视葬事，但对葬礼却并不十分重视，而重视至情至性的哀悼。西晋王戎在母丧期间，饮酒食肉，不拘礼制，但内心十分悲伤，容貌憔悴。东晋会稽王献之死，其兄王徽之奔丧不哭，因为王献之喜好弹琴，王徽之将王献之的琴取下来，坐在灵床上试着弹一曲，但怎么也弹不出和谐的音调，他把琴摔在地上，悲痛地感叹"人琴俱亡"，恸绝良久。[4] 当时比较重

---

① 刘驰：《从崔、卢二氏婚姻的缔结看北朝汉人士族地位的变化》，《中国史研究》，1987年第 2 期。

② 《颜氏家训·涉务》。

③ 《太平广记》卷二四七引《谈薮》。

④ 《世说新语》卷下《伤逝》。

视相墓术。郭璞、张子恭、高灵文等是当时的相墓大师。相墓术除了继承天人感应观念和阴阳五行学说以外,还十分重视审察山川形势,讲究墓穴的方位、向背、排列结构等,其中山川形势的勘察最受注重,它涉及山脉、水流、林木的位置、走向、枯荣,看重山川的"形""势""气"。

魏晋南北朝时期,人们的宗教信仰较为强烈。佛教和道教都拥有大量信徒。秦汉时期所确立的祭祀天地之礼,在魏晋南北朝时期除个别皇帝举行以外,并未得到高度重视。而对佛教和道教神佛的崇拜却与日俱增。道教建构了一套独特的神仙谱系,它虽然没有超越固有的宇宙观念,仍以天地、日月、星辰、风雨、雷电、岳镇、海渎、山川作为构造神系的主干,但在道教神系中,神的形象更加富有感染力,不像国家祭典中那些偶像那样严肃,较少政治色彩。而且道教还认为有"真人""仙人",他们是得道而有神通的活生生的人,这些人又多是传说中的人物,如赤松子、彭祖、王乔之类。南北朝期间,庐山曾建有招真馆,衡山建有九真馆,桐柏山建有金庭馆,茅山建有曲林馆,对道教神仙进行祭祀。寇谦之、陆修静对祭祀道教诸神的祭礼还有所规范。佛教的神佛体系主要包括佛、菩萨、天王(护法神)、力士。佛教神佛谱系既不像儒家国典化的神系,也不像道教神系。对佛教偶像的崇拜主要包括佛诞节、成道节、涅槃节的纪念仪式、寺院日常礼拜仪式。举行上述仪式,以香花供养为主,反对杀生。

在佛教、道教的影响下,魏晋南北朝时期民间神祀也日益庞杂。精怪迷信成为当时人们生活的重要组成部分。山、木、石、兽、禽都被认为可以成精作怪。在各种精怪之中,当时人们对龟精、獭精、鱼精、山精、狐精、鼠精尤为迷信。这些精怪或为妙龄少女,或为英俊少男,或为皓首宿儒,变化多端,体现出人们受宗教观念影响后对于大自然的艺术改造。

六　隋唐时期社会生活的特色

隋唐五代时期发达的城市,黄河流域有长安、洛阳、太原、开封、定州、滑州、兰州,长江流域有成都、江陵、荆州、潭州、越州、扬州,沿海一带有登州、杭州、泉州、广州、交州,西北有凉州,西南有桂林。长安是隋唐两代政治、经济、文化发展的中心,也是发达的商业城市。长安城内东西14条大街,南北11条大街,划出108个坊,其中东市和西市各占两坊之地,长、宽各约1000

米。市内有两条南北大街和两条东西大街,相交成"井"字形,四面立邸,中间则是各类行业的店肆,同类行业的店肆往往集中于同一区域。东市有220行,西市则有西域以及波斯、大食商人,是对外贸易中心,发达程度不减东市。

乡村百姓大多聚族而居。小农家庭习惯于组成三代小家庭,每户平均人口基本保持在5—6口之间。同姓宗族在人们的日常生活中仍起重要作用。尽管分户析产,但同一宗族仍有公认的长辈族长,协调族内事务和调解纠纷。白居易诗:"一村唯两姓,世世为婚姻。亲疏居有族,少长游有群",①就形象地描述了当时常见的家族式村落。

唐代婚姻形式与礼俗基本与前代相同。受士族崇尚婚姻的影响,唐代社会上层极重择婚时的门当户对。旧的士族以门第自高,互相结为婚姻,门第低的人家,往往要付出很高的"陪门财"。唐朝人的贞节观念比较淡漠,妇女离异后再嫁也不受舆论指责,公主再嫁者23人,其中三嫁者4人,民间拘束就更少了。②

隋唐时期,人们的主要食物在南方为稻米,北方为粟麦。北部畜牧地区则以羊肉、牛肉、马肉为主食。这一时期,人们通常栽培和食用的蔬菜已达数十种。菠菜、莙荙等外国蔬菜也陆续传入中国并进入当时的食谱。中国原有的枣、栗、桃、樱桃、李、梅、杏、梨、橘和岭南的荔枝、香蕉等果品,均被大量生产和消费。核桃、石榴、葡萄等从汉代以来传入的果品被进一步推广。五代时又有西瓜从西北地区传入中原。酒类仍是最重要的饮品,唐代在谷物酿制的曲酒之外,又增加了葡萄酒。贞观十四年(640),唐军灭高昌,将葡萄良种和酿制葡萄酒的方法引入内地,葡萄酒很快传播开来。隋唐以前,饮茶主要流行于南方地区。自中唐开始,饮茶风气逐渐在北方普及,并流传到塞外游牧民族地区。研究茶的学问也应运而生。湖北天门人陆羽(约733—804)研究茶的起源、性状、品质、产地、种植、采制、烹饮、器具以及饮茶方法,撰写成《茶经》一书,是我国第一部有关茶的专著。

隋唐时期的服饰有官服和民服、男衣和女装之分。官服等级森严,皇帝之服有大裘冕等14种,太子之服有衮冕等6种,皇后之服有棉衣等3种,皇

---

① 《全唐诗》卷四三三,白居易《朱陈村》。
② 高世瑜:《唐代妇女》,三秦出版社,1988年,第54页。

太子妃之服有褕翟等 3 种。百官之服一品为
衮冕,二品为鷩冕,三品为毳冕,四品为绣冕,
五品为玄冕,六品以下至九品为爵弁。服色皇
帝用赤、黄,三品以上用紫,四品用绯,五品用
浅绯,六品用深绿,七品用浅绿,八品用深青,
九品用浅青。平民百姓多为白衣。唐代女装
无论贵贱大都由衫、裙、帔三大件组成。(图
18)上面衫子的下摆系在裙腰中,裙子多半肥
大,裙长掩地。肩上披帛,称为"帔服",飘垂
在腰间。由于受胡风影响,贵妇人还时兴袒露
装,衫裙宽松富丽,袒胸露乳。

　　唐代室内家具最有特色的变化是椅子。
椅子自汉代从西域传入,初称"绳床",座位和
靠背上有绳子编成的垫子,四脚很低。演化到
唐代,取消了绳垫,四脚变高,成了常用坐具,
它使人们生活习惯由过去的席地而坐改为垂
足而坐。唐代家用瓷器日益丰富,唐三彩瓷器

图 18　唐墓仕女俑

中有很多适宜于民间的家用器皿。金银器使用也开始增多,尤其是唐后期,
中上层人家使用金银器皿较为普遍。

　　隋唐五代时期,普通民众的宗教信仰除祖先崇拜、佛道崇拜之外,还信
仰多种自然神灵,宗教活动的内容和方式丰富多彩,表现出若干新的时代特
征。每个家庭都将供养、祭祀祖先置于宗教信仰活动的中心地位。佛事活
动有写经、刻经、造像、建庙、修石窟、斋僧,各种法会也时常举行。这些活
动,有的以个人或家庭为单位进行,有的以集体的方式举行。主张修身养
性、采饵服丹、修炼长生不老之术的道教,在中上层社会人士中比较流行。
祆教、摩尼教和景教信仰者主要是西域胡商和一些少数民族,汉族人信仰的
不多。民间巫觋风俗仍然非常流行,其中占卜、禳灾之风尤盛。

七　宋元时期社会生活透视

　　北宋中期,全国 10 万人口以上的城市增至 46 处。开封人口达到百万

以上。南宋都城临安府（杭州）到宋宁宗时已达 120 多万人。宋代城市打破了坊与市的界限，商店可以随意开设，不再采取集中的方式。开封城内，到处都有商铺、邸店、质坊、酒楼、食店，而且还有晚上交易的夜市。城内还有多处供居民娱乐的场所，叫做瓦肆，里面有"勾栏"（歌舞场所）、酒肆、茶楼。今存写实风俗画《清明上河图》，如实地反映了当时开封城的风貌。入元以后，许多历史悠久的城市继续保持着繁荣局面，而且随着运河的恢复和海运的开通，在运河沿线和沿海出现了一批非常活跃的城市。早在唐代出现的在大城市周围的定期草市墟市，到宋代已经普遍存在于大、中、小城市周围和一些村落，成为人们日常生活不可缺少的交易场所。许多草市逐渐发展成镇市，镇市发展为城市。

在宋代，居住在都城和州府、县城及市镇的居民称为坊郭户。坊郭户又有主客之分，有房产等生活资料的称主户，没有房产、依靠租赁房屋居住的称客户。手工业者、商人的社会地位大大提高，他们及其子弟可以进入官立学校读书，可以参加科举考试。

从宋代开始，土地商品化的历史潮流势不可挡。国家不再拥有大量土地，也不再对它所占有的土地实行均田制式的再分配，更不再对土地买卖进行强烈的干涉。居住在乡村的人户统称乡村户，也有主、客之分。乡村的主户，是指占有土地、向国家交纳两税（土地税）的民户，客户是那些没有土地、没有耕牛和农具等生产资料，依靠租种土地为生的佃客。客户同地主的关系已经不是唐代以前那种人身隶属关系，而是一种经济性的租佃契约关系。元朝时，汉人乡村社会的主、客制度并没有改变。

由于门阀世族的消亡和商品经济的发展，宋代在婚聘上有两个重大变化：一是择偶标准不像以前那样重门阀世族，而看重金榜题名之人；二是比较计较婚姻关系的物质利益。在宋代，富商娶宗室女的现象司空见惯。元朝所统治的是一个多民族社会，在婚姻、家庭方面各民族有不同的风俗习惯。

宋代服饰总体来说可分官服与民服两大类。官服又分朝服和公服。朝服用于朝会及祭祀等重要场合，皆朱衣朱裳，佩带和衬以不同颜色和质地的衣饰，还有相应的冠冕。公服是官员的常服，自位极人臣的宰执到一命之士通用，但各级服色有显著差异：三品以上用紫色，六品以上朱色，七品以上绿色,九品以上青色。① 公服的式样是圆领大袖,下裙加一横澜,腰间束以革带,头上戴幞头,脚上穿革履或丝麻织造的鞋子。依照规定,凡有资格穿紫、绯色公服的高级官员,都必须佩带用金、银装饰为鱼形的"鱼袋"。庶民百姓只许穿白色衣服,后来又允许流外官、举人、庶人可穿黑色衣服。但实际生活中,民间服色五彩斑斓,根本不受约束。宋代妇女的服装,一般上穿衫,下着裙。衫多用轻薄质料织作,宫廷嫔妃多用黄色和红色,品官士庶之家则多用淡绿、粉紫及银灰、葱白等色。石榴裙是当时最流行的裙子。北宋末,贵族妇女开始流行缠脚习俗。

宋代饮食文化有很大发展。北宋统一后,首都汴京是南北饮食技术的交流中心。南宋时北方人大量南迁,汴京的饮食业也涌入杭州等地。据《东京梦华录》《梦粱录》《武林旧事》诸书记载,宋代食品名目繁多。高档的大型酒楼,如汴京的仁和店、会仙楼,杭州的武林园、熙春楼,饭、菜、酒一应俱全,店内长廊排阁,分有楼座及楼下散座,并有歌儿舞女演唱作陪。宋朝人普遍喜欢饮酒饮茶。宋代全国各地名酒很多,张能臣《酒名记》记载北宋名酒近一百种,《武林旧事》记载南宋名酒五十余种。当时流行的酒类大致可分为黄酒、果酒、药酒和白酒(大烧酒)四大种类。皇帝以饮宴笼络大臣,文人以酒助兴作诗,士庶百姓婚嫁寿庆,也离不开酒。在饮茶方面,宋人也颇为讲究,客人来时要用名茶招待,叫做品茗。当时太学生有一种茶会,聚集饮茶,谈天说地,成为一种联谊组织。由于饮酒饮茶习惯成风,婚丧待客都有专门的茶酒厨子及器物供人们雇用。除此以外,在宋代城市中还有许多凉饮店,出售甘豆汤、漉梨浆、木瓜汁、沉香水、荔枝膏水等饮料。

道教和佛教仍然是宋代最主要的宗教。儒家的尊祖敬天、佛教的水陆道场、道教的斋醮法事,都被作为一种生活情趣而加以接受。但随着社会的变化,民间所崇拜的神灵对象有了新的内容。中唐以前,在以荆州为中心的两湖地区受崇拜的关羽,自宋元时代开始成为全民信仰。城隍被人们奉为专门守护一座城市的神祇,其崇拜几乎达到与社神崇拜相等的程度。福建、浙江等东南沿海地区盛行妈祖信仰。巫术仍然十分流行,施展于相宅和卜葬的风水术也风靡社会。

---

① 《宋史·舆服志四》。元丰改制后,改为四品以上服紫,六品以上服绯,九品以上服绿,去青色不用。

宋代社会华靡之风盛，享乐意识浓，一般士大夫的生活也极其奢靡。但仍有一大批知识分子毅然肩负起重振儒家文化的重任，积极参与现实，参与政治，恪守道德规范，表现出高度的社会责任感和独立的人格意识。范仲淹、欧阳修号召士人重视名节，振作士气，"先天下之忧而忧，后天下之乐而乐"，在社会上产生了深远的影响。南宋士大夫试图以"我欲仁，斯仁至矣"的个体伦理自觉来确立个人成圣成贤的道德追求。当国家危急存亡之秋，他们舍生取义，毁家纾难，临危授命。据《宋季忠义录》校订凡例所述，南宋末年抗元死节的英雄就有五百多人。元代蒙古、色目人在社会上地位很高，沉湎于物欲，声色犬马，知识分子仕途不畅，穷困潦倒，士大夫放浪形骸，率性而行，老庄思想特别流行。他们沉湎于洒脱风流、清虚淡泊的精神境界，讲究闲适与随意。这种文化心态对后世也产生了不可低估的影响。

八 明清时期的社会习俗

明代中叶，城镇获得了空前的繁荣和发展。明前期，宋元以来的一些老城镇很快恢复了往日的繁荣。浙江地区的一些草市和村落很快发展成为有数百家、数千家，甚至上万家居民的规模，形成了星罗棋布的市镇网络。在明中叶兴起的城镇中，不仅出现了大量以商品集散或转口贸易为主要功能的商业性城镇，更重要的是出现了以手工业为专业特色的市镇。如江浙的盛泽、濮院、江泾、双林、菱湖、乌镇、南浔等镇，就是随着丝织业的发达而发展起来的。枫泾、洙泾、朱家涌等市镇，则与棉纺织业的发达直接相关。浙江崇德县石门镇因为榨油业发达而成为拥有数千家的大镇，江西景德镇以陶瓷业著称，广东佛山镇以铁器制造业闻名。清代华东、华北、华中地区县治以上的城市约一千四百个，东北、西北、蒙古等边境地区，县治以上城市也有一百多个，除北京外，苏州、扬州、杭州、广州、汉口、江宁（今南京）均有数十万人口，成百上千家店铺，形成了上层城市统率众多中小城市，中小城市再统率镇市的格局。在经济发达地区，往往是几个城市共同组成一个市场辐射圈，如江苏嘉定县城所辖镇市，向南方西方呈扇形辐射，大约有五层市场圈，每层大约间隔六里，最远的镇距县城四十里。

明清城市一般自城中十字街分为东西南北四个部分。城中以坊为纲，坊下有街道、胡同。组成街道、胡同的则是城居铺户、行户。近城之地以东西南北四门为界,设四关厢。商人及其商业是城市生活最为活跃的部分。商人在明中叶崛起的一个突出特点是,他们以乡缘为联结纽带,形成商帮,从事全国性的商业活动。清代商帮很多,大的号称十大商帮,即山东商帮、山西商帮、陕西商帮、洞庭商帮、江右商帮、宁波商帮、龙游商帮、福建商帮、广东商帮、徽州商帮。其中最有名的是晋商和徽商。全国各主要城市都有商帮的会馆,而且出现了区域会馆、同业会馆。如汉口的山陕会馆即包括:太原帮、汾州帮、红荣帮、合荣帮、卷茶帮、西烟帮、闻喜帮、京卫帮、均烟帮、雅帮、花布帮、西药帮、土果帮、西油帮、陆陈帮、匹头帮、皮货帮、众帐帮、核桃帮、红花帮、当帮、皮纸帮、汇票帮等。商人们以诚、信、仁、义为本,生产经营,积累了巨大的资本。乾隆时扬州一百余家晋徽盐商,其资本总额达白银7000万—8000万两,超出了当时国库存银。

明清农村虽然还是一种以家庭为单位的小农经济,但这一时期的小农经济与市场的联系日益紧密。农民已经不再仅仅是在自给自足之余,将自己的农产品拿到市场上出售,而是更多地依赖于市场,通过产品的交换来满足自己的生产和消费。农户在种植粮食作物之外,都普遍开始种植旨在交换的经济作物,如棉花、甘蔗、烟草、荔枝、龙眼乃至经济林木,并开始对农产品进行加工。从事商业性农业经营,农民经济受市场支配的程度加深,一方面农民的生活更加丰富多彩,生活水平有所提高,但另一方面他们的生活变得更加不可把握,贫富两极分化现象更加突出。一部分农民由于经营有道、扩大生产而成为"上农",一部分农民则从自耕农下降为佃农、奴仆或雇工。佃农在农村的地位依然低贱。一般租佃关系普遍采用契约的形式,以分成或定额的方式纳租。

农村法定社区是官府在县以下设置的乡、都、保、庄四级行政区,或乡、都、庄三级行政区,或乡、庄两级行政区。明代一般以110户为里,一里之中,推丁粮多者10人为里长,余百户为10甲,每一甲设甲首1人。里长甲首负责调查田粮丁数,编造赋役册籍,催办钱粮。清代在里社制外,主要发展保甲制,10户立一牌头,10牌立一甲头,10甲立一保长。保甲成为基层治安教化组织。

明清时期,宗族在社会生活中的地位仍不可低估。很多地区存在以宗统族的社会群体组织。宗族组织设有以宗子、族长为首的管理机构,建有祠堂。每年清明、冬至,合族祭祖,由族长读族谱、宣讲族规、先贤语录,然后合族聚食,分享祖宗福泽。祠堂同时又是宗族权力机构处理族中事务、褒善罚恶、执行家法的所在地,俨然如官府之衙门。

明代服饰基本沿袭前代,但服饰原料发生了较大变化。传统的衣被原料是麻、丝绸、葛以及动物的皮毛,在明代棉花已取代了麻的地位。棉织业成为小农家庭不可或缺、仅次于农业的副业生产。清代服饰特点是等级差别与民族特色鲜明。满族原有不同的服饰制度和传统习俗。清兵入关,强令人民剃发改衣冠,使服饰发生了重大变化。到乾隆中期,最终形成了既有满族民族特色,又有汉族传统等级标志的服饰制度。按照规定,自皇帝到平民,服饰共分 48 品类,其中皇族 6 种,王族 35 种,贵族有爵者 5 种,品官命妇 1 种,士庶 1 种,依照等级限制颜色、用料、式样、花纹、饰物。长袍马褂是清代男子的典型装束。袍服一般窄袖圆襟,圆领露颈。袍服外罩有襟褂,长的叫大褂,短的叫马褂。汉族女装仍为明代样式。汉族妇女多缠足,鞋以窄小为贵,金线绣花,装饰珠翠,有平底高跟各种样式。满族女服为旗袍,圆领大襟,两边开楔,袖口平直,腰身宽大,长及脚面。满族妇女不缠足。

明代南方的粮食主要以稻米为主,北方则以麦为主。玉米、番薯等美洲高产作物在明中叶传入并得到推广。这两种作物容易种植,耐旱,而且高产,口味好,适宜于较贫瘠的旱地和山地。到明后期,番薯已成为广东、福建、浙江和江苏一带人们的辅助食粮,玉米也成为长江中上游流域山地,尤其是汉水流域山区的重要粮食作物。清代还有一种美洲作物花生得到了广泛种植。明清时期,平民的饮食习惯与其他朝代基本一样,冬季每日两餐,夏季每日三餐,农闲食稀,农忙食干。与平民相比,贵族地主的饮食生活则丰富得多,正餐之外有点心,形成了难以数计的小吃品种。宴饮作为一种重要的交际手段,仕宦、商贾乃至中等之家都很讲究。与之相应的是餐饮业十分发达,最终形成了苏、鲁、川、粤四大菜系,其余如淮扬、苏松、湘鄂的小菜系也很有名。满族传统的全羊席,也发展成了具有如“水品明肚”“七孔灵台”等全羊品菜的 120 种菜肴及 12 种点心的大筵。至于所谓满汉全席,囊括了南北名吃,更加穷奢极侈。

酒与茶仍是明清时期的主要消费品。沧州沧酒、德州卢酒、山西潞酒、甘肃枸杞酒、无锡惠泉酒、苏州陈三白酒、扬州木瓜酒、常州兰陵酒、绍兴苦露酒、四川筒酒都很畅销。在龙井、六安、松萝、阳羡、毛尖、老君眉、碧螺春等绿茶名品外,又发明了花茶及半发酵的武夷茶。至于少数民族的饮料,满、蒙、回民等习惯饮用羊奶、盐、茶、奶油熬制的奶茶,藏族习惯饮用酥油、糌粑、盐、茶调制而成的酥油茶。

明清岁时习俗因袭前代,有元旦、立春、上元、花朝、清明、浴佛、端午、乞巧、中元、中秋、重阳、冬至、腊八、祭灶等主要节日。年节从腊月开始一直持续到第二年的正月十八。春季的节日以“清明”为中心,清代还将清明祭扫与踏青、春游合而为一。夏季的节日围绕“端午”进行,在赛龙舟外,还有城隍庙会。秋季的节日习俗很多,主要围绕“七夕”“中元”“中秋”“重阳”各节进行。其中“中元”(七月十五)又称“鬼节”,僧道设盂兰盆会或做道场超度孤魂野鬼。冬季节日主要是“冬至”。

明清时期,由于社会的稳定和经济的发展,流传于民间的世俗文化也空前繁荣起来,戏曲、曲艺、民歌等民众喜闻乐见的文化活动盛行一时。地方戏曲富有浓郁的地方色彩和强烈的生活气息,深受民众喜爱。

思考题

1. 怎样认识社会生活在历史中的价值?
2. 中国古代城乡关系经历了一个怎样的发展历程,说明了什么?
3. 试概述历代服饰与饮食的主要变化。

参考书目

1. 张岂之主编:《中国历史》六卷本,高等教育出版社,2001 年。
2. 阴法鲁等主编:《中国古代文化史(插图本)》(上、下),北京大学出版社,2008 年。
3. 宋镇豪:《夏商社会生活史》,中国社会科学出版社,1994 年。
4. 林剑鸣等:《秦汉社会文明》,西北大学出版社,1985 年。
5. 赵文润主编:《隋唐文化史》,陕西师范大学出版社,1992 年。
6. 朱瑞熙:《宋代社会史研究》,中州书画社,1983 年。
7. 史卫民:《元代社会生活史》,中国社会科学出版社,1996 年。
8. 宋德金:《金代社会生活史》,陕西人民出版社,1990 年。
9. 冯尔康、常建华:《清人社会生活》,天津人民出版社,1990 年。

第十讲

中国古代思想的演变

　　中国古代思想中最有影响的原创性观念文化,主要是儒家和道家,它们相互对峙又相互吸收融合,成为春秋战国时期百家争鸣的重要篇章。在汉代,当儒学成为思想的正宗,被确立为官学以后(其中主要经典及其研究称为经学),道家学说和道教思想在民间和士人中产生了深远影响。西汉末东汉初佛教传入,与本土思想文化有冲突也有融合,历经漫长的历史岁月,逐渐形成具有中国特色的佛教。儒、道、释(佛)在思维的深层次进一步融合,产生了宋明理学。后来,当程、朱理学为元、明时期官方利用,逐渐丧失其自身活力以后,清朝初年在野的士人中出现了总结过去、开创未来的思想活跃局面,为中国思想史写下了又一重要篇章。当世界历史进入近代,中国逐渐沦为一个被压迫国家的时候,西方近代学说,特别是近代政治文明思想的传入,不能不引起中学与西学之争;如何解决中西学的冲突与融合,便成为中国近代思想的主要问题。

一　中国古代道德学说的建构——孔子思想

　　公元前 21 世纪,黄河中下游出现中国历史上第一个朝代——夏代。公元前 16 世纪,黄河下游的商部落灭掉夏朝,建立商朝。在商朝,以上帝为至上神的宗教代替了祖先崇拜和自然崇拜的原始宗教。

　　公元前 11 世纪,在渭水流域发展起来的周人推翻殷商,建立了周朝。周人宗教思想有不少创新,例如,上帝和祖先神分离便是西周宗教思想的特色,还有,周人提出了他们自己的道德伦理思想,出现了"德"和"孝"的道德范畴。

商周宗教思想和早期阴阳五行说联系在一起。阴阳本是表示自然界明暗现象的概念,阴阳观念发展成包含有对立统一的阴阳说,这在《周易》(指《周易》经文)一书中可以看得很清楚。

中国思想文化的灿烂时期在春秋(前770—前476)和战国(前475—前221)时代,这是社会发生巨大变化的时期(见本书第二讲)。与此时期相适应,以鲁国为中心,先后出现了"私学"学派——儒家和墨家。他们被称为"私学",是因为这两大学派的学者已经不限于政治家和思想家的卿大夫或世守的职官,有些还来自平民阶层。

图19　孔子像

儒家的开创者是孔子(图19),他是春秋末期的大思想家和教育家。墨家的开创人墨翟,主张兼爱、非攻。按照诸子学派兴起的先后,在儒、墨之后,出现了兼采儒墨而又批评儒墨的道家。春秋末期的老子是道家最早的代表。

战国时代的思想学派繁多,被称为"诸子百家"。汉代司马谈按照诸子学说的主要倾向,把他们划分为阴阳、儒、墨、名(辩)、法、道德六家①。班固《汉书·艺文志》则把诸子划分为儒、道、阴阳、法、名(辩)、墨、纵横、杂、农等九家。

春秋战国"百家争鸣"的局面造成了中国古代历史上思想文化繁荣的鼎盛时代。以下我们对这个时期儒家思想的要点作一些介绍。

孔子(前551—前479),鲁国昌平陬邑(今山东曲阜东南)人,名丘,字仲尼。幼年丧父,过着贫贱的生活。青年时代做过会计("委吏")和牛羊管理人("乘田")。30岁左右开始私人讲学活动。34岁去齐国,听到古乐《韶》乐,被它吸引,三月不知肉味。51岁在鲁国任中都宰,后来升任司空、大司寇。57岁带着弟子周游中原各国。68岁回到故乡鲁国,致力于教育。

---

①　见《史记·太史公自序》。

要了解孔子,首先需要阅读《论语》。这是孔子及其弟子的言论汇编,由其弟子或再传弟子追记写成。

孔子在中国思想文化史上的贡献首先是,他以毕生的精力整理西周文献,作为教学的材料,它们成为中国最有影响的古代文献。

那么,这些教材包括哪些书呢?

1.《诗》——这是西周至春秋时的一部诗歌总集,原有 3000 篇之多,经孔子删订以后,保留了 305 篇,通称 300 篇。这部诗歌选集分为"风""雅","颂"三部分。风,即各地的乐调,共十五国风。雅,周人的官话称为雅言,是西周王畿的诗。颂,即宗庙祭祀的乐歌。近代学者指出,《诗经》中的诗来源很多,有的是乐官从民间采集而来;有些是官吏献给周王,而转入乐官手中;有些是贵族为祭祀或其他用途而创作的,又由乐官谱了曲;有的是诸侯进献的乐歌;还有的是各诸侯国的乐官带到周王朝的乐歌。

孔子很重视《诗经》,他总是启发学生们去读诗,将读诗与做人联系起来。

2.《书》——即《尚书》,指春秋以前的官方政治历史资料汇编,相传有百篇,今传 28 篇。孔子认为,学生们研习《书》的目的,不仅可以增长历史知识,更重要的是,还能体会先王是如何治国理政的。

3.《礼》——又称《士礼》,后称《仪礼》,与《周礼》《礼记》合称"三礼"。孔子对周礼有很深的研究,很有感情,心向往之,要求学生们认真学习和实践。

4.《乐》——指《乐经》,是音乐方面的典籍。孔子重视音乐,认为这也是道德教化的重要内容之一。他认为音乐在内容和形式上都要求完善。

5.《周易》——这是一部以八卦(乾、坤、震、巽、坎、离、艮、兑)象征天、地、雷、风、水、火、山、泽等自然现象,推测自然和社会变化的占卜之书,其中也含有人生经验和哲学思想。成书于商周之际。孔子研究《易》,用力甚勤,爱不忍释。《易传》是战国至秦汉之际的作品,用来解说《周易》。由于《易传》有十个部分,又称"十翼",作者尚难断定。有的学者说,《易传》的作者是孔子,证据似不足。后代解说和发挥《周易》的著作很多,也都是"易传"。为了与秦汉以后解说和发挥《周易》的著作相区别,"十翼"又称《易大传》。

6.《春秋》——相传孔子依据鲁国史官的记载整理而成,起于鲁隐公元年(前 722),终于鲁哀公 14 年(前 481)。

因《乐经》失传,故称《诗》《书》《易》《礼》《春秋》为"五经",这是儒家的基本经典。① 孔子对"五经"的研究和整理,是他在中国思想文化史上的重要贡献之一。

孔子在思想文化史上的主要贡献还在于,他系统地提出了"人学"的思想观点。如何做一个君子? 如何学做圣贤? 人的生活目标是什么? 在这些关于人的价值观的问题上,孔子有他自己独到的见解。

在这些见解中有一个范畴,称之为"仁"。从《左传》和《国语》可以看出,在孔子以前和孔子同时,许多人都讲"仁"。《国语·周语》:"言仁必及人",也就是说,凡讲"仁"一定涉及人的问题。这些为孔子"人学"的形成准备了思想资料。在此基础上,孔子加以取舍、提炼和综合,并赋予新内容,使"仁"成为意指人性的儒家"人学"思想范畴,从理论上解决现实的人成为理想的人、人之所以为人等问题。

孔子在和学生的谈话中,多次阐述关于"仁"的含义,这些不是以祖先神的崇拜为出发点,而以人的理性为基点;不是以氏族群体为出发点,而是以个人修身为基点;不是以维护一方牺牲另一方为出发点,而是力求照顾到人际双方要求为基点。例如孔子将"仁"解释为"爱人",就显示了这样一些特点。

孔子强调,做一个有道德修养的君子,要靠自己努力,从"我"做起。他说:"为仁由己,而由人乎哉?"孔子的学生樊迟问什么是"仁",孔子回答说:"爱人。"②所谓"爱人",一方面是"己所不欲,勿施于人";③另一方面是"己欲立而立人,己欲达而达人"。④ 为己、尽己和推己及人两方面结合,即"忠

---

① 孔子将《五经》作为历史文献,以此教育学生。在西汉,儒学逐渐占据统治地位,因此被儒家重视的文献及其研究,成为"经学"。古代学人议论和作文都要从经书中找根据,而经书像滚雪球一样,越滚越多。西汉时期有《五经》,东汉时《五经》加上《孝经》《论语》成为《七经》。唐朝时礼分为《周礼》《仪礼》《礼记》,《春秋》分为《左传》《公羊》《穀梁》,加上《易》《书》《诗》,成为《九经》。宋朝时又加《论语》《孝经》《尔雅》《孟子》合成《十三经》。这样,经书的内容有历史、文物制度、文字文学、哲学等等方面,加上对于经书的许多注疏、解说和衍义,简直是汗牛充栋。经学的研究成为中国思想史研究中的一项重要内容。

② 《论语·颜渊》。

③ 同上。

④ 《论语·雍也》。

恕之道"。为调节君臣、父子等人际关系,孔子要求双方相互尊重。比如父亲要儿子讲孝道,也就应当以慈爱来对待儿子。儿子不愿父亲对他不慈,他就要以孝来对待父亲。以此为例,可以推广到其他方面。

孔子说:"一日克己复礼,天下归仁焉。"①重现西周礼乐盛世,是孔子的政治理想,同时他又把君子的自我道德修养看成是治国平天下的起点。这种从"我"做起的道德修养论,成为儒家"人学"思想的核心,在儒学历史演变中,这个核心没有变化。

孔子谈到许多重要的道德规范。《论语·阳货》:"子张问仁于孔子。孔子曰:'能行五者于天下为仁矣。'请问之。曰:'恭、宽、信、敏、惠。恭则不悔,宽则得众,信则人任焉,敏则有功,惠则足以使人。'"恭即自重;宽即宽厚;信即信用;敏即敏捷,引申为孜孜不倦;惠即关心他人。除此,在《论语》中还有多种道德规范的分类,如:温(温和)、良(善良)、恭(自重、自尊)、俭(俭朴)、让(谦让)等②。这些在中华民族历史的发展中起了很大作用。

孔子认为,在人的生命中,恪守道德规范,将道义放在第一位,这样生活才能充实。人的生活目标不能简单地归结为追求富贵。虽然人人都想得到富贵,但是这要加以限制;限制就是道义。这就是说,符合道义的富贵才可以取,不合道义的富贵决不可取。人为道义而活,非为富贵而生,这样才有了人生的真正价值。正是从这个意义上说,孔子主张"君子喻于义,小人喻于利"。③ 孔子的观点提高了"人"的价值,是中国思想史上第一位系统论述人生价值观的哲人。此外,孔子在政治思想、教育思想方面都有许多深刻的论述,限于篇幅,这里从略。

孔子是我国古代最有影响的思想家和教育家。在他逝世后的两千多年的历史中,人们对他褒贬不一。像他这样引起后人热议的思想家,在中国古代思想史上找不出第二个人来。

① 《论语·颜渊》。
② 《论语·学而》。
③ 《论语·里仁》。

二 中国古代自然哲学的建构——老子思想

哲学是时代精神的反映,民族文化的灵魂。中国古代哲学有深厚的理论思维,有特殊的表现形式。关于"天道"与"人道"相互关系的研究,这就是中国古代哲学的基本问题。

所谓"天道",泛指宇宙、天地、自然的起源和法则,而"人道"则是关于人类社会和人自身的道理。这二者的关系之所以引起中国古代哲人的关注,和古代农业生产的发展有关。中国有悠久的农耕历史和丰富的农学成果。《周易》有这样的话:"观乎天文,以察时变;观乎人文,以化成天下。"这里的"天文"是指关于季节、时令变化的学问,目的是为了使人们能适时地进行农耕活动;"人文"则是人类"文明"的另一种表述,主要指社会制度和人们自身的素养。中国古代哲学关于"天道"与"人道"相互关系的探讨和论述,就是对于"天文"和"人文"认识的深化与发展。

春秋战国时期,深入探讨"天道"与"人道"的关系,构筑完整的理论体系,从而建立了自然哲学丰碑的人物是老子。

据《史记》记载,老子姓李名耳,楚国苦县(今河南鹿邑东)厉乡曲仁里人。他曾任东周王室管理藏书的史官,博览群书,融会"天道"与"人道"的知识,得以成为春秋末期最有教养的大哲学家。他被认为是道家学派的创始者。

有些学者认为,《老子》一书(又名为《老子五千言》《道德经》)并非老子本人所著,成书于战国时代。三国魏人王弼给《老子》书作注,其注与《老子》文珠联璧合,都是哲学美文。后人将王弼注本称为《老子》书的通行本。1973年在长沙马王堆发现了帛书《老子》甲、乙本,这就便于学者们将帛书本和通行本《老子》加以对照研究,进一步理解老子哲学的精义。通行本和帛书本有同有异。1993年又在湖北荆门郭店一号楚墓中发现了一批竹简,其中有部分《老子》简文,学者们正在研究。可见关于《老子》书的材料颇为不少。

《老子》书赫然在目的一个范畴,就是"道"。其书第一章对于"道"的说明可说是老子哲学的总纲。"道"被老子认为是世界的本原。它是"有"与"无"的统一。"无,名天地之始;有,名万物之母。"什么是"无"? 这不能照字面解释成什么都没有，"无"指的是空间、空虚。"无"的再一个含义是指"道"不同于通常的物体，不能说它是圆或是方，它具有不确定性。至于天地万物的最初形态，可称之为"有"，由此演化出纷繁复杂的大千世界。

在老子哲学中，"天道"受到赞扬，而"人道"则遭到贬损。在他看来，"道"演化为天地万物，没有神力，没有矫饰，自然而然。《老子》书的名言："人法地，地法天，天法道，道法自然。"（第25章）"天道"不争、不言、不骄、没有制物之心，像无形的巨网广大无边，虽稀疏却没有任何遗漏，将一切都囊括于其中。与此不同，"人道"便显得自私、褊狭、不公。于是问题产生了：如何改造"人道"？老子的回答是："人道"应效法"天道"。

如何效法？这就不能不分析"道"的运行法则及其应用。《老子》提出："反者道之动，弱者道之用。"（第40章）"反"即向相反的方向运动，而发展到了相反方向以后，还要向相反的方向发展，直至达到原初的状态。因此，"反"具有对立转化和返本复初两个含义。根据这个总法则，老子描绘了强与弱、生与死、祸与福、上与下、前与后等等对立转化的画卷。他提醒人们，世界上的各种对立现象怎样才能不伤及人类社会和人自身。他主张将"天道"的自然特征运用于人类，使施政者具备"柔弱""无为"的品格和风貌：淳朴、纯洁、不自以为是、不固执己见、不扰民、以百姓之心为心等等。这样经过"天道"浸润的"人道"才能立于不败之地，用老子的哲学语言就是"无为而无不为"。"无为"主要指清除独断的意志和专断的行为，含有不妄为的意思，并不是什么事情都不做。

老子关于"天道"与"人道"的论述，展示了中国古代辩证思维的绚丽画卷，其中充满智慧和洞察力，对中华民族思想文化的发展产生过重大影响。当然，毋庸讳言，老子哲学用自然的"天道"否定"人道"自身的特点，在理论上有其偏颇的一面。不过，在历史的进程中，我们可以看到，当封建社会的施政者在一定范围内将老子哲学的某些方面加以实施的时候，确实有过若干成效。老子思想在西方影响也很大，《老子》书被翻译成多种文字。不过，这些译本，能比较准确地反映《老子》思想的并不多。

这里不能不提老子思想中固有的深层生态智慧。目前全球生态环境已从局部恶化转变为全面危机。关于环境问题，自20世纪初西方有识之士就不断发出警告。但是，西方哲学主流传统囿于笛卡儿式的自然是只有广延性的纯粹机械客体的教条。到了20世纪中叶，环境伦理学的研究仍不能见容于西方哲学界。直到 70 年代,环境哲学才宣告诞生。相比较之下,老子和道家思想的基本主张,就是"道法自然"。在他们的思想中没有人类中心主义的偏执;相反,他们主张人与自然万物是连续一体的,自然存在具有深刻的内在价值,人类应当尊崇自然、关注自然,与自然和谐相处。老子所勾勒的世界蓝图是万物和谐、各遂性命、充满生机的协调世界,这恰好是今天全球正在努力实现的生态文明社会的伟大理想。

三 战国时期"天道"与"人道"问题的争鸣

战国时期思想学说的"百家争鸣"都产生于学者们对"天道"与"人道"二者相互关系的不同理解。当时儒家的代表人物之一的孟子认为,懂得了"人道",自然会理解"天道",也可以说,"天道"是"人道"的放大,因此他论述的重点是在"人道"。关于社会怎样才能治理好,他有完整的伦理政治观。

孟子(约前 372—前 289)名轲,战国中期人,孔子第四代学生,自小受到良好的家庭教育,成年后在中原各国游说,宣传自己的政治主张。晚年回到故乡邹国(今山东邹县),整理讲学的经验,著成《孟子》一书,共七篇。东汉学者赵岐将此书加以整理,将原有的七篇各分为上下两卷。我们今天看到的《孟子》就是 14 卷。给《孟子》书作注的很多,其中最有名的是南宋朱熹的《孟子集注》。

"仁政"是孟子论述"人道"的主要内容。仁政是以黎民百姓为本的政治,这和孟子"民为贵,社稷次之,君为轻"①的信念相符。仁政要求首先使百姓得到温饱,称之为"小康"。仁政依赖于人治,即统治者的觉悟和实际措施,这和近代社会的法制不同,与近代以民为主体的政治文明学说并不一样。还有,"仁政"主张以道德服人,也叫做道德教化的政治。

有人问孟子:人为什么能实现仁政?孟子提出道德伦理观作为实行仁政的基础。孟子讲人有四心;第一是恻隐之心,即爱心;第二是羞恶之心,知道羞耻;第三是辞让之心,懂得谦让;第四是是非之心。将恻隐之心这种天

---

① 《孟子·尽心下》。

赋道德因素加以扩充发挥就形成了"仁"；羞恶之心的发挥便是义；有辞让之心就应知道人要服从礼仪规则；有是非之心就会将真假是非区分开来，这就有了智慧。

人的天赋道德因素怎样才能扩充发挥为仁、义、礼、智？在这一点上，孟子很强调人们后天的奋发努力。人们应当懂得：人要做成一番事业，必须经过长期艰苦的磨炼。他说："故天将降大任于斯人也，必先苦其心志，劳其筋骨，饿其体肤，空乏其身，行拂乱其所为，所以动心忍性，增益其所不能……然后知生于忧患而死于安乐也。"①意指人应当在磨难中积累知识和经验，培养超乎常人的抗拒困难的耐力。凡是在困难面前败下阵来的人都不能成为大有作为的人。因此，忧患使人生气勃勃，使人头脑清醒，使人奋发努力；相反，安乐却使人意志消沉，使人浑浑噩噩，使人不思进取，可见"生于忧患，死于安乐"，这才是人生的宝贵经验。

人们懂得这样的人生哲学，就应当把它化为自己的行动，提高自身的精神品格，用孟子的话说就是"养气"，即培育"浩然之气"。②"气"，即精神品格及内心世界，这要用正义去培养，一点不加伤害，就会充满上下四方，无所不在。后来中华民族仁人志士所说的"正气"即脱胎于此。

孟子还提出"大丈夫"的概念，其标准，按照他的说法是："富贵不能淫，贫贱不能移，威武不能屈，此之谓大丈夫。"③一个人身处富贵温柔之乡，不能丧失志向；身处贫贱困苦之地，不能改变人格；身处强暴威胁之时，不能丢掉气节，这才是真正的"大丈夫"（高尚人格）。

以上许多方面都是孟子的道德伦理思想。他讲"人道"，主要讲的是道德问题，并将道德运用于政治，称之为伦理政治观。在他看来，知道人性善，进一步即可知天道是什么，这就是他说的"知其性，则知天矣"。由此可以推知，孟子所谓"天道"即道德之天、义理之天。这并不是他的发明，据《史记·孔子世家》记载，《礼记·中庸》为子思所著，其中有这样的话："诚者，天之道也""诚之者，人之道也"。在《孟子·尽心上》也有这样的话，这不奇怪，因为子思是孟子的老师，师生有相同观点，这是常见的事。"诚"即诚

---

① 《孟子·告子下》。
② 《孟子·公孙丑上》。
③ 《孟子·滕文公下》。

信,是一个道德范畴,思孟学派认为"天道"表现了诚信的道德品格,而"人道"则是"天道"的表现,人和其他动物的区别在于人有道德观念,人讲诚信原则,这就是说,"天道"与"人道"是统一的;二者融合在诚信道德原则基础上。在孟子看来,人们实现了这个道德上的统一,应当就是人生的价值目标,也是人生最大的快乐。

应当承认,孟子关于"天道"与"人道"相统一的道德观在中华民族发展历史上曾经产生过重要影响。

战国末期儒学的代表人物荀子关于"天道"与"人道"的论述和孟子不同。

荀子,名况,字卿,亦称为孙卿子,赵国人。早年到过齐国。公元前266年应秦昭王聘请到秦国,他对秦国的民风淳朴、政治清明留下深刻印象。公元前255年再次到楚国,被楚相春申君用为兰陵(今山东峄县)令。春申君死后被免官,住在兰陵,以教授学生为生,并著《荀子》一书。

荀子生活的时期约在公元前298至公元前238年,当时中原各国的统一已成为历史的主题。他涉猎百家之学,曾在齐国主持过稷下学宫。在这里他与百家之学的学者们进行切磋,这使得他有充分的材料和宏大气魄写出像《非十二子》这样的名篇,对各家学说进行评论。

什么是"天"?什么是"人"?荀子写了《天论》,开宗明义说:"天行有常,不为尧存,不为桀亡,应之以治则吉,应之以乱则凶。"认为天有常规,不受人的意愿支配,顺应它的法则,人们将从"天"(自然)那里取得人想要得到的东西(指食物)。如果人们违反天的法则,必然受到惩罚。荀子依据人们世代相传的农耕经验,相信只要把握住农业这个根本,并且厉行节约,天不能使人贫困。有充分的养生之资,并按季节活动,天不能使人患病。遵循农业生产的法则去行动,天不能使人遭到祸患。可见人在自然面前不是无能为力的。如果看不到人的力量,只是企求上天恩赐,这和天人关系的真实情况不符。荀子做出这样的结论:"故明于天人之分,则可谓至人矣。"

"天人相分"理论观点的提出,在中国思想史上是很有意义的。实际上荀子在这里阐述了一个真理:当人从自然界分离出来,成为与自然相对的认识主体的时候(这就是"相分"),人才有可能成为真正的人,而不是一般意义上的人;不是自然的奴隶,而是有智慧、有道德、有自觉性的人,这样的人他称为"至人"。

荀子在《天论》中着重论述天与人的区别，但是他并没有忘记这二者还有统一的一面。他认为，人们对自然的认识，首先应看到"相分"，这样才能见到天和人的各自特点，呈现于人面前的是千姿百态的自然世界，而不是一个色彩、一种声音的单调死板的存在。除此，人们还应从天与人的统一，即"道"的观点去看天人关系。在他看来，万物只是"道"的一个方面，个别事物是整体的部分，人们往往以偏概全，以部分替代整体，自以为掌握了道，其实呢？他们手里空空如也，什么也没有。

荀子关于"人道"也有很深刻的论述，他力求探讨社会制度的来源，并设想哪一种制度才是比较完善的。限于篇幅，这里从略。荀子关于"天道"的论述，是受了道家的影响，将天理解为自然，天道即自然法则。他讲"人道"仍坚守儒家观点，重礼制、重道德教化。他关于"天道"与"人道"相分的理论成为中华民族自然科学发展的基础理论之一，也成为后来自然唯物论者的重要依据。比如汉代王充、唐代柳宗元和刘禹锡等都是荀子"天人相分"理论的继承和发展者。

战国中期思想家庄子是道家学派的重要代表人物。他关于"天道"与"人道"的论述充满着深刻的哲学思维。

庄子（前369—前286），名周，宋国蒙（今河南商丘东北）人，曾在家乡做过管理漆园的小官，后来过着隐居的生活。他冷眼看世事，对诸子百家学说深有研究。他深思自然与人生的各种问题，写成具有深刻理论和独特风格的《庄子》一书。据学者们研究，《庄子·内篇》为庄子自著，《外篇》和《杂篇》则为其后学者所著。《庄子·天下篇》是我国历史上第一篇总结先秦思想的著述，还保留了杨朱和辩者惠施等人的重要史料。

庄子阐发老子"道法自然"的观点。在他看来，气的聚合构成人的生命；气的离散意味着死亡的到来，其中没有造物主，也没有不可思议的命运之神在主宰。他主张用自然之理来观察人的生死，无需为生命而欢欣鼓舞，也不要为死亡而痛心疾首。当人们能从自然变化的观点去看问题，摆脱个人感情的桎梏，那么，人们即可获得精神解脱。在庄子看来，人有生命的时候就有人性，人要吃饭穿衣以求生存，为生存要从事耕织劳动，这是人的自然本性，儒家倡导礼乐违反人的本性。这里，庄子将人的自然性作为人性的全部内容，否定人性中的社会性，是有偏颇的。

庄子的历史功绩是，他从哲学角度提出了"天道"与"人道"相互矛盾的一些方面。比如,从"天道"的观点来看万物,没有差别。他在《庄子·齐物论》中说:"凡物无成与毁,道通为一。"可是从"人道"观点看,就产生了许多差异,例如小草棍可以说是大,因为有比它小的东西;也可以说它是小,因为有比它大的东西。再如,人见西施都说她美,可是鱼见了她远远躲开,鸟见了她高高飞走。可见人们对于事物的认识是相对的。庄子提出了哲学上的一个重要问题,这就是认识中相对性与绝对性的关系问题,可见其思维的犀利和深刻。可是他要舍弃相对,追求绝对,主张齐一万物,未能准确地解决这个理论问题。

还有,庄子在《逍遥游》中又提出了另一个重要的哲学问题,这就是自由与必然的关系问题。他把必须依赖一定条件而存在的事物叫做"有待"。他看到现实中一切事物都是"有待"的:大鹏可以飞行在九万里的高空,从南海直达北海,依赖"垂天之云"般的大翼和大风。列子"御风而行",十分轻巧,要依赖风。那么,世界上有没有不依赖任何条件的绝对自由呢?什么是庄子所说的"逍遥"? 这就是绝对自由;《逍遥游》亦可称之为"绝对自由论"。在庄子看来,有一官半职的人,身心束缚于功名利禄,谈不上"逍遥"。还有一种人没有功名利禄,但他们不能抛弃肉体,这种人也达不到"逍遥"。只有抛弃一切,与万物浑然一体的"至人",才能到达"逍遥"的天国。人们怎样才能逐渐进入自由世界? 庄子提出了一个重大的问题,后人不必要求先哲在当时就能圆满解决它。

以上比较详细地介绍了春秋战国时期儒家和道家学派在"天道"和"人道"问题上的基本观点,此后的中国思想史大体是儒、道思想不断深化和融合的过程。

说到战国时期的"天道"与"人道"思想,不能不提到另一个学派,即阴阳五行说,其创始人是战国中后期的思想家邹衍。这是一个非常政治化的学说,用金、木、水、火、土"五德"相克相生原理(称为"天道")去解释说明王朝的兴衰更替(称为"人道")。邹衍认为,王朝更替的次序是:土德(黄帝)→木德(夏禹)→金德(商汤)→火德(周文王)→水德(?)→土德(?)。每个王朝代表一"德",一个王朝衰落后,会被另一"德"的王朝所代替。

邹衍的"五德终始"说影响很大。秦朝尚黑色,汉朝尚黄色,都足以说明。汉朝以后,阴阳五行说仍然有相当的社会影响,有些朝代的开国之君都要请人推算自己当主何"德"、尚何"色",作为自己"奉天承运"的根据。

四　百家之学融合的尝试

公元前 221 年，秦灭六国，建立了统一的封建国家。在此新的历史时期，中国思想如何演变发展？

从主流方面看，春秋战国时期的"百家之学"（各种思想学说）逐渐呈现融合的趋势，而融合的形式是多种多样的，这里只举出两种形式。一种是以儒学为主，吸收阴阳五行说、法家学说和道家学说的某些点，这以汉代董仲舒的思想为代表。再一种融合形式是魏晋时期的"玄学"，着重于儒道两家学说的融合，成为一种新的思想学说。

汉朝初期诸子之学有短暂的复兴，除名家、墨家没有著名代表人物外，各家都还有程度不等的力量。各家之中，尤以儒家和道家为盛。但从整个社会思潮看，神秘化的阴阳五行说的影响较大。到了汉武帝时，中央集权的局势逐渐稳固，儒、道力量的对比这才发生了变化。汉武帝奠定了中央专制的政治局面，儒学才定于一尊。

这就必须提到董仲舒思想。

董仲舒（前 179—前 104）是西汉时期儒学大师，有丰富的政治实践经验，他长期研究儒家的经典之一《春秋公羊传》。董仲舒景帝时任博士官，武帝举贤良文学之士，他应诏三次对策，建议武帝用儒学治国。西汉时期今文经学①立有十四博士，但没有一个学派能像董仲舒的公羊春秋学那样受到当政者的欢迎。《春秋公羊传》是怎样一部书？孔子整理的《春秋》，先后有多种不同的注本，其中相传是公羊高所作的注本，被称为《春秋公羊传》，成书于战国时期。《春秋公羊传》认为，《春秋》虽然文字简略，常用几个字表示对人或事的肯定或否定，但其中有深刻的含义（称为"微言大义"）。而《春秋公羊传》则把人们不容易发现的含义发掘出来，加以发挥。这样的思想资料便于董仲舒用来表述自己的见解，他发表意见好像既有所本，又不受

---

①　西汉时期流传的"五经"分两大派系。由战国以来儒者师徒相传，以汉代通行文字隶书书写的经书，称为"今文经"。而发现于孔子宅壁中及其他场所的经书，因系先秦古文书写，被称为古文经。当时研习今文经的称今文经学，研习古文经的称古文经学。他们分别有不同的学术方法和学术观点。

太大限制，其主要著作为《春秋繁露》。

董仲舒认为，天人之间存在一种神秘的联系，天主宰人事，人的行为也能感动天。自然界出现的灾异和祥瑞预示着天对人(君主)的谴责和嘉奖。君主必须依照天意行事，如果违背天的意愿，必将受到天的惩罚。他希望利用天的权威来制约君权，他说："屈民而伸君，屈君而伸天，《春秋》之大义也。"①先秦诸子中墨子曾经主张利用宗教来治理国家，将"天志"(天的愿望)作为治理国家的"法仪"。在这一点上，董仲舒思想和墨家有相似之处，不过他更重视从阴阳五行说中寻求理论根据。

他将"三纲"说(君为臣纲、父为子纲、夫为妻纲)解释成为阴阳关系，认为"君为阳，臣为阴；父为阳，子为阴；夫为阳，妻为阴"。但是阴阳并非自然关系，而是主从关系，即"阳尊阴卑""阳贵阴贱"，由此推断出"王道之三纲，可求之于天"。②董仲舒从道家学说的资料中选择论述自然的范畴，但他并不从"道法自然"的观点去解释，大都盖上了阴阳五行说的神秘烙印，并用此去代替早期儒家具有人文内容的道德伦理学说。这说明秦汉以后，中国各种思想学说都从先秦时期寻求思想资料，加以利用或加以扭曲，加以综合或加以分解，组合成为时代所需的思想理论。董仲舒的思想就是一个有代表性的例证。

上面已提到，董仲舒思想过于政治化，那么，在与先秦思想的融合中有没有理论色彩更为浓厚的思想学说？有的，这就是魏晋时期的"玄学"。

魏晋南北朝(220—589)是动荡不安的历史时期，同时也是科学技术富有成果的时期。这个时期在思想文化方面逐渐摆脱了汉代经学和谶纬的束缚，促进了国内各民族的文化和中外文化(指从印度传入中国的佛教)的交流和融合。

魏晋玄学是一种新的思想体系。什么是"玄"？《老子》书第一章有这样的话："玄之又玄，众妙之门。"这里所谓"玄"相当于"无"，"妙"相当于"有"。意思是要研究从无形中产生出有形之物；这是关于万物生成和来源的哲学大问题。魏晋玄学以"有"和"无"作为主线，论述与此问题相关的变与常、一与多、本与末、动与静等范畴的相互关系，力求加深人们对于世界的

---

① 《春秋繁露·玉杯》。
② 《春秋繁露·基义》。

认识，并试图揭示自然与人生的本质。

为什么说玄学是儒道融合而产生的思想体系？从它的基本思想资料来源就可以看出。不论玄学中的哪一个派别，都以《周易》《老子》和《庄子》作为思想资料。这三部书被称为"三玄"。哲人们说过，《周易》阐述的变易道理萌生于西周将兴之际，当时周文王面临忧患世事，由于他懂得关于事物革新的道理，将此运用于实际行动，终于使周继商而兴。《周易》的论点和《老子》《庄子》中关于自然变化的道理并不矛盾，将它们有机地结合起来，既讲自然（"天道"），又讲社会人事（"人道"），使人们以简驭繁，易于掌握，于是便形成了玄学的一些流派。

玄学有一派以何晏、王弼为代表，称之为"贵无"派。何晏（193？—249）字平叔，南阳宛县（今河南南阳）人，现存著作有《论语集解》和《道论》《无名论》的片断。王弼（226—249），山阴（今河南焦作）人，"早熟"，有才华，23 岁即早逝，著作有《老子注》《老子指略》《周易注》《周易略例》《论语释疑》。何晏、王弼观察自然和人生，认为一切变化都来源于"道"；而"道"和具体事物不同，前者没有形迹，隐藏在深处，后者都是有形迹可寻的。从这个意义上说，没有形迹的"道"可称之为"无"。它是一切的根本，也是事物变易之源。正如王弼所说："万物无形，其归一也。何由致一？由于'无'也。"①由此得出一系列范畴，一与多、本与末、体与用、无与有等。王弼关于这些范畴及其关系的论述，有助于人们通过现象去认识本质。他认为世界本质的"无"没有形迹，无法用文字语言对它作确切的表述，所以这种观点被称为"言不尽意"论。

封建社会的种种礼法、制度被称为"名教"，这些在王弼看来是属于"多""末""用"的范畴，对它们，不应也不能加以忽视，因为它们是当时社会的命脉所在。于是王弼提出名教是社会人事的自然而然的表现。这样，现实的合理性似乎只用一个原则就能得到印证。因此，玄学家并不是现实社会的叛逆者，说他们是当时社会的辩护士更加恰当。

此外，玄学还有一个流派，即以向秀、郭象为代表的"自生"派。向秀（227—277），河内怀（今河南武陟）人。郭象（252—312），洛阳人。向秀、郭

---

① 《老子注》第 42 章。

象以注《庄子》闻名。他们强调事物的必然性,并把它绝对化,使它脱离偶然性,因此,他们所说的"自然",实际上是机械的必然作用,成为宿命论的变形,他们认为一切都是自然而然,从这个意义上说现存社会制度也是自然的,不可抗拒。人们只要懂得这个道理,各安其分,社会也就太平了。可见他们注《庄子》与庄子的思想相距甚远,庄子崇尚自然、反对礼法,而向秀、郭象却是为礼法名教的合理性提供理论的解说。

中国儒家和道家学说的融合经历了很长时间,这在古代称为"会通"。古代哲人强调,学者们不可局限于一隅,应当多方面吸取知识,并加以融会贯通,使之变成自己的血肉。既然是融通,就有所取,也有所弃,不是照搬照抄。魏晋玄学足以说明,其思想理论中既有儒、道的若干思想资料,也有背离儒、道的若干方面,已经发展成为新的思想学说体系。

五 道教、佛教与中国本土思想

宗教思想是社会思想史的重要组成部分。在中国古代思想史中,本土的道教和外来的佛教影响很大,当然还有其他宗教,因限于篇幅,以下只是简略地说明道教和佛教与中国古代思想的关系。

道教是中国土生土长的宗教,"道"是它的信仰核心。它认为人们都有修道成仙的可能。因为"道"无时无处不在,只要认真修炼,就能得道;只要得道,人就可以"与道同久",①成为神仙。长生成仙是道教追求的目标。修炼方术,如服食、行气、房中术、守一、外丹、内丹以及斋醮、符箓、禁咒等等,是达到长生成仙的方法。道教将人的最高理想界定为长生成仙,然后围绕这一终极目标提出种种思想和方法。老、庄的道家思想并不是宗教,而道教借用了道家思想中的某些命题,加以抽象,使之成为脱离自然而追求永恒世界的宗教思想。

道教思想有几个源流。首先是老庄。道家思想中的"道"论、养生论和神仙思想为道教的产生提供了理论基础。《老子》已经提到了"长生久视之道"。在早期道教中,神化老子、庄子,以扭曲的《老子》《庄子》为道教经典,

---

① 司马承祯《坐忘论》,《全唐文》卷九二四。

成为创教的重要工作。汉朝末年，老子被尊为"太上老君"，成为道教的教主和尊神。

另一个思想渊源是黄老之学。假托在老子之前黄帝的思想，称黄老之学，以示年代久远。东汉时期的黄老之学，侧重于养生，神仙思想更加浓厚。比如，河上公《老子章句》就说："人能养神则不死也。"（第六章注）东汉后期，社会上流行黄老崇拜，黄老之学的宗教化倾向更加明显。

此外，像墨子思想，像战国秦汉时期流行的神仙传说和方士方术、原始宗教中的自然崇拜和鬼神崇拜观念、民间宗教中的巫术观念，以及阴阳五行说，它们和道教思想都有关联。比如，就儒家思想对道教思想的影响看，早期道教都维护儒家提倡的伦理道德。东汉时期的《太平经》是道教早期的经典，它提出要忠君、孝亲、敬长，在历史上首次将"天地君父师"合为一体。葛洪认为求仙应"以忠、孝、和、顺、仁、信为本"。后来的道教也大多如此，并不反对纲常名教。

道教产生时期的经典《太平经》，提出了"元气"聚合、生成天地万物的宇宙观。还提出"承负"说，认为善恶报应不仅应在自身，而且应在子孙，自己也要承负祖先善恶的报应，承负前五代，流及后五代，这样去解释行善而得恶、行恶而得善的问题。此外，它还提出长生久寿、成为神仙的理论和方法，以及建立"太平世道"的社会政治思想。汉代魏伯阳的《周易参同契》，对以往养生、炼丹术作了总结和发展，强调修丹和天地造化有内在联系，易道与丹道相通，沟通了《周易》"气"论和道教炼丹内养的理论。还认为万物的产生和变化，是阴阳交媾，须臾不离，使精气得以舒发的结果。要求长生不死，必须顺从阴阳变化，掌握乾坤六十四卦的运行规律，进行修炼，即所谓炼丹。以此为基础，它对内、外丹修炼方法作了讨论，对后来主外丹者、主内丹者有深远的影响，被称为"万古丹经王"。

东汉顺帝、桓帝时期，出现了早期道教的两个派别，即五斗米道和太平道，这两个教派各有自己的领袖、信徒、经典、组织、教戒及传教地点，所以它们的出现，标志着道教的正式形成。道教产生时，大体分为两派。一派以烧炼金丹，宣传长生成仙为主，可称为丹鼎派。东汉末年左慈为创始人，魏伯阳作的《周易参同契》是该派早期经典。另一派则以"符水咒说"为主，吸收《老子》书中的部分社会政治思想，活动于下层群众中，可称为符箓派。五斗米道和太平道就是该派中两个最早产生的组织。

魏晋南北朝时期,道教教派进一步分化,思想更有系统,开始从民间宗教向上层宗教转化。经过整顿,道教走向成熟,到唐朝、北宋,道教非常兴盛。在思想上,出现了几位有影响的思想家,他们提供了比较成熟的道教教义、经典文献、修炼方法、宗教戒仪等,为道教的成熟奠定了理论和制度基础。

隋唐到北宋,统治者都崇拜和扶持道教,道教有较大发展。道士人数大增,宫观遍布全国,而且日益壮观;在思想方面,道教学者辈出,道书汇编成藏,道教理论空前繁荣。

因为老子姓李,李氏唐朝特别推崇道教。唐朝武德九年(626)高祖李渊颁布《先老后释诏》,"令先老,孔次,末后释宗"。贞观十一年(637),太宗李世民下诏规定"道士、女冠可在僧尼之前"。[①] 唐高宗李治则封老君为"太上玄元皇帝",建庙祠祀;尊《老子》为上经,令王公百僚学习,并作为"贡举人"的考试内容。唐玄宗则设立崇玄馆,规定道举制度,以"四子真经"(指《老子》《庄子》《列子》《文子》四部道家书籍)开科取士,设置玄学博士。天宝元年(742),规定将庄子号为南华真人,文子号为通玄真人,列子号为冲虚真人,庚桑子号为洞虚真人,四人所著书改称真经;规定《道德经》为群经之首等等。以后的统治者,也继续扶持道教。

唐朝初年,涌现出孙思邈、成玄英、司马承祯等著名道教学者,他们吸收儒、佛(释)的一些思想,发展了道教的教理教义和修炼方术,推进了道教的理论建设。孙思邈著《千金要方》等书,总结唐以前的医药学成果,兼及养生方法,对道教医药学做出很大贡献。成玄英为老庄作注疏,结合老庄,吸收佛教中观学说,将《老子》"玄之又玄"一句解释为"重玄",意思是既不滞于有,也不滞于无,也不滞于玄,甚而既不滞于滞,也不滞于不滞,大力发挥从东晋开始就出现的"重玄之道"思想。茅山宗的司马承祯则以《老子》《庄子》等经典为依据,吸收儒家正心诚意和佛教止观、禅定思想,提出"安心坐忘"的修炼方法,要求守敬去欲,坐忘收心,并经历斋戒、安处、存想、坐忘、神解五个"渐门",以求神与道合,达到长生成仙的目的。这些思想,既扭曲了《老子》《庄子》,同时又使道教的修道思想、修道方法有所发展,为道教由

---

① 《唐大诏令集》卷一一三《道士女冠在僧尼之上诏》。

外丹向内丹的转变奠定了理论基础。

两宋时期，高道辈出。陈抟和张伯端在三教合一与内丹修炼思想方面有新的论述，陈景元解《老》则是重玄学的继续，这些道教思想对宋学、对理学都有重要影响。南宋时期，道教内部宗派纷起。符箓派门派众多，符法五花八门。同时，在北方金朝统治区，则先后有太一道、真大道、全真道诸派别。

元朝中、后期，道教形成了以正一道（以符箓派为主）和全真道（以内丹修炼为主）两大派为主导的格局，并在明朝以后继续流传。道教内部各派互相融合的同时，道教与儒、释二教也进一步融合，在道教的教理教义方面，以内丹学说为主流。明代全真道最活跃的地方是湖北武当山。从明朝后期到清代以及民国期间，道教的政治地位逐步下降，教理教义少有创新，教团组织日渐分散缩小，宫观日趋破败，呈现出衰落的迹象。

现在来看中国佛教。

佛教从西汉末、东汉初传入中国，经中国本土文化对它研究、改造和吸收，不但形成了有中国特点的佛教，而且其中某些思想观点，特别是思维方法，又被儒、道学者所吸收，逐渐融合成为宋代的理学思想体系。这个过程相当漫长，有一千多年时间。

佛教与基督教、伊斯兰教并称为世界三大宗教，它是公元前 6 至公元前 5 世纪时，由天竺迦毗罗卫国（今尼泊尔境内）净饭王子悉达多·乔达摩所创立的，释迦牟尼（Sakyamuni）为佛教徒对他的尊称。他的卒年大致可以推定在公元前 490 至公元前 480 年间，相当于孔子逝世前一年或十年。这说明释迦牟尼生活的时期和孔子大体相当。佛指释迦牟尼，他认为人生充满种种痛苦，来源于每个人的"无明"，表现出来就有"业"（身、口、意等感觉活动）和"惑"（贪——贪婪；瞋——仇恨；痴——愚昧；慢——傲慢；疑——怀疑；恶见——错误见解。这些又称之为"烦恼"）。那么，人们怎样才能摆脱"烦恼"呢？佛教认为，世界上的一切事物都没有质的规定性，均为无自性的幻想，可称之为"空"。因此众生要摆脱痛苦而得到解脱，必须经历一定的修习过程，觉悟之后进入极乐世界。

依据中国佛教史学者的研究，佛教刚传入中国，中国人多从自己固有文化的角度去看它。例如，汉代人认为，佛教和黄老之学相似。魏晋时期，中国人所理解的佛教，是玄学化的佛教。当时有所谓"格义"，就是用玄学的范畴、概念去解释佛教，仿佛佛教只是玄学的一个分支，这就难免出现牵强附会的情况。

南北朝时期佛教传播有了很大发展，佛教寺院很多。直到唐代才出现中国自己的有影响的佛教宗派，如天台宗①、华严宗②和禅宗等。

同其他佛教宗派相比，禅宗更加具有中国特点。梵文 Dhyāna 音译"禅那"，简称为"禅"，指使心思安定的修习活动；梵文 Samādhi 被译为"定"。因此，"禅定"一词指思想集中，心无二用，专注一境。禅宗认为这样才能克服"烦恼"，成为"三学"（戒、定、慧）③"六度"（布施、持戒、忍辱、精进、静虑、般若）④中的一种修持方法。禅宗因以修习禅定为主而得名，传说南朝时宋末来华的南天竺僧人菩提达摩为其创始人。中经慧可、僧璨、道信，至五祖弘忍，遂分为神秀为首的北宗和慧能为首的南宗。北宗较多地受到印度传统禅法影响，主张渐修。而南宗则主张佛性本有，不假外求，见性成佛，主张顿悟，具有打破传统的创造精神。南宗经慧能弟子神会等人的努力传播，逐渐取代北宗地位，成为禅宗正系，慧能被追认为禅宗的实际创始人。

禅宗的经典称为《坛经》，由慧能口述，弟子法海汇编而成，一卷。从《坛经》中可以看到，禅宗宗教哲学的核心是主体意识论，认为"心"是最根本的，说"佛向心中作，莫向身外求"。并作一偈语⑤："菩提⑥只向心觅，何劳向外求玄？所说依此修行，西方（佛教理想的极乐世界）只在眼前。"又说："尔欲得作佛，莫随万物。心生，种种法生；心灭，种种法灭。"认为人皆有佛性，只要内心觉悟，不被"妄念"覆盖，使佛性显现，即可成佛。这不需要读浩如烟海的佛经，也不必累世修行。成佛与否，取决于每人内心的"觉悟"，不靠时间，不靠外力。

一般说来，佛教宗教哲学都重视人的主体意识，即"心"的作用，而且对主体意识的分析比较细致。例如，唐朝佛学大师玄奘（600—664）不辞辛劳，去印

①　天台宗：由智颛（531—597）创立。以《法华经》的教义作为主要根据，又称法华宗。
②　华严宗：由法藏（643—712）创立。以《华严经》的教义为主要根据。
③　慧：佛教名词，指佛教由其特殊"观"法而获得的智慧。
④　般若：佛教名词，指超越世俗认识，能够了解佛教真谛，进行佛教修证，解脱痛苦，达到涅槃的智慧。
⑤　偈语：亦称"偈颂"，指佛教教徒所唱的诗句。在禅宗宗教哲学中，偈语逐渐演变为问答式的语录。
⑥　菩提：梵文 Bodhi 音译。佛教名词，指对佛教所讲"真理"的觉悟。

度寻求佛法 15 年(路上度过两年,共 17 年),自己创立了中国佛教的一个宗派,称"法相宗",对人的主观认识能力提出"八识",前六识是:眼、耳、鼻、舌、身、意,第七识称"末那"(Manas),第八识称"阿赖耶"(Alaya)。其中第八识即"心",在八识中起着决定作用。不过,法相宗在推论中过于烦琐,作为佛学的一种学理很有价值,但艰涩难懂,不能在民间普及,只影响了几十年。

不论禅宗或是法相宗,他们都重视"心"(主体意识)的作用,这种思想对中国思想文化有较大的影响。宋明时期形成的以陆九渊(1139—1192)、王守仁(1472—1528)为代表的"心学",其思维方法直接受到禅宗的影响。但是关于"心"的内容,陆王心学有自己独到的看法,并非直接来源于禅宗。陆、王所强调的"心",乃是一种仁义道德主体。此外,禅宗对中国思想文化的影响还表现在:鼓励人们发挥主观能动性,进行独立思考。

佛教对中国思想的影响,除去上面所谓"主体"意识外,还有"本体"观念。例如作为中国佛教宗派之一的华严宗有所谓"一真法界"的提法,指不能用语言和思维表达的绝对真实本体,认为世界上诸现象都是"一真法界"的映象,由它体现的"事"与"理"圆融无碍,相互补充,相互依存。像这样的思维方法被宋代理学家程颢、程颐和朱熹等吸取和改造,并与儒家和道家的思想相融合,认为"天理"(仁义道德的精神化)才是世界的真实本体。不过,理学并非宗教信仰,它是中国的哲学思想之一,相信道德人格的力量,是一种根植于本民族土壤的思想文化,它相信现世和人的力量。它吸取了佛教的某些思维方法,同时加以扬弃,成为新学说。

中国佛教是中国本土思想文化浸润的宗教,不同于印度早期佛教,"印度早期佛教宣传出家之后就不再关心世俗之事,与家庭完全脱离关系,也不再关心国家大事,也不敬仰父母。中国佛教……僧人出家,还要尊敬父母,忠于国君,僧人也提倡忠君爱国。所以中国的寺院有的称为'护国寺',有的称'报国寺'。他们认为佛教为国家培养大德之人,是大忠大孝。慧远在庐山讲经,就讲诵儒家的《丧服经》,阐述服丧的问题。……玄奘从印度回来后,回家去看他的一个老姐姐,这在印度也是不允许的,一旦出家,不要说姐姐,父母亲也没有必要看望"。①

---

① 任继愈:《唐玄奘取经与〈西游记〉及其现代启示意义》,《智者的思考》,国防大学出版社,2002 年。

六 儒、道、释的思想融合与创新

佛教传入中国后,和中国本土思想有冲突也有融合,历代都有从理论上反对佛教的人。例如,南齐时思想家范缜(约450—510)的《神灭论》就是一篇名文,从哲学思考的角度批评佛教,宣传无神论。当历史向前演进,有识之士不能不想到,本土思想与佛教相比,自身有一些弱点、不足,例如,佛教讲祖统,禅宗最讲祖师法裔继承关系,而中国儒家没有这样的统绪。更重要的是,佛教有它自己的"佛性"论,认为佛性是永恒的精神实体,称为"真如佛性"。中国儒家着重谈"人道",而道家则着重论述"人道"应向"天道"学,虽然也谈"道"为宇宙万物的根源,但对"人"来说,强调的是应当认识并实践"道法自然"的原则。用哲学术语说,道家哲学有本体论,但其思想的重点并不在论述本体的抽象意义。

关于第一个不足,易于解决。唐朝文学家、思想家韩愈(768—824)提出了解决方案。他在名文《原道》《原性》《原人》等篇中论述中国儒学有自身的"道统",这就是从尧、舜、禹、汤、文、武、周公一直传到孔子,再传孟子,孟子后道统中断,直到韩愈才把这个道统接起来。

关于第二个不足,需要从思想理论上进行研究,不太容易解决。儒学着重于人的道德实践,缺少应有的抽象哲学理论。但韩愈说实际上并不是这样,《礼记·中庸》所讲的就是放之四海而皆准的哲理,不过,过去儒者不注意罢了。北宋时思想家张载(1020—1077)也有如此看法,他说:"学者信书,且须信《论语》《孟子》。……《礼记》虽杂出诸儒,亦若无害之处,如《中庸》《大学》出于圣门,无可疑。"(《经学理窟·义理》)《大学》讲个人立志、修身、齐家、治国、平天下,将学人学习的目的讲得很清楚,所以说"出于圣门,无可疑"。而《中庸》所讲的"中和"之道则是宇宙自然和人生的基本秩序,是深刻的哲理,一样"无可疑"。

中国思想的演进,正如韩愈、张载所指出,如果儒家将《论语》《孟子》《大学》和《中庸》融合为一体,就可以"发育万物,峻极于天"(《中庸》)。这个浩大艰巨的思想理论工程,经过韩愈、张载等思想家的运送木石,到周敦颐、二程(程颢、程颐)和朱熹,由他们设计构筑,就有了宋代理学大厦的创建。这是佛教与中土文化以及儒、道的高层次融合。这一融合的完成在宋代,不是偶然的。宋代经济、文化、科学相当发达。有学者统计,宋代士人在全部人口中占有一定比例,通过科举而做官的不少。书院发达。

朱熹(1130—1200),南宋江西人,侨居建阳(今福建),长期讲学,生前其学术思想受到朝廷的打击,被称为"伪学",朱熹去世九年后,朝廷才为他恢复名誉。(图20)

图20　朱熹像

朱熹用几十年时间精心为《大学》《论语》《孟子》《中庸》作注,称为《四书章句集注》。其中贯串朱熹思想,在文字校注方面有不少新见。元、明、清三朝理学盛行与《四书集注》有密切关系。

朱熹著作宏富,其书信、题跋、奏章、杂文等由其子编为文集一百卷、别集十卷,合称《朱子大全》。其语录被弟子编为《朱子语类》一百四十卷。

朱熹认为,学人研习《四书》要有顺序,先读《大学》。《大学》提出三纲领和八条目,应成为学习的基础。三纲领是:明明德(觉悟光明本性)、亲民(使他人不断更新)、至善(追求道德完善)。八条目是:格物(与客观事物打交道)、致知(获得人性智慧)、诚意(将智慧转化为本意)、正心(落实到心理中)、修身、齐家、治国、平天下。次读《论语》,这是根本,应以体验孔子言论为主,作为总的指导。再读《孟子》,它宣扬儒家道统,辟异端,讲性善。最后读《中庸》,将研习儒学之所得提到哲理的高度来理解。

在中国古代没有"哲理"这样的词,但有近似于它的词,这就是《易传·系辞》所说:"形而上者谓之道,形而下者谓之器"。其"形而上"的"道"就不是一般具体的知识,而是探究事物本质的"道"。这个"道"是什么?

朱熹说,这个"道"是事物存在的根据,可用"理"一词来表述。例如,为什么"天"掉不下来?为什么大地能容纳万物?为什么扇子如此做,如此用?等等。宇宙、自然、社会的许多现象都有它们存在的道理。学人们应当去研究这些道理,研究各种事物存在的根据。这个根据就称之为"理"。

那么此"理"和万物有什么关系？朱熹对宋代的自然科学有很深的修养，但他解释这个问题并未依靠科学。他沿用北宋时期理学奠基者周敦颐《太极图说》的观点，认为在"太极"前还有"无极"。当时有人问"无极"为何物？"无极"和"太极"是何关系？周敦颐认为，"无极"变成"太极"，"太极"以后变成阴阳二气，之后变成五行，五行化生万物。朱熹从更加客观、更加"形而上"的角度来加以阐释，认为无极就是无形而有理，即天理。于是他提出"理一分殊"说，认为万事万物都本原于一个"天理"；这就好像"月映万川"一样，万事万物的道理都是天理的不同表现。后一说明显受到华严宗的影响。

再问：这个"天理"究竟是自然之理还是道德之理？朱熹有时讲的是自然之理，有时讲的是道德之理，但他所强调的是后者，认为这才是真正的"天理"，其特征是无形、无体、无法触摸，它并不依赖于任何事物而独立存在，无始无终，永恒不灭，弥漫宇宙，无所不在。"天理"是唯一最高的根据，自然之理只是它的一种表现。

人和天理有什么关系？这就不能不谈人性。朱熹接受张载人性包含"天地之性"和"气质之性"的看法，认为人性中一为天命之性，是天理在人性中的反映，性质纯善；另一方面，在人性中还有由"气"组成的部分，称为气质之性，可善可恶。在朱熹看来，人性是天命之性和气质之性的融合，应当发扬天命之性，遏制气质之性，用他的话说就是"天理存则人欲亡，人欲胜则天理灭"，①因此学人必须"存天理，灭人欲"（同上）。朱熹在许多地方解释说，所谓"灭人欲"并不是不要有物质欲望，而是不要过分地贪求物质享受；并不是不要感情，就人类来说，人性是根，感情是芽，感情是人性的一种表现，不能没有，但不要让感情泛滥，不要纵情，对感情用道德来约束，使其与道德统一。

朱熹的思想有体系，讲问题常从两面讲，但他最终强调的是"天理"。因此剖析其思想体系不宜简单化。其思想将儒、道、释融合为一个整体，建立了以儒学为主干的思想体系，又消化吸收了其他思想学说，因此它才得以在中国封建社会后期占主要地位，不能说仅仅是由于统治者提倡的结果。

理学的产生，融合儒、道、释是思想的一种创新。历经元、明两朝，理学

---

① 《朱子语类》卷十三。

逐渐失去其活力，而朱熹《四书集注》成为学人取得功名利禄的敲门砖，这种被称为"理学末流"的思想呆滞局面，由于明、清朝代的交替而引起学人们的思考。由明到清这样的"变局"应当由谁来负责？以往的思想文化有什么误区？中国传统思想中的儒、道和其他学派应如何评价？应怎样估量佛教的传入等等重要思想理论问题，让人不得不去研究、思考，并提出应有的答案。因此，在清朝初年，时当 17 世纪中叶，中国出现了一批有思想、有创见、有鲜明个性、有深厚学养的思想家，如王夫之、黄宗羲、顾亭林等等。这里以王夫之为例略作说明。

王夫之（1619—1692），字而农，号姜斋，湖南衡阳人。从事抗清活动失败，晚年居于湘水之西的石船山，故学者们称他为船山先生。

王夫之对中国古代思想进行了全面总结。关于儒学，他写有《周易内传》《周易外传》《读四书大全说》等；关于道家思想，他写有《老子衍》《庄子解》等；关于佛学与儒、道关系，他写有《相宗络索》《张子〈正蒙注〉》《礼记章句》等；关于社会思想，他写有《思问录》《噩梦》《黄书》等；关于史学，写有《读通鉴论》。王夫之著作现存约有七十种，四百余卷，后人汇编为《船山遗书》，有清道光、同治年间刻本以及 1933 年上海太平洋书店排印本。20世纪 80 年代岳麓书社出有《船山全书》。

王夫之对各种文化没有偏见，他的原则是："……入其垒，袭其辎，暴其恃，而见其瑕矣。"①探究各种思想文化观点，发现其弱点和不足，同时又从中吸取对自己有用的东西。举例来看，他指出，中国佛教有"能""所"范畴，就其内容看，大体与中国的"名""实"范畴相似，但是佛教强调"名"与认识主体的联系，称为"能"，含有"（人）能认识"的意思，又把"实"作为认识对象，也和认识主体联系起来，称为"所"，含有"（被人）认识"的意思。这样，佛教宗教哲学在理论上便做出了贡献，不但区分了名与实，而且将它们统一起来，可见其思想的细密。然而其缺陷也是显而易见的，在佛教看来，一切"惟心惟识"，这实际又取消了被认识的对象，成为"以能为所"，意识就是一切。因此可以做出这样的改造，将世界理解为"实有其体""实有其用""体用一依其实"，世界是实有的。又提出因"所"以发"能"，"能"必副（合乎）

---

① 《老子衍·自序》。

其"所"。这就是说,客观存在的事物引起人的认识活动,而人的认识必须
与客观世界相符①。仅举此例,可以推知其他。王夫之对佛教不是全盘否
定也不是全盘肯定,有借鉴也有改造。

王夫之对《易传》和道家思想也有借鉴和批评。《易传·系辞》:"是
故《易》有太极,是生两仪,两仪生四象。"对此,王夫之提出问题:照这样
讲,"两仪"(阴与阳)是否被创制而出的?"太极"中是否"有对"?老子、
庄子不讲"太极",只讲"道","道生一,一生二,……""道"本身并没有阴
阳。王夫之不是这样理解,他的观点是:"……非太极为父,两仪为子之
谓也。……太极非孤立于阴阳之上者也。"②他所理解的"太极"只是阴阳
二气和合未分时的运动状态,亦可称之为"缊缊"。因此,"太极"和阴阳不
是父子关系,不是创造和被创造的关系,在"太极"中本来就包含有对立的
方面,即阴阳。可见,"万物莫不有对",对"太极"说也不例外。他强调,"有
对"不是某些事物有,而某些事物没有。万物的静躁、刚柔、吉凶、顺逆等等
皆"有对","皆太和缊缊之所固有"。③

在事物运动和静止问题上,王夫之也有独到见解。他认为当阴气和阳
气处于和合未分的状态,可称之为"太和缊缊之实体";其实体"本动者
也"。④ 人们所能觉察到的具体事物的"止"(静止)和"行"(运动)都是本
动着的"太和缊缊"的表现。由此他着重发挥儒家人性"日生日成"的观点,
他说:"理者,生理也,日生则日成也。"⑤人性的丰富是一个发展着和运动着
的过程,是一个长期努力奋进的过程,是一个"日新又新"的过程。根据这
样的理解,王夫之在自己的住处,以"六经责我开生面,七尺从天乞活埋"的
诗句题壁,表现出对传统文化继往开来的历史责任感。

思考题

1. 孔子和老子的思想要点。

---

① 《尚书引义》卷五。
② 《周易内传》卷三。
③ 《张子〈正蒙〉注》卷一。
④ 同上。
⑤ 《尚书引义》卷五。

2. 中国古代思想的特点。

参考书目

1. 张岂之主编:《中国思想史》,西北大学出版社,2012 年。

2. 杨伯峻:《论语译注》,中华书局,1980 年。

3. 杨伯峻:《孟子译注》,中华书局,1960 年。

4. 朱谦之:《老子校释》,中华书局,1984 年。

5. 王先谦:《庄子集解》(诸子集成本)。

6. 郭朋:《坛经校释》,中华书局,1983 年。

第十一讲

中国古代文学艺术宝库

中国古代的文学艺术自成体系，特色鲜明，名家辈出，成就辉煌，在世界古代文艺史上占有重要地位。就文学而言，诗、词、曲、赋、散文、骈文、小说、戏曲都有思想深刻、形式优美的佳作力作；就艺术而言，无论是书法、绘画、音乐、舞蹈还是雕塑、建筑艺术、工艺美术，都有内蕴深厚、风格各异的精品神品。发掘我国古代的文学艺术宝库，对于我们继承本民族优秀文艺传统，提高民族自信心，有重要的意义。这里主要以文学、书法、绘画、音乐和舞蹈为例略加说明。

一 源远流长的文学渊海

中国古代文学源远流长，演进轨迹清晰，就文学形式来说，每一时代都有标志自身成就的体式。

先秦时代主要的文学形式是散文和诗歌。散文主要有《尚书》《春秋》《左传》《国语》《战国策》等历史散文和《老子》《论语》《墨子》《孟子》《庄子》《荀子》《韩非子》等诸子散文。这两种散文虽然都不是纯文学作品，但历史散文的实录精神和叙事方式却奠定了中国古代记事散文的基础，确立了中国古代叙事文体的基本格局；而诸子散文深刻的思想和生动的表达方式也是后世散文学习的典范。特别是《庄子》，它以众多的寓言、历史传说、神话故事来说理，想象丰富，对后世理想主义、浪漫主义文学传统的形成有深远影响。诗歌则以《诗经》和楚辞为代表。《诗经》是一部从西周初至春秋中叶五百多年诗歌创作的总集，它本是可以和乐歌唱的，包括风、雅（有大雅和小雅）、颂（有周、鲁、商"三颂"）三种音乐形式。风的主体是土风，即地方曲调,是朝廷派出的行人(官名)从十五个国家和地区(主要集中在黄河流域,只有少量来自长江、汉水流域)搜集而来,多为民歌;雅、颂则主要为周王朝的音乐,多为文人创作。《诗经》内容丰富,运用了赋、比、兴等多种表现手法,以四言为主。其中风诗所表现的写实精神和雅诗中所包含的时代忧患意识对后世影响最大。楚辞是屈原、宋玉等作家在原有楚声、楚歌的基础上发展起来的一种文学样式。宋人黄伯思说:"盖屈宋诸骚,皆书楚语,作楚声,纪楚地,名楚物,故可谓之楚辞。"①强调了楚辞的地方特点。代表作品有屈原的《离骚》《九歌》《九章》《天问》及宋玉的《九辩》等。屈原是一位有世界影响的爱国诗人。他的作品具有深厚的爱国感情,分明的是非观念,执着的探索精神,高洁的人格理想,深切的人生体验,这一切,都与宏大的结构、奇谲的想象、深微的寄兴、华赡的文藻交织在一起,构成了他作品的宏博丽雅风格,对后世的诗歌、辞赋等都有深远影响。

汉代以赋、乐府、散文、文人五言诗成就为高。汉赋有骚体赋、诗体赋、大赋、抒情小赋等多种形式,其中大赋最为引人注目。它以广阔的视野,磅礴的气势,宏大的结构,华美的词藻,韵散结合的方式,描绘了当时京都、畋猎诸多方面的景况,反映了大汉帝国的恢宏气象和审美情趣,被称为汉代一代之文学。枚乘的《七发》,司马相如的《上林》《子虚》,扬雄的《甘泉》《羽猎》《长杨》《河东》,班固的《两都》,张衡的《二京》,都是大赋的代表作。抒情小赋也颇有特色。张衡的《归田赋》、赵壹的《刺世疾邪赋》都抒发了对东汉黑暗现实的不满,语言奇偶交错,富于节奏美、韵律美。乐府本是秦汉掌管音乐的官署,乐师们将从全国各地采来的民歌和一些文人创作的诗歌配上乐曲歌唱,其歌词后世也叫乐府,因而乐府成了一种诗歌体裁名称。乐府上继《诗经》国风的传统,反映民生忧乐,多杂言体,是后世"歌行体"诗歌的源头。汉代散文种类比先秦丰富,有政论、哲理、书信、杂史、杂传、纪传等多种类别,以纪传体散文成就为高。司马迁的《史记》不虚美、不隐恶的"实录"精神不仅为史家所称道,也为文学家所赞许。它形象生动,叙事之中融注着深沉的人生体验,具有浓厚的抒情意味,被鲁迅称为"史家之绝唱,无

---

① 《校定〈楚辞〉序》,《宋文鉴》卷九二。

韵之《离骚》"。① 文人五言诗以产生于东汉末年的《古诗十九首》为代表，它数量虽不多，但全是精品，标志着五言诗的成熟，对魏晋南北朝的诗歌创作有直接影响。

魏晋南北朝是一个文学自觉的时代，其最突出的一个特点是每个作家都在作品中反映了自己的个性，具有自己的独特风格。这一时期以诗歌、骈文创作最为出色。诗以五言为主，题材极为广泛，有反映民生疾苦的，有表现边塞生活的，有描写山水田园的，有歌咏男女爱情的，也有阐发哲理乃至描写游仙的。成就卓著的作家甚多，如"三曹"（曹操、曹丕、曹植）、王粲、蔡琰、阮籍、嵇康、陆机、潘岳、左思、刘琨、郭璞、陶渊明、谢灵运、鲍照、谢朓、庾信等。其中陶渊明、谢灵运所开创的田园、山水诗影响最大。陶诗的平淡自然风格直接影响着唐代山水田园诗人，也是后世许多作家所追求的审美境界。曹丕、鲍照、庾信等则在七言歌行方面为唐人开了先路。除文人创作外，南北朝的乐府民歌也有很高成就。骈文是一种讲究对偶、讲究词采的文体，它极大地发挥了汉语潜在的对称美、节奏美、韵律美和词采美。著名作家如曹植、陆机、潘岳、鲍照、庾信等都有脍炙人口的作品，其中庾信成就最高。他的骈文不仅运用对偶、典故、词藻手法纯熟，而且具有深厚的内蕴，堪称骈文的集大成作家。

唐代以诗为一代之文学。闻一多称唐代为"诗唐"，"诗唐者，诗的，唐朝也"。② 唐诗的繁荣不仅表现为名家众多，名作如云，题材丰富，风格多样，而且表现为各种诗体兼备。唐代诗体大致包括古体、近体、骚体三大品类。古体来源有二：一是出于《古诗十九首》和"苏李诗"（托名苏武、李陵创作的五言诗），经过六朝作家的创造，形成所谓"古风"；一是源于汉魏六朝乐府，以五、七言为主，形成所谓"歌行"。近体诗源于齐代"永明体"，其特点是讲究音律，有绝句、律诗两类。骚体来自楚歌。唐代诗人对各种体式都做过尝试。

王维、孟浩然、高适、岑参、王昌龄、李白、杜甫、白居易（图21）、刘禹锡、韩愈、李贺、杜牧、李商隐，都是诗歌大家。王维、孟浩然把山水田园诗推向

---

① 鲁迅：《汉文学史纲要·司马相如与司马迁》，《鲁迅全集》第九卷，人民文学出版社，2005年，第435页。

② 转引自郑临川：《闻一多论古典文学》，重庆出版社，1984年，第82页。

图21　李白　杜甫　白居易

了一个很高的境界。孟浩然长于五言，王维则五、七言皆有佳作。王维不仅能诗，而且善画。他把两者融通起来，取得了"诗中有画""画中有诗"的艺术效果。他的山水田园诗如《山居秋暝》《终南山》《新晴野望》《渭川田家》，都是"诗中有画"的名作。他受佛教熏染较深，所作诗境界空灵幽静，富于"禅意"，如《辋川集》中的《鸟鸣涧》《鹿柴》之类。因此之故，他被称为"诗佛"。高适、岑参、王昌龄以边塞诗著称。高、岑两人都善写歌行，而格调、句法不同，王则以绝句著称。李白受道家影响很深，为人倜傥不羁，豪放洒脱，作起诗来天马行空，笔不着纸，被称为"诗仙"。他最善写七言歌行和绝句。七言歌行如《蜀道难》《将进酒》《行路难》《梦游天姥吟留别》，绝句如《望庐山瀑布》《峨眉山月歌》《宣城见杜鹃花》等都是名作。"雄奇飘逸"是他的主导风格。杜甫受儒家影响很大，作品字里行间充溢着强烈的忧国忧民之情。他的《自京赴奉先县咏怀五百字》《兵车行》"三吏三别"（指《新安吏》《潼关吏》《石壕吏》《新婚别》《垂老别》《无家别》）、《茅屋为秋风所破歌》《秋兴八首》《登高》等，都是力透纸背之作，"沉郁顿挫"是他诗歌的主导风格。从诗歌体裁说，他各体皆精，有集大成之誉。元稹说："至于子美（杜甫字子美），盖所谓上薄风骚，下该沈宋，古傍苏李，气夺曹刘，掩颜谢之孤高，杂徐庾之流丽，尽得古今之体势，而兼人人之所独专矣。"①他的诗被后世许多作家奉为圭臬，他本人则被尊为"诗圣"。

白居易也受儒家影响很深，早年讲"兼济天下"，认为"文章合为时而

① 《唐故工部员外郎杜君墓系铭并序》。

著,诗歌合为事而作"①。《新乐府》五十首、《秦中吟》十首等讽喻诗,"惟歌生民病"②,抨击现实的种种弊端,使权贵为之扼腕切齿。他的感伤诗《长恨歌》写杨贵妃与李隆基的爱情,情辞俱茂,誉满天下。唐宪宗元和十年(815),宰相武元衡遇刺,他以太子赞善大夫的职位请求捕贼以雪国耻,被当权者斥为越职言事,贬为江州司马。第二年,他创作了著名的感伤诗《琵琶行》。此后转向"独善其身",所作多抒写个人心志。他的诗语言浅易,不仅当时流播众口,还很早就传到了日本、朝鲜等国。刘禹锡的诗豪迈劲健,韩愈的诗奇崛劲拔,李贺的诗凄恻艳丽,杜牧的诗雄姿英发,李商隐的诗深情绵邈,他们的许多作品都具有永久的魅力。

唐代的散文、传奇小说、词、通俗文学(如变文、俗赋)也有很高的成就。散文、传奇小说尤值得注意。韩愈、柳宗元等对当时骈文过于注重形式、内容浮泛的现状不满,思想上倡导复兴儒学,艺术上提倡学习先秦两汉以奇句单行为特征的散文,并称这样的散文为"古文"。他们的大量优秀之作,如韩愈的议论文《原道》《原毁》《师说》《杂说》等,柳宗元的寓言《三戒》、山水游记《永州八记》等,都把散文推向了一个崭新的境界。传奇小说如白行简的《女娃传》、元稹的《莺莺传》、蒋防的《霍小玉传》、李公佐的《南柯太守传》、李朝威的《柳毅传》等等,都以曲尽人情见长,元明时多被改编成戏曲。

从中唐开始,词逐渐走向兴盛。经过晚唐五代词人温庭筠、韦庄、冯延巳、李煜等的拓展,到宋代成了一代之文学。词起源于民间,出自"胡夷、里巷之曲"。所谓"胡夷、里巷之曲",主要指西域的少数民族音乐与内地民间音乐。它的主要伴奏乐器为琵琶。从形式上说,它是长短句,有特殊的格律要求。按节奏区分,有"引令近慢"等各种体式。其中令词和慢词为主要形式。令词为短调,宋初作家如范仲淹、欧阳修、晏殊、晏几道等所作都是令词。慢词为长调,节奏较慢,较早创作慢词的词家是张先,较早大量创作慢词的作家是柳永。柳永的[望海潮]、[八声甘州]、[雨霖铃]等名作,或写都市的繁华,或写羁旅情怀,或写离情别意,层层铺叙,曲折深沉。宋词的主流风格是婉约。柳永、秦观、周邦彦、李清照等,都是著名的婉约词人。苏轼"以诗为词",把诗的内容题材、情感、理趣、意境、手法引入词中,使词的风

———————————
① 《与元九书》。
② 《寄唐生》。

格趋向多样化。他的豪放词笔力雄健，情调激越，气势磅礴，具有强烈的感奋人心的力量。如[念奴娇]《赤壁怀古》、[江城子]《密州出猎》、[水调歌头]《明月几时有》等，都是历久弥新的名作。他的婉约词也不少佳作。如[水龙吟]《次韵章质夫杨花词》、[江城子]《十年生死两茫茫》、[卜算子]《缺月挂疏桐》等，抒情婉转，词采清丽。南宋统治者偏安一隅，英雄豪杰报国无门。张孝祥、张元幹、辛弃疾、陈亮、刘克庄、刘辰翁等都自觉地继承了苏轼的豪放词风，以宣泄、展示自己深沉的爱国感情和超迈的精神气质。辛弃疾的[水龙吟]《登建康赏心亭》、[永遇乐]《京口北固亭怀古》、[破阵子]《为陈同甫赋壮词以寄之》等，境界阔大，笔力雄健，豪放中透着一种英雄无用武之地的抑郁悲愤，读来感人至深。后人常将他与苏轼并举，称为"苏辛"。南宋另一些词人如姜夔、吴文英、史达祖、周密、王沂孙、蒋捷、张炎等，都精于音律，注重格律的精严、手法的婉转、词境的空灵，被称为格律派词人。

宋代的诗歌和散文成就也很高。宋诗比较讲究理趣，跟唐诗注重感情抒发不同。北宋以苏轼、黄庭坚诗歌成就为高，南宋则以陆游、杨万里、范成大成就为高。欧阳修、苏洵、苏轼、苏辙、王安石、曾巩、陆游等，都是宋代著名的散文大家。

元代的一代之文学是曲。曲包括散曲和杂剧两种。散曲产生于宋金时期，起源于民间，其中许多曲调来自北方契丹、女真、蒙古等少数民族。散曲分小令和套曲两大类别。小令是单个的曲子，套曲则由两支以上同一宫调的曲子组成，一般有尾声。散曲也是长短句，但它可以加衬字，用韵可平、上、去通押，是一种比词更为自由活泼的新诗体。马致远的散曲[天净沙]《秋兴》、[双调夜行船]《秋思》，睢景臣的[般涉调]《汉高祖还乡》，张养浩的[山坡羊]《潼关怀古》等等，都是散曲名作。杂剧是一种用北曲来演唱的戏剧形式，其体制一般为一本四折一楔子，分为旦、末、净、杂四大行当，其中只有主要角色正旦或正末可以演唱，其他角色只有宾白。由正旦演唱的叫旦本，由正末演唱的叫末本。元代著名杂剧作家有关汉卿、马致远、王实甫、白朴、纪君祥、康进之、郑光祖等。关汉卿的《窦娥冤》《单刀会》，马致远的《汉宫秋》，王实甫的《西厢记》，白朴的《梧桐雨》《墙头马上》，纪君祥的《赵氏孤儿》，康进之的《李逵负荆》，郑光祖的《倩女离魂》都是一代名作。《窦娥冤》通过窦娥的悲剧命运揭露了元代社会吏治黑暗、地痞横行、高利贷逼人的严酷现实,有力地批判了当时社会的种种罪恶。《西厢记》通过张珙、崔莺莺对自由爱情的追求,否定了门第观念和封建家长意志,表达了"愿天下有情人终成眷属"的美好爱情理想。《赵氏孤儿》通过程婴、公孙杵臼等人为救孤儿不惜自我牺牲的故事,歌颂了正义与人性,被王国维称为"即列之于世界大悲剧中亦无愧色"①。它也是第一部被介绍到西方去的中国戏曲。一般杂剧作家都兼写散曲。如上述关汉卿、马致远、白朴等都是散曲名家。

起源于北宋末、南宋初的戏文也是元代戏曲的重要组成部分。戏文产生于温州一带,故又称温州杂剧或永嘉杂剧,又称南戏,后又称为传奇。角色主要为生、旦、净、丑四大行当,唱法自由,不限于一人主唱,场(出)数较多,因而篇幅较大。著名的南戏剧本有《荆钗记》《白兔记》《拜月亭》《杀狗记》四大传奇以及高明的《琵琶记》。其中以《拜月亭》和《琵琶记》思想艺术成就为高。

明清特别是清代,各种文学形式如诗、词、散曲、骈文等都有一定成就,但以小说和戏曲最为引人注目。小说有长篇和短篇之分。长篇小说都是章回体。章回体是由宋元讲史、平话发展而来,说话人每次讲一定长度的故事,因而自然形成长度大致相等的情节段落。逐渐形成分回标目、首尾完整、故事连接、段落整齐的特点。因它起源于民间说书,所以章回体小说一般都是白话小说。著名的章回小说有罗贯中的《三国演义》、施耐庵的《水浒传》、无名氏的《金瓶梅》、吴承恩的《西游记》、吴敬梓的《儒林外史》、曹雪芹的《红楼梦》、许仲琳的《封神演义》等。《三国演义》以恢宏的气势展现历史,创造了诸葛亮、关羽、曹操、刘备、司马懿、赵云等众多鲜活人物形象;《水浒传》则揭示了"乱自上作"的社会根源,创造了宋江、林冲、李逵、武松、鲁智深、阮氏三雄等众多典型人物;《金瓶梅》最早把创作由历史传奇转向日常生活;《西游记》《封神演义》把古代人们的文学想象力发展到了极致;《儒林外史》入木三分地批判了八股制艺所导致的人性和人格裂变;《红楼梦》则打破了传统的写法,从人物塑造、题材选择、结构模式、叙事方式、语言运用等多个方面把古典小说推向艺术巅峰。贾宝玉、林黛玉、薛宝钗、王熙凤、晴雯、探春等众多人物形象都具有永久的艺术魅力。短篇小说分白

---

① 《宋元戏剧考》。

话和文言两种。白话小说起源于宋元话本,明中叶后文人模拟此种小说,称为"拟话本小说"。拟话本小说一般一篇讲述一个故事,主题比较集中,文笔也比较精练简洁。著名的拟话本小说有冯梦龙的"三言"——《警世通言》《醒世恒言》和《古今小说》(又称《喻世明言》),凌濛初的"二拍"——《初刻拍案惊奇》《二刻拍案惊奇》。"三言"共收 120 篇作品,"二拍"共收 78 篇小说,其中多反映市民的生活和价值观念。如《卖油郎独占花魁》写卖油郎秦重和妓女莘瑶琴的爱情故事;《杜十娘怒沉百宝箱》歌颂了妓女杜十娘的真诚侠义,鞭挞了公子李甲的虚伪薄情;《蒋兴哥重会珍珠衫》写蒋兴哥不计较妻子王三巧的不忠,与之破镜重圆(均见"三言");《转运汉遇巧洞庭红》《叠居奇程客得助》都是写商人发迹的故事(均见"二拍"):都具有较高的思想价值和艺术价值。文言短篇小说最著名的是蒲松龄的《聊斋志异》,它借神仙狐鬼故事曲折地反映生活,表达作者的态度和理想。其中《婴宁》《青凤》《小翠》《聂小倩》《白秋练》等等,写的都是青年男女的动人恋情,至今仍具有很强的感染力。

明清戏曲主要包括杂剧、传奇和地方戏三个方面。杂剧最著名的是明人徐渭的《四声猿》。它由《狂鼓史》《玉禅师》《雌木兰》《女状元》四个剧本组成。《雌木兰》写木兰代父从军的故事,《女状元》写黄崇嘏女扮男装得中状元,这两个故事合起来歌颂了女性能文能武,不让须眉,张扬了女性的才能和个性,对鄙视女性的封建意识提出了尖锐的挑战。传奇在明代分成两大流派,一派以汤显祖为代表,称为"临川派"(因汤显祖为江西临川人),另一派以沈璟为代表,称为"吴江派"(因沈璟为江苏吴江人)。"临川派"比较强调"曲意"(即戏剧的思想性)和文词的华美,又称为"文采派";"吴江派"则比较强调戏剧的音乐性、娱乐性和戏曲语言的可接受性,重视舞台演出效果,又称"本色派"。两派各有侧重,也各有千秋。就实际创作成就而言,以汤显祖为高。汤显祖有《紫钗记》《牡丹亭》《南柯记》《邯郸记》等,合称"临川四梦"。《牡丹亭》写女青年杜丽娘追求爱情的故事。她为情而死,又为情而生,生而可死,死而复生,表现一种"至情"。这对当时禁锢人性的理学是一种批判。清代洪升的《长生殿》、孔尚任的《桃花扇》也是一代传奇名作。《长生殿》歌颂杨玉环、李隆基的忠贞不渝爱情;《桃花扇》通过名妓李香君和复社才子侯方域的爱情波折,揭示了南明王朝覆亡的原因,表达了作者的兴亡之感。

明代地方戏曲有余姚、海盐、弋阳、昆山四大声腔。昆山腔（即昆曲）经过改进，因其声腔的柔婉、词情的高雅而受到统治者和士大夫的推重，逐渐成为主流，称为"雅部"，而其他地方戏曲则被称为"乱弹"或"花部"。至清后期，昆曲也逐渐衰落，代之而起的是新兴的"皮黄戏"，也即京剧。京剧之外，又有"南昆"（昆腔）、"北弋"（弋阳腔）、"东柳"（柳子戏）、"西梆"（梆子腔）四大地方声腔。这四大声腔衍生出许多种地方戏，它们都有自己的剧目，题材丰富，形式活泼，风格粗犷，语言质朴，深为广大群众所喜爱。

二 异彩纷呈的书画苑圃

书法的起源与文字同步，而文字的起源与绘画有关。汉字有"六书"之说，即象形、形声、会意、指事、假借和转注。一般认为，前四者为造字法，后两者为用字法。象形字是从图画文字演变而来。象形是最早的造字法，也是一切文字衍生滋长的基础。因为象形字是与声音、意义联系在一起的，所以无论是形声、会意还是指事，都是在象形这一基本方法上加以拓展。可见汉字从形成之初即与图画有关。书法不仅讲究字体、字形和笔势，还特别讲究字与字之间的搭配关系，特别注重保留空间，通过字形、整体布局来表现某种意趣、神韵、法度，展示作者的主观情感和美学理念，这也是它与绘画相通的地方。因而从唐人张彦远开始，一直到清代的许多书法理论家，都有书画同源的说法。当然书法与绘画也有明显的不同：文字不断由具体向抽象发展，而绘画却始终保持它的具象特征；书法的主观性所受的是字体本身的限制，绘画的主观性则受表现对象的制约。这些必然要导致书画的分流，因各自不同的艺术特点而产生不同的艺术追求。另外，书法艺术无论怎样独立，因为它承载着记录语言这一基本功能，所以始终难以跳脱实用的限制，而绘画却可以越来越远离实用而进入纯艺术的境地。

早期书写主要是应付实用，具有较强的功利性。但作为一种创造，却必定有主体的介入，表现出作者甚至某个时代的审美趋向。半坡出土的属于仰韶文化的类似于文字的陶纹，就已开始注意图形线条的变化。商代的甲骨文，周代的金文，春秋战国时代的籀文（大篆）、篆文，秦汉的隶书，在形体构架、笔法运用、整体布局等方面都呈现出各自不同的特点，表现出不同的美感，具有不同的审美价值。大致说来，甲骨文比较瘦硬劲秀，金文比较坚实凝重，篆文比较庄严古雅，隶书比较婉转浑厚，都反映了不同时期的不同时尚和艺术风格。

从西汉后期开始，人们开始了对书法艺术的自觉追求。这种自觉的标志，是书法理论的出现。扬雄《法言·问神》："言不能达其心，书不能达其言，难矣哉！惟圣人得言之解，得书之体。……故言，心声也；书，心画也。"他把"书"与"言"结合起来加以考虑，认为好的语言要选择好的书体来加以记录，因而书体是作者用心选择的结果。把书法同人的精神创造联系起来论述，表明作者已意识到书法创作离不开人的主体性。"书为心画"四字也就成了后世书法理论的基本命题。

东汉时，为了适应公文讲求速度的需要，隶书一变而成草隶。汉章帝时，经过大书法家杜操的改进，这种草隶一变而成章草。所谓章草，唐代书法理论家窦臮《述书赋》说："杜操字伯度，京兆人，终后汉齐相。章帝贵其迹，诏上章表，故号章草。"说明章草的得名既同汉章帝有关，也同用这种草书来上章表奏折有关。章草的产生虽然仍是为了适应实用的需要，但它的笔法带有明显的抽象性，是作者按照一定的审美观念创作出来的，因而它更富于艺术的主体性特征。杜操的弟子崔瑗也是一位著名的书法家。他在创作实践的基础上还对章草创作从理论上进行了总结，写出了著名的书法专论《草书势》。《草书势》今存 286 字，它指出章草的特点是："方不中矩，圆不副规，抑左扬右，望之若欹，竦企鸟峙，志在飞移。……纤微要妙，临事从宜。"①也就是说，章草是一种不循规蹈矩、笔势飞动，重在表现作者情志的字体。章草书法最有成就的是张芝。张芝字伯英，敦煌酒泉人，平生未仕，以书法为务。年轻时临池学书，池水尽黑。所学即杜操、崔瑗的章草。但他青出于蓝，在草书方面达到了"超前绝后，独步无双"的境界，被称为"草圣"。在隶书方面，最有成就的是蔡邕。蔡邕是一位文学家兼书法家。汉灵帝熹平年间（172—178），他与堂谿典、杨赐等上表请求正定当时已讹误严重的六经文字，将定本刻于碑石，立于京师洛阳太学门外，使天下读书人得以遵循。这个请求得到批准。实际所刻的经书有《周易》《尚书》《鲁诗》《仪礼》《春秋》《公羊传》和《论语》七种。所用字体，全是标准的汉隶，由蔡

---

① 严可均《全后汉文》卷四五。

邕亲自书丹于石,再由石工镌刻而成。从书法角度说,它代表着汉隶的最高水平。碑石共46块,两面均有字,这就是著名的熹平石经。熹平石经经过东汉末和西晋末两次劫乱,毁圮殆尽。自1922年以来陆续出土残石一百余片,据罗振玉考证,可能系后人补刻,已非原貌。

曹魏时,最著名的书法家是钟繇、卫觊。两人都兼善数种书体。钟繇所作《魏公卿上尊号碑》、卫觊所作《受禅碑》,用的都是魏隶,而风格不同,前者秀逸,后者凝重。齐王曹芳正始二年(241),卫觊曾领导刻"三体石经碑"。所谓"三体",指古文、篆文、隶书。所刻经文为《尚书》《春秋》和部分《左传》,原碑凡28块,清光绪年间、1949年后都曾出土部分残碑。

钟繇对楷体的确立贡献很大。章草形成之后,经过汉末方士王次仲的改进,逐渐向楷体接近。钟繇在此基础上变隶为楷。传世的钟氏遗墨刻本有《贺捷表》《宣示表》《荐季直表》等,多为摹本或影印件,非真迹。

到晋代,书法进入了全面昌盛时期,出现了许多书法世家。如以卫觊之子卫瓘为代表的卫氏世家,以张芝的外孙索靖为代表的索氏世家,以陆机、陆云兄弟为代表的陆氏世家,以郗鉴为代表的郗氏世家,以庾亮、庾怿、庾冰、庾翼兄弟为代表的庾氏世家,以谢尚、谢万兄弟为代表的谢氏世家,以王羲之、王献之父子为代表的王氏世家等等。今存晋人真迹,最早且最可信的当为陆机的《平复帖》,它是作者用秃笔燥墨书写的章草文字,笔力劲健老到,是十分珍贵的晋人书法遗迹,当代大书法家启功称之为"墨皇"。成就最高的是王氏家族。王羲之、王献之的书法代表了晋人书法的最高水平。据唐人张彦远《法书要录》记载,王羲之所书帖目达465种之多。代表作有《乐毅论》,为小楷;《兰亭集序》,为行书;《十七帖》,为草书。这些作品的真迹均已不存,所存者为后人所摹刻。另有《怀仁集王书圣教序》(简称《圣教序》),为后人集羲之书字之作。《兰亭集序》(图22)为历代书法评论家所称许,有

图22 《兰亭集序》

"天下第一行书"之誉。它线条流畅,运笔灵活,布局疏散,自由而不失矩度,柔和而不失骨力,洒脱而不失严谨。它充分地展示了王羲之的艺术个性,同时也展示了晋人崇尚神韵、气度的艺术精神。后世对王羲之的书法评价极高,称他为"书圣"。王献之在父亲的基础上也有所创新。他学行书不执着于行书,同时又打破了楷书、草书的界限,创造了"行楷""行草"书体,称为"破体"。代表作有《中秋帖》《十二月帖》等。北朝书法今存者多为石刻。以郑道昭、郑述祖父子的书法最为有名,他们都以魏碑体著称。今存名碑有郑道昭的《郑文公碑》、云峰山及天柱山刻石等。

隋唐书法艺术家极多,大抵分为二途,一种讲究法度,一种自由挥洒。讲究法度的如欧阳询、虞世南、褚遂良、薛稷、柳公权、颜真卿诸名家。他们都兼通诸体,但都以楷书为主攻方向,他们楷书的共同特点是有规矩而不拘于规矩,显得比较大气,昭示着唐代的气度和胸襟。同是楷书,又各有特色。欧阳询的字结构精严、体方而笔圆,称为"欧体",《化度寺碑》《九成宫醴泉铭》是他的代表作;虞世南的字刚柔兼济,肥瘦并存,富于艺术辩证法,被人称为"绝笔",《孔子庙堂碑》《破邪论序》是他的代表作;褚遂良的字外清秀而内劲练,前人评为妙品,《雁塔圣教序》《阴符经》是他的代表作;薛稷的字比较刚硬清瘦,有魏碑的风韵,在唐代独标一格,《信行禅师碑》是他的代表作;柳公权的字内有骨力,外有锋芒,运笔顿挫有致,称为"柳体",《金刚经》《玄秘塔碑》是他的代表作;颜真卿的字端庄稳重,结构精严,雄健中透出秀丽,壮美中隐含飘逸,为唐代楷书之最,称为"颜体",与杜甫诗、韩愈文、吴道子画并称"四绝"。他的代表作很多,今人习"颜体"者,多以其《多宝塔碑》《大唐中兴碑》为摹本。讲究自由挥洒的有孙过庭、贺知章、张旭、怀素等,他们为人有一个共同特点,就是都比较淡泊名利,而视书法艺术为生命,在作品中融入了自己鲜明的个性和为人气质。创作则以草书为主,因为草书的抽象性和写意性特点最适合于表现作者的主体精神。孙过庭的草书从楷书化出,字与字之间不相连续,恣纵而不离规范,称为"今草",它主要以字形的变化多端、运笔的自由灵活为特征。传世作品,最著名者为《书谱》,后世多以它为学草书的入门阶梯。贺知章和张旭都以为人狂放好酒著称。贺知章自号"四明狂客",张旭则人称"张颠"。杜甫曾作《饮中八仙歌》,把他们与李白同列为饮中八仙之一。但同是草书,两人风格不同,贺知章的草书比孙过庭放纵,但像孙过庭一样,也是字与字之间不相连续,且略带章草风格。张旭则好用连笔，杜甫《饮中八仙歌》这样形容："张旭三杯草圣传，脱帽露顶王公前，挥毫落纸如云烟。"他的草书，被称为"狂草"，能给人以气势飞动、洒落不羁的感受。他被称为"草圣"，与李白的诗，裴旻的剑舞同号为"三绝"。怀素是一位僧人，平生练字十分刻苦，曾在芭蕉叶、甚至自己的袈裟上练字，用过的秃笔堆积成山，埋在山下，号为"笔冢"。他为人狂放，被人称为"狂僧"，书法则为"狂草"，与张旭同称"草圣"，合称"颠张狂素"。但他的风格跟张旭有所不同，张喜用肥笔，他则瘦笔较多，枯笔较多。贺知章所书《孝经》，张旭的《古诗四帖》《肚痛帖》《千字文》，怀素的《自叙帖》《圣母帖》等，都是中国古代的书法瑰宝。唐代在行书方面也名家名作甚多，如唐太宗李世民的《温泉铭》、陆柬之的《文赋》墨迹，李邕的《麓山寺碑》等等。

宋人理性色彩较浓，表现在书法上是比较讲究意趣，于法度之中见自由，于规矩之中见个性。最有成就的是蔡襄、苏轼、黄庭坚、米芾四大家。四家都以行书为主，但风格各异。蔡襄的行书疏朗丰腴，富于动感；苏轼的行书刚柔相济，富于气势；黄庭坚的草书富于神韵，行书也略带草体，比较婉转清丽；米芾也是行草兼善，其行书潇洒劲拔，灵动有致。四家传世的墨宝都比较多。如蔡襄的《山居帖》《离都帖》，苏轼的《治平帖》《黄州寒食诗》《与谢民师论文帖》，黄庭坚的《范滂传》《松风阁诗卷》，米芾的《苕溪诗卷》《蜀素帖》等等。四家之外，宋徽宗赵佶独创"瘦金体"，也颇具特色。它外观瘦硬，内蕴丰腴，秀丽而挺拔。传世名作有《瘦金书千字文》。

元代最有成就的书法家是赵孟頫。他的楷书严谨而又秀美，称为"赵体"。与欧阳询、颜真卿、柳公权齐名。

明清两代书法家可谓群星灿烂，名作如云，各体并兴，百花齐放，难以一一具举。明代如沈周、祝允明、文徵明、唐寅、王宠、徐渭、董其昌，清代如傅山、刘墉、金农、郑燮、邓石如、何绍基等等，都堪称大家高手。他们的共同特点是既善于学习前人，又敢于别开生面，自标新格，独抒性灵。名作如沈周的《五言律诗轴》（行书），祝允明的《曹植诗册》（行草）、《前赤壁赋》（今草）、《杜甫诗轴》（狂草），文徵明的《顾春潜传轴》（小楷），王宠的《千字文卷》（行草）、《宋之问诗》（行草中带有章草意味），徐渭的《词轴》（狂草），董其昌的《论画册》（行书）、《尺牍》（行草），傅山的《七绝诗轴》（篆书）、《五言诗轴》（隶书），刘墉的《小楷册》（小楷），金农的《隶书立轴》（隶书），郑燮的《七言诗轴》（行、隶、草诸体兼而有之）等等。

中国绘画既重写实又重写意，重形似更重神似；表现技巧众多，但最基本的方法是线条和墨色的运用；题材因不同历史时期而异，涉及社会生活的各个方面，但表现得最多的还是人物、山水、翎毛、花卉、草木、楼台室宇以及宗教故事。

中国绘画源远流长，从出土文物看，属于仰韶文化、马家窑文化的彩陶、商周时代的青铜鼎彝上的图案都以装饰为目的，具有工艺美术的性质，还不是具有独立意义的绘画。战国至秦汉时期的帛画、瓦当、壁画、画像砖、漆画、木板画、木简画，所描绘的对象有动物、植物、人物、实景、幻境，已具有较高的审美价值。其中帛画成就最著。1949年在长沙陈家大山楚墓出土的《龙凤人物图》，1973年在长沙子弹库楚墓出土的《御龙图》，[1]1972年至1974年于长沙马王堆轪侯利仓之妻（一号汉墓）、子（三号汉墓）两墓出土的陪葬帛画，都体现了作者丰富的想象力和高超的绘画技巧。不过，从总的方面说，这时的绘画似乎尚未完全摆脱功利性、装饰性，仍具有某些工艺美术的特征。

魏晋南北朝是一个绘画艺术走向自觉的时代，突出的表现就是绘画已逐渐摆脱功利性、装饰性而追求独立审美价值。这时不仅有大量的优秀作品问世，而且有了较成系统的绘画理论。这时有两种题材的绘画最引人注目：一是人物画，一是山水画。人物画成就最高的是晋代画家顾恺之。顾恺之的传世名作《洛神赋图》和《女史箴图》（均系后人摹本），所画人物十分生动传神。对人物画，顾恺之有一个独到的见解："四体妍蚩（媸），本亡（无）关于妙处，传神写照，正在阿堵（指眼睛）之中。"他还有《画论》《魏晋胜流画赞》《画云台山记》等画论。著名的南朝画家谢赫是一位有成就的肖像画家。据姚最《续画品录》说，他画人物，"点刷精研，意在切似，目想毫发，皆无遗失"，即追求形象逼真。谢赫还是一位极有影响的绘画理论家。他在《古画品录》中提出绘画当遵循"六法"："一曰气韵生动，二曰骨法用笔，三曰应物象形，四曰随类赋彩，五曰经营位置，六曰传移模写。"这"六法"后来成了中国古代绘画的经典理论。山水画成就最高的是宗炳、王微。

---

① 此两图所用名称均据王伯敏：《中国绘画史》（修订本），文化艺术出版社，2009年，第26页。

宗炳爱山水,好远游,"凡所游履,皆图之于室"。① 他在《画山水序》里提出了著名的"畅神"理论,认为山水画的创作就是为了调谐人与自然的关系,开拓人的精神境界;对近大远小的透视原理,文中也有所阐释。王微的重要画论是《叙画》,文末说:"呜呼,岂独运诸指掌,亦以神明降之,此画之情也。"这是强调要用心灵去作画,不能仅靠技巧。

隋唐时代是绘画走向繁盛的时代。这时的绘画主要以人物、山水、花鸟、鞍马、鬼神、屋宇等为题材,一个画家往往在一方面或数方面有成就。例如隋代画家展子虔善画马,又善画山水。唐代著名画家阎立本、吴道子的人物画达到了很高的水平。阎立本的《历代帝王图》所画汉至隋十三位帝王形象,能根据不同的人物性格、功业来描画不同的形象,展示每个人的精神面貌。《步辇图》刻画唐太宗就文成公主婚事接见吐蕃来使禄东赞的情节,接见者和被接见者的不同神情态势,给人以如见其人、如临其境之感。吴道子善画宗教题材。他一生所作寺院壁画极多,最有名的为《地狱变相》。相传他所画地狱世界的阴森惨状,使人望而有畏罪悔过之心。吴道子的传世名画有《送子天王图》,曾流传到日本。该图画的是释迦侔尼出生的故事,也是一个宗教故事,但人物的神情体态却与普通人无异,充满了人情味。张彦远《历代名画记》卷二载吴道子论画说:"人皆谨于象似,我则脱其凡俗。"说明他绘画并不仅仅追求形似,而是着力于人物精神的刻画,力求摆脱凡俗,画出新意。吴道子高超的画艺,赢得了"画圣"之称。山水画方面成就较高的有李思训、王维、张璪等人。李思训的山水画多用线条勾勒,再用大青涂色,以螺青苦绿皴染,树叶则时用夹笔,填以石青、石绿,对当时和后世影响很大,形成了山水画中青绿一派。王维的山水画,苏轼《题蓝田烟雨图》评为"画中有诗"。他有时设色深重,近于李思训;有时用水墨簇成,风格清润劲爽,对后来南宗画派有重大影响,明代画家董其昌甚至称他为南宗画派之祖。今存之《江山霁雪图》《山阴图》《雪溪图》等,相传即王维所作。张璪画山水重在水墨,在技法上富于新意。张璪在画论方面也有独见,他曾著有《画镜》,书已失传,但留下了"外师造化,中得心源"的经典名言。唐代花鸟画的名家有薛稷,画马名家有曹霸、韩干,今尚存韩干的名画《照夜

---

① 《宋书·宗炳传》。

白》；画牛名家有韦偃，今存《五牛图》。唐代的壁画很多，多为民间艺人所作，以敦煌莫高窟的壁画最具代表性。敦煌壁画虽然以佛教故事为主，然而也有许多反映的是上层贵族或平民百姓的生活。一些壁画场面宏大，人物众多，构思奇巧，着色丰富，形象生动，技法多变，富有极高的审美价值，也富有极高的文化历史价值。

五代至宋，人物、花鸟和山水成为绘画的大宗。如南唐画家顾闳中，就是一位人物画大师。今传之宋人摹本《韩熙载夜宴图》，以人物神态描绘之准确传神，在画史上久享盛名。宋代画家李公麟创造了白描方法，把绘画特别是人物画推向了一个崭新的境界。今传为他所作的《维摩诘图》，就是一幅人物白描精品。苏汉臣善画儿童，传世的儿童画有《货郎图》。花鸟画，五代时最有成就的是徐熙和黄筌。徐熙是江南的一位隐士，所画多取材于野居生活，以水墨淡彩为主，富于"野逸"风情；黄筌是一位宫廷画师，取材多反映宫廷贵族的审美观，画法常以淡墨勾底而施以重彩，具有"富贵"特点。所以评论家就以"黄家富贵，徐熙野逸"来区别他们的风格。徐熙无真迹传世，黄筌则有《珍禽图》留传。宋代花鸟画的传世作品以宋徽宗赵佶的《桃鸠图》《五色鹦鹉图》最为有名。宋人的水墨梅竹也有很高成就，如文同善画竹，今传有《墨竹图》；扬无咎是一位画梅专家，今传有《雪梅图》《四梅花图》等。苏轼也善画，今传有《古木竹石图》。山水画家五代时最著名的是荆浩、关仝、董源、巨然。荆浩以全景山水著称，所作山水气势磅礴。关仝师法荆浩，两人并称"荆关"。传世名作荆浩有《匡庐图》，关仝有《山溪待渡图》《关山行旅图》。董源的画，着色取李思训，水墨取王维，着重表现山水的神气，巍然自成一家。传世名作有《夏山图》《龙袖骄民图》①《潇湘图》《寒林重汀图》等。巨然师法董源，画风与董源相近，并称"董巨"。但他在山水画的意境方面开拓更深，所画山水"明润郁葱，最有爽气"。传世名作有《秋山问道图》《万壑松风图》《溪山图》等。宋代山水画家无不受荆、关、董、巨四大家的熏育。大家有李成、范宽、郭熙、米芾、米友仁、李唐、刘松年、马远等。李成惜墨如金，颇能得山川体貌，今传之《晴峦萧寺图》相传为他所作；范宽最重骨法，尤善画雪景，传世有《溪山行旅图》《雪山萧寺图》《雪

---

① 此图名称原误为《龙宿郊民图》，据启功先生的说法改正。详陈传席《中国山水画史》，天津人民美术出版社，2001 年，第 86 页。

景寒林图》等,二人并称为"李范"。郭熙是一位宫廷画家,受李成影响较大,然自得甚深,在构图的曲折高远方面,独步一时,代表作有《早春图》《幽谷图》《窠石平远图》《溪山秋霁图》等。米芾、米友仁父子并称"二米",两人都善用墨,尤善用落茄点画山水,称为"米点山水",在宋代山水中独具一格。传世有米友仁的《潇湘图》《云山得意图》等。李唐、刘松年、马远等都是画院派山水画家,也都有名作传世。

宋代绘画,还要特别提到的是张择端的《清明上河图》。它以全景式画面真实地描绘了北宋首都开封的生活风俗,题材广阔,艺术技巧多样,达到了当时所能达到的最高水平,具有不朽的文化历史价值与艺术价值。

元明清三代绘画较前代有很大的变化:这时文人画占了主导地位,文人画家多集诗人、书法家于一身;因而书、诗、画有明显的融会趋势。文人喜欢借书、画表达自己的灵性、个性、才情,因而写意画成了这一时期的主流。就题材来看,山水画为一时之选,高手辈出,蔚为大宗;花鸟梅竹次之,人物画又次之。

元代山水画家有赵孟頫、黄公望、王蒙、倪瓒、吴镇等人。赵孟頫山水之外兼善人物、鞍马、花木竹石之类。黄、王、倪、吴都以山水为主。赵孟頫名作甚多,如山水有《鹊华秋色图》,竹石有《古木竹石图》等。黄公望注重对实景的观察写生,所画多虞山、富春山景物,既有地方特色,又富于个性,成就高于王蒙、倪瓒、吴镇等人。名作有《九峰雪霁图》《雨岩仙观图》《富春山居图》等。《富春山居图》系黄公望为郑樗(别号"无用师")所绘,被明人吴洪裕收藏。吴极爱此画,以至于临死时焚烧此画殉葬,幸其侄从火中救出,留下了一大一小两段。较长者为后段,称"无用师卷",今存于台北"故宫博物院";另一段称"剩山图",今存于浙江省博物馆。2011 年 6 月,全图在台北"故宫博物院"合璧展出,引起巨大轰动。王蒙的《青卞隐居图》《夏日山居图》等,倪瓒的《虞山林壑图》《紫芝山房图》等,吴镇的《水村图》《渔父图》等,都各具特色,是元人的山水佳构,也是后世经常模仿的范本。元代画花、竹、梅多用墨,以墨色的浓淡轻重来表现所画对象的精神风韵,称为墨花、墨竹、墨梅。名家很多,如钱选、王渊都善画墨花,李衎、顾安、王冕等都善画墨竹、墨梅。元代人物画最值得 一提的是山西永乐宫的道教神仙壁画,它描绘的众多人物都各具特征,生动传神,是古代壁画的珍品,其价值较之敦煌壁画毫不逊色。

明清两代山水画家众多，明代沈周、文徵明、唐寅、仇英，号为"四大家"，董其昌、陈继儒、蓝瑛等，也是高手；清代以弘仁、髡残、八大山人（朱耷）、石涛等四僧所作山水最富有个性。山水之外，他们也画花鸟、人物。其后的山水画家多不胜举，甚至形成了各种不同的流派。但由于画家们日益看重对前辈名家的学习、模拟、撷取而忽视对山水本身的观察、体验和心照，因而山水画呈现出一种江河日下的趋势。所以这时名家虽多，佳作也仍时时有之，但超越前人、独开生面的作品却不是很多。明代的花鸟画、墨竹梅兰画有沈周、唐寅、边文进、吕纪、林良、陈淳、徐渭、周之冕、陈洪绶等一大批作家。其中最富于个性，对后世影响较大的是徐渭。徐渭的《墨花图》《牡丹图》《石榴》等都是笔墨酣畅的大写意之作，真正做到了不拘成法，独出胸臆自写性灵，历来受到很高的评价。清初八大山人、石涛以及"扬州八怪"中的金农、黄慎、郑燮等所作花鸟虫鱼梅竹之类也极富个性，能体现作者的落拓不羁的人格追求和挥洒自如的艺术境界。其中郑燮所画的竹、石、兰草，尤多自出机杼，艺术上并不见得完美，但内在精神却表现得酣畅淋漓，经得起反复品味、咀嚼。

三　繁花似锦的乐舞艺术

像书法和绘画一样，音乐与舞蹈也有着十分紧密的联系。

原始时代诗、乐、舞三位一体，这是一般人都承认的事实。《吕氏春秋·仲夏纪·古乐》记载："昔葛天氏之乐，三人操牛尾，投足以歌八阕：一曰《载民》，二曰《玄鸟》，三曰《遂草木》，四曰《奋五谷》，五曰《敬天常》，六曰《达帝功》，七曰《依地德》，八曰《总万物之极》。"所谓"葛天氏之乐"，指的就是上古传说时代的音乐。"载"有始意，"载民"就是民之始生，指人类的产生。"玄鸟"，即燕子，《诗经·商颂·玄鸟》有"天命玄鸟，降而生商"的记载，说的是上帝派燕子到河边产下一卵，有娀氏之女、帝喾之妃简狄吞下此卵生契的故事。契，即商人的祖先。"遂草木"是祝愿草木畅茂。"奋五谷"是祝愿五谷丰登；"敬天常"是敬奉天之常道，即遵循自然规律。"达帝功"是颂扬上帝的功德。"依地德"是颂扬大地承载万物之德。"总万物之极"是希望禽兽繁殖，六畜兴旺。可以想见，上古时代人们载歌载舞，歌唱的就是自己对自然和人类本身的理解，对劳动成果的期盼和对美好生活的向往。相传黄帝时代有乐舞《云门》，尧之时有《大章》《大咸》（一名《咸池》），舜之时有《大韶》（简称《韶》），夏之时有《大夏》，商之时有《大濩》，周武王时有《大武》。著名的音乐舞蹈家有夔。据《史记·夏本纪》记载，大禹王治水成功，夔行乐，"鸟兽翔舞，《箫韶》九成，凤凰来仪，百兽率舞"。所谓"鸟兽翔舞""百兽率舞"，指的是歌舞时模仿鸟兽、百兽（也有人认为鸟兽指的是部落图腾），体现的是人与自然关系的亲密无间。

从出土文物来看，音乐、舞蹈起源是比较早的。1986 年至 1987 年间在河南舞阳县贾湖附近出土过七孔、八孔骨笛 18 支，据测定已距今八九千年；青海大通县上孙家寨曾发现过一个属马家窑文化的彩陶盆，距今五千年左右，上面画着三组少女，每组五人，在手拉手跳舞。出土的乐器则有鼓、磬、编磬、钟、编钟、编铙、骨笛、埙、簫、龢等。

西周至春秋战国时代音乐舞蹈十分发达。周朝有严密的礼乐制度，王朝设有春官，掌管礼乐，有大司乐、乐师、大师等专管乐舞。《诗经》中的民歌就是政府派专人（行人）到民间搜集，再经过乐师们"比其音律"加工而成的。当时的士人学习"六艺"，乐是其中的内容之一。其时的乐舞种类甚多，有大司乐掌教的"六舞"（即上文提到的《云门》《大咸》《大韶》《大夏》《大濩》《大武》），由乐师掌教的"小舞"，由旄人掌教的散乐、夷乐，供求雨、驱瘟所用的傩舞以及周王朝之外各民族的乐舞等等。春秋末孔子办私学，乐也是传授的重要方面。孔子就是个高明的音乐演奏家，他曾向当时的音乐家师襄请教，所到之处，即使遇到艰危，也仍然弦歌不绝。《论语》中记载他评论音乐、舞蹈的言论很多。如评论《韶》尽善尽美，而《武》却尽善而未尽美（《八佾》）；在齐国听到《韶》乐，陶醉到"三月不知肉味"的地步（《述而》）；鲁国权臣季孙氏表演天子所观赏的"八佾"（由八行，每行八人，共六十四人组成的大型舞蹈），他就说"是可忍，孰不可忍"（《八佾》）；评论《诗经》，"师挚之始，《关雎》之乱，洋洋乎盈耳哉"（《泰伯》），等等。孔门弟子会弹琴鼓瑟的比比皆是。儒学在当时号为显学，所以儒家在音乐的普及方面贡献很大。周王朝之外，在音乐、舞蹈方面成就最高的是楚国。楚地历来有自己的乐舞，屈原《离骚》提到的《九辩》《九歌》，宋玉《对楚王问》提到的《下里》《巴人》《阳阿》《薤露》《阳春》《白雪》等，都是楚国固有的地方曲调。屈原的《九歌》，就是在民间祭神乐舞的基础上写成的。当时的乐理已初具规模，有宫、商、角、变徵、徵、羽、变宫七音和黄钟、太簇、姑洗、蕤宾、夷则、无射(称为"六律"，又称"阳律")、大吕、夹钟、仲吕、林钟、南吕、应钟(称为"六吕"，又称"阴律")的分类。乐器已相当丰富，有"八音"的分类。"八音"指金、石、土、革、丝、木、匏、竹，都是就乐器的制作材料来分类，实际上包括钟、磬、鼓、缶等打击乐器和琴、瑟、笙、箫、篪等管弦乐器。1978年，湖北随州擂鼓墩曾侯乙墓出土的由65枚钟构成的大型编钟和笙、箫、琴、瑟等124种其他乐器，令举世震惊，集中地展现了先秦时代的音乐发展水平。

秦汉时设有专门掌管乐舞的机构——乐府，负责收集四方民间曲调。汉武帝时乐府最为鼎盛。《汉书·礼乐志》载："至武帝定郊祀之礼……乃立乐府，采诗夜诵，有赵、代、秦、楚之讴。以李延年为协律都尉，多举司马相如等数十人造为诗赋，略论律吕，以合八音之调，作十九章之歌。"其时在乐府机构工作的超过1000人。乐府所用的主要曲种有鼓吹曲和相和歌。广义的鼓吹包括鼓吹和横吹两大类，用箫、笳等乐器演奏的是鼓吹，演奏乐器中有鼓、角的为横吹。鼓吹主要用于朝会、道路、给赐等场合，属仪仗乐；横吹为马上所奏，属于军乐。后鼓吹与横吹分开，成为两个不同的种类，前者应用到酒宴，后者则仍为军乐。相和歌是一种起源于民间、没有乐器伴奏的"徒歌"，后发展为一人唱，三人和，称为"但歌"，再后来便加入笛、笙、琴、瑟、琵琶、筝等管弦乐器和一种节奏性乐器——节。执节者演唱，乐器则起"和"的作用，所以称为相和歌。到魏晋时，逐渐成为大型歌舞套曲。另外汉代的"百戏"也同乐舞有关。所谓"百戏"，包括角骶、杂技、魔术、歌舞在内，张衡的《二京赋》和李尤的《平乐观赋》都写到"百戏"，其中的"鱼龙曼延""总会仙倡""东海黄公"，一般都认为指的是歌舞。

魏晋南北朝是音乐、舞蹈大发展的时期。这时最重要的是清商乐、琴曲和歌舞戏。清商乐一名清乐，包括江左所传的中原旧曲和江南吴歌、荆楚西曲。伴奏乐器有钟、磬、琴、瑟、击琴、琵琶、箜篌、筑、筝、节鼓、笛、箫、篪、埙等多种。曲词往往以五言四句为一段落，附加"送声""和声"之类，是一种比较清雅悠扬的曲调。琴曲多在文人当中流行。东汉末，蔡邕曾作《琴操》，后"竹林七贤"中的阮籍、嵇康都善弹琴。相传阮籍曾作琴曲《酒狂》，嵇康则善弹《广陵散》，后嵇康为司马氏所杀，《广陵散》遂绝。明代音乐家朱权的《神奇秘谱》收有这两支琴曲，当为后人托名之作。阮籍的侄子阮咸善弹琵琶，会作琴曲，后世遂称阮咸所弹的这种琵琶为"阮咸"(简称"阮")。这一时期的歌舞戏节目最著名的是《踏谣娘》。据崔令钦《教坊记》载，它讲述的是一个模样丑陋的男子酒后殴打妻子,妻子诉于邻里。邻里捉弄他,让他身着妇人衣装徐行入场,边走边唱,每唱一叠,众人就齐声附和:"踏谣和来,踏谣娘苦和来!"它具备某些戏曲的因素,对后来戏曲的形成有重要影响。

隋唐时代是音乐、舞蹈全面兴盛的时代。隋唐宫廷燕乐有多部乐(包括"七部乐""九部乐""十部乐")和"二部伎"的乐部体制。"七部乐"指国伎、清商伎、高丽伎、天竺伎、安国伎、龟兹伎、文康伎。国伎为西凉乐舞,清商伎为传统乐舞,高丽伎为古朝鲜乐舞,天竺伎为古印度乐舞,安国伎为中亚古国乐舞,龟兹伎为古龟兹国乐舞,文康伎为起源于西晋的面具舞。"九部乐"是在"七部乐"的基础上再加康国、疏勒两部。唐太宗贞观十四年,又设"高昌乐",九部遂成十部。显而易见,这些乐部除清商、文康外,都来自我国少数民族或外来民族,体现了多民族、多国度的乐舞融合。二部伎指"立部伎"和"坐部伎"。在堂下站着演奏的称立部,在堂上坐着演奏的称坐部。每部都有不同的乐舞。白居易有《立部伎》一诗描绘坐、立二部的情景:"立部伎,鼓笛喧,舞双剑,跳七丸,嫋巨索,掉长竿。太常部伎有等级,堂上者坐堂下立。堂上坐部笙歌清,堂下立部鼓笛鸣。笙歌一声众侧耳,鼓笛万曲无人听。"可见立部乐器以鼓、笛为主,而坐部则以笙歌为主。坐部伎以燕乐为首,为饮宴时所用乐舞。燕乐中的《秦王破阵乐》歌颂了秦王李世民的武功,武则天时代传到日本,目前尚保留有这首乐曲的九种曲谱。燕乐中的歌舞大曲代表着隋唐乐舞的最高成就。大曲结构复杂,有散序、靸、排遍、攧正攧、入破、虚催、实催、衮遍、歇拍、杀衮等许多段落和环节。唐玄宗根据印度《婆罗门曲》改编的《霓裳羽衣舞》就是著名的歌舞大曲。燕乐中的小型舞蹈有健舞和软舞两种。健舞风格矫健刚劲,伴以急管繁弦,著名的《浑脱》《剑器》《胡旋》《柘枝》都是健舞。软舞比较婉转轻柔,伴以优美轻松的音乐,著名的《凉州》《绿腰》就是软舞。唐代乐舞在诗赋中屡有反映。例如杜甫的《观公孙大娘弟子舞剑器行》,就是描写剑器舞的名篇。沈亚之有《柘枝舞赋》,卢肇有《湖南观双柘枝舞赋》,沈郎、唐嘏、佚名都有《霓裳羽衣曲赋》。敦煌莫高窟壁画描绘舞蹈的也很多,为我们提供了具体生动的隋唐乐舞实证。另外,唐代还有一种"参军戏",有参军和苍鹘两个角色,表演以滑稽调笑为主,具有某些戏剧因素。

唐五代至宋,曲子盛行。曲子最初起源于民间,后来同宫廷燕乐有关联,伴奏乐器以琵琶为主。依曲作歌,按谱填词,这歌词就是词。所以曲子的繁盛与词的繁荣是同步的。宋代熟悉曲子、善于度曲的词家很多,柳永、周邦彦、姜夔、张炎等都是名家。姜夔的词集《白石道人歌曲》中,至今尚保留有 17 首词的曲谱,是珍贵的音乐史资料。

北宋时,京师勾栏瓦肆众多,各种艺人和各种文艺表演形式都在那里谋求发展,促进了文艺的兴盛。说唱艺人孔三传创造出一种大型说唱形式"诸宫调"。所谓"诸宫调",是指取同一宫调的若干曲牌联成短套,首尾一韵,再用不同宫调的若干短套联成长篇,中间杂以简短的讲叙,用以说唱长篇故事。"诸宫调"有南北之分,南方多用笛伴奏,北方用筝和琵琶,故北方"诸宫调"又称"弦索"或"挡弹词"。今存最完整的北方"诸宫调"是金代董解元的《西厢记诸宫调》。"诸宫调"不仅把说唱艺术提高到一个新的层面,也为戏曲的产生奠定了坚实的基础。

宋金时期,散曲和杂剧兴起,统称为曲或"曲子"。但两者是有区别的,简言之,散曲为诗,以抒情或叙事为主;杂剧为戏曲,为代言体,主要通过演员表演来叙说故事。但两者在音乐上是同源的。我们在上文提到过,散曲有两种基本形式,一为小令,一为套曲。杂剧分折,一折就是一个音乐段落,实际上就是由一个套曲构成。这里主要讲一讲杂剧。杂剧在宋代就已出现。孟元老的《东京梦华录》卷八已提到北宋时汴京的勾栏瓦肆中在七夕之后搬演《目连救母》杂剧的事。宋杂剧通常由艳段(表演情节简单的生活熟事)、正杂剧(表演情节较曲折的故事,一般分为两段)、散段(属滑稽表演,又称"杂扮""杂旺")组成。有末泥、引戏、副净、副末、装孤等五个角色。表演视内容而定,有时以对白为主,有时则载歌载舞,且有乐器伴奏。与南宋对峙的金朝有"院本",情况跟杂剧大致相似。到元代,杂剧的结构和表演形式基本上固定了下来,其音乐也有比较固定的形式。一般杂剧所用宫调都在六宫十一调范围内。选用什么宫调,要视剧情内容和剧中人的抒情需要而定。元代戏曲家燕南芝庵著有《唱论》,其中谈到六宫十一调的特点说:"仙吕宫唱,清新绵邈;南吕宫唱,感叹悲伤;中吕宫唱,高下闪赚;黄钟宫唱,富贵缠绵;正宫唱,惆怅雄壮;道宫唱,飘逸清幽;大石唱,风流蕴藉;小石唱,旖旎妩媚;高平唱,条拗滉漾;般涉唱,拾掇坑堑;歇指唱,急并虚歇;商角唱,悲伤婉转;双调唱,健捷激袅;商调唱,凄怆怨慕;角调唱,鸣咽悠扬;宫调唱,典雅沉重;越调唱,陶写冷笑。"

与北杂剧相对的南戏在表演与唱法上都比较自由,北杂剧用七声音阶,节奏较急促刚健,南戏只用五声音阶,节奏比较舒缓柔婉。北杂剧所用的伴奏乐器以弦乐为主,琵琶是主乐器;南戏则以管乐为主,笛、箫是主乐器,配以鼓板。但无论是南戏还是北杂剧,都是以"讲念做打"为重要表现手段,是一种熔音乐、舞蹈、表演、杂技、武术、美术为一炉的综合艺术。它们都对演员有很高的艺术要求:歌唱要做到字正腔圆,宾白要有节奏韵律,表演讲究身段造型,动作要符合程式法则。贯穿其中的,就是音乐性和舞蹈性原则。所以戏曲产生之后,便逐渐占据了我国古代音乐、舞蹈的主流,而其他任何乐舞形式都无法同它媲美了。

杂剧起初与南戏并行,到明代南戏逐渐占主导地位,而杂剧则逐渐走向衰微。明人称南戏为传奇。传奇所用声腔有四种,即昆山腔、弋阳腔、余姚腔、海盐腔,称为"四大声腔"。"四大声腔"都是地方声腔,昆山腔起源于江苏昆山一带,弋阳腔起源于江西弋阳一带,余姚腔和海盐腔都起源于浙江。昆山腔经过音乐家魏良辅的改造,形成了新颖细腻、一字数转、轻柔婉转、圆润流畅的行腔特色,称为"水磨调";又有戏剧家梁辰渔创作了《浣纱记》传奇,用昆山腔演唱,因而昆山腔很快在四大声腔中居于首位,并因其声情的高雅而被称为"雅部",在清中叶以前是最有影响的剧种,称为"昆曲"。弋阳腔也因其比较能适应其他地方的方言、曲调而不断扩大影响,形成高腔系列,在许多地方戏里发挥自己的作用。余姚腔、海盐腔则在风行了一段时间之后逐渐萎靡、消亡。清中叶北京戏曲繁荣,各种戏曲形式荟萃。1790 年,乾隆皇帝诏令"四大徽班"(即"三庆班""四喜班""和春班""春台班")先后晋京,入京后徽班艺人又同其他剧种特别是汉剧交流,逐渐发展出一个新剧种"皮黄戏",也即后来的京剧。"皮黄戏"主要是由二黄调和西皮调两大声腔组成。二黄调比较深沉和婉,适合于表达追忆、沉思、悲慨之情;西皮则较明朗激越,适合于表达喜悦、激动、高亢之情。在发展过程中,又有反二黄和反西皮两个调系,使京剧具有更强的抒情表意功能。京剧属于板腔体系,主要板式有导板、回龙、原板、慢板、二六、流水、摇板、散板等。一直到现在,京戏仍在传统戏曲中占主导地位,成为名副其实的"国粹"。当然,明清以来地方戏也很繁盛,到近代,形成了南昆(即昆腔体系)、北弋(高腔体系)、东柳(起源于河南、山东,为弦索戏)、西梆(即梆子腔)四大地方戏声腔体系。各种民间曲调、歌舞、说唱艺术层出不穷,共同构成了我国古代音乐、舞蹈艺术繁花似锦的局面。

思考题

1. 从先秦到清代，我国古代文学有哪些重要文学体裁？特点与成就如何？

2. 怎样理解书画同源？我国古代的书法、绘画有哪些名家名作？

3. 音乐与舞蹈的关系如何？为什么戏曲产生以后，就占据了乐、舞的主流地位？

参考书目

1. 马积高、黄钧主编：《中国古代文学史》（修订本），人民文学出版社，2009 年。

2. 朱仁夫：《中国古代书法史》（修订本），贵州教育出版社，2010 年。

3. 王伯敏：《中国绘画史》（修订本），文化艺术出版社，2009 年。

4. 杨荫浏：《中国古代音乐史稿》，人民音乐出版社，1981 年。

5. 王克芬、苏祖谦：《中国舞蹈史》，文津出版社，1996 年。

第十二讲

中国古代史学的形成与发展

中国自古就有极其浓厚的历史意识。春秋时期,孔子整理、修订鲁国史官所记述的历史,创作《春秋》,标志中国史学的正式开端。中国古代史学经历了三个发展阶段:战国至两汉是其定型期,魏晋至明末是它的发展和鼎盛时期,明末清初至鸦片战争前是它的总结和转化时期。综观中国古代史学的发展历程,它体现出三个鲜明特点:它重视社会历史,又重视自然历史,重视对二者之间相互关系的哲学思考;它形成了一套与中国古代思维方式有密切联系的方法体系;它特别强调史学的经世功能和史学家的品德修养与技能训练。

一　先秦史学及其特点

中国史学,渊源甚远。传说黄帝时期设立了史官。夏商两代,史官分左右史,左史记言,右史记事。商朝还有典与册的历史典籍。西周时,史官分工更细,有大史、小史、内史、外史、侍史、御史、女史之称。这些史官有的掌管国家的典章,有的负责起草政治命令,有的负责保存各侯国的政治文件,在长期的实践中,已经摸索出一套记叙历史和保存文献的固定方法。这些方法在殷墟卜辞及西周彝器铭文中有所反映。

真正的史学撰著是从孔子整理、修订鲁史创作《春秋》开始的。孔子对历史有浓厚的兴趣,他通过修史来宣扬自己的政治主张。他认为历史是继承和发展的统一,社会进步的标志是看人的情性是否得到合理地表现,是否变得越来越文明。他认为史学家应该富有敏锐的社会批判力,他自己特别注重对历史人物和事件作道德和价值判断。孟子曾经叙述《春秋》的写作目的,说:"世衰道微,邪说暴行有作,臣弑其君者有之,子弑其父者有之。孔子惧,作《春秋》。"①孔子比较明确地区别了历史与史学。

历史到底应该如何认识？它背后的根据到底是什么？这一问题在春秋战国时期引起了广泛讨论。老子和庄子认为，历史应该是自然和人类社会相互统一的过程。衡量历史是否进步，关键是要看社会是否变得更加自然。道家的历史观把社会历史明确地置于自然历史之中，把二者看做是统一的整体，提出了历史发展的终极合理性问题，引发人们对社会历史进行更高层次的探索。

战国中期，邹衍通过对自然历史的具体研究，提出了五德终始说。他认为历史是变化的，但历史变化又是有规则的，它取决于自然运行的法则。自然界五种基本要素金、木、水、火、土存在相克的原理，木克土，土克水，水克火，火克金，金克木，这种程序借助于自然现象有规则地体现出来。人们可以从所表现的自然现象中得到启示，从而制定相应的措施。如果不遵循自然运行的演变规则，就不可能建设合理的政治秩序。邹衍的历史观在当时引起了巨大的反响。

春秋战国时期，历史记述方法也有很大进步。孔子修《春秋》，用鲁君在位的时间编年，按周历记时记月，初步将时间、地点、人物、事件四个要素结合起来记述历史，从而确立了按年、时、月、日记事的方法。《国语》全书21篇，由8个部分组成，即：《周语》3篇、《鲁语》2篇、《齐语》1篇、《晋语》9篇、《郑语》1篇、《楚语》2篇、《吴语》1篇、《越语》2篇，记载了上起周穆王征犬戎（约前967）下迄智伯灭亡（前453）前后约500年间周、鲁、齐、晋、郑、楚、吴、越等八国君臣的谋议得失，开创了国别史的体例。特别是《左传》叙述历史活动有概述、有直述，对于主要历史事件必叙述其前因后果，给人以完整清晰的印象，其中描写战争有声有色，雄壮激烈，使人有身临其境之感；写历史人物，能用简练的文字形象刻画人物性格，写得栩栩如生，对后世历史创作影响深远。

二　两汉时期的历史理论与史学实践

在秦汉之际，邹衍所提出的"五德终始说"是最有影响的历史观念。

---

① 《孟子·滕文公下》。

"五德终始说"在秦代政治生活中产生了重要作用。秦始皇代周，就认为是水德代替了火德，并为此改正朔，易服色，将夏历十月定为正月，衣服旌旗都尚黑色，同时又在旧都雍（今陕西凤翔县南）郊祀白帝、青帝、黄帝、赤帝，表示自己要继承历代帝王的传统。

在邹衍"五德终始说"之外，还有另外一种历史观念，这就是儒家《春秋公羊传》所提出的三统观念。《公羊传》是传注《春秋》的一种，据说源于子夏，后由公羊高子孙历代相传，到汉景帝时，才由公羊寿与胡母生将这一系列师说著于竹帛，遂有《公羊传》的定本。《公羊传》认为，《春秋》在总结鲁隐公到鲁哀公十四年共 242 年的历史时，包含了对历史发展的一些基本认识，其中有黑统、白统、赤统三统相循环的思想。最明显的证据就是《春秋》在上有周天子的情况下，以鲁国作为历史记叙的核心，有很多事例都是以对鲁国的向背来决定是非标准，可见《春秋》实质上是以鲁国作为基点来表达一种新的政治理想，而这种理想又不是与以往历史发展阶段毫无联系，而是通过对夏的后裔杞、商的后裔宋以及周代政教制度的描述来说明新的政治对以往历史传统的取舍。

以邹衍为代表的"五德终始说"和以《公羊春秋》为代表的"三统说"流行开来以后，如何调和二者的关系，就成为历史理论的重要问题。"五德终始说"按五行相克的关系，所排列的历史系统将秦包括在内，认为周为火德，水克火，故秦为水德，土克水，故汉应为土德。贾谊就认为汉承秦后，应当为土德，并制订了一个方案，色尚黄，数用五，改正朔，定官名。汉文帝时，鲁人公孙臣又预言有黄龙出现，不久黄龙果然出现在成纪县，一时人们纷纷认为汉当土德。公元前 104 年，汉武帝正式宣布改制，定历法，以正月为岁首，服色尚黄，数用五，官名的印章改为五字，并改元太初，从而宣告了"五德终始说"成为西汉官方所认定的历史理论。对"三统说"加以发展最突出的人物就是董仲舒。他认为周为赤统，秦在三统之中附属于周的赤统，秦继周而不复始，不在三统之内，汉应为黑统。董仲舒认为，每一朝代新建以后，必须封以前两个朝代的后裔为王，在其受封范围之内，继承前朝各代的正朔、服色。凡新王即位，必须"徙居处，更称号，改正朔，易服色"，在旗帜、居处等方面应该有所变革，对于社会的基本制度则不可能有所改变。"若夫大纲人伦、道理、政治、教化、习俗、文义，尽如故，亦何改哉？故王者有改制之名,无易道之实。"①

刘向、刘歆父子在重新认定汉为火德的基础上,变邹衍五行相胜的循环系统为五行相生的循环系统,同时又以《易传》"帝出乎震"作为历史发生的起点,对历史系统作了新的排列。按照刘向父子的排列,周为木德,木生火,故汉为火德,秦以水德介于周、汉的木火之间,错失五行次序,所以享国不永,只得列为闰统。② 这一调整,从五行方面来说,它吸取了三统说的某些观点,与三统说摒秦的论调相一致;从三统的角度来看,又使三统得到了比较合理的解释,即周为黑统,汉为赤统,为汉代社会所接受。

汉代历史学的发展不仅表现为出现了上述历史理论,更重要的是出现了司马迁和班固,他们充分吸取了这一时期的历史理论成果,并分别从通史和断代史的角度,对史学自身的理论作了丰富和发展。

司马迁(前135—前86),西汉夏阳县(今陕西省韩城)人,其父司马谈,于武帝建元、元封之间为太史令,好天文历算和黄老之学。司马迁幼年耕牧于故乡,10岁起学习古文,20岁开始游历天下,后来仕为郎中,又曾奉使西征。元封三年(前108),他继其父为太史令,掇集国家秘府的藏书,为写史做准备。太初元年(前104),他参加了制定太初历的工作,并开始撰写《史记》。六年以后,因为替李陵辩护而下狱,受宫刑。他忍辱创作了千古名著《史记》(图23)。

图23 《史记》

《史记》有十二本纪、十表、八书、三十世家、七十列传,共计130卷。记事上起传说时代的黄帝,下迄汉武帝,约有三千年历史。它既记录了人类社会的变化,又记录了自然界的变化。它所记载的地理范围,西至中亚,北到大漠,南迄越南,展开了博极天地、囊括古今的完整的历史画卷。人类社会各方面,如

---

① 《春秋繁露·楚庄王》。
② 《汉书·郊祀志》。

政治、经济、文化、科技、交通、民族、宗教、民风，构成社会的各个阶层，如帝王、将相、官吏、学者，游侠、卜者以至农工、商贾，都有较全面的反映。司马迁重视道义在历史发展中的作用。他认为无论君臣、无论贵贱均应遵守道义。君主要以身作则，以德化民。他通过秦皇、汉武的比较，揭示了人君之道，又通过循吏与酷吏的比较，揭示了人臣之道。他赞扬像周公、萧何这样有自知之明，能为民造福，并勇于自我牺牲的政治家。他也颂扬下层社会的游侠，认为这些人物："其言必信，其行必果，已诺必诚，不爱其躯，赴士之厄困。既已存亡死生矣，而不矜其能，羞伐其德。"①他们重友谊，讲信义，助人为乐，舍己为人，说到做到，济人困危，刚强正直，伸张正义，不自夸，不图报，这些人虽然身份低贱，多是乡曲布衣，但他们的行动却有益于社会，值得肯定。

《史记》还试图分析人类社会经济生活的规则。《史记》的《平准书》记述了汉初百余年间财政经济发展的过程，着重阐述了商品货币关系的发展和财政经济政策的变化得失。《货殖列传》讲述工商业者发财致富的事迹。《河渠书》记载了与农业生产关系极为密切的水利发展史，把自夏禹以来的全国水利工程作了系统叙述。司马迁指出，农业、矿业、手工业、商业都是人类生活不可缺少的生产和经济活动，它们有其自身演变的规则。《史记》还分析了人类社会的礼乐文化，认为人的精神面貌与经济状况有着至为密切的关系，肯定"仓廪实而知礼节，衣食足而知荣辱"。②

值得特别注意的是，司马迁继承和发展了春秋战国以来人们关于自然界的认识成果，对自然历史和人类历史的关系做了研究，用他的话说，就是"究天人之际"。《史记》专门辟有《天官书》《律书》《历书》《河渠书》《日者列传》《龟策列传》等，记载了重要的天象变化和地理状况。他认为自初生民以来，各朝君主都十分关注日月星辰和历数的变化，其中的主要原因就是因为天象与政治的良恶、朝代的更替、社会的兴衰有密切关系。特别是日月恒星及五大行星的运行，与人事有紧密的联系。他试图通过研究自古以来天人相互感应的规则，深观时变，为现实生活提供更加有效的指导。

司马迁研究历史，倡导历史研究的求实精神。他指出，战国秦汉以来，

① 《史记·游侠列传》。
② 《史记·货殖列传》。

学者往往凭自己对《春秋》一书的臆断，著书立说，他对此表示异议。他在史事的选取、人物的论断方面都采取谨慎的态度，贯串着"择其言尤雅者"的原则。为了"网罗天下放失旧闻"，他从 20 岁开始，到全国作实地考察。他到过江淮，从江陵渡江到长沙，凭吊屈原。又经沅湘，到九嶷考察舜的葬地和事迹。北上庐山，了解禹疏九江的传说。又由越至吴，登姑苏、望五湖，参观春申君的故城宫室。又渡江至淮阴，采集有关韩信的史实与传闻。停留时间最长的是曲阜、临淄，他在这里"观仲尼庙堂、车服、礼器"，①又曾"适故大梁之墟"。② 这些都使他加深了对于历史的了解。《史记》所记述的材料，有许多是他亲自搜集而来。

《史记》为后世创立了"本纪""世家""列传""书""表"的史学体例。其中本纪统理众事，按年系录帝王行事和诏诰号令、三公拜罢、宰臣登黜、薨卒刑杀、外交朝贡、灾祥变异，务主简严，对历史起提纲挈领的作用。表则或年经而国纬，或主事，或主时，年代久远则用世表，年代近则用年表、月表。书则记国家大政大法，凡郡县之设置更异、官制兴废、刑法之轻重、户口之登耗、经济之盛衰、礼乐风俗之丕变、兵卫之兴革、河渠之通塞、日食星变等事，类序罗列，始末俱呈。世家和列传则分别记载诸侯国以及在历史上产生了一定的影响的人物。清代赵翼在《廿二史札记》中曾说："自此例一定，历代作史不能出其范围，信史家之极则也。"③《史记》成为后代正史之楷模。

班固，字孟坚，扶风安陵人（今陕西省咸阳市东）。其父班彪（3—54），字叔皮，是光武时著名的儒学大师，他专心于史籍，作《太史公书后传》数十篇。班彪去世后，班固以为其父所续前史未详，遂着手完成他父亲的事业。永平五年，有人上书明帝，说他私改国史，被捕下狱，明帝看了他家的书稿，任命他为兰台令史，参与写作《世祖本纪》，典校秘书。后奉诏继续完成他的《汉书》。他从此潜心著述，历经二十多年，至建初（76—84）中，才初步完成。和帝永元元年（89），班固以中护军随车骑将军窦宪出征北匈奴。永元四年，窦宪因以外戚专权被和帝迫令自杀，班固也被捕，死于狱中。《汉书》史稿散乱，尚有八表及《天文志》未完成，后由班昭、马续补作。

---

① 《史记·孔子世家》。
② 《史记·魏世家》。
③ 《廿二史札记·各史例目异同》。

《汉书》共一百篇,包括本纪 12 篇,表 8 篇,志 10 篇,列传 70 篇。后人把篇幅长的划分为上下卷或上中下卷,共成 120 卷,80 余万言。记事始于汉高祖刘邦元年(前 206),止于王莽地皇四年(23),共历时 230 年,包举西汉一代和短促的王莽政权,首创纪传体断代为史的先例。

《汉书》开辟了一些新的领域,扩大了史学范围。特别是《汉书》十志,在《史记》八书的基础上扩展而成。班固合并《史记》的《律书》与《历书》为《律历志》,合《礼书》与《乐书》为《礼乐志》,又改《平准书》为《食货志》,改《封禅书》为《郊祀志》,改《天官书》为《天文志》,改《河渠书》为《沟洫志》。另外又新创了《刑法志》《五行志》《地理志》《艺文志》。比如《地理志》,它是我国第一部以疆域政区为主体的地理专著。它叙述了汉以前的地理沿革,着重写了《禹贡》九州、《周官》九州,又写了西汉地理,以郡国为纲,用本文加注的形式叙述了西汉行政区统辖的范围、山川名胜、户口物产、风俗习惯。《艺文志》据刘歆《七略》,将汉以前的图书加以编纂,是一部有极高学术价值的初具规模的学术史。

在史书体例方面,《汉书》也有杰出的贡献。《汉书》"断代为史",取消"世家",并入列传,又改"书"为"志"。全书有 5 篇本纪、6 篇表、3 篇志、40篇列传共 54 篇是在《史记》的基础上写成的,但有补充、有调整,如《汉书·食货志》虽多取法于《史记·平准书》,但《平准书》只叙述了汉初到汉武帝时的经济制度,而《食货志》则叙述了从神农直到王莽末年的历代经济制度,其中有关土地制度的记载,尤为《史记》所缺。《汉书》对边境少数民族和邻国历史的记载,也比《史记》要具体。班固把《史记·大宛列传》改写成《西域传》,叙述了西域几十个国家的历史以及汉朝与西域政治往来、经济文化交流的历史,对安息、大月氏、大夏、条支等中亚、西亚国家的历史也作了记述。他还将《史记》中的附传人物如惠帝、王陵、张骞、董仲舒等独立出来,但又减少了滑稽、日者、龟策三个列传,这些都表现出了班固补充和丰富纪传体史书体例的成就。

在两汉,除《史记》《汉书》之外,还有东汉政府修撰的纪传体国史《东观汉记》。据刘知幾《史通·古今正史》记载,《东观汉记》的编写过程是:明帝始诏班固作《世祖本纪》,并撰功臣及新市、平林、公孙述事,作列传、载记二十八篇。在班固等人撰完《世祖本纪》和二十八篇列传载记后,又有刘珍、伏无忌、蔡邕等人相继努力,终于在董卓之乱以前,修撰了上起光武、下迄灵帝的《东观汉记》。《东观汉记》规模庞大,材料丰富,在三国、两晋时期是有关东汉历史的主要著作,与《史记》《汉书》并称《三史》。

在汉献帝时代,又出现了一部编年体史书《汉纪》。汉献帝喜好历史典籍,但苦于《汉书》文繁难省,于建安三年(198)下诏,令荀悦依《左传》体例,改写《汉书》。荀悦(148—209)用三年时间,撰成《汉纪》三十卷,约 15 万字,仅有《汉书》的五分之一。《汉纪》的主要贡献是丰富了史书的编年体例。编年一体,在《春秋》和《左传》之后,由于荀悦的尝试,而有新的发展。

总之,汉代历史学形成了丰富的历史理论,另一方面,它又按照史学自身的要求,在历史具体研究和史学成果的表述方式方面,都有长足的进步。

三 魏晋至隋唐时期的史学发展

魏晋隋唐时期,中国史学在以往史学成就的基础上得到了进一步发展。首先,历史观念有了进一步发展。这一时期,通过对神学史观的批判,对自然和人类社会的关系的理解有所进步。隋唐时期,中国古代历法产生了转折性的变化。刘焯的《皇极历》、张胄玄的《大业历》、僧一行的《大衍历》,不但考虑了岁差,并用数理推出了比较准确的岁差值,而且还考虑了恒星位置移动的现象。新历的出现使得当时关于年、月、日、时的确定相对准确,而关于天象如日、月蚀的预测也要比以往准确得多。用上述历法去反观古代天文现象,原先以为不正常的天象得到了合理的解释。在这种背景下,刘知幾(661—721)在《史通·采撰》篇中对神学史观作了归纳,认为有四种情形:第一,以谶纬迷信入史;第二,以方术家的奇事入史;第三,以神奇故事入史;第四,以阴阳灾异入史。他主张对祥瑞、谶纬采取理性的态度,应该客观地研究自然现象对于人类历史的影响。

柳宗元和刘禹锡还从哲学角度探讨了天人关系。柳宗元(773—819)指出,自然界没有意志,社会的治乱是人事,天与人"其事各行不相预",他主张"不穷异以为神,不引天以为高,利于人,备于事"。[①] 刘禹锡(772—842)对柳宗元的观点作了补充。他指出天与人在物的基础上是统一的,但

---

① 《柳河东集·时令论》上。

自然界和人类各有自己独特的职能和规则。自然界的职能是"生万物"，人类社会则是用礼法制度所规定的是非来维持社会秩序。"天之道在生殖，其用在强弱；人之道在法制，其用在是非。"①因为天人存在差别，故"天人不相预"，"天之能，人固不能也；人之能，天亦有所不能也"。②因为存在相互作用，故天与人又能够"交相胜，还相用"。当社会法制畅行，是非清楚，赏罚严明，人们了解祸福的原因，这时以"是非"为准则的"人理"就能够战胜以"强弱"为准则的"天理"。相反，当法制破坏，是非颠倒，赏罚不明，人们感到无法掌握自己的命运时就容易产生宗教迷信。上述探索对正确理解自然界和人类社会的相互关系有着极为深远的意义。

这一时期对人类历史的探讨侧重于历史人物的个人命运。早在先秦时期，孟子曾经指出，从人的道德本性和人的道德能力看，人可以不受外界约束而培养出高度的道德境界，这里面没有宿命论的因素，但是人在社会上的际遇，人是否能够把自己的道德理想实现于社会，则有"命"的存在。他认为理想的君子就是要善于看待现实政治生活中的境遇。儒家的命运论在一定程度上反映了社会历史的一个矛盾现象：在一定时期的政治文化生活状况下，往往是那些具有高度道德和理性精神的人们要比常人经受更多的苦难，那些缺乏道德和理性精神的人物却常能享尽殊荣。因此，即使历史的客观本质是理性与道德精神，人所生活的社会之中仍然充满无法理解的偶然性。

魏晋时期，人们关注历史人物命运，认为生命本身最为珍贵，具有比功名利禄和道德追求更高的价值。人的生活境遇以及历史过程有命运的因素存在，关键是要保持一种自由的心境。佛教传入中国，掺杂中国固有的感应学说，提出三世报应论，把传统命运观发展到极端。佛教认为，善有善报，恶有恶报，而且这种报应又是在六道轮回的现象世界中进行，既普及于人的前生、今世、来生，又遍及于人与其他动植物乃至鬼神世界的联系。这种报应论一方面使人的生活境遇得到解释，即凡个人在现实生活中的遭遇都是他所造"业"的报应，另一方面又使由个人组成的社会秩序也得到解释，即现实政治秩序是不同个体共同造"业"的报应。佛教报应论表面上解释了历

---

① 《刘禹锡集·天论》。
② 同上。

史的偶然性,但实际上是把历史的偶然性发展到极端。它对当时的史学诠释也产生了一定影响。

这一时期,史学开始由经学附庸变为独立的学科。战国以前,史学不曾单独自立成学。秦汉时期,《史记》的出现标志着中国史学的初步形成,但《汉书·艺文志》仍然把史学著作附于《六艺略》的"春秋家"之后。魏晋南北朝时期,由于经学衰微,史学地位提高,成为学术领域的一门独立学科。"史学"一词,最早见于石勒初称赵王时。东晋元帝大兴二年(319),石勒以任播、崔浚为"史学祭酒",传授历史知识。刘宋文帝于元嘉十五年(438)建儒、玄、文、史四学馆,以著作佐郎何承天主持史学。宋末齐初,置总明观,内设玄、儒、文、史四科,每科设学士10人,从事专门研究。史学尽管处于末位,但毕竟已作为一门独立学科受到重视。从当时的目录学来看,西晋秘书监荀勖所编《中经新簿》以甲乙丙丁四部总括群书,史书单立一部,位居丙部。东晋李充校订群书,分作四部,史部被提到第二位,仅次于经部。

史学的独立特别表现在出现了对于史学自身的反思。唐刘知幾的《史通》是其典型代表。刘知幾(661—721),字子玄,唐代彭城(今江苏徐州)人。他幼嗜史书,11岁读完《左传》,17岁前已将《史记》《汉书》《三国志》等汉以来各家史书乃至唐历朝实录"窥览略周"。武周长安二年(702),42岁的刘知幾经历了22年的宦海生涯后,正式担任史职,发愤写作《史通》。《史通》论述范围很广,如史官源流、史书体裁、史书评论、史学方法、史学修养、史料鉴别,都有专门篇章加以讨论。《史通》中曾就各种史书体例乃至每一体例的某些部分作过评述,概括出六家二体之说。六家指《尚书》家、《春秋》家、《左传》家、《国语》家、《史记》家、《汉书》家。二体指纪传、编年。《春秋》《左传》属于编年,《史记》则开通史规模,《汉书》为断代史之祖,《左传》以年份,《国语》以国别。至于正史各类,一本纪、二世家、三列传、四表历、五书志、六论赞、七序例,刘知幾各以一篇加以讨论。故综观《史通》全书,以史官、正史、六家、二体四篇,包含最为丰富。它表明刘知幾试图通过对史学体例和方法源流的研究,指明各种体裁的利弊。刘知幾认为,只有这样,才能具备史学撰述的基本品格。刘知幾《史通》还有《识鉴》篇,专门讨论史识。他说:识有通塞,神有晦明,毁誉以之不同,爱憎由其各异。史家的价值标准对历史记叙有十分关键的影响。尽管任何一位史家都不可避免地存在一些局限,但刘知幾认为史家起码应该对孔子《六经》的伦理道德精神有所领悟,应该有相对客观的是非标准。他认为对孔子《六经》的道德精神在史学领域的体现,应该像左丘明那样首先征实——保持历史的真实性。他说《春秋》之书,为尊者讳,为亲者讳,去史传信之义较远,而《左传》则详于史事。他有《惑经》《申左》之作,对史学的真实性提出了更高的要求。刘知幾认为,史家必须具备史才、史学、史识三个条件,才能胜任其职。所谓"才",即搜集、鉴别和组织史料的能力和表达能力;所谓"学",即渊博的历史知识和对本学术门类的理解;所谓"识",即对历史事件和历史人物是非曲直的观察、鉴别判断能力。

魏晋隋唐也是中国古代史学方法进一步发展的时期。史学方法的进步表现为:

其一,史官的职责和分工更加细致明确。魏晋开始设置专职史官。据刘知幾《史通·史官建置》记载,在晋起居注记与撰述尚未分开,著作郎同时是起居注官,到元魏,始置起居令史,每行幸宴会,则在御左右,录帝言及宾客酬对,后又置修起居注二人,多以余官兼掌。后来虽对记注与撰述的职官称呼有异,但记注者只掌记注,而起居注则由专史撰述,史官的职责转向著述。这导致官修正史制度产生。继东汉史官撰《东观汉记》之后,沈约、萧子显、魏收均以中奉敕编述。至唐太宗既定天下,乃命史臣编修《晋书》,又敕撰梁、陈、齐、周、隋五书,大开史局,此后历代史官,本其陈法。史官撰述功能的强化,更加要求史料的完整,史官除对以皇帝为中心的政治经济文化军事活动加以详细记载之外,还依靠政治力量形成制度,提出对各级政府部门的文献汇整和移交的要求。对于史料收集与保管,经过长时期的实践和经验积累,到隋唐时期还形成了若干法律性的规定。

其二,史料的分类更加科学。由于文献收集保存制度的完善,魏晋南北朝至明末,史料的范围越来越广。加之佛教、道教等文化现象日益普及,地下文物资料也不时出土,对于史料如何合理地归类,这一时期的史家提出了许多看法。晋荀勖在魏郑默初《中经簿》的基础上作《新簿》,将群书分为四部。甲部录六艺、小学,乙部录子、兵、术数,丙部录史书、旧事,丁部录诗、赋、图赞。东晋初,李充依此而录图书。宋元嘉(424—453)中,谢灵运造《四部目录》,元徽(473—477)中,王俭作《四部书目》,又作《七志》,一曰经典志,二曰诸子志,三曰文翰志,四曰军书,五曰阴阳,六曰术艺,七曰图谱,并附佛、道于书中。梁时阮孝绪将图书分《七录》,一曰经典,二曰纪传,三曰子兵，四曰文集，五曰技术，六曰佛，七曰道。《隋书·经籍志》进而分图书为四部，一曰经部，二曰史部，三曰子部，四曰集部。这一分类法成为后代文献分类的共同标准。其中史部之书又分为十三类：曰正史类，古史类，杂史类，霸史类，起居注类，旧事类，职官类，仪注类，刑法类，杂传类，地理类，谱系类，簿录类。

其三，对于史料的辨伪和鉴别，魏晋隋唐已形成了初步的史料考据法。魏晋南北朝时期，出现了一些纠谬订误的考据著作。如三国蜀的史家谯周撰《古史考》，依凭旧典，纠正《史记》之谬误，所考订的史学，涉及文字、氏族、姓氏、人物和历史事件。东晋史学家孙盛著有《异同评》，订正史事年代，辨别史籍记载之误。南朝宋时裴松之撰《三国志注》，征引诸种不同记载辨析《三国志》的纰缪。北魏郦道元的《水经注》，更以作者对长城以南、秦岭淮河以北地区山川形势的实地踏访，用社会实践中获得的知识来验证文献记载的正确与否。上述史家及其著作，在文献史料的审核中，都不同程度地运用了本证、他证、理证等技巧和方法。考据作为历史研究中的一种必要的方法，在隋唐时期日益引起史家的重视。刘知幾的《史通》，就以考据精神对历史记载失实的原因进行归纳。柳宗元也擅长考证工作，他对于《列子》《文子》《鹖冠子》《亢仓子》《晏子》等典籍的考辨，很注重从思想内容方面寻绎文献产生时代及其作伪踪迹。

其四，在这一时期，史学撰述的体例方法也日益繁复。二十四史中的《后汉书》《三国志》《晋书》《魏书》《宋书》《南齐书》《梁书》《陈书》《北齐书》《周书》《隋书》《南史》《北史》等13种即完成于魏晋隋唐时期。加上五代后晋官修《旧唐书》，共达14种。除历朝纪传体正史外，还有编年体、典志体、会要体等等。总之，凡原有史学记注和撰著方法都得到了充分的实践，并不同程度地得到了完善。

四　宋元明时期的史学

宋元明时期中国史学又有新的发展。首先表现在对历史本质的认识方面，通过对玄学和佛学的批评，更加明确地坚持了儒家关于历史本质是人伦道德和理性精神的认识。宋代以周敦颐、张载、程颢、朱熹为代表的理学家，从理论上系统地批评了玄学、佛学学说，得出结论说天道或天理才是自然和人类社会的真正本质,天道和天理又是儒家所理想化的伦理道德意识和秩序。理学家们认为历史确实曲折多变,从历史人物的个人遭遇来看,个人的穷达寿夭,不可避免地带有某些偶然性。他们甚至还用气禀不齐的命分说对此作了进一步论述。说由于人物所禀之气有清有浊,有厚有薄,故个人的生存状态在气化流行过程中已安排好了。个人的际遇以及个人在社会生活中的具体位置,都是必然的,不可能有什么改变。至于"性分",即个人在天理流行中所得到的伦理道德潜力,则不受限制。关键是依靠"性分"而认识"命分",并能够豁达地理解和超越"命分"的局限。从历史过程来看,政治的良恶完全取决于人的努力与否。区分个人道德能力和理性能力与个人的生存境况,又区别个人命运与整个社会的政治命运,指明社会政治需要立足于人事去加以理解,是这一时期史家对于历史内在规则的思索成果。

由于过分强调道德和人伦在历史中的地位,在这一时期,对道德和人伦产生了一种近乎宗教的信仰。在史学领域的典型表现是正统论被赋予了新的解释。所谓正统,即合理的历史统序。在先秦两汉时期,邹衍五德终始说就代表一种历史统序。认为只有按照五德运转的朝代才是正统,而在五德运转中找不到正确地位的朝代则是"闰位"。魏晋南北朝时期,由于政治上的分裂和政治立场的不同,正闰之辩时有表现。沈约著《宋书》,斥北魏为"索虏",魏收作《魏书》,指南朝为"岛夷"。陈寿作《三国志》,正魏而伪蜀、吴,习凿齿作《汉晋春秋》,正蜀而伪魏。宋代欧阳修、司马光、朱熹等都就历史上的正统论发表言论,虽然个别论点有所不同,但他们都认为不能用机械的五德终始观来讨论正统,历史正统的本质是道德,是理念化的伦理纲常。朱熹将历代王朝划分成正统和僭越二类,他认为凡是正统的王朝一定是顺乎道义,合乎民意,而僭国、篡贼则不合乎道义。根据他的标准,自周以降至五代只有周、秦、汉、西晋、隋、唐是正统。蜀汉、东晋是正统之余,无统可言。吕氏、王莽、武后以及汉之魏、吴,晋之汉、赵、诸燕都是"伪统""窃统"。为了更好地体现历史的道德,"《春秋》书法"得到发展和完善。朱熹所撰《资治通鉴纲目》,即将历史事实的表达方法与道德理念有机结合起来,通过"书法"(用字规则)来严篡弑之诛,倡节义,明道德,成为宋代义理史学的典范,对后来的史学发展产生了深远的影响。

宋元明时期,官修史书的制度得到了进一步完善。宋代修史机构主要有实录院、起居院、玉牒所、日历所、国史院、会要所和时政纪房等。其中实录所记录朝政大事。宋代自北宋太祖至南宋理宗皆修有实录。起居院记录皇帝起居。玉牒所辨昭穆、明世系。日历所把历史资料整理成日历，为实录和国史编纂提供材料。国史院掌修国史和前朝史。会要所将历史材料分门别类。辽、金、元三朝的修史机构和史官制度与宋朝大体相同。辽朝设有国史馆，又有著作局、起居院。金朝也设有国史院、著作局、记注院。元代修史归翰林国史集贤院，秘书监设有著作郎和著作佐郎、秘书郎、校书郎。修起居注由给事中、左右补阙负责。明代开国之初，即设有起居注、国史院等，后来修史任务划归翰林院，起居院、国史院时有兴废，但官修史书仍无间断。自宋迄明，官修正史计有《旧五代史》《新唐书》《辽史》《宋史》《金史》《元史》等6种。

宋元明时期，由于雕版印刷术的发展和文化传播方式的进步，过去主要由国家政权支持的修史事业平民百姓也力所能及，私人修史开始成为一种风气。特别是明代晚期，史学家队伍由官员向学者化发展，出现了一批学者型的史家。这一时期比较重要的私修史书有欧阳修的《新五代史》，谈迁（1453—1657）的108卷、500多万字的《国榷》。

这一时期史学的巨大进步是"会通"思想成为史学的主流。中国史学比较重求通明变。唐代开元年间，刘知几的儿子刘秩依照《周礼》六官的职掌，采经史百家之言，分类经次，著《政典》35卷。唐德宗时，杜佑又著成专叙历代典章制度沿革变迁的《通典》一书。《通典》分九门：食货门、选举门、职官门、礼门、乐门、兵门、刑门、州郡门、边防门，门下分若干目，有的目下还分若干子目，以朝代先后为序，将各种制度的沿革兴废及历代对各种制度的评价归纳汇总，表现出明确的求通意识。但只有到宋代，会通才成为普遍的史学意识。受儒学发展和"会通"思想的影响，宋代史学求通的意识非常浓厚，出现了司马光《资治通鉴》和郑樵《通志》两部代表性的通史著作。

图24　司马光像

司马光（1019—1086），字君实，陕州夏县（今山西夏县）人（图24）。他自幼爱好史学。作为北宋著名的政治家兼史学家，他在朝廷支持下，用刘攽、范祖禹和刘恕三位史学家作为自己的助手,写成编年体通史《资治通鉴》一书。全书记载上起周威烈王二十三年(前403),下至后周显德六年(959),共1362年的历史,分294卷。此外还有《资治通鉴》的副产品《目录》30卷、《考异》30卷、《稽古录》20卷、《历年图》5卷、《通鉴举要历》80卷和《通鉴释例》1卷。司马光在"进书表"中说,中国已有的历史书已经不少,一般人很难卒读。"每患迁、固以来,文字繁多,自布衣之士读之不遍,况于人主,日有万机,何暇周览?"他写《资治通鉴》旨在"删削冗长,举撮机要,专取关国家盛衰,系生民休戚,善可为法,恶可为戒者,为编年一书,使先后有伦,精粗不杂",以便人主"鉴前世之兴衰,考当今之得失,嘉善矜恶,取是舍非,足以懋稽古之盛德,跻无前之至治"。①《通鉴》注重总结历史的治乱兴衰、是非得失。

郑樵(1104—1162),字渔仲,号夹漈,兴化军莆田(今福建莆田)人。他用毕生心血著成纪传体通史《通志》一书,全书分帝纪18卷、世家3卷、列传108卷、载记8卷、四夷传7卷、年谱4卷、二十略52卷,共计200卷。该书内容广博,除社会历史外,还兼括天文、地理、动物、植物、文学、音韵等。该书记述的历史时间断限,各部分不大一致。本纪部分自三皇五帝至隋,后妃传自汉至隋,列传自周至隋,而二十略则自传说时代至北宋。该书特别重视会通。其总序开篇即说:"百川异趋,必会于海,然后九州无浸淫之患;万国殊途,必通诸夏,然后八荒无壅滞之忧。会通之义大矣哉。"会通思想是郑樵撰史的指导思想,在他所撰述的领域,他都尽可能地探究各类历史事实的源流。

宋代肇兴的求通意识在元明时期得到继承和发展。元代出现了马端临(约1254—1323)的典制体通史《文献通考》,明代出现了王圻的《续文献通考》和邵经邦续《通志》性质的《弘简录》。

宋元明时期史学的另一个重要现象是方志增多。宋代特别重视方志的编纂。宋太祖、太宗、真宗、仁宗、神宗、徽宗、宁宗等朝,都曾颁发过关于编纂或征集方志的诏书谕旨。特别是宋徽宗时,朝廷还设有专门的中央修志机构——九域图志局,主管全国的修志事宜。这是中国最早的由中央政权

---

① 《进资治通鉴表》,《司马文正公传家集》卷一七。

设立的专门修志机构。据统计,有宋一代,编修志书1016种,其中总志有35种,而汉唐时期,地方志总计不足400种。①《太平寰宇记》《元丰九域志》《河南志》《吴郡国经续记》《新安志》等都是宋代名志。元代共有地方志书190余种,其中成书于大德七年(1303)的《大元大一统志》1300卷,除文字外,还有彩画地理图。明代官修总志6种,地方官修通志(省志)69种,府志449种,州志353种,县志1890种。数量之多,超过以往任何朝代。其中官修志书以《大明一统志》最为重要。该书于英宗天顺五年(1461)全部完成,全书90卷,以京师、南京及各布政使司所统之府作为分卷标准,每府之下设目,对于了解明代政区地理,大有裨益。方志取材广泛,有的是直接调查访问的材料,有相当的可靠性,是研究社会历史不可缺少的重要史籍。

宋元明时期,史学自身的反思提高到一个新的水平。两宋时期,对于历史资料的辨伪意识明显增强。学者们大胆地用义理来省视文献典籍。欧阳修、司马光、王安石、郑樵、朱熹、叶适、李心传、陈振孙、晁公武等人,他们的辨伪对象,由一般图书延伸到《尚书》《周易》《诗经》《左传》等儒家经典。明代中期以后,一些学者强调史学的严肃性,也做了一系列辨伪工作。如梅鸷著《尚书考异》,判定古文《尚书》之伪,把此前怀疑古文《尚书》真实性的论述集中起来,提出了一些辨析伪书的普遍原则。王世贞撰《史乘考误》,批评当时"实录"记载不实,野史怪诞虚妄,名状溢美诣谀。胡应麟撰《四部正讹》,在辨析一百多部伪书的基础上,更提出了一整套鉴定文献真伪的具体方法。这些考据意识与方法有助于提高史学著作的科学性、真实性。

这一时期,编年体史书、纪传体史书、典志体史书的著述方法都有较大提高。如司马光《资治通鉴》著述的方法程序是:首先是裁择史实。司马光裁取史实的标准,"专取国家盛衰,系生民休戚,善可为法,恶可为戒者"。所谓国家盛衰,主要是反映王朝政治清浊的史实,而系生民休戚者,则主要包括食货、刑罚、礼仪、职官、军事等重要政制。司马光围绕上述标准,对历代正史和其他典籍的有关资料进行了大规模收集,并提出了对不同记载"折衷以归一是""参考同异""择可信者从之"的考证方法。其次是具体编纂。司马光等人首先拟定了编纂的凡例。据南宋王应麟《玉海》卷四七"资

---

① 刘纬毅:《宋代方志述略》,《文献》1986年第4期。

治通鉴条"及《宋史·艺文志》，司马光修通鉴前作有《通鉴前例》一卷，定出全书用语、格式等的凡例36条。然后参照北宋历法专家刘羲叟的《长历》辨定旧籍所载史事的朔闰、甲子，以年系君主，以君主系朝代（列国对峙或分裂时期颇长时，只取一国一帝之年号），分别系以史实，作长编，最后进行删修增补而成书。在具体叙事方面，《资治通鉴》主要反映出如下几点：对于某些重要历史事件，采用连贯法，始末贯通，因果彰明。有些事件历经数日，有的历经数月，有的历经数年，司马光都注意到其中的前后呼应。至于那些不宜单立条目，而又值得一提的次要史实，《资治通鉴》采用附叙法，如阮籍居丧饮酒，阮咸迫宠婢累骑而还，刘伶嗜酒，嵇康好锻结怨，都集中在嵇康卒年条下。对于某些起点不明的史事，叙述其主要部分时，《资治通鉴》往往用追叙法，先溯由来，再及本事，补充其发展线索。《资治通鉴》标志着我国古代编年体史著方法的高峰。

宋代史书还出现了一种新的体例——纪事本末体。南宋时期，福建建瓯人袁枢（1131—1205）著《通鉴纪事本末》。为详明事件之始末，他将《资治通鉴》分年记述之事统一集中起来，不动一字地加以抄录，然后为所录事件标一题目，总共编集了239条，又在各条下附录66事，共计选录305件事，用239个标题标出。全书共成42卷，分量只有《通鉴》的一半。该书巧妙地结合了编年、纪传各自的优点，创立了一种新的史书体裁。明代又有陈邦瞻著《宋史纪事本末》和《元史纪事本末》，逐渐形成一个纪事本末体史书系列①。

五　明清之际到鸦片战争时期的史学

明清之际，中国古代学术发展到它的总结阶段，史家们对于史学基本标准乃至史学方法已经形成了一系列重新认识。

当时，王夫之（1619—1692）着重阐述了关于历史观的看法。他从哲学角度对自然与人类社会的关系作了极富思辨色彩的剖析。他认为，天道与人道是对自然历史过程和社会历史过程规则的高度概括。天道和人道的关

---

① 清代比较著名的纪事本末体有张鉴的《西夏纪事本末》、李有棠的《辽史纪事本末》和《金史纪事本末》、谷应泰的《明史纪事本末》、黄鸿寿的《清史纪事本末》。

系表现为两个方面：一方面，天道是人道的前提和基础。人类社会的基本要素，譬如人的道德和理性能力，由自然历史的长期演化过程所产生。另一方面，人道是天道的价值中心。离开了人类历史，自然历史过程也无所谓"道"。人类社会历史有与自然历史不同的特殊性。既不能割裂二者，也不能混淆二者。王夫之还指出，对于任何事物的研究，都应该对其作分门别类的具体研究，然后再从研究中抽象出相应的原理，否则就难免似是而非。天地日月运行"皆有理以成乎事"，但若"谓彼之理即吾宗之秩序者犹之可也，谓彼之事一吾宗之结构运行也，非天下之至诞者孰敢信其然"。[①] 如果生硬地把天地日月的运行模式强加于社会历史，认为社会历史仿生天地日月的运行过程，这就近乎荒谬。

王夫之还对人类历史的具体规则作过深入思考。他曾对历史"命运"论发表过他的独到见解。他认为人类的历史有一种必然之势，从远古到他自己所在的时代，人类历史由野蛮而臻文明，经历了政治、经济、思想各方面的具体变化。在《读通鉴论》中他把中国社会在殷末当做一个转折阶段，"至殷之末，殆穷则必变之时"。[②] 但无论怎样变化，它都体现着人类道德和理性能力的进步。他反对把三代当成文明极致的说法，他认为人类文明总是处在各种复杂的矛盾状态之中递进，不能因为看到当时某些不合理因素就美化上古，认为历史是江河日下，人心不古。王夫之认为，历史的命运即人类道德和理性精神在矛盾运动中递进，但这种命运还需要历史主体的积极努力。历史理性和道德精神并非是一个纯粹的自然过程，而需要历史人物的参与和创造。历史人物不可能超越当时的历史条件而有所作为，但也不是随顺历史条件而无所作为。他曾提出君相可以造命论，认为历史主要人物的积极努力能使历史条件产生某些变化，而体现历史发展更高的理性。

王夫之还特别阐述了史学的功用。他说："所贵乎史者，述往以为师者也，为史者，记载徒繁，而经世之大略不著，后人欲得其得失之枢机以效法之无由也，则恶用史为？"[③]史学研究不能局限在历史的繁琐记述之上，而应该关注社会发展的重大问题及其得失经验，以便后人从中得到启发。但他也

---

① 《读〈春秋左氏传〉博议》卷下。
② 《读通鉴论·叙论四》。
③ 《读通鉴论》卷六。

指出要使史学研究有切实的功效，就必须首先保证史学的真实可靠性。史学的真实可靠，一是指它符合历史的客观真实，二是指它的详略取舍和褒贬抑扬都恰当地体现了它所坚持的价值标准。王夫之认为以往对历史事实和人物的评判有两大弊端：一是"放于道而非道之中，依于法而非法之审"。他说有些史家不是没有是非、价值标准，而是他们在具体运用时把这些标准搞坏了，因而起到不良影响："褒其所不待褒，而君子不以为荣，贬其所不胜贬，而奸邪顾以为笑。"二是"纤曲鬼琐之说"。还有一些史书没有任何是非标准，"谋尚其诈，谏尚其谲，徼功而行险，干誉而违道，奖诡随为中庸，夸偷生为明哲，以挑达摇人之精爽而使浮，以机巧裂人之名义而使枉；此其于世教与民生也，灾愈于洪水，恶烈于猛兽矣"。因此，王夫之重视史家的自身素质，认为只有对历史本质有高度认识的人才可能写出好的史学著作，才能使历史有益于人生。

王夫之还论述了关于历史经验的借鉴问题。他曾解释"资治"和"通鉴"两词的意义，认为我们研究历史，并不只是快意或伤感于以往王朝之盛衰，历史人物之穷达，而是要从其中得到启示，为自己的社会实践所用。他指出寻求历史经验的吸取，可以通过两个重要环节：一是把个人放置在原有的历史条件之下，设身处地，思考当时若是自己面临那些问题，将采取什么对策，然后比较历史的经验。只有这样，才能使自己真正懂得历史发展的曲折，才能真正有所收获。经过这样的设身处地，我们就会既看到古人成功的一面可以为我所用，也会看到古人失败的一面也可以为我所资，而不会死守某些成例。二是紧紧围绕个人所面临的现实问题，思考古人的经验在解决现实问题时有无可借鉴因素。王夫之认为借鉴历史就是要思索在条件变化后原有成功的经验还是否有效，要思索在条件变化后原有失败的教训是否可以匡正现在之偏？历史经验并不是不变之成规，借鉴历史经验，贵在因时宜而论得失。

另一位清初思想家黄宗羲(1610—1695)则重点表达了他的政治批评思想。在《明夷待访录》一书中，黄宗羲考察政治的起源，认为自秦汉以来的君臣关系以及法令职官，都已经远离它们的本来意义。如远古设君，是天下为主，君为客，只有使天下受其利，使天下释其害，吃苦在前，享乐在后的人才能为君。故远古还有许多人不愿意接受君位。而后世则君为主，天下为客。国家政治设施以及运行都是为了帝王个人的私利。因此，看待这种异化的政治形态，不能像小儒那样，"规规焉以为君臣之义无所逃乎天地之间，至桀、纣之暴而犹谓汤、武不当诛之，而妄传伯夷、叔齐无稽之事，乃兆人万姓崩溃之血肉，曾不异乎腐鼠"。① 黄宗羲主张不但要更新人们的社会道义思想，更要对制度文化的主体——广大官吏进行思想启蒙。他说："天下之治乱，不在一姓之兴亡，而在万姓之忧乐。"若"为臣者轻视斯民之水火，即能辅君而兴，从君而亡，其于臣道固未尝不背也。……出而仕于君也，不以天下为事，则君之仆妾也；以天下为事，则君之师友也。"②同时还需要加强制度立法，谋求从制度上制约君权和政治异化的措施。他认为以相权分君权、以学校公是非的办法有一定效应。

黄宗羲个人的史学实践主要表现在对宋元明学术史的整理上。他主持了《明儒学案》和《宋元学案》的撰写，两书表现了他的学术研究的特点。在《明儒学案·自序》中，他提出了褒贬学术思想的大前提，那就是作者必须对所论述的学术思想之精华有深刻的理解，深浅各得，不能把别人的糟粕当做精华。黄宗羲的学案在具体撰述方法上也有一些特色。各学案都冠以叙论，作简明扼要的说明，随后分列本案各学者之传略。而传略除介绍学者生平和主要学术观点外，还加以评析，指出他们的学术精髓。然后节录各学者重要著作和语录，其中资料完全取自原著，"皆以全集纂要钩玄，未尝袭前人之旧本也"。

当时在学术史研究中对历史本质和研究学术史的方法的看法与王夫之、黄宗羲相通的还有顾炎武。顾炎武（1613—1682）认为真正的学术研究必须是"考百王之典"，"综当代之务"，是"修己治人之实学"。他反对对人文道德精神作宗教化的理解，认为人文道德精神必须基于一定的现实，正是现实世界的矛盾状况才反映出历史的这种本质。因此要正确理解历史的本质，就需要对历史现象作规律性的把握。比如中央政权和地方行政的关系，汉唐宋明各不相同，就需要对它进行集中研究，再如宦官现象，汉唐宋明不一样，也需要对它做专门研究。其他如田赋、学校、边塞、风俗，都是很有代表性的课题，都需要进行专门研究。他所著《日知录》总共约一千多条结论，就是把上述历史现象条举件系，找出最本质的联系，并体现历史本质的

---

① 《明夷待访录·原君》。
② 《明夷待访录·原臣》。

矛盾的显露过程。

顾炎武重点从学术研究的方法上论述了如何回复传统学术精神的问题。他指出有两条办法可以扭转时弊,逐渐唤醒学术研究的经世精神。首先是强化学术研究的现实感。他极力反对那些缺乏时代意识的浅陋之学。他自己的学术研究紧密关注时代问题,他的弟子潘耒说,《日知录》有关国计民生者,必究源索本,讨论其所以然。书中不仅考察了历史上政权组织结构的各种形式及其利弊,考察了官吏选拔的种种办法及其得失,考察了社会风俗的种种时尚和效用,还针对明末的政治问题提出了积极的建议和主张。顾炎武十分重视社会现实问题的解决和历史经验的提示。其次是力避两汉以来那种主观臆断的学术方法,探索一条相对客观的学术方法来扭转学风。顾炎武非常关注学术研究的材料基础和逻辑方法。他说利用第二手资料者如买铜铸钱,他著书立说,引前人之言,必用原文。顾炎武还指出,有了可靠的资料,还需运用一定的方法来研究古人的观点。他自己特别注重音韵、训诂等学问。他也十分重视对经籍所载进行实证研究。他足迹半天下,而每每以书自随,随时对历史地理和典故进行核实。

总之,明清之际的学术思潮由反对空疏无用之学转向经世致用的实学,认为史学的经世意识建立在客观实证性的历史研究的基础之上,它有助于古代史学方法的科学化。

清代继承了官修正史的传统,经顺治、康熙、雍正三朝,修成了二十四史中最后一部断代史《明史》。《明史》取材丰富,文字简练,编纂严谨。

乾嘉朴学是从清初的学术方法中发展起来的。其过渡性人物如阎若璩、胡渭、毛奇龄、万斯大、万斯同、顾祖禹,虽然他们受文字狱的震慑,淡化了清初学者的经世抱负,但继承和发展了清初学者的求实精神。如阎若璩提出"一物不知,以为深耻",并把考据法扩展到历史地理和经史专门著作的辨析,著《古文尚书疏证》,在前人基础上证明古文尚书为伪造。这种学术研究专门化的倾向,导致乾嘉朴学学术研究的专精和深入。

朴学中的史学研究就其大势而言,有校注旧史、重订旧史、重辑旧史诸派。校注旧史派源于顾炎武《日知录》。乾嘉时期采取《日知录》这种史学研究形式的史家有王鸣盛《十七史商榷》、钱大昕《廿二史考异》、王念孙《读书杂志》、杭世骏《诸史然疑》、洪颐煊《诸史考异》等,唯赵翼《陔余丛考》(四十三卷)、《廿二史札记》(三十六卷)等深得其味。

重订旧史派又可分为多种情况：有的并没有增加内容，不过是改变原史的组织形式。沈炳震认为《新唐书》简严，而《旧唐书》详备，作《新旧唐书合钞》二百六十卷，附《补正》六卷。有的既补充内容，又扩大其组织。有的补撰某史中一部分内容，增补某一形式。如万斯同《历代史表》等。

重辑旧史派把过去已经有的书，而唐宋以后亡佚的内容，不论多少，从各方面尤其是从类书里把它们分类纂辑出来。如战国末年出现的《世本》，钱大昭、洪饴孙等人曾做辑补。《竹书纪年》，陈逢衡有《竹书纪年集证》五十卷、雷学淇有《竹书纪年义证》四十卷。《后汉书》有姚之骃《八家后汉书辑本》。《旧五代史》有邵晋涵辑本等。

乾嘉史学家对于经、史文献资料所作的校注、重订和重辑工作，使得传统考据法在继承历代以来、特别是明代中叶以后的考据法的基础上，形成了一个庞大的方法论体系。这种方法体系，根据考察对象的不同，可以分为外考证和内考证二端。所谓外考证是以历史文献为考察对象，借助文字、音韵、训诂、版本、校勘、辨伪等学问，校正历史文献本文的错误，鉴定文献史料的真伪及其年代。内考证则以文献记载的历史事实为考察对象，通过分析、比较、归纳和推理等方法，验证、鉴别、评估历史著作中所载历史事件、名物制度的来由和真实性。总之，外考证考证了文献史料的基本前提。而内考证则运用比较、分析、归纳和推理等形式逻辑方法，去考察、证明本文所陈述的历史事实的可信性和可能性，鉴定文献中所记载的历史事件、典章制度、地理沿革是否符合历史实际，揭开历史事实的真实面目。乾嘉考据学建构了一套行之有效的操作程序，对于史学的科学化、客观化起了推动作用。但是，这种考据最大限度也只是在文献史料本身的真实性上得到科学的论证，关于如何诠释文献，理解文献典籍的记载，从中求出因果联系是考据方法所未能涉及的。

值得注意的是，乾嘉学者通过对历史文献的考据性研究，对历代史著体例和方法也有比较客观的了解。如赵翼《廿二史札记》中就有"史记编次""史记变体""史汉互有得失"，"后汉书三国志书法不同处""三国志书法""宋书本纪书法""宋齐书带叙法""齐书书法用意处""齐书类叙法最善""南史仿陈寿三国志体例""南北史子孙附传之例""魏书多曲笔""北史书法与周隋书不同处""欧史书法谨严""宋史排次失当处""辽史立表最善""元史列传详记日月""明史立传多存大体"等条目，对廿二史书法体例作了简明扼要的评析。邵晋涵（1743—1796）曾参与《四库总目提要·史部提要》的工作,著有《南江文钞》二十七部史书提要,除《三国志》与《旧五代史》外,二十四部正史中其他史目俱在,此外尚有《史记集解》《史记正义》《两朝纲目备要》《通鉴前编》《通鉴纲目前编》五部提要,内容与四库存史部提要有同有异。这些提要主要评论史书性质,很注意史法的渊源和特点。

章学诚在对史著义法研究的基础上,提出了创造有个性特色的史学著作的目标。章学诚（1738—1801）,浙江会稽（今绍兴）人,字实斋。乾隆进士,官国子监典籍。曾游学朱筠门下,与戴震、汪中、洪亮吉往还论学,对史学尤有所长。

章学诚特别重视史学的创新。他说:"史之大原,本乎《春秋》;《春秋》之义,昭乎笔削;笔削之义,不仅事具本末,文成规矩已也。以夫子'义则窃取'之旨观之,固将纲纪天下,推明大道,所以通古今之变,而成一家之言者,必有详人之所略,异人之所同,重人之所轻,而忽人之所谨。"①章学诚所谓史学之义,既包括史家的经世目的和经世主张,也包括史家表述历史事实的体裁的独创性。

章学诚对史学的德、才、学、识作了深入的论述。他认为史德即作史者之心术,也就是史家的道德素质和品格,他认为只有那些有严肃使命感和实事求是的求真意识的人,才是史家的代表。"盖欲为良史者,当慎辨于天人之际,尽其天而不益以人也。尽其天而不益以人,虽未能至,苟允知之,亦足以称著述者之心术矣。"②史识是史家判断历史事实主次轻重,辨析历史事实源流的敏锐识见。章学诚强调四者的统一,说:"非识无以断其义,非才无以善其文,非学无以练其事。"

由于章学诚在朴学方面有深入的研究,其方法论的具体论述就显得比以往史家要高明得多。他认为一个史家在史学上的地位,不但取决于他所选择的题材,而且取决于他是否有体例上的创造。他所揭示的史学著述的程序是:首先是搜集资料。章学诚特别重视资料的搜集工作,他把它视为史学著作的必要准备。他曾具体分析编次史料的三种目的:"有及时撰集,以待后人之论定者","有有志著述,先猎群书以聚新樵者","有陶冶专家,勤

---

① 《文史通义·内篇四·答客问上》。
② 《文史通义·内篇五·史德》。

成鸿业"者。① 他认为凡史料都与著述有关，故不论出于何种目的，都应讲究史料的编次方法，尽量为史学著作提供全面的史料。他还特别论述过地方志的史料价值。其次是裁择史实。章学诚认为史家著史，都有一个中心思想，围绕此中心思想，然后去选择有关的史实。至于写作体例，他认为史学体例贵在圆而神。纪传体与编年体都各有其不足："纪传之书，类例易求而大势难贯"，"编年之史，能径而不能曲，凡人与事之有年可纪、有事相值者，虽细如芥子必书，其无年可纪与无事相值者，虽巨如泰山，不得载也"。② 他认为在纪传和编年前另列别录，可以弥补两种体例缺陷。如就编年内所提及的人物、事件作一大体概述，在编年内见纪传规模；在纪传之纪、表、志、传中事实相连者，各于其类附注篇目，置于全书之首，使纪传体含编年和纪事本末之长。他最推崇的是纪事本末体。在史实的具体表述方面，章学诚认为史实表述不一定要完全照抄史料原型，应根据写作需要，在不违背原意的前提下，加以合理合情的取舍。章学诚认为一部良好的史学著作，史注是不可缺少的辅佐。他主张撰史者自己为自己的史著作注。章学诚所提出的史学著述方法，典型地反映了史学著作体例的进步以及史学著述与考证的有机结合，它标志着古代史学著述方法论已经上升到一个新的理论水平。

总之，从明末清初到鸦片战争前期，古代史学方法逐渐向科学化方向发展，已经酝酿出近代史学方法论的萌芽。与此时期史学观念的进步一样，史学方法中的各种因素也不是同步发展的，如乾嘉学者过于强调史学考证意识，对史学著作方法和史论方法认识不够，也没有出现史学上的鸿篇巨制。各种方法论新要素的结合和系统化，尚需经历曲折艰难的发展历程。

思考题

1. 两汉史学有什么特色？
2. 试述《资治通鉴》在中国史学发展中的地位。
3. 试列举二十四史的名称。

① 《文史通义·答客问下》。
② 《文史通义·史篇别录例议》。

参考书目

1. 白寿彝：《中国史学史》第一册，人民出版社，1981 年。

2. 尹达主编：《中国史学发展史》，中州古籍出版社，1985 年。

3. 吴泽主编，袁英光、桂遵义著：《中国近代史学史》，上海古籍出版社，1989 年。

4. 瞿林东著：《中国古代史学批评纵横》，中华书局，1994 年。

5. 宋衍申主编：《中国史学史纲要》，东北师范大学出版社，1996 年。

6. 李炳泉、邸富生主编：《中国史学史纲》，辽宁师范大学出版社，1997 年。

7. 张岂之主编：《中国近代史学学术史》，中国社会科学出版社，1996 年。

第十三讲

关于中国古代科学技术的思考

中国古代科技的发展有过由盛转衰的历史。中国科技走在世界前列的时代,足以令我们自豪;而中国科技走向衰微以至于国家落后挨打的那段岁月,则使我们扼腕痛惜,不能不引起深刻的反思。全面总结我们民族科技发展的经验和教训,为我们今天科学技术的发展提供借鉴,是历史学家特别是科技史家义不容辞的责任;而正确地认识和评估我国古代科技的成就和失误,则是每一个中国人所应该具有的理智和见识。我们既不可妄自尊大,更不可妄自菲薄,只能以理性的眼光观照历史,在浩浩荡荡的世界潮流中以坚实的步履走自己的路,走出特色,走进辉煌。

一 中国古代科技的成就及特点

中国古代科学技术的辉煌成就,用英国著名中国科技史家李约瑟的话来概括,就是"在 3 到 13 世纪之间保持着一个西方所望尘莫及的科学知识水平",中国的发明和发现"往往远远超过同时代的欧洲,特别是在 15 世纪之前更是如此"。① 这话现已为一般的中国科技史研究者所认同。我们可以轻而易举地罗列出一大堆中国古代远居世界前列的科技项目。例如众所周知的被马克思称为"预告资产阶级社会到来"、②弗朗西斯·培根称为"在世界范围内把事物的全部面貌和情况都改变了"③的印刷术、火药和磁石

① 李约瑟:《中国科学技术史》第一卷《导论》第一章《序言》,中译本,科学出版社、上海古籍出版社,1990 年,第 1—2 页。
② 马克思:《机器、自然力和科学的应用》,人民出版社,1978 年,第 67 页。
③ 弗朗西斯·培根:《新工具》第一卷,商务印书馆,1986 年,第 103 页。

(指南针)三大发明,就是人所共知的例子。(图25)如果分学科来罗列,则我国古代从天文学、气象学、数学、地学、农学、医学、植物学、动物学、矿物学、化学到水利交通、土木建筑、园林设计、金属冶炼、船舶制造、陶瓷制作、纺织印染等许多领域,都曾居于世界领先地位。囿于篇幅,我们无法在此全面列举,仅以天文学、数学、地学、农学、医学五个方面为例略加说明。

图25 指南车模型,三国时期马钧造

在天文学领域,我国在天象观测、历法推算和天文仪器制作诸方面曾远远走在世界前列。我国最早的编年体史书《春秋》记载日食37次,有33次可靠;它所记载的鲁庄公七年(前687)的天琴座流星雨、鲁文公十四年(前613)的哈雷彗星的出现,都是世界上最早的。我国古代对日食、月食、太阳黑子、流星雨、彗孛、极光等特殊天象的记载史不绝书,为世界天文史研究留下了大量有用的资料。我国特别重视对星象的观测。1978年从湖北随州战国初曾侯乙墓出土过一个漆箱,盖上绘有青龙白虎,中间大书一个"斗"字,环绕"斗"字写有二十八宿的名称,表明至少在战国初四象二十八宿的天文知识就已成为常识。产生于战国时代的《甘石星经》载有一份包含144颗恒星坐标的星表,[①]是世界公认的现存最古老的星表。1973年长沙马王堆三号汉墓出土的《五星占》,其附表列有从秦王政元年(前246)到汉文帝三年(前177)木、土、金三行星的位置及其在一个会合周期内的动态。它给

---

① 甘德著有《天文星占》,石申著有《天文》,后人将他们的著作合称为《甘石星经》。这份星表保存在唐代印度裔天文学家瞿昙悉达所编的《开元占经》之中,经今人整理而成。

出的木星会合周期为 395.44 日，比今测值小 3.27 日；土星的会合周期为 377 日，比今测值小 0.94 日；金星 584.4 日，比今值大 0.48 日。这些都是十分引人瞩目的观测成就。我国古代对历法的制定尤为重视，每过一段时间天文学家们就把新的研究成果引入历法编制，使历法日益精密。如先秦时代就有黄帝、颛顼、夏、殷、周、鲁等"古六历"。其中《颛顼历》岁实（回归年）为 365.25 日，置闰为 19 年 7 闰，是当时世界上最精密的历法之一，被秦王朝所采用。汉代有《太初历》《三统历》《四分历》《乾象历》。《乾象历》为刘洪所编制，他第一次引入了近月点的概念和定朔计算法，第一次定出了交食食限，并在交月点、回归年、黄白道距离等方面的研究均有所突破。东晋时虞喜发现了岁差，刘宋时祖冲之就将这一理论引入了《大明历》的编订。北魏时，张子信发现了太阳运动的不均匀性和视差对交食条件的影响，隋代刘焯在制定《皇极历》时，就吸收了这方面的成果。唐代曹士艻的《符天历》、边冈的《崇玄历》，宋代周琮的《明天历》，姚舜辅的《纪元历》等等，都在前人基础上有新的突破。[①] 最著名的是元代郭守敬制定的《授时历》。他所确定的回归年长度为 365.2425 日，与今天世界通用的格里历所用值完全相同。我国古代的天文仪器有圭表、浑仪、浑象、漏壶等许多种类。汉代张衡创制的浑天仪是以水为原动力推动的。宋代苏颂所制造的水运仪象台集浑仪、浑象、计时器等为一体，包含有较复杂的机械装置，并用水为原动力驱动，显示出我国古代天文仪器制作已具有很高的水平。

在数学领域，我国是最早采用十进位制计数的国家，早在先秦时代四则运算就已臻完备。以《九章算术》为代表的筹算算法体系以解决日常生活需要（如土地丈量、工程计算、物资分配等等）为主，涉及算术、代数和几何等多方面的数学问题。其中关于方程（一次联立方程）有 18 个题目，勾股 24 题。方程中已引入负数概念，勾股则可用于大地测量和地图的绘制。经过魏晋时代数学家刘徽的注释，形成了具有中国特色的数学体系。祖冲之所求得的圆周率，精确到七位有效数字（即 $3.1415926 < \pi < 3.1415927$），早于世界同类计算一千年以上。宋元时代在解决"天元术""四元术"（解高次方程）、"垛积招差"（高阶等差级数问题）、"大衍求一术"（联立一次同余式

---

① 关于历法，可参考路甬祥主编、石云里著《中国古代科学技术史纲》第八卷《天文卷》，辽宁教育出版社，1996 年，第 230 页。

问题)方面都领先世界几百年。秦九韶、李冶、杨辉、朱世杰等数学大师,是这一时期数学成就的杰出代表。到明代,珠算逐渐取代了算筹,算盘成了当时世界上最先进的计算工具。2013年12月4日,珠算被联合国教科文组织列为人类非物质文化遗产。

在地学领域,先秦《禹贡》《山海经》《管子·地员》等典籍就已记载了丰富的地理知识。从《汉书》开始,我国除二十四史中的十六部设有《地理志》外,还有唐代的《元和郡县志》,宋代的《太平寰宇记》《元丰九域志》和元明清三代的《一统志》等地理总志。许多地方志中也有地理方面的记载。这些史书、志书不仅记载各地的行政区划、疆域范围及其历史沿革,还记载人口、山川、关塞、水利、土质、交通、矿产、特产、贡赋以及名胜古迹等,为我们了解当时的自然状况和经济状况留下了极其丰富的资料。北魏郦道元的《水经注》记叙的河流水道达1252条,对沿途的山川地形、河堰灌溉、城邑建置、历史沿革以及物产情况都有详细的记载,具有极高的史料价值。唐代僧人玄奘所作的《大唐西域记》,是一部研究古代中亚、印度和巴基斯坦等国家和地区历史的地理名著。明代著名的地理学家徐霞客一生考察过许多地方,仅岩洞就考察过一百多个。他不仅对各岩洞的方位、深浅、宽窄有所记载,还力图科学地说明溶洞、石钟乳形成的原因。他在地学方面的贡献,受到李约瑟的高度评价。在地图的绘制方面,长沙马王堆汉墓出土的有关地形、驻军和城邑的三幅地图,显示了很高的地图测绘水平。西晋裴秀不仅曾编制过18幅《禹贡地域图》,还提出过绘制地图的六条原则,即分率、准望、道里、高下、方邪、迂直。其中"分率"要求地图的比例尺精当,"准望"要求各地之间的方位确定,"道里"要求各地的距离准确,"高下""方邪""迂直"指出因地形的变化和山海的阻隔,道路有高低、正斜、曲直的不同,要求制图时取两地间的水平直线。宋代在地图绘制方面成就尤著。现存著名的北宋刻石有四川荣县的《九域守令图》,南宋刻石有西安碑林的《华夷图》《禹迹图》和苏州文庙的《地理图》等。《华夷图》是当时的世界地图,《禹迹图》则是全国地图。一直到清初,我国在地图测绘方面仍走在世界前列。康熙五十七年(1718)绘制的《皇舆全图》(全国地图),就是这方面的代表作。

我国是一个农业古国,农业一直被历代王朝视为立国之本,农学自然也是我国古代重要的学科之一。关于农学的成就请看本书第七讲第二节《农学的成就》，这里从略。

我国的医学——中医——也是源远流长、独具特色的。历年出土的商代甲骨卜辞中有三百多片同医学有关。1973 年在河北藁城台西村商代晚期遗址中发现了三十多粒供药用的桃仁和郁李仁。同年长沙马王堆汉墓出土了《足臂十一脉灸经》《阴阳十一脉灸经》《五十二病方》等一批医药著作。成书于战国、托名为黄帝所作的《黄帝内经》，奠定了我国古代讲究整体性、辩证性的医学理论基础。它把人的身体看成一个整体，重视人体内部五脏六腑、十二经络、奇经八脉以及气血、津液的有机联系。在对病源的诊断方面，它不仅注意身体内部机能的变化，还强调自然界的风、寒、暑、湿、燥、火等反常现象对疾病的影响。它还吸收了阴阳五行学说中所包含的合理内核，强调阴阳的相互依存、相互对立、互为根本、此消彼长关系，认为施治的终极目的就是达到阴阳关系的协调平衡。所谓"泻者迎之，补者随之，知迎知随，气可令和，和气之方，必通阴阳"，①讲的就是这个道理。托名神农、成书于汉代的药物学著作《神农本草经》，收载了植物类药 252 种，动物类药 67 种，矿物类药 46 种，凡 365 种。现代医学研究证明，它所记载的药效绝大部分都是比较正确的。该书序录所提出的关于药物性质有酸、咸、甘、苦、辛（称为"五味"）和寒、热、温、凉（称为"四气"）的说法以及主药与辅药按"君、臣、佐、使"配伍的原则，奠定了我国药物学、方剂学的理论基础。《黄帝内经》和《神农本草经》共同构成了我国古代的医学体系。经过一代又一代的丰富、发展，逐渐形成了我国独具特色的医学理论。我国古代名医辈出，医学名著可谓汗牛充栋。战国时代的名医扁鹊，已懂得运用望、闻、问、切（望指观气色，闻指闻气味，问指问与疾病有关的情况，切指把脉，称为"四诊"）各种方法对病情进行综合诊断，并运用砭石、针灸、按摩、熨帖、手术、吹耳、导引等多种方法来治疗疾病。汉代名医有张仲景（著有《伤寒论》）、华佗（发明麻沸散），魏晋南北朝名医有王叔和（著有《脉经》）、皇甫谧（著有《针灸甲乙经》）、葛洪（著有《肘后百一方》）、陶弘景（著有《神农本草经集注》），隋唐名医有孙思邈（著有《备急千金要方》和《千金翼方》）、王焘（著有《外台秘要》），宋元名医有唐慎微（著有《经史证类备急本

---

① 《黄帝内经·灵枢·终始》。

草》)、宋慈(著有《洗冤录》)、王惟一
(著有《铜人腧穴针灸图经》),明清名医
有李时珍(著有《本草纲目》)、王清任
(著有《医林改错》),等等。中国古代在
内科、外科、妇科、儿科、骨科、五官科、
传染病以及各种疑难杂症的治疗方面
都有自己独特的方法,在药物学、方剂
学、针灸学以及养生保健学等方面更是
特色鲜明。(图26)

图26 河南南阳张仲景墓园
出土的针灸陶人

　　我国古代科学技术发展的一个最
突出的特点是:在科技发展过程中,虽
然存在着对外科技交流,存在着对外来
科技的接纳和吸收,但我国的科技体系
却是独立形成的。李约瑟在《中国科学
技术史》第一卷第七章中一一批驳了一些西方学者认为中国的思想文化大
多源于西方的观点,认为中国文化科学的发展具有独创性。他的结论是:
"中国和它的西方邻国以及南方邻国之间的交往和反应,要比一向所认为
的多得多,尽管如此,中国的思想和文化模式的基本格调,却保持着明显的、
持续的自发性。这是中国'与世隔绝'的真正含义。过去,中国是和外界有
接触的,但是,这种接触从来没有多到足以影响它的文明和科学的特有风
格。"①这个结论是多数中国科技文化史研究者所能够接受的。

　　中国文化科技之所以具有独创性的原因,一般都归结为中国地理上的
相对封闭性。中国东面是浩瀚无垠的大海,西部是高耸入云的阿尔泰山、昆
仑山以及黄沙四起的戈壁、沙漠,西南是横空出世的喜马拉雅山,北面是长
年寒冷的西伯利亚荒原,南面也多崇山峻岭和海洋。这样的地理环境,在交
通工具相对落后的时代,难以产生大规模的对外文化交流。在这个区域内
形成的思想文化和科学技术必然是相对独立的,不同于古印度、希腊以及阿
拉伯国家的文化科技体系。

---

① 李约瑟:《中国科学技术史》,第一卷第七章,第160页。

中国古代科学技术比较注重解决社会生活中的实际问题，实用性特点在中国古代许多科技领域中都有所体现。例如，在天文学领域，中国特别注意对天象位置的观察和历法的制定，是与中国从古就以农业为主体的自然经济需求相联系的。中国古代以算术、代数、几何为主要内容，以算筹、珠算为主要计算工具的数学体系的形成，与历法制定、土地丈量、堤坝宫室仓窖的建造、税收计算、财物分配、商品交易等方面的需要紧密相关。中国的地学，从《尚书·禹贡》《山海经》开始，到《汉书·地理志》，逐渐形成了着重于记载山川、道路、关塞、水利、土质、物产、贡赋，特别是政治区划变置的传统，显然与封建政治、经济、军事的需要息息相关。至于造纸、印刷、农学、园艺、水利、冶炼、纺织、陶瓷等与日常生活密切相关的技术，其实用性特点更为鲜明突出。

除讲究实用外，古人还特别注重事物的整体关联和辩证关系，整体性、辩证性特点在许多学科中都有所反映。这种整体性、辩证性观念具体表现为在宏观上特别重视天人关系的和谐，在微观上则重视事物内部关系的协调。例如建筑，古人不仅看重建筑物本身的结构、比例、布局，还特别看重它的坐落方位、四周的山水风景等外部环境的配合，有着一门独特的卜宅学问——"风水学"。最能体现这种整体性和辩证性观念的学科是医学；我们在上文说过，中医特别强调阴阳的相互依存、消长、平衡，强调对病因的综合考察，讲究辩证施治，就是这种观念的集中体现。

二 中国古代科技取得成就的原因

从根本上说，任何民族、国家的科技成就都是那里人民集体智慧的结晶，共同努力的结果。这一点，古今中外概莫能外，中国也是如此。

当然，中国古代科学技术能取得辉煌成就，还有着它自身的具体原因。

从政治制度来说，中国古代封建社会时间长，在它的上升时期，相对于欧洲中世纪的黑暗时期，有它比较温和、开明、积极进取的一面。封建社会的经济基础是自给自足的自然经济，在政治上则采用集权的形式，对国民和国家事务进行垄断性管理。《尚书·洪范》"八政"，以食、货为首。食就是掌管与人民生活密切相关的事务，货就是掌管财货。食货问题就是国家的经济命脉问题。所以历史上凡涉及国计民生的事务，都是由国家来垄断的。

由于国家掌握了经济命脉,有较强的经济实力,一些有关国家安全、国计民生需要的大型科技项目也往往是由政府组织人力、物力、财力来实施、完成的。诸如历法的制定,兵器的改良,长城的修筑,运河的开凿,黄河的治理,土地的垦殖,农技的推广,盐铁的管理以及纺织印染、陶瓷髹漆等等,莫不如此。例如,由于掌握农时的需要,我国在夏代就已设有专门掌管天文的机构。相传夏少康时,掌管天文的羲氏与和氏沉湎于酒,未能恪守本职,以至于不能及时预报日食的发生,导致举国恐慌(事见《尚书·胤征》)。其后历代都设有天文机构,专门掌管天象观测和历法编订。政府还经常组织一些大规模的天文活动。比如汉武帝时,就曾征募民间天文学家二十余人来"议造汉历"。当时一些著名的天文学家如唐都、落下闳、邓平、司马可、侯君宜、司马迁等都在其中。他们共提出了 18 种方案,最后选定了邓平的方案(即《太初历》)。唐代一行所领导的大规模大地测量,第一次用科学方法实测子午线,元代郭守敬所进行的更大规模的大地测量,制定出十分精密的《授时历》,都是由政府任命一行、郭守敬组织人力、物力、财力来从事的。我国天文学的发达,显然与国家的重视有关。数学也曾纳入国家扶持、管理的轨道。如隋代的国子寺中就设有算学,置有博士二人、助教二人,讲授数学。唐代国子监设有算学馆,由算学博士负责培养数学人才。李淳风、王真儒等注释《九章》《海岛》《孙子》《五曹》《张邱建》《夏侯阳》《周髀》《五经算》《缀术》《缉古》等十大算经,以供教学之用。这些都极大地促进了数学的发展。医学也曾被纳入国家管理的轨道。据《汉书·郊祀志》记载,汉成帝时已设有称为"本草待诏"的医官。隋唐时国家医药机构已相当完善。隋代太医署有医官、医务人员二百多人,唐代达三百多人。唐代太医署还设有医科、针科、按摩、禁咒四科,置博士、助教授徒传业。政府还颁布过一部大型药典——《新修本草》。宋代也非常重视对药典的修订和编写。如宋太祖时编有《开宝本草》,宋仁宗时编有《嘉祐本草》《图经本草》等。宋元时代太医分科多至九科。这些自然极大地促进了医学的发展。有时国家为了某种需要,还对科技人员进行奖励。如宋太祖时兵部令史冯继升进献火箭法,曾受到衣物束帛之赐;后来神卫水军队长唐福进献火器、造船务匠项绾进献海战船式,都曾受到金钱赏赐。宋代的军事科学比较发达，兵书众多，①与政府的鼓励是分不开的。而且这种鼓励还对其他科技领域的发展有推动作用。

总之，我国古代科技的发展，与历代政府对某些相关科技的重视是有关系的。

中国封建社会虽然不断出现舆图换稿、江山易主的情况，但基本的文化氛围、政治制度、经济结构、生活方式和思维方式却始终没有大的改变，有着明显的继承性和稳定性。中国文化跟世界上其他类型文化不同的地方，是中国文化从来就没有出现过断层的情况。这种文化的继承性、稳定性固然容易产生惰性，但对科技的发展也有有利的一面。中国古代的许多科技领域之所以能达到自己的高度，与资料的世代积累、研究者的前仆后继是大有关系的。我国古代的许多学科，如天文、数学、地学、农学、医学、化学、钢铁冶炼、船舶制造、陶瓷制作、纺织技术等等，其发展嬗变都有清晰的轨迹可寻，许多科技都是经过一代又一代人的努力探索才取得较高成就的。

历史上许多重大的技术成就都是由无数青史未曾留名的能工巧匠经过艰苦努力取得的，劳动人民永远是推动世界科学技术发展的根本动力，这是毋庸置疑的。但科学技术本身是一项复杂的智力活动，要在某些领域达到一个高度，需要较深厚的文化功底和专业知识，还要有一定的物质条件。这些都是一般的普通劳动者所难以具备的。因此，作为脑力劳动者的知识分子，在中国古代被称为士的那部分人，在科技史上的贡献就显得特别重要。

中国古代的士阶层是春秋末随着私学的兴起而兴起的。这个阶层从产生之日起，就承负着历史文化的使命感、道义感和责任感，具有较高的理性精神。到战国时代，士因各自不同的学术主张而分成了儒、道、墨、法、名、阴阳、农、医、兵等许多流派，形成了与古希腊遥相呼应的百花齐放、百家争鸣局面。

先秦诸子中对自然科学研究最广泛、深入的是墨家。墨子和他的后学共同建立起了比较严谨的逻辑体系，并将它应用于自然科学。对时空、事物的属性类别、光学、力学、几何学等方面的问题，墨家都力图用逻辑语言加以概括说明，具有较高的理论性。例如他们对时空所下的定义是："久，弥异

---

① 据《宋史·艺文志》，有 347 部，1959 卷。

时也。""宇,弥异所也。"据《经说》的解释,"久"指时间,"弥异时"意为时间包括"古今旦暮"所有的时间;"宇"指空间,"弥异所"意为空间包括"东西南北"所有的空间。又如他们对圆下的定义是:"圜,一中同长也。"(以上引文均见《墨子·经上》)一中,指一个中心;同长,指等距离的半径或直径。这跟现代人对圆的理解已没有什么区别。对重影的产生,墨家的解释是:"二光夹一光,一光者景也。"(《经说下》)意为:两个光界交射,中间夹着一个受光体,故形成重影;如果只有一束光,就只有一个影子。对倒影的产生,墨家这样解释:"光之人煦(当作"照")若射。下者之人也高,高者之人也下。足蔽下光,故成景于上;首蔽上光,故成景于下。在远近有端与于光,故景库内也。"意为:光线照到人身上,就像射箭一样直;在下的光线照到人身上,影子反而高;高处的光线照到人身上,影子反而低。脚遮蔽的是下面的光,所以影子投到了上面;头遮蔽的是上面的光,所以影子投到了下面。交点的远近与光有关,所以影子投入库孔之内,即形成倒影。对凹镜成像的原因,墨家这样解释:"鉴位(当作"低"),景一小而易,一大而缶(当作"正"),说在中之外内。"(《经下》)意为:镜面凹,成像可能有两种:一种成像小而倒,一种成像大而正。原因就在于一在弧心之外,一在焦点之内。对平衡问题,墨家的解释是:"加重于其一旁,必捶。权,重相若也相衡,则本短标长。两加焉,重相若,则标必下,标得权也。"(《经说下》)意为:在秤盘那一边加重,就必定会下垂。秤锤能压住的重量与秤盘的重量相当,就能达到平衡,所以秤头短而秤尾长。如果秤盘和秤尾都加重,要使重量相等,则秤尾一端的秤锤,一定要往末端移动,才能保持平衡。[1]

　　法家也有自然科学方面的见解。如《韩非子·解老》谈到"理"时说:"短长、大小、方圆、坚脆、轻重、白黑之谓理,理定而物易割也。"把"理"看做对事物具体属性的分割、剖析、确立,是非常重要的科学思想。名家人物惠施曾提出许多辩题,其中一些与自然科学有关。如"南方无穷而有穷,今日适越而昨来","我知天下之中央,燕之北越之南是也",包含着大地为球形的猜想;"一尺之捶,日取其半,万世不竭",[2]包含着物质无限可分的思想。阴阳家在天文、地理方面也有较深的研究。《汉书·艺文志》说:"阴阳家

---

① 以上关于《墨经》的解释,据李生龙《新译墨子读本》,台北三民书局,1996年。
② 以上引文均见《庄子·天下》。

者,盖出于羲和之官,敬顺昊天,历象日月星辰,敬授民时,此其所长也。"《史记·孟子荀卿列传》记载了阴阳家邹衍关于"九州"的观念,认为一般人所理解的中国("赤县神州"),实际上只是天下九州之一。这样的地理眼界,显然比较阔大。

农、医、兵诸家同科技的关系更为密切,这里就不详说了。

秦汉以后,由于封建大一统政权形式的确立,士阶层思想的自由程度已不如春秋战国时代,士所关注的也更集中于社会政治和伦理等现实问题,加之统治者总是用高官厚禄来笼络他们,把他们纳入封建政治现实需要的轨道之中,因而他们对自然科学问题研究的兴趣明显有所减弱。但仍有一大批士人在从事这方面的研究,并不断取得成就。这些人一般担任史、工、农、医、算等与科技关系密切的官职或者地方长官。他们多能自觉地承担发展科技的时代历史使命,并勇于在科技的险途上跋涉,因而能取得较高成就。例如,汉代天文学家张衡担任过 14 年太史令的职务,对天文事业始终怀着浓厚的兴趣和热情,因而有浑天仪、地动仪等多项发明。《水经注》的作者郦道元在北魏当过御史中尉和州郡长官。宋代科学家沈括,在王安石变法期间曾任三司使、军器监等职。他博学能文,于天文、方志、律历、音乐、医药、卜算无所不通,而尤勤于实地考察,平生著述甚丰。晚年定居镇江后,将平生所见所闻和研究心得记下来,写成了笔记体科学名著《梦溪笔谈》。元代农学家王祯,做过县令,关心农业,平生注意搜集相关资料,总结农业方面的经验,写成了农学名著《农书》。

由于封建政治所需人才有限,人才选拔制度时常弊端百出,加上官场斗争激烈,乱世相寻,每个时代都有一些士人无缘出仕或不愿出仕,游离于官场之外。这些人通常被称为隐士。隐士如果没有祖业可以资借,一般都比较贫困,要自食其力。因他们是文化人,所以多半以从事文化教育活动作为谋生手段。他们当中许多人都思想比较自由、活跃,淡泊名利,故而能不计较世俗功利,把探究自然奥秘、创造发明作为自己人生的寄托和乐趣,并在科技方面取得成就。我们谈中国古代科技史,不能忘记他们所做的贡献。

例如北朝著名的天文学家张子信避乱隐居海岛,通过长达三十来年的亲身观测、推算,发现了太阳和行星运动的不均匀性、视差对日食推算有影响。这对日食的预报和历法的制定都有着非常重要的意义。陈遵妫先生认为其测候的功绩不下于丹麦天文学家第谷。① 隋唐时期,写出《天文大象赋》《步天歌》等传世天文名作的李播和丹元子也都是隐者。自晚明西学东渐以来,中国的天文学受西方天文学影响,出现了新的面貌。到清初,研究天文、历算、数学一时蔚为风气。而民间隐士更是乐此不疲。著名天文学家薛凤祚、王锡阐、梅文鼎等都是隐士。薛凤祚初学传统算学,后受法人穆尼阁影响,改学西方数学。但他并不墨守穆氏之学,而是把西方数学与传统算学有机地结合起来。著有《算学会通正集》《考验》《致用》《太阳太阴诸行法原》《木火土三星经行法原》《交食法原》等多种数学和天文著作。《清史稿·畴人传》评价说:"然贯通其中、西,要不愧为一代畴人之功首云。"王锡阐也是兼通中西之学,并在此基础上自立新法。他每到天晴,晚上就登上屋顶观测星象,常彻夜不眠。主要著作有《晓庵新法》六卷,成就跟薛凤祚比肩,并称"南王北薛"(锡阐为吴江人,凤祚为淄川人)。梅文鼎儿时即跟随父亲梅士昌和塾师罗王宾观测天象,27岁时跟道士倪观湖学习天文,后来也学习西法。他对传统的天文历法作过系统的研究和总结,著作达80余种。

在地理方面,我们前面提到的明代地理学家徐霞客,父亲徐有勉即是一位隐士。徐霞客少时就羡慕一切冲举高蹈之迹,不愿做官,而愿将自己的毕生精力献给地理考察事业。李约瑟评价他的地理考察成绩时说:"他的游记读来并不像是17世纪的学者所写的东西,倒像是一位20世纪的野外勘察家所写的考察实录。"②清初顾炎武、顾祖禹等不肯出仕清朝,隐居潜心学术,都曾致力于地理之学。顾炎武有名作《天下郡国利病书》,顾祖禹有名作《读史方舆纪要》。

隐士当中精通医术的人极多。他们生活在民间,接触的病人多,比官医御医们更多临床实践的机会,自然比官医御医更能取得成绩,故而隐士当中名医极多。战国名医扁鹊,其医术就是一个叫长桑君的隐士传给他的。扁鹊本人也没做过官,平生行医四方,或在秦或在赵或在齐。东汉名医华佗也是一位隐士,《后汉书·方术列传》说他"晓养性之术,年且百岁而犹有壮容,时人以为仙。沛相陈珪举孝廉,太尉黄琬辟,皆不就"。明代医学家李

---

① 陈遵妫:《中国天文学史》第三册,上海人民出版社,1984年,第722页。
② 李约瑟:《中国科学技术史》第五卷第1分册,科学出版社,1976年,第62页。

时珍当过楚王府的奉祠正,并在太医院任职,但时间都不长,平生主要从事医术活动,也是一位隐士。他花了三十多年时间从事药物研究,走过许多名山进行实地考察,阅读前代医书八百余家,三易其稿,终于写出了医药名著《本草纲目》。

隐士当中农学家很多。例如唐代隐士陆羽隐于苕溪,自号"桑苎翁"。他为人嗜茶,在茶叶方面作过精深的探讨,曾"著《茶经》三篇,言茶之原之法之具尤备",[①]对茶叶的栽培、推广作出了很大的贡献,被祀为茶神。隐士陆龟蒙曾著《耒耜经》,这是我国古代第一部有关农具的专著。宋代隐士陈翥著有《桐谱》,林洪著有《山家清供》《山家清事》,王灼著有《霜糖谱》(介绍用甘蔗制糖的方法),元代隐士汪汝懋著有《山居四要》,明代隐士朱权著有《臞仙神隐书》,马一龙著有《农说》,清代隐士张履祥著有《补农书》,蒲松龄著有《农桑经》,刘应棠著有《梭山农谱》。[②]

隐士当中有些人对手工业也非常关心,潜心探究。明代著名科学家宋应星,担任过县教谕、府推官、知州等职,但平生对功名利禄极为淡薄。明亡后,他不再出仕,成为隐士。他的名著《天工开物》,内容涉及当时农业特别是手工业的生产技术,是重要的科学文献。他在《天工开物》一书的序中说:"此书于功名进取毫不相干也。"只这一句话,就将他那不计名利、献身科学的思想境界表露无遗。

在古代,由于生产力比较低下,人们的认识能力存在着较大的局限性,分不清科学与迷信的界限,因而科学与迷信常常成为混血儿。某些迷信观念在今天看来荒唐可笑,但客观上却曾对科学的发展起过积极推动作用。例如,古人认为天与人存在着双向交流,人的所作所为可以感动上苍,使天象发生相应的变化。好的行为,上天会呈示吉兆;如有不妥,上天则会用某些反常的自然现象来加以警示。这种观念,通常称为"天人感应"。古代的占星术就是在这种观念的诱导下产生的。占星术本身并不属于科学,但由于人们相信占星术,便会对各种奇异反常的自然现象特别留意,这样就会极大地刺激他们对自然现象观测的兴趣和热情。每逢有反常自然现象出现,史官们不仅及时加以记载,还郑重其事地写进史书的《天文志》《天象志》或

---

① 《新唐书·隐逸传》。
② 参考曾雄生《隐士与中国传统农学》,《自然科学史研究》1996 年第 1 期,第 17—29 页。

《五行志》中。我国古代史书上留下大量的有关日食、月食、太阳黑子、五星运行、彗星、流星雨、新星、超新星、极光、地震、水旱风虫各种自然灾害以及形形色色动植物变异记录，为我们今天研究科技史留下了十分确切而珍贵的资料，这是古人始料不及的。

中国土生土长的宗教——道教在科技史上也有十分重要的地位。道教经典总集《道藏》中保存着许多有关炼丹术的著作，最著名的有《周易参同契》和《抱朴子·内篇》。前者被誉为"万古丹经之王"，后者则是神仙丹鼎道派的代表作。炼外丹所用的原料主要有金、银、铅、汞、云母、石英、硫黄、雄黄、雌黄等矿物类药物和松柏脂、茯苓、灵芝等植物类药物。矿物类药物一般都要经过炼制，形成某种化合物才能服用。因而炼外丹的过程实际上就是一个化学反应过程。炼丹的化学反应主要有两种，一种是火法反应，一种是水法反应。火法反应主要是通过加热，水法反应则主要是溶解。对于炼丹，道教徒的态度是十分虔诚的，每一步工作都做得非常细致。其初衷是一种宗教信仰，但这也许正是从事科学研究所必需的态度。通过认真的摸索、总结，道教徒们掌握了许多化学知识，并取得了很多化学方面的成就。例如，《抱朴子·内篇·金丹》说："丹砂烧之成水银，积变又还成丹砂。"丹砂即硫化汞，呈红色，经过煅烧，硫被氧化生成二氧化硫，分离出金属汞，这就是所谓的"丹砂烧之成水银"；再使汞与硫黄化合，生成黑色的硫化汞，经升华即得到红色硫化汞的结晶，这就是所谓的"积变又还成丹砂"。又如，《抱朴子·内篇·黄白》提到："铅性白也，而赤之以为丹；丹性赤也，而白之以为铅。"这是说，铅经过化学反应后可变成白色的碱性碳酸铅，再加热后经过各种化学变化，生成红色的四氧化三铅，四氧化三铅又经过化学反应而分解出白色的铅。[①] 关于水法反应，道教经典有《三十六水法》，介绍了多种利用溶液来溶解黄金、丹砂等矿物的知识，其中关于醋酸等无机盐的使用走在世界的前列。[②] 大规模的水法炼钢始于宋代，其源则起于道教的炼丹术。化学反应还要用到硫酸，《黄帝九鼎神丹经诀》中就有"以炭烧石胆使作烟"

---

① 参考杜石然、范楚玉等：《中国科学技术史稿》（修订本），北京大学出版社，2012年，第164页。

② 李约瑟：《〈三十六水法〉——中国古代关于水溶液的一种早期炼丹文献》，《李约瑟文集》，辽宁科技出版社，1986年，第739页。

来获得硫酸的方法,赵匡华先生认为这是"用干馏法制作硫酸的世界最早记录"。①

道士炼丹不仅用于企求长生,还常用作药物为人治病。唐代道士、医学家孙思邈曾用丹砂、曾青、雌黄、雄黄、磁石、金牙(主要成分为铜)等矿物炼成的化学制剂"太一神精丹",内含氧化砷、氧化汞(砷、汞均有剧毒),可用于杀死多种病原虫和细菌。外用可治疗皮肤病,内服可治疗回归热和疟疾,且具有健身作用。②

历史上道教徒精通医学的人极多,上文提到的名医华佗、葛洪、陶弘景、孙思邈就都是道士。对药物学、方剂学的研究必然牵涉到动物学、植物学知识,所以历史上许多道士都对动物学、植物学有着精深的见解。

还有一些同炼丹术有关的科技发明也值得一提。例如,火药的广泛应用始于宋代,但火药配方至少在唐代就已由道士在炼丹过程中发现。由于炼丹容器需要密封,道士们制作了一种"六一泥"。"六一泥"由戎盐、卤盐、礜石、牡蛎、赤石脂、滑石、胡粉等原料烧炼而成,烧制成的"六一泥"含有硅、钙氧化物或盐,其性能类似于我们今天的水泥。

总之,道教对科技的贡献是多方面的。基于此点,李约瑟特别推崇道家,曾说:"东亚的化学、矿物学、植物学、动物学和药物学都起源于道家。"甚至说:"中国如果没有道家思想,就会像是一棵某些深根已经烂掉了的大树。"③

三 为什么中国古代科技逐渐衰落?

李约瑟从上世纪 40 年代起就曾在多种场合说过,他写《中国科学技术史》的目的之一,就是要探讨一个重要的问题,即中国在 15 世纪前的科学发明和发现远远超过同时代的欧洲,然而,欧洲在 16 世纪以后诞生出了已被证明是形成近代世界秩序的基本因素之一的现代科学,中国文明却没有能够在亚洲产生出与此相似的科学,其阻碍因素是什么? 这个问题,被人们称

---

① 转引自祝亚平:《道家文化与科学》,中国科学技术大学出版社,1995 年,第 184 页。
② 详见杜石然、范楚玉等:《中国科学技术史稿》,第 214 页。
③ 李约瑟:《中国科学技术史》第二卷《中国科学思想史》,第 175、178 页。

作"李约瑟问题"。这是一个很值得人们深入思考,却又很难回答的问题,所以又被称作"李约瑟难题"。

中国古代的科学技术曾长期远远超过同时代的欧洲,这是一个事实;欧洲在16世纪以后诞生出了现代科学,这也是一个事实。对于已经发生的事实,我们是可以清晰地找出它产生的原因的。例如对中国古代科学技术之所以能取得辉煌成就的原因,我们就在上一节说了不少。对欧洲之所以诞生现代科学技术的原因,人们也说过许多许多。但是对中国在16世纪后为什么没有诞生现代科学这样的问题,却不容易回答。因为凡是对未发生过的事情追究原因,虽然也可说出不少,但其答案却缺少必然性。例如,我们同样也可以问这样的问题:欧洲的现代科技是在搜集、整理古希腊科技文献的基础上诞生、形成的,可是公元9至12世纪之间,阿拉伯人也异常重视对古希腊科学著作的搜集、翻译、整理和传播,为什么现代科技同样没能在阿拉伯国家那里诞生? 对于这个问题,人们自然也可以说出个一二三来,但由于答案无法验证,因而未必具有必然性。

然而,无论是相对于欧洲还是相对于自己的过去,中国从16世纪以后,科技的发展速度不仅在变慢,而且越来越滞后,到近代终于出现了"落后挨打"的令人扼腕的结果。这是一个已经存在的客观事实。我们不能回避事实,自然也不能不深思其中的原因。

对于中国从16世纪以后科技走向落后的原因,人们已从官僚制度、经济形态、教育体制、传统文化、思维方式等诸多方面探寻过,甚至有人把根源找到了我国古老的象形文字和文言文上。探讨这个问题对于总结我国科技发展的历史经验与教训、促进当代科技发展有着强烈的现实意义,因而从"难题"提出不久一直到现在,人们都在积极回应、求解,不断发表新的意见。

16世纪以后导致中国科技落后的原因确实可以说出很多,难以一一列举,我们这里只能举其大者。

首要原因是,16世纪以后,中国的封建制度正在逐渐走向没落,是没落的封建专制制度直接导致了中国科技的落后。

社会制度对科技发展的促进或制约作用,从欧洲的历史也可以看出来。中世纪的欧洲科学几乎窒息,与教会统治的黑暗关系密切,这是大家公认的结论。在教会统治下,即使古希腊、古罗马亚里士多德、托勒密等人的科学著作仍在流传,却没有焕发其科学精神,反而被当作了神学理论的资借,科学沦为神学的婢女,就是生动的例证。15世纪以后,随着欧洲资本主义的蓬勃兴起,文艺复兴运动、宗教改革运动接踵而至,近代自然科学也就应运而生,这也是生动的例证。对于中世纪,恩格斯曾经说:"中世纪是从粗野的原始状态发展而来的,它把古代文明、古代哲学、政治和法律一扫而光,以便一切都从头做起。它从没落了的古代世界承受下来的唯一事物就是基督教和一些残破不全而且失掉文明的城市。……僧侣们获得了教育的垄断地位,因而教育本身也渗透了神学的性质。政治和法律都掌握在僧侣手中,也和其他一切科学一样,成了神学的分支,一切按照神学中通行的原则来处理。"①对于资本主义同科学发展的关系,马克思曾经说过,资本主义生产第一次在相当大的程度上为自然科学创造了进行研究、观察、实验的物质手段,随着资本主义生产的扩展,科学因素第一次被有意识地和广泛地加以发展、应用,并体现在生活中,其规模是以往的时代根本想象不到的。② 马、恩的这些言论,有助于我们认识欧洲中世纪的本质和资本主义生产同科学发展的关系。

事实就是这样,随着17—18世纪英国、法国等欧洲国家资产阶级革命的胜利,工业革命与海外殖民扩张相辅而行,欧洲的科技一直在突飞猛进地发展。而这时的中国却仍然是一只沉睡中的狮子,封建制度仍然在按照它本身固有的逻辑一步步走向更加专制、更加黑暗的境地,终于导致了落后挨打的惨痛结局。

中国的封建社会没落的标志是封建专制的强化,国民自由精神的丧失和创造力受到压抑。

封建专制在明代就已明显加强。其表现是在政治上加强封建君主的个人权力,在经济上、法律上、文化上、教育上、思想上实行全面垄断。朱元璋为政崇尚刚猛严厉,接二连三制造大案杀戮功臣,动辄对大臣施加廷杖,甚至设立特务机构(锦衣卫)来暗中窥视群臣。对于地方,则通过黄册、鱼鳞图册的编制加强对普通农民的人身控制,又以凌迟、充军等手段加大对"罪犯"的惩罚力度。考试则从四书五经中命题,要求士子代圣人立言,以钳制

---

① 《德国农民战争》,《马克思恩格斯全集》第7卷,第400页。
② 详见《机器、自然力和科学的应用》,第206—208页。

他们的思想。专制制度的强化明显地抑制了科学技术的发展。到明代后期,中国的科技相对于欧洲,已有明显的差距。这时虽然也有李时珍、徐霞客、宋应星那样伟大的科学家出现,但这些人多半都是隐士,且将他们的成就与同时代欧洲科学家哥白尼、伽利略、开普勒、笛卡儿、哈维等人相比,也存着一定差距。

明代后期江南资本主义的萌芽和西方文化的传入应该说是消弭东西方科技差距的一个良好契机。这一时期纺织、冶铁、陶瓷技术的进步,手工业对风力、水力、煤炭等能源的运用,工场主和雇佣劳动力的大量出现,都有可能导致资本主义的进一步发展。在中外交流方面,欧洲传教士的到来和徐光启、李之藻等人的努力应该也在一定程度上可以起到相互促进的作用。但是,随着清兵入关,明朝灭亡,历史改变了它的进程。清人入主中原后虽然加紧汉化,但它从汉文化中学到的却主要是封建专制那一套。封建专制加上民族压迫,使它显得比明王朝更为黑暗。东南一带资本主义萌芽较早的地区反清最为坚决,因而是他们镇压最残酷、控制最严密的地区。虽然康熙、雍正、乾隆时代也曾出现过"盛世",农业和手工业生产都曾有过较大发展,商业也发展迅速,初步形成了全国性的市场体系,对外贸易也空前兴盛,资本主义因素较明末有所增加,但从总体上讲,封建专制程度不仅没有减轻,反而比明代更为严酷。国家事无巨细,统统须经皇帝做出终极裁判,皇帝的意志决定着整个国家的命运;接二连三的文字狱严重地摧残了知识分子的自由思想,八股制艺则变成了利诱和腐蚀士人灵魂的工具。康熙、乾隆在文治的口号下组织力量编纂《古今图书集成》《四库全书》等大型文献,真正的目的却并非为了弘扬文化,而是借机转移文人学者关注现实的视线,借机加强文化控制,甚至摧残文化。因此,虽然清初在科技方面也取得过一些成就,出现过像康熙那样热衷于科技的皇帝,但并未能改变科技日益落后的总体趋向。

乾隆晚年到嘉庆、道光,封建专制的弊端便日益突出,嘉庆、道光帝都再也没有康熙、乾隆那种"乾纲独断"的能力。随着人口的不断增长,王公贵族的日益奢靡,贪墨之风日益炽盛,国家库帑的日益空虚,军队武备的日益废弛,民众反抗的日益激剧,他们根本就没有能力挽回颓势。乾隆时代兴起的以考据、校勘、音韵、训诂为主的朴学,使士大夫们远离现实问题而沉溺于故纸堆中,再加上乾隆后期就已开始的闭关锁国政策,对外交往断绝,整个封建国家已变得毫无生气,哪里还谈得上科技的发展! 1840 年以后,在帝国主义的坚船利炮威胁之下,在一纸纸不平等条约之中,中国终于一步步沦为半殖民地半封建的国家,科技的发展更面临着十分艰难困蹶的境地。

所以,中国从 16 世纪以后科技发展逐渐走向衰落,从根本上说是因为封建制度走向没落造成的。

其次,一般研究者都已经注意到,由于中国地理上的相对封闭,加上汉民族文化相对于周边少数民族文化先进,特别是封建王朝的极力自我夸大,使古人逐渐形成了一种以自我为中心的倾向。还有,中国历来是一个自给自足的国家,这种自给自足容易使人们相信中国可以不依赖世界,不需要同别人交流。这些观念根深蒂固,在明末世界地理知识(如利玛窦有《坤舆万国全图》、庞迪我有《海外舆图全说》、艾儒略有《职方外纪》等) 传入以后仍未得到彻底的改变。清代统治者就曾把“天朝物产丰盈,无所不有”作为闭关锁国政策的理论依据。外国使团到中国来,清统治者往往把他们当做从远方来朝贡的藩国使臣对待,而不看做国与国之间的平等交往。这些都不利于中国同世界的交流,而只能使自己更加封闭、保守、落后。

再次,中华民族是一个富于智慧、富于创造的民族,它所创造的长达几千年的辉煌,就是一个明证。我们的传统文化当中有很多宝贵的精华,这是世界所公认的。但是,我们也不能讳言,我们的传统文化中也有很多在今天看来有局限性甚至属于糟粕的东西,这些东西对科技的发展是有负面影响甚至有阻碍作用的。

例如从思维的角度说,中国古人在天地关系的思考上就存在着误区。我们的古人所理解的天,总是与地相对,而不是把地本身就看做天的一部分。在天文史上,古人有盖天说、浑天说、宣夜说,认识到宇宙无限,对日月五星的运行观测十分细致,甚至得出了很精密的行星会合周期,但就是没有产生出古希腊毕达哥拉斯学派那样的天体模型理论,更谈不上古罗马天文学家托勒密那样的“地心说”。古人特别重视“道”与“技”的关系。在《庄子·养生主》里,就有“道”进于“技”的说法。“道”是万事万物的总根源、总规律、总原则、总纲领,是一种可以执一驭万的东西,古人常用它来统括、解释一切现象。“技”则是具体的技术。在各种“技”的研究方面,古人常能探颐索隐、出精入微,这大概是我国古代很多技术走在世界前列的原因。但古人往往喜欢把"技"直接上升到"道",也就是直接上升为总根源、总规律、总原则、总纲领,而忽视了对具体规律的探讨。对于具体规律,古人也不是不知道它的存在,更不是没有人探索过。① 可惜的是,我们的古人在论述自然科学问题时,更多的是注重对大道理的阐述,而对具体的"物理",却经常不予重视。这就使古人的自然科学研究常常在理论上陷于模糊、笼统、空疏,始终难以摆脱经验和感性的束缚。当然,这也许不是一种局限,而是我们古人思维方式的特点。而且即使是一种局限,也可以通过同其他民族文化的交流加以弥补。中国人不是不能理解和接受古希腊欧几里得的《几何原本》,阿基米德的《论浮体》《论重心》,也不是不能理解和接受哥白尼、伽利略和达尔文的观点,而是由于历史、地理条件的限制而缺乏应有的交流造成的。

中国古代的"天人合一"观念也有某些局限性。"天人合一"观念关注的是人在宇宙中的地位,注重的是人与自然关系的和谐,其中包含着合理的内涵。但"天人合一"观念也常常使古人把自然科学与人文学科纠合、胶结在一起,导致在探讨自然问题时把自然人文化,而探讨人文问题时又把人文自然化,从而使自然科学和人文科学两者的研究都出现偏差。"天人合一"观念还会导致神学的出现。汉代董仲舒的"天人感应"说就是"天人合一"的一种。它把自然之天拟人化,认为天有意志,能监视人间并根据君主德行的好坏赐福或降灾。我们在上一节说过,在古代,科学和迷信是一个混血儿,这种观念所诱导出来的占星术也曾对天文科学的发展起过很大的刺激作用。但从根本上讲,它是一种迷信思想,在汉代就曾受到桓谭、王充等人的批判。由于它是为世俗政治服务的,因而它在封建时代有很大的市场。它不仅对科学的传播和发展造成过不利影响,而且对政治变革也常起阻碍作用。历代统治者都把自己得天下说成是天命所归,借以神化自己,又害怕天象变化会引起人心不安,危害自己的统治,因而常有意在天文学领域内设置禁区。例如封锁太史的天文观测结果,不许外泄。《南齐书·天文志》就有

---

① 例如古人提到的"理"这个概念,就是关于具体规律的概念。我们上文提到的墨子,就曾探讨过许多关于光学、力学、几何学方面的"理"。我们上文也提到过《韩非子》所包含的科学思想。《韩非子·解老》说:"道者,万物之所然也,万理之所稽也。理者,成物之文也;道者,万物之所以成也。……万物各异理而道尽。"意为,"道"是万物之所以成的总规律,"理"则是形成事物的文理、性质的具体规律。万物各有各的"理",必须通过对这些具体的"理"的探究才能上升到"道"的高度。这就很好地阐明了"道"与"理"的关系。

齐明帝建武(494—497)时"太史奏事,明帝不欲使天变外传,并秘而不出"的记载。唐文宗开成年间(836—840),皇家禁止司天台人员与一般人往来,并要求对占候的灾祥保密。宋太宗太平兴国三年(978),为了禁止民间私习天文,曾下诏民间懂天文的人一律要经过考试归隶司天台,匿藏不报的,罪论死。第二年,全国各地送来一些天文术士,经过考试,一些人进入了司天台,其余的则被黥配海岛。明初朱元璋规定:私下学习天文的人要处以流放罪,私下制定历法的人要处以极刑。① 这显然对天文学的传播和发展极为不利。

"天人感应"说还渗透到许多领域,例如风水学、看相、算命等。我们在前面说过,古代的风水学中有属于科学的东西。但由于受"天人感应"中迷信成分的影响,古代风水学中也有许多荒谬的东西。这些甚至在近代都曾影响过科技的发展。例如洋务运动时,保守派反对修筑铁路,就曾提出"穿凿山川,必遭神谴"②这样古怪的理由。

思考题

1. 中国古代科技有哪些主要成就? 其发展有何特点?

2. 中国古代科技取得成就的原因有哪些?

3. 为什么中国从 16 世纪以后科技逐渐落后?

参考书目

1. 李约瑟:《中国科学技术史》,科学出版社、上海古籍出版社,1990 年。

2. 杜石然、范楚玉等:《中国科学技术史稿》(修订本),北京大学出版社,2012 年。

3. 路甬祥主编:《中国古代科学技术史纲》(包括数学、物理与化学、天文学、地学、生物学、农学、医学、技术八卷,每卷由不同的作者撰写),辽宁教育出版社,1996 年。

4. 祝亚平:《道家文化与科学》,中国科学技术大学出版社,1995 年。

---

① 李生龙:《占星术》,海南出版社,1993 年,第 16 页。

② 杜石然、范楚玉等:《中国科学技术史稿》(修订本),第 397 页。

第十四讲

中国近代历史的新课题

　　在经历了几千年辉煌的古代农业文明之后,中国社会缓慢发展到清朝。这是中国最后一个封建王朝。此时的中国与世界形势均发生巨大变化。尤其是在晚清道光、咸丰年间,即 19 世纪中期,出现了所谓"千古未有之变局"。这种变局向中国人提出了两个十分严峻而紧迫的历史新课题,这就是:抵抗外来侵略,争取国家和民族的独立;顺应世界近代化潮流,实现中国社会的全面转型。

　　为完成这两个新的历史课题,中国人民在遭受外国列强多次战争侵略和欺凌的同时,先后在农民阶级和资产阶级领导下,连续掀起反抗外国侵略、反对清朝封建专制主义统治和北洋军阀军事独裁统治的斗争,但均遭到失败。同时,先进的中国人倡言学习西方科学技术、大机器生产方式、民主制度和思想文化,主张转变思想,更新观念,引进并加快机器工业的发展,实现政治民主化和法制化。为此,先进的中国人进行了艰苦卓绝的努力。尽管收效甚微,但中国社会毕竟迈出了近代化的第一步。1919 年五四运动以前 80 年的历史表明,中国走西方国家老路的尝试没有成功。此后先进的中国人把马克思主义理论与中国革命的具体实践相结合,前仆后继,浴血奋斗,实现了国家和民族的独立,并经过长期艰苦探索,历经坎坷曲折,中国的近代化才找到正确道路。这两个新的历史课题终于逐步得到解决。

一　清朝的封闭、落后和西方近代化潮流

　　清朝是满洲贵族于 1644 年入关以后建立的中国最后一个封建王朝。在入关以后的一百多年间,由于清朝廷实行奖励垦荒和"摊丁入亩"等经济

政策,初步促成社会发展和经济繁荣的局面。在清中叶以前一个相当长的时间里,无论政治还是经济、文化,中国仍然走在世界前列,是当时世界上最强大的国家之一。这个时期被史家称为"康乾盛世"(本书第三讲已详述)。此时中国版图北抵西伯利亚,东北到外兴安岭和库页岛,西达葱岭,边界至中亚的巴尔喀什湖,南跨台湾和南海。至清道光年间(1821—1851),中国领土面积为1300多万平方公里,比整个欧洲面积大200多万平方公里。

可是,封建主义的生产关系在中国已经走到尽头,它不能为社会生产力的发展提供任何余地和机遇,甚至成为生产力发展的严重桎梏。从乾隆中后期开始,中国社会逐渐由盛转衰,到鸦片战争时期①已经是危机四伏。

首先在社会经济领域,地主土地所有制和自给自足的封建自然经济,束缚着社会生产力的发展,土地兼并和农民破产的现象十分严重。嘉庆年间(1796—1820),全国的耕地面积大约有8亿亩,绝大部分掌握在皇家、地主、寺院和各级官僚手中。例如,道光时期的大学士琦善竟然拥有土地256万亩。土地的高度集中,迫使农民失去土地而向地主佃耕,他们除了必须向地主缴纳70%以上的地租以外,还要负担沉重的赋税和名目繁多的苛捐杂税。这种社会经济状况促使小农业与小手工业进一步密切结合。农民们必须在从事农业生产的同时,从事家庭手工业劳动。自给自足的小农经济严重阻碍社会分工、生产规模的扩大和生产技术水平的提高。当时清王朝推行重农抑商政策,把先进的生产技术和工艺视为奇技淫巧而加以排斥。这样就使沿海地区已经产生的资本主义萌芽,尽管仍在继续成长,却没有条件实现从手工业向社会化大工业的质的转化。所以,直至鸦片战争以前,在中国社会经济生活中占主导地位的仍然是封建自然经济。

从政治方面看。在中国历史上,中央集权的君主专制制度对中华民族多元一体格局的形成,对社会生产力的发展,都曾经起过一定的积极作用。但随着社会不断发展,这种制度的弊端日益凸显。清王朝继承明代政治制度,把中央集权的君主专制制度发展到顶峰,这种制度以皇帝为中心,在中

---

① 鸦片战争于1840年爆发,清王朝在战争中遭到失败,于1842年与英国签订了不平等的《南京条约》。第二次鸦片战争发生于1856—1860年,此役又称"英法联军战争"。清政府分别与英、法、美、俄等国家签订了《北京条约》等一系列不平等条约,中国社会半殖民地程度进一步加深。

央和地方形成一套完整严密的庞大官僚体系,极力维护君主权威和专制统治,严密控制和镇压人民的不满情绪和反抗行动。统治集团的腐败现象屡见不鲜,官员们"除富贵而外不知国计民生为何事,除私党而外不知人才为何物"。清朝吏治黑暗,卖官鬻爵,贿赂公行,贪污成风。民谚"三年清知府,十万雪花银"就是对当时腐败官员的真实写照。清朝中期以后政治的腐败与黑暗是中国历史上十分严重的时期。由于两千多年君主专制统治累积了诸多弊端,依靠其自身的力量已经难以消除,到此时完全暴露无遗,导致社会矛盾达到总爆发的程度。

政治的腐败也体现在军事方面。道光年间,清军总兵力大约 90 万人,主要由八旗军和绿营军构成。八旗军入关以后享受种种特权和不劳而获的寄生虫生活,当初关外那种骁勇剽悍的士气早已荡然无存。驻防各地的八旗兵竟然三五成群,终日游手好闲,或手提鸟笼雀架,或相聚赌博酗酒。清军武器装备非常落后,仍旧使用刀矛剑戟等原始冷兵器,在各军事要塞安置的是 300 年前的旧炮,早已成为摆设。兵器的落后,营务的废弛,导致军力衰败,除扰民劫财以外,已经完全丧失国防能力,根本无力承担保卫国家主权和领土完整的职责。

在思想文化领域,清王朝自入关就采取高压与怀柔相结合的文化政策,在极力推行文化专制主义,采取高压手段钳制人们思想的同时,沿袭明代科举考试制度,为读书人提供跻身上层社会的途径。清王朝是少数民族对中国的统治政权,为消除汉族官员和读书人的"反满"思想,他们极力鼓吹"三纲五常"等维护封建统治的学说,实行文化专制主义政策,对汉族官员和读书人的言行严加防范。尤其在雍正和乾隆年间,曾发生了多起文字狱,并镇压任何有可能对清王朝统治构成威胁的企图,尤其是人民群众的起义和斗争。这就迫使一些读书人不闻国情与政事,脱离现实社会,埋头故纸堆,考据辞章掌故。清朝的文化专制统治,造成当时思想文化领域万马齐喑的萧瑟气氛。

闭关锁国、故步自封是清朝对外政策的基本特征。这是由社会政治、经济和文化的基本状况决定的。自清中叶开始,清朝实行限制贸易政策,在海上只有广州一口对外通商,在陆地则有恰克图与外国贸易。来华的外商只许与由清政府指定的公行联系贸易事宜,并对外商的活动和进出口货物的品种与数量进行限制。此即所谓"限制贸易政策"。这一政策的实施,给中国社会带来很大消极作用。它不仅没有起到民族自卫和抵制侵略的作用，反而使中国失去对外贸易的主动权和机遇，同时使中国人眼光受到局限，中外经济文化的交流基本断绝，更拉大了中国与世界经济发展的距离。

清王朝在经济、政治、军事、文化和外交诸方面已经进入全面危机状态，民族矛盾和社会矛盾日益激化，各地民众的反抗斗争此起彼伏。从1796年到1804年发生的白莲教起义、1813年发生的天理教起义，以及连续不断的天地会起义遍及全国各地，清王朝的统治处于风雨飘摇之中。

正当中国封建社会和清王朝统治江河日下、危机四伏之时，以英、法诸国为代表的西方国家经过文艺复兴、宗教改革和启蒙运动已经走出黑暗的中世纪。在"血与火"的资本原始积累和对外殖民掠夺的基础上，到17世纪中叶和18世纪末欧美诸国迅猛发展起来，先后走上资本主义道路。

从14世纪中叶到17世纪初是欧洲国家从封建社会向资本主义社会过渡的历史时期。近代工商业已经发展起来，社会生产力水平有了提高，多项新技术新发明应用于生产过程，中国的四大发明也在此前传入欧洲。资本主义手工工场开始形成，美洲大陆被"发现"，绕道好望角新航线的开辟和环球航行的成功，为新兴资产阶级提供了广阔市场，对工商业发展起到刺激作用。在这样的背景下，从14世纪中叶起，欧洲开始了一个社会革命、政治革命和技术革命的时代。这就是源自意大利的文艺复兴。

文艺复兴是与宗教神学、经院哲学和封建文化所不同的以人和自然为研究对象的世俗思想文化运动。"这是一次人类从来没有经历过的最伟大的进步的变革，是一个需要巨人而且产生了巨人——在思维能力、热情和性格方面，在多才多艺和学识渊博方面的巨人的时代。"①在哲学、文学、艺术、社会、政治学说和自然科学诸领域，向封建文化、神学世界观、教会权威及其社会理论发起冲击。他们主张恢复古希腊罗马的世俗思想文化，主张以个人为中心，一切为了人的利益。文艺复兴的思想文化核心就是以人与神对立，以人道与神道对立，其实质就是资产阶级人性论和人道主义。这就为此后把欧洲社会从封建神学统治下解放出来奠定了基础，把社会统治从神那里转归于人。

---

① 《马克思恩格斯选集》第3卷，人民出版社，1972年，第445页。

经过文艺复兴和宗教改革的洗礼,英国于 1640 年发生革命,建立资产阶级政治制度,为资本主义发展开辟了道路。当时英国资产阶级一方面在国内继续进行大规模圈地运动,造成大批农民失去土地而成为可以自由出卖劳动力的人群,实际上为日后大机器工业的出现和发展提供了充足劳动力资源。另一方面,他们不断发动对外战争,先后打败葡萄牙、西班牙、荷兰、法国等老牌殖民强国,掌握了海上霸权。英国炮舰走遍全球,成为世界上最大的殖民帝国,号称"日不落帝国"。随着罪恶的奴隶贸易和对殖民地的疯狂掠夺,英国积累了大量肮脏的原始资本,仅在 1757 年到 1815 年期间就从印度掠夺了价值 10 亿英镑的财富。这就为产业革命的发生和迅速发展创造了条件。自 18 世纪 60 年代至 19 世纪三四十年代,英国进行了工业革命。到 1835 年,英国已经拥有蒸汽机 19335 台。蒸汽机的应用大大促进社会生产力的发展。纺织业的用棉量从 18 世纪 70 年代的 500 万磅增加到 1814 年的 5 亿多磅,70 多年间增长了 100 倍。煤产量和钢铁产量也在短短数十年里增长了几倍或十几倍。当时的英国,新兴工业城市不断出现,工业产量急剧增长,几乎占全世界的一半。到 19 世纪前半期,英国已成为世界上最强大的资本主义国家。

18 世纪末法国大革命是近代资产阶级反对封建主义的又一次决战。社会现实和政治斗争需要一批思想家为法国革命做舆论准备。孟德斯鸠、伏尔泰、卢梭、狄德罗等人就是其中杰出的代表。他们根据新自然观、社会观和世界观批判现实社会,探讨社会发展道路与模式,提出进步的政治主张、口号和行动路线。经过这场深刻的思想启蒙和暴风骤雨般的政治斗争,法国民主制度最终确立。随后,法国资本主义获得前所未有的发展。到 19 世纪前期,法国用于工业的蒸汽机已有 2450 台,1836 年的生铁产量达 59 万吨,从 1815 年到 1840 年,棉纺织品的产量增加了 3 倍,煤产量也显著增加,工业产量仅次于英国,居世界第二位,但法国对东方的贸易额比较小。

美国建国时间比较晚,主要专注于国内开发和建设,同时开始工业化进程。在 19 世纪初期其工业远远落后于英、法两国。从 30 年代起美国开始广泛使用蒸汽机,其生产发展的速度便异常迅猛。1805 年,美国机器纺纱的纱锭只有 4500 枚,到 1825 年增至 80 万枚。美国在开发初期,十分重视铁路交通建设。在 1850 年,国内铁路已经达到 15000 公里,在当时世界上位居第一。

英、法、美等西方主要国家在经过资产阶级革命以后,逐渐走上近代工业化道路。机器工业的出现和迅猛发展,推动资产阶级政府不断寻求扩大新的原料产地和商品市场,开拓海外殖民地。尽管英、法、美等国之间存在各种矛盾,但对打开中国市场的态度却是一致的。于是,封闭落后、故步自封又地大物博、人口众多的中国就成为英、法、美等西方资本主义国家垂涎的侵略目标。

西方文化在初期东来过程中,不断与中国传统文化相对抗。明末以后的统治者对异邦文化与宗教在中国的传播,在内心深处有所顾虑和担忧。一部分士大夫更从不同角度对西学加以抨击和排斥。实际上,自西方传教士东来,各地排斥洋教的所谓"教案"不断发生,一直持续到20世纪初期。西方近代科学和技术工艺在中国传播的历程也十分艰难坎坷。一批守旧官员将其斥为"奇技淫巧"而加以贬损。尤其到清中期以后实行严厉的海禁政策,西学更是遭受非议与排斥。故步自封、盲目自尊的心态和闭关锁国政策,隔绝了中国与世界的联系,局限了中国人的眼界,中国与西方的文化交流进入一个非正常时期。经过鸦片战争和第二次鸦片战争的冲突,清朝被迫开放国门。西方商品、鸦片、宗教与文化在坚船利炮掩护下,如潮水般涌入中国。由此,反抗外来侵略,争取民族独立和追随世界近代化潮流这个时代的新课题,非常紧迫地摆在先进的中国人面前。

二　洋务运动与近代化的起步

第二次鸦片战争以后,外国资本主义势力凭借不平等条约,从沿海深入内地,使大量商品涌入中国各地城乡。中国传统农业和手工业遭到严重摧残。时人在一篇名为《整顿丝茶策》的文章中指出:"中国与洋人通商,——从此反客为主,洋人得操丝市、茶市之权。华商之业丝茶者,反仰洋人鼻息,厘毫不能主持。"①由于中国的海关大权被洋人所控制,②所以中国丝、茶及其他商品的出口量不断增加,但价格却一路下跌。在沿海某些地区,洋纱洋布排挤了土纱土布,中国城乡出现生产凋敝、经济萧条的状况。郑观应在

---

① 求自强斋主人《皇朝经济文编》卷四九。
② 中国海关总税务司一职长期由英国人李泰国和赫德担任,一直到20世纪初期。

《盛世危言》中指出,外国商品在中国大肆倾销,一方面破坏了中国原有的封建经济结构,原本正常的社会生活发生混乱;另一方面为中国商品经济发展提供了有限空间。某些地方形成商品市场,农作物商品化趋势加快,破产农民和手工业者成为劳动力市场的主要来源。自然经济解体促成近代商品市场形成,为中国资本主义的产生创造了一定条件。这就是中国社会面临的基本情况。

对如此深刻的经济危机和社会危机,清朝统治集团中的一部分官员极力主张兴办洋务。当然,他们主要考虑的是维护清朝统治的问题。恭亲王奕䜣认为:"治国之道,在乎自强,而审时度势,则自强以练兵为要,练兵又以制器为先。"[①]李鸿章(1823—1901)也提出,中国欲自强,应当学习外国之利器,而学习外国利器,先要觅制器之器,即学习和仿行外国大机器生产方式。于是,以建立近代军事工业为直接目的的洋务运动[②]便应运而生。

洋务运动的主要内容有:聘请外国军官为军事顾问或教习,购买洋枪洋炮,训练新式陆军,建立南北洋水师和将福建水师改造为近代海军,并创建一批军事工业企业。如,江南造船厂(1865年创办)、金陵机器局(1865年创办)、福州船政局(1866年创办)、天津机器局(1867年创办)等共计24家军事工业企业都在此阶段创办。这些军事企业由政府投资,朝廷委派地方大员如曾国藩、李鸿章、张之洞、崇厚、左宗棠等人总办。所造军火由政府无偿调用,装备海陆军与湘军和淮军。产品不计成本,不求利润。从企业管理体制和经营模式看,它们基本属于封建官府创办的近代新式军事企业。由于这些企业采用大机器生产,某些技术性工作聘请专门技术人员担任。所以,这些企业不完全等同于旧式封建官府工业。洋务军事工业的创办,在客观上促进了封建经济的解体进程,在生产环节或劳资关系上有发展资本主义的明显倾向。此外,这些企业如江南制造局还附设翻译馆,组织翻译并出版西方国家的自然科学和技术书籍,向中国人介绍西方科学知识和文化。

但是,兴办军事工业必须依赖雄厚的国民经济基础。由于军事工业的创办引起许多连锁要求,而中国传统经济和财税政策根本无力为开办近代

---

① 《筹办夷务始末》(同治朝)卷二五。

② 洋务运动始于19世纪60年代,主要内容是编练新式海陆军,创办军事工业和民用工业。到19世纪90年代逐渐消沉。此系中国经济近代化的开端。

军事工业提供充足的经济支持。加之遍及各地的农民起义陆续被镇压和外商在华投资设厂的刺激等因素，洋务运动便从以创办军事工业企业为主，转入以创建民用工业企业为主的阶段。在这种新形势下，一大批采用官办、官督商办、官商合办等形式的民用企业相继创办。如，轮船招商局（1872 年创办）、开平矿务局（1878 年创办）、天津电报总局（1880 年创办），上海机器织布局（1882 年创办）、漠河矿务局（1888 年创办）和后期张之洞在湖北创办的织布官局等民用企业。洋务运动中创办的民用企业，其产品主要销售于国内市场①，洋务民用工业企业一般都计算成本，追逐利润；企业与雇佣工人之间基本为劳资关系；企业创办时吸纳的商股属于民间资本。因此，洋务民用工业企业应当被认定为近代资本主义性质。

洋务民用企业的创办，标志着中国近代资本主义生产方式的产生。这些企业造就了一批掌握近代生产方法和操作技能的技术工人，初步奠定了中国近代国民经济的格局，对外国资本主义经济侵略起到一定程度的抵抗作用。但必须指出，无论军事工业还是民用工业，都带有浓厚的封建色彩和对外国资本的依赖性。军事工业企业由官府垄断经营，又是地方军阀扩充势力的工具。企业采取封建管理制度，设总办、会办、提调等官职，由清政府直接任命。民用企业无论采用哪种管理体制，经营和管理大权都由官员操纵，无论其是否了解企业经营的基本知识，企业的管理者也就与封建官府的官员相差无几了。因为企业的创办和发展全部仰仗于政府的支持，倘若失去政府这个靠山，企业经营便无法正常维持。同样，洋务企业对外国资本有很强依赖性。尽管企业的主权属于中国，但主要机器设备是从外国购买的。从机器安装到投入生产，都要依靠外国技师的操作和指导。企业生产所需的主要原料和燃料由外国进口。因此，在企业的管理和经营中就不得不仰洋人之鼻息了。

当时，无论洋务企业的创办者和经营者，还是倡言自强求富以挽救民族危难为己任的士大夫，都极为乐观地以为洋务运动可以对内平息各地区各民族的起义和斗争，对外能够收回利权，与洋人进行商战。这种认识在 19世纪中叶的历史背景下是深刻的，也是颇有胆识的。他们已经冲破过去那

---

① 有些企业的产品在与外国竞争中还占有优势，并取得不错的效益。例如，开平矿务局开采的煤炭就在天津市场销售，把日本的煤炭挤出了天津市场。

种"天朝上国无所不有"的思想藩篱,认为中国欲图自强,必须睁眼看世界,寻找自身不足,"师夷长技以制夷"(魏源语),即学习西方先进科学技术和大机器生产。因为这个时期首先映入他们眼帘的是西方坚船利炮和养兵练兵之法。所有政治、经济、军事和文化问题都被归结为兴办军事和民用企业。似乎中国有了开花大炮和铁甲轮船,西方列强就会对中国有所畏惧,停止对中国的侵略。这实际上成为当时人们的唯一选择。当然,围绕练兵和创办企业,洋务运动还包括对外派遣留学生、学习西方科技、翻译西方书刊等内容。所有这些都表明,一部分中国人已经放弃了自大虚骄心态,承认中国在某些方面不及西人。从文化的内在结构看,洋务运动主要涉及的是物质层面。即使如此,洋务运动的倡导者们还是经受了很大的政治压力和舆论压力。

清朝统治集团中一批守旧官僚对洋务运动极力加以攻击。他们主张维护落后的封建经济状况,拒绝西方资本主义的一切事物,反对采用西方近代科学和生产技术。守旧派代表人物大学士倭仁说:"立国之道,尚礼义不尚权谋;根本之图,在人心不在技艺。"他认为,洋务派奉夷人为师,必然导致"正气为之不伸,邪氛因而弥炽,数年之后,不尽驱中国之众咸归于夷不止"。① 守旧派的言论和行动,在当时掀起轩然大波,竟然发生了以火车轰鸣会震惊祖宗地下神灵为由而拆毁铁路的咄咄怪事,这是中国社会进步遭遇重重障碍的一个缩影。然而,毕竟时代在前进,社会在进步,中国社会近代化潮流不可逆转。在洋务运动的影响和引导下,中国近代民族资本主义工业诞生了。

自19世纪70年代开始,陆续有一些官僚、地主、买办、商人投资近代机器工业企业;也有手工工厂的业主采用外国机器进行生产,从而使其原有的手工工厂转变为近代工矿企业。截至甲午战争以前,资本额在1万元以上的民办工业企业有54家,总资本约480万元。主要民办企业有:继昌隆缫丝厂(1872年由陈启源在广东南海创办)、②通久源机器轧花厂(1887年由严信厚在浙江宁波创办)、裕源纱厂(1894年由朱鸿度在上海创办)、贻来牟

① 中国史学会主编:中国近代史资料丛刊《洋务运动》二,上海人民出版社,1961年,第30页。
② 史学界一般认为它是中国私人创办资本主义机器工业的第一家。

机器磨坊（1878 年由朱其昂在天津创办）、同文书局（1882 年由徐鸿复在上海创办）、均昌机器船厂（1882 年由李松云在上海创办）。此外，还有火柴、机器制茶、制糖、制药、榨油、碾米、采矿等多家机器生产的企业陆续创办。

如果说，洋务运动是中国近代化历程第一步的话，那么，19 世纪 70 年代以后近代资本主义民族企业的兴办就是第二步。由于中国近代特殊的国际环境和国内局面，中国近代民族企业的创办和发展之途充满了艰难险阻。外国侵略者为保持各自在华权益，反对和阻挠中国发展资本主义，采用各种手段破坏中国民族工业企业，在市场、原料、运输、价格、技术等方面对民族企业形成巨大压力。清政府为维护其赖以生存的封建经济基础，打压作为其异体力量的资本主义企业，运用行政手段限制普通民商创办新式企业。守旧派从根本上反对近代新式企业的创办，造成不利的舆论环境。因而，中国民族资本近代企业没有得到健康发展。

随着近代新式企业的出现和初步发展，中国资产阶级应运而生。与此同时，在思想文化界出现一批反映资产阶级利益和要求的早期改良派学者。其中主要代表人物有：王韬（1828—1897）、薛福成（1838—1894）、马建忠（1844—1900）、郑观应（1842—1922）、陈炽（？—1899）、何启（1858—1914）和胡礼垣（1847—1916）等。他们对外国政治经济、历史地理都比较了解，具有强烈的爱国思想，为挽救民族危机和社会危机出谋划策、奔走呼号。他们的思想主张有各自的特点，也有某些基本相同的观点：第一，反对西方殖民主义对中国的侵略，要求摆脱外国资本主义的政治压迫和经济侵略，修改侵略者强加给中国的不平等条约，争取实现民族独立和国家主权完整。第二，要求发展民族近代企业，希望清政府为民族企业的创办和发展提供良好环境与条件，减少封建官府对企业的行政干预和无理勒索。他们认为，发展本国经济，增强国家的综合实力，就可以与西方国家进行商战。第三，反对封建君主专制制度，主张模仿西方国家的君主立宪制，向地方官员和士绅阶层有限度地开放一部分权利，尤其是主张设立"议会"，扩大社会上层参政议政的范围。总之，他们的改良思想有进步意义。重要的一点，是他们的主张已经不同于洋务运动的理论家，那就是从文化结构中的物质层面逐步转到制度层面，这就为此后发生的戊戌维新运动做了思想上的准备。而且，他们的舆论宣传工作对中国人的思想启蒙也有一定的促进作用。

19 世纪 60—90 年代的近 40 年间，中国已经迈出向近代社会转型的脚步。从清政府自身的角度看,洋务运动是一场自救运动。因为统治者在国内外动荡不安的环境下,已经不能完全按照旧的模式继续统治下去了。如果他们连物质层面的改革都不愿进行的话,就会在社会经济的全面危机中丧失统治地位。从社会发展的角度看,洋务运动则是一次较低层次的近代化运动。即使它自身有很多弊病,但作为中国近代化的最早尝试,它深刻动摇了传统农业社会的经济基础与结构。尤其是近代大机器生产企业的初步建立,中国开始了从传统农业社会向近代工业社会转型的近代工业化历程。这也意味着长期适应于农业社会和自然经济的中国传统文化,必须努力适应刚刚起步不久的资本主义工业社会和商品经济的要求。实际上,中国文化在近代的发展和演变,一直是人们密切关注的重要问题。

三　清末民初制度变革的尝试

19世纪六七十年代以后,西方各初步进入工业社会的国家开始向垄断资本主义过渡,这就使殖民主义具有更强的侵略性。英国占领印度以后,继续向北扩张,对我国西藏进行渗透;富有侵略欲望的沙俄自北向南向东推进,吞并我国东北和西北地区大片领土。在英俄势力的纵容下,中亚浩罕汗国阿古柏,于1865年率军入侵我国新疆,建立地方殖民政权,对各民族人民实行奴隶制统治。俄国乘机武装占领伊犁,[①]英国则在该地区获得贸易等利权。美国与日本相勾结,对我国台湾等地进行侵略,制造了影响深远的"琉球事件",[②]此事为1894年日本对华发动甲午战争埋下伏笔。英国还企图打通一条从印度深入中国内地的路线,结果发生了"马嘉理事件"。[③]法国在占领越南南方以后,进一步向北方推进,继而向我国进行挑衅,终于在1884年发生了中法战争,战后法国在中国云南等地获得若干项特权。1894年,中日甲午战争爆发。腐败的清政府被迫与日本签订了丧权辱国的《马关条约》,

---

① 阿古柏入侵新疆以后,湘军将领左宗棠率7万湘军,消灭了阿古柏匪帮,并以武力为后盾,最终收复了伊犁。

② 琉球原系中国的藩国,此事件以后,日本将其纳入自己的版图。

③ 英国武装探险队强行侵入我国云南腾越(今腾冲)一带,当地百姓对其加以阻止,双方发生冲突,走在探险队前面的马嘉理在冲突中毙命。马嘉理事件以后,英国政府对中国进行战争讹诈,中英双方签订了不平等的《烟台条约》。

结束了这场战争。不仅如此,甲午战争引发了列强在中国划分势力范围的狂潮。同时,列强加快对中国输出资本的步伐,直接掠夺中国的自然资源,压榨和剥削中国人民,阻碍中国民族工业的发展。所有这些,使中国面临"亡国灭种"的深刻危机。正如康有为于 1895 年在《强学会叙言》中所说的那样:"俄北瞰,英西睒,法南瞵,日东眈。处四强邻之中而为中者,岌岌哉!"

1895 年"公车上书"事件标志着维新派正式形成。他们的政治理想就是在中国建立立宪政治。"君与国民共议一国之政法","以国会立法,以法官司法,以政府行政,而人主总之"。他们主张在中国实现西方式的三权分立制度,拟定宪法,召开国会,君民共主。如此,可挽救日益加深的民族危机和社会危机,中国的富强指日可待。

康有为(1858—1927)是维新派的领袖,戊戌变法的倡导者。1885 年以后,他先后撰成《人类公理》①《新学伪经考》《孔子改制考》等书,为变法维新制造舆论。他指出,中国社会到了非变法不可的地步。不变则亡,小变仍亡。他的变法思想,一是来源于中国古代的变易理论,包括今文经学家的"公羊三世说";二是来源于西方近代政治学说,例如自由、平等、博爱的民主思想。他对待这两种学说的态度是各取所需,他所宣传的既不是完全准确的中国传统社会学说和政治思想,也不是纯粹的西方近代政治学说,而是经过深入而独特的思考,按照现实政治斗争的需要加以改造而形成的维新理论。客观地说,康有为的思想在学术上还是有疏漏和不够准确的地方。在这样的特殊历史时期,他一方面是在进行学术研究,另一方面更是利用学术进行政治斗争。当然他的研究,社会政治价值远远高于学术价值。

1896 年,维新派在上海创刊《时务报》,由梁启超(1873—1929)主笔。他用"常带感情"的笔端,使该报成为宣传变法维新的重要阵地,也使他与其师康有为齐名。梁启超认为,救亡之道,唯有变法自强。所谓变法,其根本在于育人才;人才之兴,在开学校;学校之立,在变科举。而这一切要取得成功,就在于变官制。说明维新派的改革主张已经触及制度层面的问题。

严复(1854—1921)曾留学英国,受西方近代思想影响较大。因而是维

---

① 此书后经修订,改名为《大同书》,但"秘不示人"。全书共十章,是康有为对未来社会的精心设计。梁启超认为,此书的要害在于"毁灭家族"。1935 年,康门弟子钱定安将此书稿送交中华书局,全文出版。

新派中富有民主、自由和平等思想的学人。严复于 1897 年在天津创办《国闻报》，与维新派其他报刊相呼应，成为维新思想传播的重要媒体。甲午战争的惨败，使严复痛感民族危机迫在眼前。他连续发表《论世变之亟》《原强》《救亡决论》《辟韩》等著名政论文章，抨击封建君主专制制度，斥责封建帝王为"大盗窃国者"。他主张向西方学习，变法图强。1895 年，严复翻译的《天演论》一书刊行，[①]介绍"物竞天择、适者生存"的进化论学说，激发国人救亡图存的爱国热情，在思想界、教育界乃至更大范围产生深远影响。此后，他还先后译出《法意》《原富》《群学肄言》《名学浅说》《穆勒名学》《群己权界论》《社会通诠》等多部西方社会科学名著，[②]成为中国近代第一个比较系统地传播西方近代学说的启蒙思想家。"严译名著"对中国近代启蒙思想发展有巨大推动作用。

谭嗣同（1865—1898）是湖南维新派的主要代表。他反对科举取士制度，赞同今文经学，喜读王夫之著作，在学术上发挥王夫之"道不离器"之说，主张"日新"的观点。他著有《仁学》一书，在哲学上提出"以太"为世界本原的学说，又将"以太"还原为"仁"。他对封建君主专制制度进行猛烈抨击，认为"二千年来之政，秦政也，皆大盗也"。"君也者，为民办事者也；臣也者，助民办事者也"，"君，末也；民，本也"。他大胆否定封建纲常名教，疾呼冲决封建网罗，要求实现人人平等，大力发展资本主义政治、经济、文化，推行变法维新政策。

1897 年年底，德国侵占胶州湾事件使戊戌维新运动从舆论宣传迅速转变为政治实践。1898 年 6 月 11 日，光绪皇帝颁布《明定国是诏》，要求变法自强。自此，百日维新正式开始。在此期间，维新派通过光绪皇帝发布了 110 多道诏令，主要内容是：提倡兴办实业，设立国家银行和农工商总局；提倡私人投资，奖励发明创造，修筑铁路，开采矿山；改革财政，整顿厘金；广开言路，允许官民上书；精简机构，澄清吏治，删定则律，准许开办学堂、报馆，出版言论自由；改革科举制度，废除八股文章，开经济特科，创办京师大学堂，各省设初、中、高等学堂，派遣留学生；裁汰绿营练勇，精练海军与陆军，设厂制造枪械弹药、轮船大炮等。

---

① 《天演论》一书最早由陕西味经书院于 1895 年刊印。该书现藏陕西省图书馆。
② 严复翻译的西方近代社会科学名著，经商务印书馆编辑为"严译八种"出版发行。

当维新派忙于起草和发布新政诏令时,守旧派也在暗中部署政变。双方经过几个回合的明争暗斗后,"百日维新"终于随着谭嗣同等六君子血溅菜市口而告失败。几乎所有的新政措施被推翻。但不可否认,这是一次具有历史意义的政治运动,也是具有深远影响的思想解放运动。戊戌维新试图从制度变革入手,解决中国社会面临的挽救民族危机和实现近代化的历史课题。由于各方面条件的局限而未能成功。这也预示着孙中山为代表的资产阶级革命派开始成为中国历史舞台的主角。

戊戌维新未能阻止外国列强在中国的瓜分狂潮,民族危机和社会危机仍然十分严重。在如此背景下,1900年发生了反抗外国侵略的义和团运动。这是中日甲午战争以后中国人民反侵略、反瓜分斗争的高峰。遍及华北各地的义和团起义,沉重打击了外国侵略势力。面对这样的形势,侵略者一方面要求清政府对义和团予以镇压,一方面集结为八国联军向京、津地区窜犯,直接出兵镇压义和团起义。在列强压迫下,软弱的清政府终于向列强屈膝投降,并于1901年签订了卖国丧权的《辛丑条约》。此后,中国完全沦为半殖民地半封建社会。在八国联军和清军的共同镇压下,义和团运动悲壮地失败了,它为后人留下许多值得汲取的经验教训。义和团拿起武器反对外国侵略和奴役,保卫身家安全和民族独立,这是完全正义的,应当做历史的肯定。但农民阶级没有科学的理论武器,在宗教迷信和盲目排外思想影响下,采取原始落后的斗争方式,带有浓厚的蒙昧主义色彩,无法承担挽救民族危机的任务。

《辛丑条约》签订以后,清政府成为列强控制中国的驯服工具。外国势力完全操纵了中国社会政治、经济、财政、军事和外交大权,中国社会呈现全面危机。于是,资产阶级民主革命迅速走向高潮,以孙中山为代表的革命党人不断进行民主革命的宣传和组织活动,揭露外国列强对中国侵略和清政府对外卖国的真面目,号召人民推翻清王朝统治,反抗外国侵略,争取民族独立和解放。

在政治思想和文化领域的斗争中,涌现出一批资产阶级革命宣传家,其中,章炳麟(1869—1936)、邹容(1885—1905)、陈天华(1875—1905)等为代表人物。1903年,章炳麟在《苏报》发表《驳康有为论革命书》,反对"中国只可立宪、不可革命"的观点。此文产生了广泛的社会影响。同年,邹容的《革命军》一书出版,《苏报》刊载介绍推荐此书的文章。清政府勾结租界当局查封《苏报》，章炳麟、邹容先后入狱。此即轰动一时的"《苏报》案"。1903 年，陈天华写出《警世钟》《猛回头》两本小册子，以通俗浅显的语言，热情宣传民主革命思想和爱国主义思想。女革命家秋瑾（1875—1907）也为革命报刊积极撰稿，呼吁男女平等，提倡妇女解放。民主革命思想的广泛传播，为行将到来的资产阶级革命在一定程度上做思想、舆论和组织准备。

1905 年 8 月，孙中山（1866—1925）（图 27）与黄兴（1874—1916）商议，联合兴中会、华兴会、光复会和日知会等革命团体，在日本东京召开中国同盟会成立大会。孙中山当选为总理，确定"驱除鞑虏、恢复中华、建立民国、平均地权"为同盟会纲领。随后，孙中山在《民报》①发刊词中把这 16 个字解释为民族、民权、民生的三民主义。孙中山指出，民族主义是把反满与建立资产阶级统一的民族国家结合起来，也就是民族革命。民权主义是反对封

图 27　孙中山像

建专制统治，建立资产阶级共和国，也是政治革命。中国的民族革命应当与政治革命相结合。民生主义是平均地权，防止资本主义矛盾所带来的社会问题，也是社会革命。三民主义在当时起到促进革命发展的作用，但也存在某些具体问题。例如，没有提出解决农民土地问题的方案，没有明确反对外国列强侵略的主张等。无论如何，这个纲领代表了资产阶级的政治要求，在思想上达到了当时最高水平，成为团聚一切反满力量的中心和旗帜。同盟会成立和三民主义纲领的提出，表明资产阶级民主革命已经进入实质阶段。

同盟会成立后，革命党人一方面与立宪派围绕要不要革命，要不要实行民主政治并建立资产阶级共和国，要不要改变封建土地制度等问题展开论战，以壮大革命力量，促进革命形势发展。这次论战②在一定程度上解放了

---

①　《民报》的前身是宣传革命思想的报刊《二十世纪之支那》，同盟会成立以后，改为《民报》，作为同盟会的机关报。

②　在同盟会成立前后，立宪派以《新民丛报》为舆论阵地，革命派以《民报》为舆论阵地，双方进行激烈的论战。革命派取得胜利。

人们的思想，揭露了清王朝对内镇压、对外妥协的真相，争取到一些原先摇摆不定的群众。另一方面积极依靠会党群众，在国内发动多次武装起义。其中比较著名的起义有：1906 年湘赣边界的萍浏醴起义、1907 年潮州黄冈起义、1908 年钦州起义和云南河口起义、1908 年安庆起义等。这些起义都是脱离群众的单纯军事行动，没有群众基础，所以很快就失败了。这些起义表现了革命党人大无畏的牺牲精神，加快了革命高潮的到来。此外，革命党人还进行了多次暗杀活动，表明他们没有耐心对民众进行细致的动员工作，有急于求成的心理，但暗杀活动对清王朝统治起到一定威慑作用。

面对国内外民主革命形势的高涨，清廷采取了紧急应对措施。一方面作出承诺，以争取立宪党人支持，一方面调动军队，对各地群众的起义和斗争进行镇压。1900 年以后，清廷宣布实行所谓"新政"，①包括放松对民族资本企业的限制，同时重点加强中央集权的封建专制统治，缓和对外关系。此举并未达到清廷的主要目的，反而使中央机构内部矛盾加剧，袁世凯等地方实力派力量得以增长，国内矛盾不断激化，革命形势继续向前发展。在这种情况下，清廷不得已接受立宪党人提出的要求，宣布实行"预备立宪"，派员出国考察宪政，以缓和矛盾、掩人耳目。1908 年 11 月，光绪皇帝和慈禧太后先后死去，各省立宪党人乘机联合向清廷进行和平请愿，要求速开国会。1911 年，清廷成立以满洲皇族官员为中心的责任内阁。② 至此，立宪党人对清廷彻底失望，转而对革命党表示同情。此时正在湖南、湖北、广东、四川进行的保路运动掀起高潮。其中，四川的保路运动转变为武装斗争。清廷闻讯，大惊失色，立即调派湖北新军入川，镇压保路同志军的武装斗争。

1911 年 10 月 10 日，受同盟会领导的湖北新军中的革命团体文学社、共进会在新军中发动起义，迅速占领武昌、汉阳和汉口，宣布成立湖北军政府，建国号为"中华民国"。同时，号召各省起义，脱离清政府，推翻清王朝统治。随后，湖南、陕西等省纷纷响应起义，并宣布独立，武昌起义出人意料地

---

① 当时清廷尚在西安避难。《辛丑条约》签订以后，清廷准备回京，颁布了"新政"上谕。史称"回銮新政"。其实质和目的是为加强清朝统治，镇压民众的反抗。

② 此责任内阁中，皇族大臣占据多数，因而时人称此内阁为"皇族内阁"。但很快袁世凯出任内阁总理大臣，重新组织内阁，皇族内阁消失。

获得成功。孙中山闻讯,立即从海外归来,商议成立中华民国等重大事宜。1912 年元旦,中华民国宣告正式成立,孙中山就任临时大总统。自此,清王朝满洲贵族的统治和中国两千多年的中央集权君主专政制度成为历史。① 当年 3 月,孙中山颁布《中华民国临时约法》。这是中国历史上第一部具有完整意义的资产阶级共和国宪法,它标志着中国社会和文化的转型在制度层面上取得的成功。尽管它更主要的是一种象征。在此后的军阀统治时期,无论是袁世凯、段祺瑞,还是张勋、徐世昌,他们企图在中国传统政治中为自己寻找专制主义合法统治依据的挣扎都是徒劳的。正如孙中山所说,世界潮流,浩浩荡荡,顺之则昌,逆之则亡。

辛亥革命不仅在政治上取得重大成就,推翻专制统治和腐朽的清王朝,而且在政治理论的探讨、科学思想的宣传和人文精神的发扬诸方面都是前所未有的。孙中山和其他革命家对政治的起源、政治体制的建构和对理想政治的追求,都从基础上突破了中国传统政治理论范畴。他们还注意到培养国民民主与科学精神,从科学与民主政治、道德进步之间的关系上加以深入研究,倡言近代科学的实验精神,对科学的宣传倾注了极大精力。他们的工作为中国传统科学向现代科学转化奠定了基础。辛亥革命还开启了中国传统学术向近代学术过渡的帷幕。摆脱经学束缚,改造传统学术的价值标准和学术方法,寻求新的学术理念和方法,已经成为这个时期学术更新的主流。与欧洲文艺复兴时期的人文思潮相比较,辛亥革命时期的人文思潮有鲜明特点:它虽然有对人的价值的发现,但它的灵魂不是对个人理性的高扬,而是将个人价值的实现与国家和民族的独立、解放紧密结合在一起。科学思想不像西方渊源于人文思想的深化,而是与人文思想的发展同步,或者说是二者的相辅相成与互相推动。欧洲近代文明与古希腊文明有着直接的继承与发展关系,而中国近代学术不仅是对古代传统学术的继承,而且吸收了西方从文艺复兴以来的学术思想和观念,因此中国古代学术在近代的转型就显得比较复杂。学者们必须付出更多的精神劳动,进行长期的学术实践。

---

① 1912 年是中华民国元年。当年 2 月清王朝寿终正寝,被迫退出中国政治舞台。自 1644 年清军入关至此,共统治中国 268 年。

四 新文化运动与社会思潮的激荡

袁世凯在窃取中华民国临时大总统权位后，集中力量对付南方留守的革命党人，以除后患。因为他心里十分清楚，革命党人是他实现政治野心的障碍。于是，他秘密向外国银行团借贷巨额款项以装备军队，此即所谓"善后大借款案"。同时他还一手制造了"宋教仁案"，即以阴谋手段杀害了力主民主与法制的革命党领导人宋教仁。此案真相大白天下后，孙中山等人发动了"二次革命"，①矛头直指袁世凯及其北洋军阀独裁政府。由于双方力量对比悬殊，两个月以后，"二次革命"被袁世凯扑灭。孙中山等人逃亡日本，在那里，组建了中华革命党，②准备寻找机会再举义旗。袁世凯镇压了革命党人的"二次革命"以后，以为实现其政治野心的障碍不复存在，便先是逼迫国会选举他为正式大总统、终身大总统，随后，又决定恢复帝制，抛弃民国。但是，他的"洪宪"帝制违背了历史潮流，甚至他原先的北洋班底如段祺瑞、冯国璋等也不予支持。在众叛亲离的状况下，他只做了83天皇帝梦，就在护国战争和全国各地的一片反对声中一命呜呼了。

袁世凯死后，副总统黎元洪继任总统，段祺瑞任国务总理。北洋政府名义上恢复了《临时约法》与国会，实际上，中国的政权仍然处于封建军阀控制下，中国社会陷入长期军阀割据与混战的动荡中。资产阶级民主制度和社会的平稳发展，在革命党人那里还是一种期望。

在北洋军阀各派系中，段祺瑞为首的皖系实力最强，其次是以冯国璋为首的直系，在东北还有北洋别支奉系张作霖。在西南则形成非北洋系的地方军阀势力，如唐继尧为首的滇系，陆荣廷为首的桂系。其他各地均有大小军阀割据势力，如山西的军阀阎锡山等。在南北方军阀之间，甚至在北洋军阀内部各派系之间，为达到控制中央政权的目的，存在着激烈的明争暗斗，军阀争斗得到其背后的外国势力的支持，这是引发军阀混战的重要原因。

1917年6月，一贯拥护帝制的安徽督军"辫帅"张勋，打着调停总统黎

---

① "二次革命"是相对于辛亥革命而言。辛亥革命为一次革命，此役发生于1913年，为二次革命。

② 中华革命党成立于1914年，后来的中国国民党则由此直接发展而来。

元洪与总理段祺瑞矛盾的旗号，率领"辫子军"进京，逼令黎元洪去职，并与康有为一起于7月1日扶持清废帝溥仪复辟清朝旧制。此种倒行逆施立即遭到全国各界强烈反对。7月12日，段祺瑞打出反复辟招牌，自任讨逆军总司令，在天津马厂誓师，率兵入京，赶走张勋，戡定了叛乱。张勋复辟的闹剧仅有12天，就被平息。

但是，段祺瑞错误地估计了形势。他投靠日本帝国主义，对外妥协退让；对内以"再造民国"的功臣自居，在政治上大搞军事独裁，拒绝恢复被张勋废除的《临时约法》和国会。在孙中山看来，《临时约法》和国会是中华民国的象征。没有《临时约法》和国会，就不成其为中华民国。

孙中山坚决揭露段祺瑞军事独裁统治的本质，提出打倒假共和，恢复真共和的主张，号召拥护《临时约法》，恢复国会。1917年，他从上海到广州，集合南下的国会议员召开"非常国会"，成立护法军政府，开始护法运动。孙中山和革命党没有属于自己的武装，他们所借用的力量是与北洋军阀对峙的南方军阀。一旦南北方妥协，护法运动便宣告失败。事实正是如此。孙中山极为气愤地说，"南与北如一丘之貉"。资产阶级革命党人领导的反对军阀独裁统治的"二次革命""护国战争"和"护法运动"最终都失败了。军阀混战的局面仍在持续。孙中山和他的战友们在黑暗中，以"愈挫愈奋"的精神和毅力，苦苦探索着救国救民的真理。

自辛亥革命后，革命党人把很大精力投入到创办实业的工作中，各地纷纷成立实业团体。除沿海地区外，内地一些大中城市陆续创办了一批企业。中国资本主义工业有了新的较快发展。尤其在1914—1918年的第一次世界大战期间，由于欧洲国家忙于战争，暂时放松了对中国的经济掠夺，因此，中国资本主义发展比较迅速。外国商品输入减少，给中国的货物输出提供了有利条件。1872年到1911年，中国民族资本总计1.5亿元，1912年到1919年，建成厂矿470多个，加上原有企业的扩建，新增资本达1.4亿元。

随着民族工业的迅速发展，中国工人阶级逐渐成长起来。1913年，中国产业工人约有120多万人，到1919年五四运动以前，已增至200万人。由于中国资本主义企业发展和分布不平衡，中国产业工人的分布也不平衡，大多数集中在东南沿海和沿江的大中城市。与世界其他国家的工人相比，中国工人所受的政治压迫和经济剥削非常严重，工作时间长，工资待遇低，工作条件恶劣，还有封建把头剥削和欺压。因此，中国工人具有很强的斗争性。反抗外国侵略者、反抗封建主义和资本家剥削、压迫的罢工和政治斗争不断发生。如以 1905 年至 1911 年为例，平均每年罢工 8 次。这表明，中国工人阶级正迅速地从自在的阶级转变为自为的阶级，将要作为一个独立的政治力量登上政治舞台，中国革命即将出现一个新面貌。

从戊戌变法到辛亥革命时期，资产阶级维新派和革命党人，积极从事近代民主思想与文化宣传工作，同封建主义思想文化进行斗争，取得了许多有理论价值和社会意义的重要成果。但是，袁世凯窃取辛亥革命的胜利果实，在政治上倒行逆施。在思想文化领域，守旧势力也掀起尊孔读经之风。这不是从正面吸取孔子思想和儒家经典中的精华，而是要借此恢复封建主义伦理道德、纲常名教，为恢复专制统治造舆论。此时，一批现代文化的先驱者应运而出，准备发动一场比辛亥革命更为猛烈的反对封建主义旧文化、提倡民主主义新文化的运动。他们的代表人物是李大钊、陈独秀、胡适、鲁迅、吴虞、易白沙等人。1915 年 9 月，陈独秀在上海创办《青年杂志》，①拉开了新文化运动的帷幕。

图 28 《新青年》杂志

《新青年》（图 28）杂志是当时新文化运动的核心。该杂志在创刊号载文《敬告青年》，明确提出"人权"和"科学"的口号，树起"民主"与"科学"两面大旗。当时，先驱者所宣传的"民主"，主要指资产阶级民主制度和民主思想，并用作反对封建主义专制制度的武器。"科学"主要是提倡学习西方科学技术和认识问题的科学方法，反对迷信和愚昧，革除人们社会生活中的各种陋俗。新文化运动还对妇女解放、道德革命、个性独立、家庭革命等问题展开热烈讨论，在当时知识界产生很大影响。

在新文化运动中，先驱者以资产阶级民主与科学学说反对封建专制主义及其伦理道德。陈独秀（1879—1942）、

---

① 《青年杂志》从第二卷起更名《新青年》。

李大钊(1889—1927)等人发表文章,揭露封建道德对社会的危害和对人们心灵的束缚。他们认为,封建"三纲"(君为臣纲、父为子纲、夫为妻纲)是控制人们思想的枷锁,君、父、夫有绝对权威,而臣、子、妻处于完全服从地位,这就造成政治上的不平等和家庭生活上的不平等。人的个性受到压抑和摧残,社会氛围由此而僵死沉闷,不利于社会发展和文化进步。李大钊运用唯物史观,深刻分析封建道德赖以产生和存在的社会经济根源,揭示了伦理道德与社会经济之间密切的内在联系,为人们抨击封建道德提供了新思路。

新文化运动在深入发展中,还涉及文学革命问题。1917年1月1日,胡适在《新青年》杂志发表《文学改良刍议》一文,提倡白话文,主张文学形式上的某些改革。陈独秀更明确提出"文学革命"的口号,号召打倒"贵族文学",提出"写实文学"。李大钊在《新青年》杂志发表《什么是新文学》一文,深入论述现实文学的基本特点。1918年以后,鲁迅(1881—1936)陆续在《新青年》杂志发表《狂人日记》《孔乙己》《药》等白话小说、杂文,以文学手法,揭露封建主义道德的本性,刻画了社会下层民众愚昧麻木、逆来顺受的普遍心理,给人们造成极大的心灵震撼,对文学革命做出了重要贡献。

新文化运动主要发生在社会思想文化领域,涉及民主与科学、伦理道德、社会风俗和文化教育等方面的内容。它的主要目的是反击思想文化领域的尊孔读经逆流,从更深层次上讲,则是一种批判精神和理性思考的展现,倡导人们重新辨析和估计中国传统文化的价值。因此可以说,新文化运动是中国历史上第一次对传统思想文化的深刻检查和反省。新文化的先驱者批评或否定中国传统文化中的某些不良内容,并没有对传统文化加以全盘抛弃。尽管当时有人主张在各领域要全方位接受西方文化,全面否定并遗弃中国传统文化,例如学者陈序经提出"全盘西化"观点,还有学者提出将四书五经束之高阁,甚至主张废弃汉字,改用世界语。但这不是当时思想文化界的主流。随后,《新青年》杂志就发表陈独秀的文章,对这种主张加以批评和解释,表示该杂志同仁也不同意这种极端化观点的态度。在这个时期,中国知识界在文学艺术领域也取得突出成绩,包括语言、艺术、文学等方面,都出现了有很高价值的成果。

当时中国思想文化界呈现出多种社会思潮相互激荡的局面,新文化的先驱者欢迎来自西方的各种社会学说,如托尔斯泰的泛劳动主义、基尔特社会主义、新村主义、工读互助主义、无政府主义、革命民主主义、科学社会主义以及德国哲学、英国经济学等各种学说。他们没有把中国传统文化与西方文化放在截然对立的位置,而是站在更高的层面对中西文化兼收并蓄。这实际是思想和理论上的理性主义。这种态度引起人们对中国传统文化和西方近代文化各有哪些优长与不足、如何借鉴其精华、抛弃其糟粕等问题进行深入思考。当时人们有这样的认识:对中国传统文化的改造,需要借用西方的科学和民主精神,即如陈独秀所说的那样,用科学和民主救治中国政治上、道德上、学术上、思想上等一切方面的黑暗。这种认识是十分深刻的。新文化的先驱者明确告诉中国人,在世界近代化潮流面前,中国必须高举民主和科学的旗帜,从观念的层面接受西方的民主与科学,在法律上实现人权平等,在伦理上实现人格独立,在学术上破除迷信,实现思想自由。只有这样,才能实现中华民族的伟大复兴。

1917 年,俄国爆发十月社会主义革命。这一震动世界的重大事件,对中国政治思想领域产生巨大影响,促使一部分先进的中国人,从资产阶级民主主义立场转变为共产主义者。他们积极介绍十月社会主义革命及其取得的重大成就,介绍马克思列宁主义,开始关注遍及各地的群众起义和斗争。李大钊撰文介绍马克思主义和十月革命的文章《布尔什维主义的胜利》《我的马克思主义观》等相继发表,在宣传马克思主义理论方面做出了重要贡献。

新文化运动后期,进步知识分子当中很快形成学习、研究和传播马克思列宁主义的局面。1919 年 5 月,中国在"巴黎和会"上的外交失败,直接引发了反帝爱国的五四运动。随后,中国工人阶级走上政治舞台,成为中国革命的领导者和核心力量。因此,五四运动是中国民主革命的转折点,标志着旧民主主义革命的终结,也标志着中国走西方资本主义老路的尝试没有成功。此后,新民主主义革命拉开序幕,中国革命进入一个新阶段。

五 中国民主革命的胜利

1919 年爆发的五四运动中最响亮的口号是"内惩国贼,外争国权"。实际上,这次大规模群众斗争,主要是反对帝国主义侵略和北洋军阀的军事独裁统治。这也是一次爱国主义启蒙教育。更为重要的是,在五四运动中,中国工人阶级显示了自己的政治力量。当时,在北京、上海、天津、武汉等地已经成立共产主义小组。在这种情况下，马克思主义理论逐渐与中国革命实践相结合，与日益高涨的工人运动相结合。在这样的理论和社会基础上，1921年7月23日，中国共产党宣告成立。从此，中国革命有了一个中心，并成为此后中国人民进行民主主义革命和社会主义建设的核心力量。

1924年，在共产国际和中国共产党帮助下，孙中山顺应时代潮流，对国民党进行改组，在广州召开了国民党第一次全国代表大会。在大会上，孙中山提出了"联俄、联共、扶助农工"的三大政策，将旧三民主义重新解释为新三民主义，主张反对帝国主义列强在中国的侵略势力，切实解决农民的土地问题，实现耕者有其田，团结和依靠广大工农大众，打击北洋军阀独裁统治。孙中山顺应时代潮流，关心民众疾苦和国家命运，不断发展和更新思想，提出解决中国问题的主张。此次会议后，国内出现了第一次国共合作的局面。1925年发生的五卅运动，把全国的革命形势推向高潮。1926年夏，国共两党组建军队开始北伐，在较短时间里，打垮了军阀吴佩孚、孙传芳的主力，国民革命席卷半个中国，北洋军阀政权迅速崩溃，中国的政治格局发生重大变化。在北伐战争胜利的形势下，工农运动不断发展，革命力量迅速集结。但是，在国民革命中势力壮大起来的蒋介石背叛革命，发动政变，大肆屠杀共产党人和革命群众。轰轰烈烈的大革命失败了。

国民革命失败后建立的南京国民政府，未能解决中国社会的基本矛盾，而连续不断的新一轮军阀混战，使中国社会更加陷入灾难之中。中国共产党在极其困难的形势下，开始独立领导革命武装斗争。1927年南昌起义，标志着中国共产党领导的工农红军诞生。在此前后发生的百余次武装起义，为创建红军和农村根据地奠定了基础。中国共产党人从实践和理论上探索出一条具有中国特色的新的革命道路，即农村包围城市，武装夺取政权。

当中国社会矛盾日益尖锐之时，民族危机也逐渐加深。1931年，日本在我国东北悍然制造了"九一八事变"。由于南京政府采取"不抵抗"和"攘外必先安内"的政策，致使在三个月之内，东三省大好河山和同胞遭受日寇铁蹄的践踏和蹂躏。1935年，日寇向华北地区发动新的侵略，制造了华北事变。在形势万分危急的情况下，社会各阶层开展了各种形式的救亡运动，民间团体纷纷成立，停止内战、一致对外，成为绝大多数中国人的心声。中国共产党和工农红军在突破了国民党军队数次围剿以后，决定北上抗日。

经过两万五千里长征,红军战士爬雪山、过草地,历经千难万险,终于到达陕北。在此后的 14 年间,这里一直是中共中央所在地和中国革命的根据地。1936 年西安事变发生后,国共两党间十年内战的局面基本结束,抗日民族统一战线初步形成。

1937 年 7 月 7 日,侵华日军制造了七七事变,向中国发动进攻,抗日战争全面爆发。在以国民党军队为主的正面战场,众多国民党爱国官兵,以高昂的战斗热情,英勇抗击着处于绝对优势的入侵之敌。正面战场的作战,吸引了在华日军的主力,给共产党领导的敌后战场的开辟和发展,在客观上造成较为有利的条件。中国共产党领导八路军和新四军,深入华北、华中敌后,陆续建立了一批敌后抗日根据地,他们发动群众,开展机动灵活的游击战,牵制了大量敌军,在战略上配合了正面战场的作战。在经过艰苦卓绝的防御、相持阶段以后,随着世界反法西斯战争的全面展开,自 1944 年起,中国战场开始全面反攻。中国共产党领导的敌后解放区军民,在华北、华中和华南地区先后作战两万余次,解放了超过 8 万平方公里的国土和 200 万人口,成为对日军进行大反攻的先导和主力。1945 年 8 月,日本帝国主义宣布投降,历时 8 年的抗日战争结束了,但中国人民为这场战争的胜利付出了巨大代价。

抗日战争胜利后,国际形势发生重大变化,中国政局也出现一些新情况。国共两党尽管签订了《双十协定》,但国民党毫无诚意结束其一党专政的独裁统治,引起各民主党派和社会各界的强烈不满。蒋介石企图以武力解决问题,消灭共产党及其根据地,平息人民群众的抗议和斗争。1946 年 6 月,大规模内战再次爆发。自恃在军事和经济上占有优势的国民党,发生了空前的军事、政治、经济危机,国民党政权陷入全民的包围之中。1948 年下半年,国民党被迫由全面防御转变为重点防御,国民党政权摇摇欲坠。形势表明,人民解放军进行战略决战的时机已经成熟。此后,中国现代史上著名的辽沈战役、淮海战役和平津战役等三大战役取得决定性胜利,为人民解放军南渡长江、解放全中国奠定了基础。1949 年 4 月 21 日,渡江作战全面打响,人民解放战争在全国范围内取得全面胜利。

在解放战争即将胜利的前夕,1949 年 3 月,中国共产党在河北平山西柏坡召开七届二中全会,对新中国的建设从思想、组织和政策上做了相应准备。9 月,中国人民政治协商会议在北平召开,确定新中国的政权性质以及对内、对外等多项政策。在 10 月 1 日的开国大典上，中华人民共和国主席毛泽东亲手升起第一面五星红旗，向全世界宣告中华人民共和国成立，中国人民从此站起来了。中华人民共和国的成立，标志着中国的新民主主义革命在全国的胜利，中国革命和建设进入一个新的历史时期。毛泽东（1893—1976）是伟大的马克思主义者，中国共产党、人民军队和新中国的创造者之一。在半个多世纪中，他领导全党和全国人民，取得了新民主主义革命的伟大胜利，创建了中华人民共和国。在新中国成立以后，又领导全党和全国各族人民探索社会主义建设的道路。他把马克思主义的普遍原理和中国革命的具体实践相结合，在理论和实践上，为中国人民和全世界人民立下了丰功伟绩。

从鸦片战争以后，中国社会开始向近代转型。其中包括社会文化的转变，而观念文化的剧烈变化，始终伴随着社会政治经济等一切领域从古代向现代的转变。实际上，从一定角度讲，观念文化的转变是一切领域转变的根本和关键。从 19 世纪 60 年代的中体西用论，到 90 年代的优胜劣汰、适者生存的进化论和 20 世纪初自由、平等、博爱的资产阶级民主主义思想文化；从新文化运动提出民主与科学的理性主义思想文化，到社会主义思潮逐渐在新思潮中脱颖而出，各派思想主张和文化学说的最终目的，都是为寻求中国在国际上的平等地位，争取民族独立，为改造中国传统思想文化，为中国社会向近代的转型提供思路。

新文化运动以后，中国各文化派别开始关注社会改造问题。1927 年大革命失败后，国民党南京政府以戴季陶主义为其思想文化基础，其实质是回归"中体西用"的文化模式，基本上继承了中国封建道统。1934 年，国民政府通过"尊孔祀圣"决议，在社会生活中倡导以"礼义廉耻"为根本准则的"新生活运动"，在学术界则开始重视本位文化建设，提出要建立所谓"中国传统思想结合西方现代科学技术、传统精神文化结合现代物质文化的国家"。

中国民族资产阶级的文化观是典型的民族主义。在文化界，有"国家主义派"和"战国策派"。国家主义派又称"醒狮派"，[①]此派组成人员主要是一些旅欧学生，他们接受了西方近代民族主义思想，主张以民族主义的理

---

① 1924 年宣传国家主义的《醒狮》周刊在上海创办后，国家主义派也被称为"醒狮"派。

论与方法,解决社会问题和民族问题。其主要观点是,生活在社会中的人们,必然产生对社会的强烈认同意识和依赖意识,并形成"一个群体的自我",从此进一步铸成"国家人格",这就是民族精神。在此基础上,每一个社会成员,都应当赞同"国家至上"的原则,坚决排斥个人主义。他们对外主张独立自主政策,反对依附于任何国家;对内反对阶级斗争,反对一切阶级的专政,主张团结全体国民为自己国家的强盛而努力奋斗。第二次世界大战期间,国家主义派演变为"战国策"派。① 此派认为,人类历史经过16世纪到18世纪的发展,到拿破仑时代,进入"大战国"时期,整个世界充满了非道德、非经济的冲动,因而战争决定一切。中国社会对此形势应当采用"民族至上、国家至上"的政策,反对个性独立,主张全民服从拿破仑那样的"英雄"。在英雄的驱使下,实现国家的强盛和繁荣。"国家主义学派"和"战国策学派"的文化主张来源于西方,其实质是用西方的民族主义理论,建设独立与富强的中国。这种文化观自然有其历史的合理性和进步性,但不适合中国的国情,也没有被用于中国社会的具体实践。

著名学者梁漱溟关于乡村建设的理论和实践有其鲜明特色。他认为,中国人不能也不可能在西方文化引导下,走西方国家的路。因此,中国的发展要从农村社会的伦理互保入手,进而实行乡村自治;再由小范围的团结自治扩大到整个民族社会的一体化,最终实现农业文明的复兴。乡村建设的根本问题在于,以一个新的社会组织把全体村社成员组织起来。这个组织的基本结构分为乡长、乡农学校、乡公所、乡民会议等部分,其职能分别是训导监督、设计推动、事务领袖和地方立法。这一设想的目的是首先健全乡村社会,发展农业生产,在此基础上演化出一个工业化的现代国家。乡村建设派的理论来源,依然是中国社会固有的宗法伦理和血缘家族观念。这种社会改革方案带有"乌托邦"的色彩,距离工业化国家的发展目标十分遥远,因而在实践中也是行不通的空想主义方案。

在中国思想文化界,向往西方文化、社会自由和民主政治的派别被称为自由主义派。他们力图把西方近代社会政治理论,作为建设中国社会的指导思想。胡适等人是这一流派的代表。他曾提出自由主义人权观、全民国

---

① 在第二次世界大战期间,《战国策》半月刊在昆明创办。此后,又在重庆《大公报》下办《战国策》副刊。国家主义派或醒狮派演变为"战国策"派。

家论和超阶级的法制观。他指出,人权就是人类做人的一切条件,发展个性,培养人格,谋求大多数人的最大幸福;国家的功用是保护国民的权力,培养和发展人民自己行使权力的能力;人权是先于法律而存在的,法律必须由人民自己制定。这些主张没有脱出西方近代资产阶级启蒙思想的范围,其实质仍然是自由、平等、民主和法制。此派在社会实践中的政治态度是"中间道路"。他们的政治主张和文化思想脱离了中国社会实际,用和平改良方法建设西式国家的愿望不可能实现。

中国社会的未来发展方向和途径,也是中国共产党人思考和研究的首要问题。1943年,毛泽东发表《新民主主义论》,提出新民主主义的政治、经济和文化建设纲领,系统而深入地阐述了这一宏伟设想。在政治上,实行无产阶级领导下的各革命阶级联合专政,按照民主集中制建设国家政权,召开国民大会,选举正式的联合政府;在经济上,节制资本,平均地权,把大银行、大工业、大商业改归国家所有,扫除农村中的封建关系,把土地变成农民的私产;在文化上,建设民族的、科学的、大众的文化,其特征是反对帝国主义压迫,维护中华民族的独立和尊严,反对封建主义文化,对中国传统文化加以系统清理,为民族中百分之九十以上的工农大众服务。总之,这个方案就是实行共产党领导的工农联盟为基础的各革命阶级联合的人民民主专政;实行民族、科学和大众的文化政策;允许经济上五种经济成分在国有经济领导下进一步发展,实现国家的工业化,把传统农业国家变为现代工业国家。中国共产党的新民主主义建国方案顺应世界发展潮流,代表时代前进方向,反映人民群众的根本利益和要求。因此,这个方案终于在古老的中国变成现实。

从1840年鸦片战争到中华人民共和国成立的110年间,中国人民历经千辛万苦,流血牺牲,终于实现了民族独立和解放,驱逐了外来侵略势力,并开始走上近代化道路。这一个多世纪是中国历史上社会变化最为剧烈、思想观念更新最为迅速的时期,中国人民从古代、中世纪走向了现代社会。中国没有走西方国家近代化的老路,因为这条路走不通。中国社会有自己独特的历史和国情,必须走自己的道路。尽管在前进道路上遇到各种问题和坎坷,但是在中国共产党领导下,中国人民取得了新民主主义革命的最后胜利,也能够取得社会主义建设的伟大胜利。实现中华民族的伟大复兴需要经过长期的艰苦奋斗和不懈努力。

思考题

1. 中国近代史的基本特点和发展线索。

2. 中国近代经济发展的途径和特征。

3. 中国近代社会转型的几个阶段。

4. 中国传统文化在近代社会的遭遇。

5. 孙中山的伟人品格。

参考书目

1. 范文澜:《中国近代史》(上册),人民出版社,1955 年。

2. 胡绳:《从鸦片战争到五四运动》,人民出版社,1981 年。

3. 郭沫若主编:《中国史稿》第四册,人民出版社,1962 年。

4. 李剑农:《戊戌以后三十年中国政治史》,中华书局,1965 年。

5. 张岂之:《中国历史》(晚清民国卷),高等教育出版社,2001 年。

第十五讲

共和国探求社会主义现代化的曲折历程

新中国建立迄今已半个多世纪。半个多世纪以来，共和国在中国共产党领导下，继续为实现国家的繁荣富强和社会全面进步，为建设强大而现代化的国家，为中华民族的伟大复兴，进行了不懈的努力和艰苦的探索。在以毛泽东、邓小平、江泽民为核心的中国共产党三代领导集体的领导下，这一探索已经经历了从新民主主义到社会主义的过渡，开始全面建设社会主义的最初探索，实现共和国发展的历史性转折，全面开创建设有中国特色社会主义现代化道路和阔步迈向21世纪等重要历史阶段，使国家和社会面貌发生了翻天覆地的历史性变化，实现了国家的初步繁荣富强，人民生活步入小康阶段，从而为在21世纪实现中华民族的伟大复兴奠定了坚实基础。进入新世纪，以胡锦涛为总书记的中共中央领导全国人民在全面建设小康社会进程中实现新跨越，成功地在新的历史起点上，坚持和发展了中国特色社会主义。这一讲就是对新中国成立以来为实现中国特色社会主义现代化而不断探索、努力奋进的历史进程的概要回顾。

一　完成从新民主主义到社会主义的过渡

我们知道，中国共产党创建之初，在总结近代中国旧民主主义革命屡遭失败的经验教训基础上，即已确定把在中国实现社会主义作为振兴中华，建设一个强大而现代化国家的必由之路。但从旧中国是一个经济文化十分落后的半殖民地半封建社会的基本国情出发，以毛泽东为代表的中共领导又清醒地确定，中国革命必须分两步走，即第一步首先进行新民主主义革命，取得全国政权,建立起新民主主义社会;第二步,开展社会主义革命,建立社会主义的基本制度,为建设一个现代化国家奠定基础。为此,新中国建立后,党领导全国人民在继续完成民主革命遗留任务和恢复国民经济的同时,有步骤地进行社会主义改造,从 1949 年 10 月至 1956 年,用了大约七年时间完成了从新民主主义到社会主义的过渡。这就是新中国成立后"基本完成社会主义改造的七年"。也就是通常所说的"过渡时期"。

按照社会主要矛盾和主要任务的变化,这七年又可分为头三年和后四年。

头三年的中心是进行各项新民主主义改革与建设,恢复国民经济,为大规模经济建设做准备。可以称这三年为新民主主义建设时期,过去也把这三年称为国民经济恢复时期。在此期间,党领导全国人民肃清了国民党政权在大陆的残余武装力量,开展了剿匪反霸、镇压反革命活动的斗争;建立并巩固了各地各级人民政权;没收官僚资本企业,建立和壮大国有经济;稳定市场,统一财经,调整工商业,形成以国有经济为主导的新民主主义的经济秩序;完成了新区土地改革,开展了城乡其他各项社会改革,并对旧有文化事业进行了卓有成效的改组与改造;开展了"三反""五反"运动;在进行伟大的抗美援朝卫国战争的同时,迅速恢复了旧中国遭到严重破坏的国民经济,使全国工农业生产到 1952 年即达到历史最高水平。其中,1952 年的钢、煤、发电量、原油、水泥、棉纱、粮食、棉花等主要工农业产品产量均大幅超过 1949 年前的最高年产量。同 1949 年相比,1952 年全国工农业总产值增长 77.5%(其中工业总产值增长 145%,农业总产值增长 48.5%),全国职工平均工资增长 70% 左右,农民收入约增长 30% 以上。工农业生产与各项事业的迅速恢复与发展,为进行社会主义改造和大规模经济建设奠定了良好基础。

三年的新民主主义建设发展如此之迅速,有多方面原因。其中关键还是党和政府坚持一切工作从中国国情出发,制定和执行了一系列正确的方针。特别是在政治上正确区分敌我友,适时地确定"不要四面出击",坚持团结大多数,稳定了民族资产阶级;经济上正确处理了国有经济和私人资本主义经济、个体经济、国家资本主义经济、合作社经济等五种经济成分的关系,使它们在国有经济领导下分工合作,各得其所,有力地促进了国民经济的恢复。由于处于新中国初建时期,这三年中各项政治运动很多,但当时能注意坚持恢复生产这一中心，正确处理政治与经济的关系，把大规模群众性政治运动同经济建设很好地协调起来，促进了国民经济恢复。其中，当时开展的"三反""五反"运动、合理调整工商业、农村互助合作运动等项工作，还直接为社会主义改造做了有力准备。所以这三年恢复时期，是社会主义改造的准备时期。

这一阶段的后四年，中心就是贯彻党在过渡时期的总路线，进行对个体农业、手工业和资本主义工商业的社会主义改造，开展以"一五"计划为中心的大规模社会主义工业化建设。

关于由新民主主义向社会主义的过渡，中共中央在新中国成立前夕曾初步设想，革命胜利后，先经过 10 年到 15 年的新民主主义建设，使国家实现工业化，国营经济发展壮大，然后再采取"严重的社会主义步骤"，一举实现私人企业的国有化和个体农业的集体化。但是经过新中国成立后恢复国民经济的实践，随着形势的发展和新经验的积累，党对向社会主义过渡的问题有了新的思考。1952 年 6 月，毛泽东指出："在打倒地主阶级和官僚资产阶级以后，中国内部的主要矛盾即是工人阶级与民族资产阶级的矛盾。"[1]主要矛盾的变化，预示着党的中心任务也要相应调整。同年 9 月，毛泽东在中共中央的一次会议上首次提出：我们现在就要开始用 10 年到 15 年的时间，基本上完成到社会主义的过渡。1953 年 6 月以后，中共中央经过多次郑重讨论，制定并公布了党在过渡时期的总路线："从中华人民共和国成立，到社会主义改造基本完成，这是一个过渡时期。党在这个过渡时期的总路线和总任务，是要在一个相当长的时期内，逐步实现国家的社会主义工业化，并逐步实现国家对农业、对手工业和对资本主义工商业的社会主义改造。"[2]这是一条社会主义建设与改造同时并举的路线。

中共中央在这时提出"一化三改"的过渡时期总路线，适应了当时我国政治经济发展的客观趋势，有其深刻的原因。

首先，这是当时迅速发展国有经济、顺利《实施"一五"计划，实现国家

---

[1]　中共中央文献研究室编《建国以来毛泽东文稿》第三册，中央文献出版社，1998 年，第 458 页。

[2]　中共中央文献研究室编《建国以来重要文献选编》第四册，中央文献出版社，1993 年，第 701 页。

社会主义工业化的客观要求。在我国，由于民族资本主义经济力量弱小，历史已经证明民族资产阶级不但没有能力领导中国民主革命到达胜利，它也没有能力担负起实现国家工业化的历史重任。新中国成立后，通过没收官僚资本和新建国有企业的迅速发展，已使具有社会主义性质的国有经济既是支持国家财政，稳定经济，保障人民生活的主要经济力量，又是现有基础工业的主体。从1953年开始的第一个五年计划的主要任务只能由它来承担。中国要实现工业化，也只能主要依靠社会主义国有经济，而不可能依靠私人资本主义经济。这样，迅速发展和壮大国有经济，并尽快地把包括私人资本主义经济在内的整个国民经济改造和改组到社会主义经济的轨道上来，以适应国家大规模工业化建设的需要，就成为党提出"一化三改"总路线的一个基本因素。其次，新中国成立初期对资本主义工商业实行利用限制改造政策的发展，特别是在调整工商业进程中创造的加工订货、经销代销、统购包销、公私合营等一系列从低级到高级的国家资本主义形式，表明国家对资本主义工商业实行社会主义改造的具体形式和途径业已形成。而土改后广大农村日益兴起的互助合作运动，也已形成互助组、初级农业生产合作社和高级社这样一些从低级到高级的农业生产组织形式，这实际上已经成为个体农业向社会主义集体化逐步过渡的开端。这一切就使党有可能和有根据地改变原来设想的十多年后"一举消灭"的做法而改为从现在开始"逐步过渡"的办法。此外，当时的国际环境也是一个重要因素。共和国虽然经受住了抗美援朝战争的考验，但帝国主义势力对我国的全面威胁依然存在，我们必须争取时机，加快发展，增强实力；而此时苏联社会主义的发展，对我国也有榜样作用。这些都说明，中共中央在此时提出过渡时期总路线，是审时度势，经过深思熟虑的，是符合当时共和国发展的客观实际的。

过渡时期总路线公布后，得到全国人民的热烈拥护，成为团结和动员全国人民为建设一个强大而现代化的社会主义国家而共同奋斗的新纲领。此后，党和政府围绕着向社会主义的过渡，围绕着建立我国社会主义的基本政治经济制度和奠定我国社会主义的物质基础，在贯彻过渡时期总路线过程中坚持从中国实际出发，提出和执行了一系列极富创造性和具有中国特点的政策主张和措施，取得了新中国成立后共和国发展史上探索社会主义的第一个重大进展。

第一，在实践中创造性地开辟了一条中国自己的社会主义改造道路，一举完成了消灭私有制、建立社会主义基本制度这样一个深刻而复杂的社会变革,成为共和国历史发展中的一个重要里程碑,为今后的社会发展与全面进步奠定了基础。这个改造通过一系列从低级到高级的逐步过渡的形式实现,避免了因生产关系突然改变而造成对生产力的破坏;这个改造用和平方法解决了工人阶级与资产阶级之间剥削与被剥削的对抗性矛盾,避免了大的社会震动;这个改造把经济制度的改造与对人的改造结合起来,使二者互相促进,取得了巨大成功。

第二,以1954年第一届全国人民代表大会的召开和第一部具有社会主义性质的《中华人民共和国宪法》的颁布为标志,在人民民主专政理论的基础上,创造性地形成了以人民代表大会制、共产党领导下的多党合作与政治协商制和民族区域自治制为主要内容的我国社会主义基本政治制度,奠定了具有中国特点的社会主义民主政治建设的基础。

第三,通过开展以苏联援建的156项重点工程为中心、由694个限额以上建设单位组成,以重工业建设为其突出重点的"一五"计划的大规模经济建设,使我国工业化建设取得了远远超过旧中国近百年的进展,显著地增强了我国社会主义的物质基础,初步奠定了实现我国社会主义工业化的基础。此外,在"一五"计划的建设中,坚持从我国实际出发,遵循实事求是原则;正确地执行独立自主、自力更生为主,争取外援为辅的方针;在优先发展重工业的同时,又比较注意相应地发展农业和轻工业;正确处理了积累与消费的关系,等等。这也为之后探索中国社会主义建设道路积累了经验。

社会主义改造的后期也存在"要求过急,工作过粗,改变过快,形式也过于简单划一"的毛病,以致在长时期内遗留了一些问题。其根源在于当时党对什么是社会主义和如何实现社会主义在认识上存在误区。当时总想在不太长的时间内,把生产资料私有制全部转变为单一的社会主义公有制,强调"过渡时期总路线的实质,就是使生产资料的社会主义所有制成为我国国家和社会的惟一的经济基础"①。这就孕育着"求纯"和"过急"的倾向。但是就这场社会主义改造的全局而言,正如1981年中共十一届六中全会所作《关于建国以来党的若干历史问题的决议》(以下简称《历史决议》)

---

① 《建国以来重要文献选编》第四册,第702页。

所指出的："在一个几亿人口的大国中比较顺利地实现了如此复杂、困难和深刻的社会变革，促进了工农业和整个国民经济的发展，这的确是伟大的历史性胜利。"这一胜利无疑为实现中国社会主义现代化奠定了一块最坚实的基石。

二 建设社会主义的最初探索

社会主义改造的顺利实现和"一五"计划的提前超额完成，极大地鼓舞了全国人民建设社会主义强大国家的积极性。以 1956 年 9 月召开的中共八大提出建设社会主义强国的奋斗纲领为标志，共和国进入到全面展开社会主义建设的阶段。这也是中国共产党人开始独立地探索中国自己的社会主义建设道路的初始阶段。但这个初始阶段的探索是如此之艰难曲折，它既取得过许多重大成就，也遭受过严重挫折。它在经历了开始全面建设社会主义的十年之后，由于党的指导路线一度偏离探索的正确轨道，又经历了"文化大革命"十年的磨难，从而使党的八大所规划的实现共和国社会主义现代化建设的目标未能如愿。

中共八大前后，全面建设社会主义的最初探索曾有过一个良好的开端。

八大前夕，鉴于苏共二十大暴露出来的苏联社会主义建设中的问题，中共中央即已明确提出"以苏为鉴"，走中国自己的建设社会主义道路的问题。随后，毛泽东在调查研究、总结我国"一五"计划经济建设经验的基础上，作《论十大关系》的报告，阐述我国社会主义建设中存在的十个方面矛盾，提出了解决这些矛盾以调动各方面积极性的基本原则，这实际上是提出了党领导全面社会主义建设的新思路和新方针；不久，党又提出了发展我国科学文化事业的"双百"方针和既反保守、又反冒进，在综合平衡中稳步前进的经济建设总方针。这些都为中共八大的召开作了理论与政策上的准备。

中共八大则向全国人民全面地提出了建设社会主义现代化国家的奋斗纲领。而其中最重要、最重大的判断和决策，就是明确指出三大改造基本完成后，我国无产阶级同资产阶级之间的矛盾已经基本解决，"国内的主要矛盾，已经是人民对于建立先进的工业国的要求同落后的农业国的现实之间的矛盾，已经是人民对于经济文化迅速发展的需要同当前经济文化不能满足人民需要的状况之间的矛盾"。① 党和全国人民当前的主要任务,就是要集中力量解决这个矛盾,把我国尽快地从落后的农业国变为先进的工业国。这就在实际上提出了党和国家工作中心的转移,即由革命和阶级斗争转到经济建设,由解放生产力转到保护和发展生产力上来。这是三大改造完成后共和国面临的最重大的转折,八大作出的这一重大决策,则是这个阶段探索的最重要的进展之一。

八大之后,探索继续深入。在对经济建设方针和调整经济关系方面提出若干新思路、新设想的同时,1957年2月毛泽东发表《关于正确处理人民内部矛盾的问题》的讲话,科学地阐述了社会主义社会的矛盾,指出正确处理人民内部矛盾已成为我国国家政治生活的主题,提出了正确处理人民内部矛盾的基本方针。这成为八大前后探索社会主义建设道路在理论上升华的集中体现。

但八大后不久,党对社会主义建设道路的探索出现了曲折。正如邓小平后来指出的:"由于当时党对于全面建设社会主义的思想准备不足,八大提出的路线和许多正确意见没有能够在实践中坚持下去。八大以后,我们取得了社会主义建设的许多成就,同时也遭到了严重挫折。"②

所谓"党对于全面建设社会主义的思想准备不足",大体上包括:当时全党对三大改造完成后的我国国情还缺乏准确地把握,其中对我国社会主义建设的长期性、艰巨性就缺乏足够的认识,对社会主义条件下的阶级斗争缺乏科学和清醒的认识;对于什么是社会主义也缺乏深刻的了解,总以为社会主义所有制就是越大越公越好;对如何进行全面社会主义建设也缺乏经验,尤其缺乏对经济发展规律的正确把握;此外,因为胜利,党内滋长了相当普遍的骄傲自满情绪,脱离实际,长官意志,夸大主观努力的作用,等等。

由于这样一些"准备不足",八大后不久,探索出现曲折,八大路线的贯彻受到严重干扰,党在指导思想上出现了严重的"左"的错误。这突出地表现在两大方面:一是在政治领域轻率地改变了八大关于三大改造基本完成后我国社会主要矛盾的论断,重新强调"无产阶级和资产阶级的矛盾,社会主义道路和资本主义道路的矛盾"仍然是当前我国社会的主要矛盾,并提

---

① 见《建国以来重要文献选编》第九册,第341页。
② 中共中央文献编辑委员会编《邓小平文选》第三卷,人民出版社,1993年,第2页。

出了所谓"两个剥削阶级、两个劳动阶级"的论断。这就成为这个阶段连续发生 1957 年反右派斗争的扩大化，1959 年庐山会议及其以后的全党"反右倾"斗争以及 1962 年八届十中全会后政治思想领域阶级斗争扩大化错误不断升级的理论根源；二是在经济建设上实际上放弃了八大确认的既反保守、又反冒进，在综合平衡中稳步前进的经济建设总方针，犯了严重的急躁冒进错误。突出的表现就是 1958 年开始的"大跃进"和人民公社化运动，在生产建设上犯了贪多求大、急于求成的错误，在生产关系的变革上犯了平均主义、急于过渡的错误，给整个国民经济和社会主义现代化建设造成了严重损失。

当然，这个期间党也作过纠正"左"倾错误、继续贯彻八大路线的努力并取得了 1961—1965 年间调整国民经济的重大成就。所以，就整个开始全面建设社会主义的十年而言，党在探索社会主义建设的指导思想上实际上存在着正确的和错误的两个发展趋向。两种发展趋向相交织，从总体上看还是正确趋向占主导地位。正如《关于建国以来党的若干历史问题的决议》指出的："直到'文化大革命'前夕的十年中，我们虽然遭到过严重挫折，仍然取得了很大的成就。""党在这十年中积累了领导社会主义建设的重要经验。""我们现在赖以进行现代化建设的物质技术基础，很大一部分是这个期间建设起来的；全国经济文化建设等方面的骨干力量和他们的工作经验，大部分也是在这个期间培养起来的。这是这个期间党的工作的主导方面。"

由于中共八届十中全会后党在政治思想领域"左"倾错误的进一步恶性发展，到 1966 年 5 月的中共中央政治局扩大会议、8 月的八届十一中全会达到支配全局的地步，导致了"文化大革命"的发动。如果说开始全面建设社会主义的十年指导思想上的两个发展趋向，从总体上看还是正确的和比较正确的趋向占着主导地位的话，那么，"文化大革命"的发动，就标志着错误趋向压倒了正确趋向，占据着党的指导路线的统治地位。这表明，由于"文化大革命"的发动，党沿着八大路线探索社会主义建设道路的努力受到空前严重的挫折，可以说这一探索几乎中断。

当然，作为共和国探索社会主义建设进程中的一个特殊阶段，对"文化大革命"也应该科学地、历史地来看。正如《历史决议》指出的：历史的实践已经证明，"'文化大革命'不是也不可能是任何意义上的革命或社会进步"。它"是一场由领导者错误发动,被反革命集团利用,给党、国家和各族人民带来严重灾难的内乱"。这应该是我们对它的根本认识。但对"文化大革命"中的复杂的历史现象,又必须做科学的具体的分析。这里有几点需要特别予以注意:

一是要把毛泽东发动"文化大革命"的那些"左"倾错误论点同毛泽东思想严格区别开来。毛泽东发动"文化大革命",主要是从反修防修的要求出发的。但是正如《历史决议》指出的:毛泽东发动"文化大革命"的主要论点"既不符合马克思列宁主义,也不符合中国实际。这些论点对当时我国阶级形势以及党和国家政治状况的估计,是完全错误的"。这些"左"倾错误论点,也明显地脱离了作为马克思列宁主义普遍原理和中国革命具体实践相结合的毛泽东思想的轨道,所以必须将它们同毛泽东思想完全区别开来。"左"倾错误观点要坚决摒弃和清除,毛泽东思想则要继承和发展。这是我们继续新的探索的一个基本前提。

二是要充分肯定"文化大革命"中党的广大干部和广大人民群众站在正确立场上开展的抵制"文化大革命"的斗争,要把这些斗争的成果同"文化大革命"区别开来。"文化大革命"是一场灾难,但党和人民在"文化大革命"时期同林彪、江青反革命集团的斗争以及抵制"左"倾错误的斗争相交织,艰难曲折,一直没有停止过。应该说,"文化大革命"中,党的广大干部和广大人民群众站在斗争的正确方面,是经受了考验的。正是由于全党干部和广大工农兵、知识分子的共同斗争,使"文化大革命"的破坏受到一定程度的限制,我国国民经济虽然遭受巨大损失,但社会主义建设并没有停止,许多方面仍然取得了一定进展,科学技术的某些领域甚至取得了突破性进展,对外工作也打开了新局面。这些当然不是"文化大革命"的成果,而是党内健康力量包括广大干部和广大人民群众共同斗争的结果。从某种意义上说,这是党探索社会主义建设道路的努力在一种特殊条件下的继续。如果没有"文化大革命"的破坏,我国社会主义现代化建设的成就本来应该更大。

三是要特别慎重地、实事求是地看待和分析"文化大革命"中毛泽东所犯的错误。毛泽东对"文化大革命"这一全局性、长时间的"左"倾严重错误负有主要责任,尤其错用了林彪、江青等人,造成了灾难性的严重局势。但他也制止和纠正过一些具体错误,保护过一些党的领导干部和党外著名人士,并领导了粉碎林彪反革命集团的斗争,对江青集团也进行过严厉的批评与揭露,为党后来顺利粉碎"四人帮"起到了重要作用。他晚年执行正确的对外政策,主持打开了我国外交工作的新局面,并时刻关注和维护着国家的安全。"文化大革命"中我们党没有被摧毁并还能维持统一,我国社会主义制度的根基仍然保存着,社会主义经济建设还在进行,我们的国家仍然保持统一并在国际上发挥重大影响,这些都同毛泽东的巨大作用分不开。所以,《历史决议》又指出,毛泽东的错误,"终究是一个伟大的无产阶级革命家所犯的错误"。

总之,"文化大革命"是人民共和国探索社会主义进程中的一场灾难。但在整个"文化大革命"期间,我国的党、人民政权、人民军队和整个社会的性质都没有改变。我们最终还是依靠党和人民自身的力量,相继战胜了林彪、江青两个反革命集团的破坏,走出了"文化大革命"的困境。

三 共和国发展的历史性转折

1976 年 10 月 6 日,在"文化大革命"已发展到天怒人怨,"四人帮"乘毛泽东主席逝世之机疯狂进行篡夺党和国家最高权力的最危急时刻,以华国锋为首的中共中央政治局执行党和人民的意志,毅然对江青反革命集团及其帮派骨干实行隔离审查,一举粉碎了她们篡党夺权的阴谋。粉碎"四人帮"的胜利,结束了"文化大革命"这场灾难,从危难中挽救了党,挽救了中国的社会主义事业,为党和国家进入新的发展时期迈出了重要一步。随后,以 1978 年 12 月召开的中共十一届三中全会为主要标志,党和国家实现了新中国成立以来最重大的历史性转折。

实现这一伟大转折前后大约用了 6 年时间。粉碎"四人帮"是这一转折的起点。粉碎"四人帮"虽然还未能实现党的指导路线的根本转变,但它结束了"文化大革命",这无疑端正了共和国历史发展的方向,为这一伟大转折提供了契机,创造了必不可少的前提。粉碎"四人帮"后的两年,虽然由于"两个凡是"的干扰曾使共和国的发展出现过徘徊,但以邓小平为代表的老一辈革命家坚持解放思想、实事求是路线,坚决支持全党贯彻拨乱反正方针,不断排除干扰,这就形成在徘徊中前进的局面,从政治上、思想上和组织上为实现伟大转折作了准备。十一届三中全会(包括全会之前的中央工作会议)实现了党的政治路线、思想路线和组织路线的决定性转变,做出了把党和国家工作中心转移到社会主义现代化建设上来和实行改革开放的伟大决策,因而成为开辟有中国特色社会主义道路、开创中国社会主义事业发展新时期的伟大起点。直到1981年中共十一届六中全会全面完成指导思想上的拨乱反正,标志着这一伟大转折的全面实现。

所以,粉碎"四人帮"之后,特别是从三中全会至六中全会,这一时期党和国家处在历史转折关头,中心就是拨乱反正、开创未来。这是决定党和国家命运,决定我国社会主义事业未来航向的关键时期。

这个时期的"拨乱反正、开创未来",可以概括为以下八个方面:

一是思想路线上的拨乱反正。首先和突出的是批评和推倒"两个凡是"方针,恢复和重新确立党的实事求是的思想路线,这是当时面临的最急迫、最艰巨的任务之一。粉碎"四人帮"后不久,由于受个人崇拜和长期"左"倾僵化思想的束缚,当时主持中央工作的党的主要领导人提出和推行"凡是毛主席作出的决策,我们都坚决维护;凡是毛主席的指示,我们都始终不渝地遵循"的"两个凡是"方针,其实质是在指导思想上继续坚持"文化大革命"的"左"倾错误路线,从而使揭批"四人帮"和各个领域拨乱反正的工作遇到严重障碍,使党和国家各方面工作出现徘徊局面。邓小平最先旗帜鲜明地批评"两个凡是"不符合马克思主义,提出要完整、准确地理解毛泽东思想,要善于掌握和运用毛泽东思想的科学体系来指导我们的各项工作。在他的支持下,全党围绕"实践是检验真理的唯一标准"这一主题,展开了一场真理标准问题的大讨论,有力地冲击着"两个凡是"的禁区和长期以来禁锢人们思想的僵化局面,形成一次新的思想解放运动,极大地推动了全国拨乱反正工作的全面深入。1978年12月召开的十一届三中全会彻底否定"两个凡是"方针,强调只有解放思想,坚持实事求是、理论联系实际的原则,才能顺利实现工作中心的转移,正确解决实现我国现代化的具体道路和方针、方法,从而实现了党的思想路线的决定性转变。到1981年十一届六中全会通过《历史决议》,使全党统一了对毛泽东和毛泽东思想科学体系的评价问题,既彻底否定了"文化大革命",纠正毛泽东晚年"左"的错误,又维护了毛泽东的历史地位和党领导全国人民探索社会主义建设道路的历史成就,重新确立了毛泽东思想在党和国家工作中的指导地位,从而在指导思想上完成拨乱反正,奠定了新时期全党和全国人民团结奋进的政治基础。

二是政治路线上的拨乱反正。集中地表现在中共十一届三中全会果断地停止使用"以阶级斗争为纲"的口号，做出以经济建设为中心，把全党和全国工作的重点转移到社会主义现代化建设上来和实行改革开放的战略决策。这是最根本的拨乱反正。为了确保这一转变的顺利实现，中共中央在随后又进一步阐述我国社会当前阶级斗争和主要矛盾问题，并通过1979年6月召开的五届全国人大二次会议公开明确地宣布："在我们国家里（台湾除外），作为阶级的地主阶级、富农阶级已经消灭，资产阶级也已经不再存在。虽然国内阶级斗争还将长期存在，但是，阶级斗争已经不是我国社会目前的主要矛盾"。我们的方针是"承认阶级斗争还没有结束，同时承认今后再不需要也再不应该进行大规模的急风暴雨式的群众阶级斗争"。"把我国目前很低的生产力水平迅速提高到现代化水平，为此而改革我国目前生产关系和上层建筑中那些妨碍实现四个现代化的部分，扫除一切不利于实现四个现代化的旧习惯势力，这就是我国现阶段所要解决的主要矛盾，也就是全国人民在现阶段的中心工作。"这样，以经济建设为中心的方针的确立和改革开放的提出与推行，同在这时提出的"坚持四项基本原则"一道，构成三中全会路线的基本内涵。这不但是对八大政治路线的恢复，把八大以后20年来未能实现的全国工作重点转移作为战略任务再次确定下来，而且是在新的历史条件下大大推进和发展了由八大开始的对中国社会主义建设道路的探索，增添了具有新时期特征的全新内容。

三是组织路线方面的拨乱反正。首先是全面恢复在"文化大革命"中被瘫痪的各级党、政机构，恢复它们的正常活动；大批解放干部，使有经验的经受了考验的干部回到各级领导岗位，恢复和健全各级组织的民主生活制度，恢复党的民主集中制传统，等等。而特别重要的是，以邓小平为核心的第二代领导集体在十一届三中全会实际上形成，到十一届六中全会得到进一步巩固和加强，这成为开创共和国历史新时期的重要组织保障。

四是遵循实事求是、有错必纠的原则，全面平反冤假错案，清理重大历史是非，解决历史遗留问题。这个时期，先后为在"文化大革命"中受到打击、迫害和错误批判的党、政各级干部和群众，民主党派负责人和各界知名人士等进行了平反，其中包括为刘少奇平反，恢复了他作为伟大的马克思主义者和无产阶级革命家、党和国家主要领导人之一的名誉；推倒了"文化大革命"中对宣传、教育、科技、文艺、体育、卫生以及统战、民族、宗教等方面工作的一系列错误结论；对"文化大革命"前的各种冤假错案也进行了清理，对许多有重大影响的案件进行了认真细致的甄别、平反，其中包括对1957年错划右派的平反，对1959年所谓"反右倾"的平反和对1955年"胡风反革命集团案"的平反等；此外，还大力调整了各种社会政治关系，落实了相关政策。这些，都为新时期调动各方面积极因素，团结全国各族人民共同开创社会主义现代化建设新局面，起到重要作用。

五是进行了国民经济的又一次大调整，实现了改革开放的起步。这次调整除理顺严重失调的国民经济比例关系外，与60年代的调整相比，其显著特点是更着重于纠正经济建设指导思想上的"左"倾错误，并开始触及原有经济体制中的弊端。通过调整，在总结经验教训的基础上，使全党认识到新中国成立以来经济建设方面的主要错误是"左"的错误，提出要从我国实际出发，走出一条速度比较实在、经济效益比较好、人民可以得到更多实惠的新路子。这是经济领域拨乱反正的最重要的成果。在经济调整的进程中改革开放起步，这突出的就是以建立家庭联产承包责任制为主要内容的农村改革的兴起，城市经济体制改革的试点和深圳等四个经济特区的建立。从而使改革开放成为新时期我国历史发展最引人注目的特征。

六是提出了调整和改革权力过分集中的党和国家领导制度的根本纲领，把政治体制改革提上日程；同时，加强全国人大与各级人大的作用，法制建设有了长足发展，几年中制定和颁行了几百个新的法律、法令、法规，在实现民主的法制化方面取得重大进展。这标志着新时期改革事业向政治领域深入发展，我国社会主义民主政治建设进入崭新阶段。

七是依据国际国内局势的巨大变化，逐步形成了和平解决台湾问题、完成祖国统一大业的基本方针。1979年元旦，全国人大常委会发表《告台湾同胞书》，提出大陆与台湾"通商、通航、通邮"的"三通"建议；1981年9月，全国人大常委会委员长叶剑英发表谈话，代表党和国家阐明实现台湾同祖国和平统一的九条方针；1982年1月邓小平就叶剑英谈话明确指出"这实际上就是一个国家、两种制度"，这是"一国两制"的最早概括。

八是正确地做出世界战争可以推迟，和平发展是当今时代的主题的新判断，及时调整、完善和发展我国独立自主的和平外交政策，以中美正式建交为标志，进一步打开了新时期我国对外关系的新局面。

四　开创有中国特色的社会主义现代化道路

1982 年 9 月召开中共十二大之后的 5 年,加上 1987 年召开的十三大之后的 5 年,是新时期改革开放和现代化建设全面展开的十年。这十年的主要特点是全面推进改革开放,最大的成就是开创了一条具有中国特色的社会主义现代化道路。这是中国共产党人坚持把马克思主义与中国实际相结合,继找到中国新民主主义革命道路,实现第一次历史性飞跃之后的第二次历史性飞跃。这也是新中国成立后中国共产党人探索中国社会主义事业取得不断突破中的最具有划时代意义的突破。正是由于有这种突破,使这十年成为奠定新时期新局面的一个关键阶段。这是一个开拓进取、锐意探索的十年。

这十年探索的成就,可以概括为:在理论、路线和政策上竖起一面旗帜,取得两大突破;在实践上取得五大方面的突出进展,经受了一次国内外严峻考验,顺利实现了党的领导核心的新老交替。

"竖起一面旗帜",就是邓小平在中共十二大开幕词中首次提出"走自己的道路,建设有中国特色的社会主义"这一崭新命题。这不但为共和国在历史新时期把全国各族人民凝聚在一起,推进改革开放和现代化建设竖起一面旗帜,也成为正在形成中的邓小平理论的主题特征,从而确立了新时期中国社会主义事业的根本方向和发展道路。

围绕着"建设有中国特色社会主义"这一主题,十二大制定了全面开创社会主义现代化建设新局面的奋斗纲领。它确定新时期的总任务是:"团结全国各族人民,自力更生,艰苦奋斗,逐步实现工业、农业、国防和科学技术的现代化,把我国建设成为高度文明、高度民主的社会主义国家。"确定了到 20 世纪末 20 年内我国经济建设的总目标是在不断提高经济效益的前提下,力争使全国工农业的总产值翻两番,使人民的物质文化生活达到小康水平。为达此目标,做出了前十年主要是打好基础、积蓄力量、创造条件;后十年要进入一个新的经济振兴时期这样一个"两步走"的战略部署。在提出经济建设目标的同时,十二大还明确提出了努力建设高度社会主义精神文明和高度社会主义民主的任务,体现了社会主义现代化建设的全面性要求,也表明党对社会主义的理解更加全面和深刻。

"两大突破"之一,是中共十二届三中全会突破长期以来把计划经济同商品经济对立起来的传统观念,提出了充分发展社会主义商品经济的新观念。在1984年10月召开的这次中央全会,在70年代末兴起的以推行家庭联产承包责任制为中心的农村改革已取得显著成效的形势下,适时地做出《关于经济体制改革的决定》。《决定》阐明了加快以城市为重点的整个经济体制改革的必要性和紧迫性,明确指出:这一改革是社会主义制度的自我完善;建立起具有中国特色的、充满生机和活力的社会主义经济体制,是改革的基本任务;增强企业活力,是改革的中心环节;而确立国家和企业、企业和职工这两方面的正确关系,则是整个这一改革的本质内容和基本要求。《决定》在理论上最突出的贡献是突破了把计划经济同商品经济对立起来的传统观念,明确指出我国社会主义计划经济是在公有制基础上的有计划的商品经济,必须自觉依据和运用价值规律;商品经济的充分发展,是社会经济发展不可逾越的阶段,是实现我国经济现代化的必要条件。

　　"两大突破"之二,是中共十三大系统阐述了社会主义初级阶段理论,完整地概括了党在社会主义初级阶段的基本路线,实现了探索中国特色社会主义道路的一次重大突破。1987年10月召开的党的十三大,在深入分析中国国情和总结历史经验的基础上,做出我国目前正处在社会主义初级阶段的科学论断。这个初级阶段不是泛指任何国家进入社会主义社会都会经历的起始阶段,而是特指中国在生产力落后、商品经济不发达条件下建设社会主义必然要经历的特定阶段。到社会主义现代化基本实现前,这个初级阶段至少需要上百年时间。在社会主义初级阶段,主要矛盾是人民日益增长的物质文化需要同落后的社会生产之间的矛盾。阶级斗争在一定范围内还会长期存在,但已经不是主要矛盾。党和国家的主要任务是发展生产力,推进社会主义现代化建设。党在社会主义初级阶段的基本路线是:领导和团结全国各族人民,以经济建设为中心,坚持四项基本原则,坚持改革开放,自力更生,艰苦创业,为把我国建设成为富强、民主、文明的社会主义现代化国家而奋斗。

　　十三大还在十二大所确定的到20世纪末我国现代化建设"两步走"的战略部署基础上,进一步确定社会主义初级阶段我国现代化建设的"三步走"战略部署,即第一步,实现国民生产总值比1980年翻一番,解决人民的温饱问题,这个任务到十三大时已基本实现;第二步,到20世纪末,国民生产总值再翻一番,人民生活达到小康水平;第三步,到 21 世纪中叶,人均国民生产总值达到中等发达国家水平,人民生活比较富裕,基本实现现代化。

这样,中共十三大就从基本理论和基本路线,全面改革的基本方针和现代化建设的行动纲领等重大方面,为共和国建设有中国特色的社会主义规划了新的蓝图。

这十年探索在实践上的成就是多方面的,取得了新时期改革开放和社会主义现代化建设的全面进展。其中,以下五个方面尤为显著。

一是经济体制改革向纵深发展,取得了突出进展。农村改革在稳定和完善家庭联产承包责任制基础上,进一步向改革农产品统购派购制度、调整产业结构为主要内容的第二步发展,有力地促进了传统农业向专业化、商品化、现代化方向发展。乡镇企业异军突起,到 1987 年,其产值首次超过农业总产值,实现了我国农村经济一个历史性变化,开辟了一条农村致富和走向现代化的新路子。城市经济体制改革从 1985 年全面展开。按照政企分开、所有权与经营权适当分离的原则,进一步扩大企业自主权,广泛推行承包经营责任制、厂长(经理)负责制,使企业开始成为相对独立的经济实体,增强了自我改造与发展的能力。国家还对计划、物资、投资、财政、金融等宏观经济管理体制进行了不同程度改革,原有高度集中的计划体制已改变为指令性计划、指导性计划与市场调节并存的双重体制,投资主体也发生明显变化,市场价格逐步放开。我国经济管理体制已逐渐从直接控制为主向间接控制为主大幅度地转变。原有的单一公有制经济结构也有了很大改变,一个以公有制经济为主体,集体经济、个体经济、私营经济以及由"三资"企业组成的经济等多种经济形式并存的新格局已经形成。

二是对外开放向深度和广度迅速拓展。在 80 年代初建立深圳等四个经济特区的基础上,1984 年开放大连等 14 个沿海港口城市,1985 年开辟长江三角洲、珠江三角洲和闽南三个沿海经济开放区,1988 年海南建省开辟为经济特区,1992 年又决定开发浦东和开放长江沿江及内陆与沿边若干城市,从而在全国范围形成"经济特区——沿海开放城市和沿海经济开发区——沿江、沿边及内陆开放城市"这样一种全方位、多层次、广辐射的对外开放大格局。

三是国民经济快速增长,整个国民经济水平和国家综合实力上了一个新台阶,人民生活水平大大提高。据到 1990 年的统计,整个 80 年代的十年中,我国粮食、棉花、原煤、钢、发电量等主要工农业产品产量和生产能力的增幅分别是31%、56.8%、75.8%、77.3%和104.6%。十年间建成投产的大中型项目一千多个,社会生产的技术水平不断提高,为国民经济的进一步发展增添了后续力量。十年中全国城乡居民平均消费水平增长80%左右,使80年代成为全国人民生活水平提高最快的十年。特别是从1984—1988年间,我国经济出现了一个加速发展的飞跃时期,展现了农业和工业、农村和城市、改革和发展相互促进的生动局面。

四是社会主义精神文明建设和政治体制改革也取得相应进展。1986年中共十二届六中全会做出《关于社会主义精神文明建设指导方针的决议》,从社会主义现代化建设总体布局的高度确定了精神文明建设的战略地位及其基本任务,对推动全社会精神文明建设起到重大作用。1987年十二届七中全会又制定《政治体制改革总体设想》,十三大则明确提出我国政治体制改革的长远目标是建立高度民主、法制完备、富有效率、充满活力的社会主义政治体制,并提出了包括实行党政分开、下放权力、改革机构、建立国家公务员制度、加强法制建设等七个方面的改革具体方案,从而指明了政治体制改革的方向。

五是在推进祖国统一大业方面取得重大进展。1984年5月,全国人大六届二次会议正式确认"一国两制"是解决台港澳问题,实现国家统一的基本国策。随后,我国政府分别在1984年和1987年同英国与葡萄牙两国就香港、澳门回归问题达成协议。全国人民代表大会还适时制定《中华人民共和国香港特别行政区基本法》和《中华人民共和国澳门特别行政区基本法》,为两地的回归奠定了法律基础。与此同时,"一国两制"政策也有力地推动了海峡两岸关系发展,两岸交流特别是民间交流迅速扩大,交流领域不断拓宽。其中两岸间经贸发展尤其迅速,到1988年,十年中双方间接贸易增长达30倍。此后,台胞到大陆投资更形成热潮。两岸多年来人为隔离的局面实际被打破,两岸关系得到显著缓和。

就在改革开放和现代化建设取得巨大进展,中国特色社会主义事业继续前进的重要时刻,共和国经受了一场发生在1989年春夏的政治风波的严峻考验。中共中央政治局在邓小平等老一辈革命家的强有力支持下,依靠广大群众,成功地平息了这场政治风波。从十三届四中全会到五中全会,中共中央在保持党和国家政策的连续性和政局的稳定情况下,顺利实现了以邓小平为核心的第二代领导集体和以江泽民为核心的第三代领导集体的交替。此后，面对 90 年代初东欧剧变、苏联解体、国际反华势力对我多方施加的压力，第三代中央领导集体领导全党和全国人民，执行冷静观察、沉着应付的方针，坚决顶住压力，有力地维护了国家主权、尊严和中国特色社会主义的方向，把我国改革开放和现代化建设事业推进到了一个加快发展的新阶段。

五　迈向跨世纪发展的新阶段

20 世纪 90 年代初，在国际形势发生巨变，世界正朝着多极化和经济全球化方向加快发展，而我国改革开放和现代化建设中日益突出起来的许多深层次问题也正需要攻关突破的重要时刻，新时期改革开放的总设计师邓小平于 1992 年一二月间视察武昌、深圳、珠海、上海等地，发表了著名的"南方谈话"。

邓小平"南方谈话"贯穿的中心思想，就是强调坚持党的基本路线一百年不动摇，改革开放胆子要大一些，要抓住时机，加快发展，把中国特色社会主义事业继续推向前进。针对长期困扰改革开放步伐的姓"资"姓"社"问题的争论，他明确指出："判断的标准，应该主要看是否有利于发展社会主义社会的生产力，是否有利于增强社会主义国家的综合国力，是否有利于提高人民的生活水平。"针对长期困扰我国经济体制改革步伐的关于计划经济与市场经济根本属性的问题，他强调指出："计划多一点还是市场多一点，不是社会主义与资本主义的本质区别。计划经济不等于社会主义，资本主义也有计划；市场经济不等于资本主义，社会主义也有市场。计划和市场都是经济手段。社会主义的本质，是解放生产力，发展生产力，消灭剥削，消除两极分化，最终达到共同富裕。"①他依据历史经验，谆谆告诫人们：中国要警惕右，但主要是防止"左"。要抓住时机，发展自己，关键是发展经济。发展才是硬道理。

邓小平的这个谈话，总结了我国社会主义现代化建设特别是十一届三

---

① 《邓小平文选》第三卷，第 372—373 页。

中全会以来改革开放的基本经验，从理论上回答了长期困扰和束缚人们思想的许多重大认识问题，成为中国共产党人探索中国社会主义现代化建设在认识上和理论上的又一次重大突破。

这是一个迈向跨世纪发展的新阶段。新阶段的根本特点是高举旗帜，加快发展。在这个新阶段，从党的十四大、十五大，直到共和国走过50周年进入新世纪，以江泽民为核心的党和国家第三代中央领导集体，高举邓小平理论伟大旗帜，坚决贯彻"一个中心，两个基本点"的基本路线，牢牢把握"抓住机遇、深化改革、扩大开放、促进发展、保持稳定"的指导方针，全面推进我国改革开放和现代化建设事业的跨世纪发展，取得了举世瞩目的成就和进展。

第一，新阶段正式确立邓小平理论的指导地位，坚定不移地把邓小平理论作为党和国家各项工作的行动指南。1992年10月召开的中共十四大高度赞扬邓小平对创立建设有中国特色社会主义理论的历史性贡献，首次在这个理论前面冠以"邓小平"的名字，明确指出它"是引导我国社会主义事业不断前进的指针"。十四大还从发展道路、发展阶段、根本任务、发展动力、外部条件、政治保证、战略步骤、领导和依靠力量、实现祖国统一等九个方面，概括了这一理论的主要内容，指出这个理论"第一次比较系统地初步回答了中国这样的经济文化比较落后的国家如何建设社会主义，如何巩固和发展社会主义的一系列基本问题"，是马列主义基本原理与当代中国实际和时代特征相结合的产物，是毛泽东思想的继承和发展。1997年9月，在邓小平逝世7个月后召开的中共十五大，进一步把"邓小平建设有中国特色社会主义理论"概括为"邓小平理论"，并正式将它同马列主义、毛泽东思想一起作为党的指导思想写入党章，要求全党高举邓小平理论的伟大旗帜，把中国特色社会主义事业全面推向21世纪。

第二，新阶段继续坚持以经济建设为中心，促进经济和社会的全面发展。十四大做出了抓住机遇、加快发展的重大决策，十五大又对我国现代化建设做出了跨世纪发展的战略部署。这个阶段，面对我国经济主要由于体制原因而引发的经济过热等突出问题以及亚洲金融危机的外部冲击，果断地实施积极的财政政策和稳健的货币政策，实行宏观调控，既顺利地实现了经济发展的"软着陆"，又保持了经济和社会的较快发展。还先后实施科教兴国战略和可持续发展战略，推动社会全面进步，努力保持经济、社会、人口、环境与生态的协调发展；适应经济全球化的发展趋势，实行全方位"走出去"战略，促进了外向型经济的发展；又适时提出和实施西部大开发战略，加快中西部地区的开发与开放，为实现东西部地区协调发展和共同富裕，展示了良好前景。

第三，继续大力推进改革开放，特别是推进经济体制改革的不断深化和有所突破。继十四大确立建立社会主义市场经济体制的改革目标后，十四届三中全会又做出决定，进一步明确了建立社会主义市场经济体制的基本框架和主要环节。此后，在坚持公有制为主体，多种经济成分共同发展基础上，加快推进以建立现代企业制度为中心的国有企业改革和财政、税收、金融、外贸体制以及城市住房、社会保障制度和农产品流通体制等一系列改革。到2000年年底，基本实现大多数国有大中型亏损企业"三年脱困"目标，初步建立了现代企业制度；农业的基础地位进一步加强，实现了我国主要农产品由长期短缺到总量平衡有余的历史性转变；全方位、多层次、宽领域的对外开放格局形成和进一步加强。

第四，与全面推进经济体制改革相适应，政治体制改革也稳步推进，取得重要进展。特别是十五大把"依法治国"作为党领导人民治理国家的基本方略后，作为我国社会主义基本政治制度的人民代表大会制、共产党领导的多党合作与政治协商制进一步完善，爱国统一战线更加壮大，城乡基层民主建设逐步加强。根据精减、统一、效能的原则，以转变政府职能，实现政企分开，建立办事高效、运转协调、行为规范的行政管理体系为目标，各级政府机构改革有序地展开，并取得明显成效。贯彻"依法治国"方略，立法工作进入"快车道"，有中国特色的社会主义法律体系框架已基本形成。

第五，贯彻"一国两制"方针，不断推动祖国统一大业取得实质性进展。1997年7月和1999年12月，先后顺利实现了香港、澳门的回归。两地特区政府正式成立并开始运作，有效地保持了两地的高度自治和繁荣稳定，向世界展示了"一国两制"方针的魅力。对台工作也积极推进。特别是1995年1月国家主席江泽民发表《为促进祖国统一大业的完成而继续奋斗》的重要讲话，提出实现祖国和平统一的八项主张，成为解决台湾问题的基本纲领。此后，有力地反对和打击"台独"势力的分裂图谋，进一步发展两岸人员往来和经贸、文化交流。

第六，坚持独立自主的和平外交政策，多渠道、全方位地开展卓有成效的外交活动和国际交往活动。既积极发展与世界各国的友好合作关系,又坚决反对和打击国际反华势力对我国内政的干涉。坚决维护国家主权和尊严,进一步树立了中国在国际关系中的良好形象,为我国现代化建设构筑了一个良好的国际环境。

此外,新阶段还坚持"两手抓,两手都要硬"的方针,采取多种措施,切实加强社会主义精神文明建设,为经济发展和社会进步不断提供强大精神动力;新阶段坚持正确的民族和宗教政策,以西部大开发为契机,加快民族地区经济发展与社会进步,同时巩固和加强同宗教界的爱国统一战线,维护了民族团结与社会稳定;新阶段始终坚持党对军队的绝对领导,全面推进军队革命化、现代化和正规化建设,使人民解放军按照政治合格、军事过硬、作风优良、纪律严明、保障有力的总要求,朝着质量建军、科技强军的有中国特色的精兵之路迅速迈进,把我国国防现代化建设推进到一个新水平;特别是新阶段以开展"三个代表"重要思想的学习教育为中心,全面加强党的建设,加大反腐败斗争的力度,有效地推进党风廉政建设,从而极大地增强了全党拒腐防变和抗御风险的能力,也极大地增强了党的凝聚力和团结全国人民迈向新世纪、夺取中国特色社会主义事业新胜利的信心。

1999 年 10 月,在我国改革开放和现代化建设取得辉煌成就的胜利时刻,共和国走过了她的 50 周年。此前,在 1995 年"八五"计划完成之时,即已提前五年实现了原定 2000 年国民生产总值比 1980 年翻两番的目标;2000 年"九五"计划胜利完成,又在总人口增加三亿的情况下,实现了人均国民生产总值比 1980 年翻两番的更高目标,使我国生产力水平迈上了一个大台阶,综合国力显著增强,人民生活总体上达到小康水平,全面实现了十三大确定的实现我国社会主义现代化"三步走"战略目标的第二步。

经过新中国成立以来 50 年的社会主义现代化建设,特别是经过近 20 多年来实行改革开放,建设有中国特色社会主义道路的成功探索,我们已经积聚了以往无法比拟的可观的物质技术基础和生产力水平与综合国力:从新中国建立起,我们在 50 年内使国内生产总值增长了 56 倍,2000 年达到 89404 亿元,首次突破 1 万亿美元;2001 年的经济总量仅次于美、日、德、英、法五国,位居世界第六;我们不仅改变了旧中国一穷二白的落后面貌,而且建立起门类齐全的现代工业体系,工业、农业、国防和科学技术领域的许多方面已进入世界先进行列;我国国民经济的有效供给能力已大大提高,许多重要产品如煤、钢、水泥、化肥、家电、程控交换机以及粮棉油肉蛋等的产量均居世界第一位；其他如外汇储备、进出口贸易、吸收外资等均跃居世界前列；中国已告别"短缺经济"时代，实现初步繁荣。所有这一切，都是我们在新世纪夺取现代化建设新胜利的新起点。

六　实现全面建设小康社会的新跨越

进入新世纪后，2002 年 11 月召开的中共十六大明确提出了要紧紧抓住 21 世纪头 20 年这个可以大有作为的重要战略机遇期，集中力量，全面建设惠及十几亿人口的更高水平的小康社会，使经济更加发展、民主更加健全、科教更加进步、文化更加繁荣、社会更加和谐、人民生活更加殷实。这是实现我国社会主义现代化建设"三步走"战略第三步战略目标必经的承上启下的发展阶段，也是在新世纪推进中国特色社会主义事业深入发展的重大战略部署。十六大之后的五年，加上 2007 年召开的十七大之后的五年，就是全党和全国人民在以胡锦涛为总书记的中共中央领导下，为实现全面建设小康社会新跨越而艰苦奋斗的十年。

这十年的国际国内形势，面临着前所未有的机遇与挑战。从国际方面看，世界政治经济格局正发生着深刻变化和重大调整。一方面，世界多极化、经济全球化深入发展，地区一体化进程不断推进，社会信息化水平发展神速，特别是一批发展中国家迅速崛起，整体实力不断增强，这一切正深刻地影响着地缘政治格局并改变着世界经济版图，有利于在国际范围内遏制霸权主义和强权政治，有利于推动建立公正合理的国际政治经济新秩序。另一方面，以美国"9·11"事件和2008 年爆发的国际金融危机为标志，国际政治格局与经济运行中的不稳定、不确定因素增加，各国加紧调整发展战略，综合国力竞争日趋激烈。同时，国际安全风险呈现多元化趋势，霸权主义、强权政治、新干涉主义有所抬头，国际恐怖主义、民族分裂主义和极端宗教势力猖獗，地区热点和局部冲突此伏彼起，世界仍不安宁。从国内方面看，经过改革开放头 20 年的艰苦奋斗，我国已成功实现现代化建设"三步走"战略的前两步目标，综合国力显著提升，特别是基本实现了从计划经济体制到社会主义市场经济体制的转变，推动国内新型工业化、城镇化、信息化、市场化和国际化进程快速发展，中国特色社会主义事业取得了举世瞩目的成就。但同时,随着国内外环境和客观条件的变化,我国经济社会发展若干阶段性特征如发展不平衡的结构性矛盾、深层次体制性矛盾以及相关的各类社会矛盾等日益显现,资源和环境对发展的制约进一步强化,这又使我们面临着严峻挑战。

正是在上述新形势下,中国共产党团结带领全国各族人民,高举中国特色社会主义伟大旗帜,以邓小平理论和"三个代表"重要思想为指导,深入贯彻落实科学发展观,紧紧抓住和用好新世纪我国发展的重要战略机遇期,攻坚克难,化挑战为机遇,加快发展步伐,坚定不移地深化改革开放,坚定不移地推进全面建设小康社会进程。这十年中,中共中央在领导全国人民深化改革、加快现代化建设的同时,以应对突如其来的非典疫情为契机,认真总结我国改革开放20多年的实践经验,及时提出全面贯彻科学发展观等重大战略思想,开拓了我国经济社会发展的更广阔空间;面对来势凶猛的国际金融危机,中央科学判断、果断决策,及时调整宏观经济政策取向,实施积极的财政政策和适度宽松的货币政策,迅速出台了进一步扩大内需,促进经济平稳较快增长的十项措施,同时实施汽车、钢铁、船舶、石化、轻工、纺织、有色金属、装备制造、电子信息和现代物流等十大重点产业振兴规划,把扩大内需和稳定外需结合起来,把增加投资和刺激消费结合起来,把调整振兴产业和推动科技创新结合起来,把拉动经济增长和保障改善民生结合起来,把克服当前困难和促进长远发展结合起来,形成了系统完整的应对国际金融危机冲击、推动改革发展的一揽子计划,迅速扭转了一度出现的经济增速下滑,在世界率先实现经济回升向好,成为世界经济复苏的主要引擎。这十年中,我们成功举办了北京奥运会、上海世博会,赢得了世界普遍赞誉;我们夺取了抗击汶川特大地震等一系列严重自然灾害和灾后重建的重大胜利;我们还妥善处理了包括西藏、新疆等地暴力事件在内的一系列突发事件,维护了国家安全和社会稳定。总之,我们战胜了来自国内外的各种风险、困难和挑战,彰显了中国特色社会主义的巨大活力和优越性,取得了全面建设小康社会的重大进展。

第一,实现了国民经济平稳较快发展,经济总量得到较大提升,综合国力再上新台阶。这十年中,圆满完成"十一五"规划,顺利实现"十二五"规划的良好开局,我国经济总量大幅增长。国内生产总值从2002年的12.03万亿元增加到2011年的47.3万亿元,年均增长10.7%,增速不但远超国际平均水平,也大大超过新兴经济体的增速,经济总量从世界第六位上升到第二位,成为世界第二大经济体①。据世界银行统计,2011 年我国人均国民收入 4930 美元,已进入中等收入国家行列。与此同时,宏观经济运行态势良好,经济发展的质量和效益不断提高。由于持续推进产业结构调整,这十年中已逐步形成农业基础增强、工业生产能力全面提升、服务业发展加快的格局。农业综合生产能力稳步提高,粮食产量实现"九连增"。制造业得到飞速发展,在 500 种主要工业品中,我国有 220 种产品产量居全球第一;2010 年我国制造业产出占全球 19.8%,一举超过美国(19.4%)成为全球制造业第一大国;其中特别是一批高技术制造业和战略性新兴产业也得到快速发展。服务业发展加快,2011 年其产值已占国内生产总值 43.1%,2012 年达44.6%,这一产业已成为我国就业的第一主体。同时,基础设施建设全面推进,一批关系国计民生的重大工程相继建成。特别是高速铁路、高速公路国道主干线建设快速发展,不但有力地促进了经济发展,也对人民生活产生了重大影响。此外,节能减排和生态环境保护扎实推进,日益受到重视。区域发展的协调性进一步增加,中西部地区发展加速,东部地区产业转型升级加快,各具特色、良性互动的区域发展格局正在形成。城乡结构日益改善,城镇化进程明显加速,2011 年城镇化率首次超过 50%,达到 51.3%,2012 年达到 52.6%,实现了我国城乡结构的历史性变化。

第二,改革开放持续深化,重要领域改革取得重大进展,开放型经济达到新水平。这十年中,持续推进国有资产管理体制改革和国有经济结构与布局的调整,加快国有企业股份制改革和公司上市,一批具有国际竞争力的大公司大企业集团迅速壮大。电力、电信、铁路、民航、邮政等垄断性行业改革也取得积极进展,已实现政企分开、企业重组。国有经济活力、控制力和影响力明显增强。我国上榜《财富》杂志世界 500 强的大企业,2003 年仅 6 家,2012 年增至 54 家。非公有制经济也得到快速发展。国家相继出台了一系列鼓励、支持和引导民营经济发展和民间投资的政策、措施,进一步营造了公平竞争的市场环境和法制环境。非公有制经济在国民经济中的作用不断增强,2012 年占 GDP 的比重已超过 60%。财税体制改革迈出新步伐。

---

① 本节所引数据,参见《十八大报告辅导读本》,人民出版社,2012 年。

各级政府间财政关系进一步理顺,预算管理制度进一步完善。税收制度进一步健全,相继实现内外资企业税制并轨统一,全面完成增值税转型。金融体制改革稳步推进,国有大型商业银行股份制改革顺利完成并成功上市,政策性金融机构改革也取得进展,农村信用社改革全面铺开,利率市场化改革、人民币汇率形成机制改革和外汇管理体制改革都有序推进、不断深化。价格改革以完善资源性产品价格形成机制为核心,陆续出台电价、水价、成品油价、煤炭和天然气出厂价等改革方案。开放型经济快速发展,在国际金融危机冲击、全球贸易投资增速大幅下滑的逆势中实现历史性跨越,达到新水平。2011 年我国进出口贸易总额达 3.6 万多亿美元,比 2002 年增长 4.9 倍,已成为世界第一大出口国,第二大进口国,形成全方位、多元化进出口市场格局,进出口商品结构逐步优化。利用外资规模持续扩大,已连续 20 多年成为吸纳外资最多的发展中国家。企业走出去步伐明显加快,对外投资增长迅速。通过联合国、世贸组织、亚太经合组织、二十国集团、金砖国家等平台或机制,积极参与全球经济治理和区域合作,多边和双边经贸关系不断深化。开放型经济水平的全面提升,有力地促进了我国经济社会的发展和国际影响力的提升。

第三,全面加强社会建设,各项社会事业快速发展,我国经济社会迈上全面协调可持续发展的健康轨道。教育体制改革继续深入。教育投入持续增加,2012 年国家财政性教育经费支出达到国内生产总值 4% 的目标。全面普及了城乡九年义务教育,青壮年文盲率降到 1.08%,国民受教育程度大幅提升,15 岁以上人口平均受教育年限达到 9 年以上。国家助学制度实现从学前教育到研究生教育各阶段的全覆盖。教育质量和人才培养水平进一步提升。科技领域成果丰硕。执行国家中长期科技发展规划纲要,实施16 个国家重大科技专项,重要科学前沿和战略领域取得一批重大创新成果。载人航天、载人深潜、探月工程、北斗导航系统、超级计算机、第四代核电技术以及大型水电、高速铁路、超高压输变电技术等实现重大突破。国家基础研究和原始创新能力显著增强。文化建设迈上新台阶。文化体制改革全面推进,公共文化服务体系建设取得重大进展。文化事业和文化产品创作、生产日益繁荣。文化产业快速发展,在国民经济中所占比重显著提高。城乡居民精神文化生活更加丰富多彩。医药卫生事业得到很大发展。医疗卫生体制改革扎实推进,以破除“以药养医”,解决看病难为重点的县级以上公立医院综合改革持续深入。成功应对突如其来的非典和高致病性禽流感、甲型 H1N1 流感等重大疫情，医疗卫生服务体系建设加快步伐，已逐步向城乡居民统一提供疾病预防控制、妇幼保健等基本公共卫生服务。

第四，着力保障和改善民生，城乡居民生活显著改善，社会保障水平显著提高。作为保障和改善民生的头等大事，这一时期国家始终把实现城乡居民就业摆在经济社会发展的优先位置，积极实施一系列促进就业的政策、措施，使就业规模持续扩大，就业形势保持稳定。2011 年仅城镇就业人员达 35914 万人，占全国就业总量的 47%，比 2002 年增加 10755 万人，年均增加 1195 万人。在此期间实现了 4000 多万高校毕业生稳定就业，2800 多万下岗职工再就业，城镇居民登记失业率始终保持在 4.3% 以下的较低水平。就业结构持续优化，二、三产业特别是第三产业的就业比重持续上升。公共就业服务体系和职业培训体系初步形成，市场就业格局日趋完善。城乡居民收入有较大幅度增加。其中 2011 年城镇居民人均可支配收入 21810 元，农村居民人均纯收入 6977 元，二者均比 2002 年增长 1.8 倍，扣除价格因素，年均实际增长分别为 9.2% 和 8.1%。城乡居民住房、汽车、存款等财产以及电视、冰箱、空调、手机、电脑等耐用消费品的拥有量都大幅增加。社会保障制度建设取得突破性进展。全国城镇职工、城镇居民的基本养老保险和新型农村社会养老保险参保人数，2011 年达 6.16 亿人，2012 年 7.87 亿人，基本实现了城乡居民社会养老的制度全覆盖。全民医保体系也初步形成，95% 以上的城乡居民得到基本医疗保障。进行了大规模保障房建设，截至 2011 年年底，全国有 3000 多万住房困难家庭解决了住房困难。

此外，这十年中，我国民主法制建设迈出新步伐，国防和军队建设取得新进展，港澳台工作进一步加强，外交工作取得新成就，党的建设全面加强，特别是在反"台独"斗争取得重大胜利基础上推动两岸关系实现历史性转折，开创了两岸关系和平发展的新局面。所有这一切巨大进步，为在 2020 年，即在中国共产党成立一百年之时，全面建成小康社会打下了坚实基础。

在新中国成立初期，也就是中国共产党人探索中国社会主义现代化道路刚刚起步的 1956 年，毛泽东在一篇纪念中国民主革命先行者孙中山的短文中曾经写下这样一段文字："事物总是发展的。1911 年的革命，即辛亥革命，到今年，不过 45 年，中国的面目完全变了。再过 45 年，就是 2001 年，也就是进入 21 世纪的时候，中国的面目更要大变。中国将变为一个强大的社会主义工业国。中国应当这样。……中国应当对于人类有较大的贡献。"①
半个多世纪过去了,毛泽东当年"中国的面目更要大变"的预言已经和正在
变为现实。现在人们可以满怀信心地预期,中国人民再经过几十年的奋斗,
即到新世纪中叶共和国成立一百年时,一定能够实现"三步走"战略的第三
步目标:建成一个富强民主文明和谐的社会主义现代化国家,实现中华民族
的伟大复兴。

思考题

1. 新中国成立以来,探索中国特色社会主义现代化的最根本经验是什么?

2. 中国共产党领导人民进行社会主义建设,有改革开放前和改革开放后两个
历史时期,应该怎样正确认识这两个历史时期的关系? 为什么不能用后一个历史
时期否定前一个历史时期,也不能用前一个历史时期否定后一个历史时期?

参考书目

1. 中共中央党史研究室:《中国共产党简史》第五至十章,中共党史出版社,
2001 年 6 月。

2. 中共中央党史研究室:《中国共产党历史》第二卷(1949—1978)上、下册,中
共党史出版社,2010 年 10 月。

3. 当代中国研究所:《中华人民共和国史稿》(1949—1984),人民出版社,2012
年 9 月。

① 《纪念孙中山先生》,见《毛泽东文集》第七卷,人民出版社,1999 年,第 156 页。